인간행동과 사회환경

인간행동과
사회환경

윤기종 지음

한국학술정보

머리말

복지국가 대열로 진입하려는 열망이 커지면서 최근 우리나라에서도 사회복지사의 역할과 수요 또한 선호되는 추세에 있다. 사회복지를 실천하기 이전에 반드시 인간내면에 대한 이해력을 갖춰야 한다. 왜냐하면 사회복지실천은 인간의 본성 및 행동과 마음에 대한 바르고 객관적인 이해 없이는 불가능하기 때문이다. 인간의 내면과 행동을 이해하기 위해서는 인간을 둘러싼 사회환경을 대상으로 하는 생태체계환경 안에서의 인간을 바라보는 접근이 필요하다.

인간행동과 사회환경은 인간행동의 보편적인 현상과 원인, 영향 요건과 함께 인간의 비정상적인 행동의 여러 현상들을 성격과 사회체계 그리고 발달단계를 통해서 접근하고 있다.

성격에 대한 이론들은 인간의 행동에 대해 왜 그런 행동을 하게 되는가에 대하여 설명해 주고 변화를 시도할 때 활용될 수 있는 기초 지식이나 법칙을 알려 준다. 사회복지실천에서 인간의 성격적인 특성은 상황마다 일관적인 편인가, 상황에 따라 아주 달라질 수 있는가에 대한 관점들을 제공해준다.

사회체계이론은 인간과 환경 간의 상호작용에 초점을 둔 다원론적 관점으로 전환시켰다는 점에서 기여한 바가 크다. 인간과 환경은 서로 분리되어 있는 것이 아니라 지속적인 상호교류 안에서 존재하는 하나의 체계로 본다. 환경과 상호작용하고 타인과 관계를 맺는 인간의 능력은 타고난 것이다. 개인환경은 인간과 환경이 상호영향을 미치는 단일체계, 즉 호혜적 관계를 형성한다. 긍정적 변화는 생활경험으로부터 야기될 수 있다. 사회복지사는 내담자의 생활공간에 개입할 준비가 되어 있어야 한다.

인간발달단계는 곧 인간의 정신과 신체의 변화를 의미한다. '발달과업'이란 그 시기에 획득하여야 할 일종의 숙제처럼, 그 이후의 삶이 원활하게 진행되기 위해 그 시기 동안 제대로 갖추어야 할 기초능력들을 의미한다. 사회복지사들은 인생의 발달시기별로 행동 경향에 대해 알아야 한다.

이 책은 사회복지사로 활동하게 될 학생들에게 사회복지실천의 기본적 시각과 개입의 초점을 이해하도록 도와주며, 현장 사회복지사들에게는 다양한 개입의 틀을 지켜주는 지침서로서 인간행동과 사회환경의 다양한 요소와 이들의 상호작용에 관한 지식을 설명하고 있다.

이뿐만 아니라 사회복지사 시험을 대비하는 수험생들을 위하여 최근까지의 시험출제 경향을 분석하여 시험출제 주제와 내용을 모두 포괄하려고 노력함과 동시에 핵심을 정리하였기에 사회복지사 국가자격증 1급을 준비하는 학부생, 대학원생들과 교육학, 사회학, 심리학, 사회복지학 분야 관계자에게 다양한 사회적 상황에서 역동적으로 상호작용하는 인간의 행동을 이해하는 데 길잡이 역할을 해줄 것이다. 특히 교육학, 심리학, 사회학, 사회복지실천을 아우르는 방대한 이론을 수험생들이 정리하는 것은 쉬운 일이 아니다. 따라서 서술식이 아닌 핵심 요약식으로 정리하여 개념을 누구나 쉽게 파악할 수 있도록 배려하였다.

인간행동과 사회환경 교과목은 중요한 과목이고 많은 내용을 함축하고 있음에도 불구하고 교과목 편제상 한 학기만 배우도록 편성되고 있다. 이에 맞추어 이 책은 학부나 대학원 그리고 평생교육원에서 한 학기에 소화할 수 있는 분량이 되도록 모두 4부 14장으로 구성하였다. 제1부에서는 사회복지에서의 인간행동과 사회환경, 제2부는 인간행동과 성격, 제3부는 인간행동과 사회체계, 제4부는 인간행동과 발달단계로 편성되었다. 구체적인 내용에 있어서는 제1부 사회복지에서의 인간행동과 사회환경은 제1장 인간행동과 사회환경을 보는 관점, 제2장 성격과 사회체계, 발달에 있어서 인간행동과 사회환경을 통한 사회복지를 살펴보았다. 제2부 인간행동과 성격은 3가지 이론에 대하여 살펴보게 되는데, A 정신역동이론으로 제3장 프로이트의 정신분석이론, 제4장 에릭슨의 심리사회이론, 제5장 아들러의 개인심리이론과 융의 분석심리이론을 살펴보고, B 인지행동이론으로는 제6장 피아제·콜버그·비고츠키·정보처리이론, 제7장 스키너의 행동주의·반두라의 사회학이론, 그리고 C 인본주의 이론을 제8장 인본주의 이론에서 살펴보았다. 제3부 인간행동과 사회체계는 제9장 사회체계·일반체계·생태체계를 사회체계이론으로 고찰하였고, 제10장에서는 가족·집단체계, 그리고 제11장은 조직·지역·문화체계를 살펴보았다. 제4부 인간행동과 발달단계는 제12장 태내기·영아기·걸음마기(유아기), 제13장 학령전기·아동기·청소년기, 그리고 제14장에서 청년기·장년기·노년기의 발달상 나타나는 인간행동에 따른 사회복지실천 과제들을 제시하였다.

이 책의 중요한 특징은 사회복지학에서 강조하는 인간관인 환경 속의 인간(person-inenvironment)이라는 초점하에서 개개인의 성격발달, 그가 처한 사회환경 체계, 그리고 발달상 주요과업을 중심으로 인간행동을 이해하고자 한 점이다. 이 책을 통하여 인간 내면과 경험하는 환경 간의 상호 역동성 안에서의 인간의 행동을 보다 잘 이해할 수 있게 되기를 바란다. 끝으로 『인간행동과 사회환경』의 발간을 도와주신 한국학술정보(주) 대표이사님과 관계자 여러분에게 깊은 감사를 드린다.

2012년 11월
윤기종

목 차

제IV편 **발달단계와 인간행동**

사회복지에서의 인간행동과 사회환경

제1장

사회복지실천 토대로서의 인간행동과 사회환경

1. 인간행동과 사회복지실천

1) 인간행동의 이해

① 인간행동의 개념
- 신체적 행동으로 언어, 얼굴표정, 가벼운 손놀림, 일 등
- 정신적 행동으로 느낌 및 스트레스 과정
- 이들 행동은 의식적(약속하고 만나는 행위) 또는 무의식적(하품)으로 일어남.
- 생의 발달단계별로 특성을 지님.
- 유기체의 내적인 혹은 외적인 자극에 대하여 보이는 반응 또는 다른 유기체의 반응을 촉발하기 위한 자극으로 이해된다.

② 인간행동 이해의 관점
- 정신분석학적 관점
- 행동주의 심리학 관점
- 인본주의 심리학 관점
- 생태체계론적 관점

③ 인간과 인간행동
- 인간행동은 유전과 환경의 상호작용에 의한 영향을 받는다.
- 인간행동을 보다 효율적이며 질적으로 발전시키는 정보로서 기능할 수 있다.
- 집단의 목표달성과 총 효율성을 극대화시킬 수 있다.
- 지식과 정보는 국가정책이나 개혁의 효율성을 증대시키고, 사회정의와 공동체의 복지증진에 기여할 수 있다.

④ 생태계 일원으로서의 인간
- 인간을 생태계 내의 한 존재로 이해한다.
- 인간의 생존과 발전을 도모할 수 있게 한다는 점에서 발전된 인간관·세계관이다.

⑤ 인간행동에 포함되는 행동
- 심리학적인 성향의 행동: 마음, 동기, 학습, 성격, 이상행동 등
- 사회적인 행동: 규범, 도덕성, 역할, 집단행동 등
- 시민적 행동: 시민성, 사회참여 등

⑥ 인간행동과 유사한 개념
- 마음: 정신과 동의어로 사용되는 개념
- 동기: 역동적이고 목표지향적인 개념
- 학습: 비교적 영속적인 행동성향을 형성하는 과정과 그 결과를 가리키는 것
- 성격: 인간의 행동을 지칭하는 심리학적 개념 중 가장 전형적인 개념
- 규범: 행동에 대한 사회적 기대와 실천행동의 규칙
- 도덕성: 행위자가 선악, 시비를 판단하거나 참여방식을 선택할 때 따라야 할 준거와 원리에 따르는 것

⑦ 인간의 행동적 특성
- 상징과 의미: 문화를 이루는 핵심적 요소
- 자기 성찰: 자신의 행동과 사고의 흐름까지도 객관화하여 고찰할 수 있다.
- 비판적 분석: 자기 성찰을 바탕으로 공동체의 존속과 질을 기준으로 일과 사물을 객관적으로 분석하고 평가하며 변화를 꾀하는 성향이다.
- 제도: 구성원의 기본적인 욕구 충족, 의사소통과 영향력 행사, 의무이행 방식 등이 통용되는 상호작용 형태
- 관습: 제도화된 형식을 추종하는 과정에서 나타나는 반복적인 행위 형태

2) 사회환경의 이해

(1) 사회환경의 개념과 관점

① 사회환경의 개념
- 인간의 여러 가지 생활에 직간접으로 영향을 미치는 조건이나 형편(당해 사회의 성격, 제도, 전통, 문화구조 등에 의해 이루어짐)
- 19세기 말: 내부 환경으로 사회환경(인간이 만든 환경에 국한), 외부환경으로 자연환경
- 20세기 중반: 사회환경=자연환경(지형, 고도, 기후, 날씨, 천연자원 등)+인공적 환경(공동주택단지, 공장, 대중교통수단, 매연 등)
- 체계에 의해 연계되어 서로 영향을 주고받음

② 사회환경의 관점
- 초기 사회학 기반 관점은 인간에 의해 구성된 집합체(가족, 집단, 조직, 지역사회 등)에 중점
→ 즉, 체계 수준을 형성하지 않고 각 환경 속의 구성원 간 교류 강조, ∴ 체계 간 상호 작용 이해에 한계
따라서 다음으로, 인간이 접하는 자연환경에 중점을 둔 생태학이론＋환경의 체계 수준을 고려한 체계이론＝생태체계적 관점(환경의 체계 수준을 함께 고려한 통합적 관점)

③ 사회환경 영역
- 가정: 가정의 분위기와 전통은 인간의 인격, 가치관, 신념 등의 형성에 매우 중요하다.
- 학교: 학교에서 학생들의 행동을 형성하는 데 관련된 요소에는 학교의 공식적·비공식적 교육과정, 학교의 물리적·사회·문화적 환경, 교사의 주관적 능력과 태도, 학생의 주관적 능력과 태도
- 동료집단: 한 인간이 생애 동안 접촉하는 횟수가 가장 많은 사회환경이다. 동료집단은 반복적인 정서적 교류와 유대, 동일한 욕구해결 체험, 비슷한 심리적·사회적 위치 등 때문에 영향력이 크다.
- 대중매체와 종교: 대중매체는 각종 정보를 공급하여 행동의 선택 가능성을 높이고 판단의 준거를 강화한다. 인간은 종교의 선택에 따라서 신성성, 인간관, 세계관, 자연관, 미래관 등에 차이를 보인다.

(2) 인간행동과 사회환경 이해의 틀과 과제

① 인간행동과 사회환경의 의미
- 클라이언트의 욕구나 문제를 파악할 수 있는 핵심체
- 사회복지사의 활동현장
- 사회복지실천에서 사회환경은 클라이언트에게 영향을 미치는 중요한 영향체계
예) 가족의 경우: 긍정적 영향 → 지지체계 또는 자원체계, 부정적 영향 → 표적체계

② 인간행동과 사회환경 이해의 틀

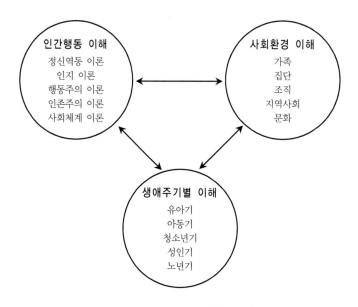

③ 인간행동과 사회환경 이해를 위한 과제
- ■ 인간행동에 관한 균형 잡힌 이해를 위해 관련 이론을 두루 섭렵
- ■ 이론과 개념을 익힐 때 실제 사례에 적용시킬 수 있도록 노력

3) 사회복지실천의 토대

① 사회복지실천의 가치
- ■ 사회복지실천을 안내해주는 확고한 신념
- ■ 사회복지사가 지녀야 할 정신적 목표
- ■ 가치로서 서비스를 제공해야 하는 사회의 책임성, 클라이언트의 존엄성과 개별성 등이 강조됨.

② 사회복지실천의 목표
- ■ 개인의 문제해결 능력 강화
- ■ 자원과 서비스를 제공하는 체계에 개인을 연결
- ■ 서비스와 자원을 제공하는 체계의 효과적 운용
- ■ 사회정책의 개발과 향상

③ 사회복지실천의 지식
- ■ 사회를 대상으로 하는 사회학, 법학, 정치학, 경제학 등
- ■ 인간의 행동을 종합적으로 파악하여 관찰·분석하는 과학
- ■ 클라이언트를 둘러싼 배경과 사회변화를 통찰할 수 있는 지식

④ 사회복지실천의 기술
- 계획단계에서 면접, 조사, 사정, 계획 등에 관한 기술
- 문제해결단계에서 상담, 치료, 조직화 등에 관한 기술
- 평가와 종결단계에서 평가에 관한 기술

⑤ 사회복지실천의 환경
- 환경 속의 개인에 중점
- 클라이언트를 둘러싼 가족, 동료집단, 지역사회를 함께 이해한다.
- 클라이언트를 이해하고, 나아가 자원을 동원하여 활용하는 데도 중요한 개념이다.

⑥ 사회복지실천을 위한 인간행동의 내용
- 인간행동과 제일 관계 깊은 학문이라면 단연 심리학이지만, 너무나 많은 하위 분야들이 있고 모든 심리학 분야가 다 인간의 행동에 대해 일정한 영역을 설명하고 있다.
- 인간행동과 사회환경은 인간행동의 보편적인 현상과 원인, 영향 요건과 함께 인간의 비정상적인 행동의 여러 현상들도 소개하고 있다.

2. 인간행동을 보는 관점

1) 사회체계적 관점

(1) 환경 속의 인간 관점(person in environment)(Germain, 1987; Germain & Gitterman, 1981).

- 인간과 환경 사이에 일어나는 상호작용 영역에 초점을 두고, 양자 간의 상호교환을 통하여 어떤 일이 진행되고 있는가에 관심의 초점을 둔다.
- 인간의 행동은 사회환경과 개인이 내적·외적으로 다양하게 상호작용한 결과 나타난 것
- 인간행동을 '환경 속의 인간'이라는 총체적 인간관을 지향한다.
- 인간과 환경의 관계를 하나의 통합된 주체로 이해한다.
- '인간'이라는 용어의 정확한 표현은 '환경 속의 인간체계'적으로 이해한다.
- 물리적 환경은 기후와 지리적 조건 등의 자연적 환경, 건축물, 대중매체, 교통체계 등 인위적 환경으로 구분한다.
- 사회환경 → 인간의 삶과 행동에 직간접적인 영향을 미치는 조건, 상황, 인간 존재 간의 상호관계이다.
- 미시적 관점은 인간 자체에 초점을 두고, 인간이라는 유기체가 어떤 요인들로 구성되어 있고, 어떻게 변화되고 안정성을 유지하는지, 각 구성요소의 기능은 무엇이며, 이들 요인들 간에 이루어지는 상호작용의 결과로 나타나는 것은 무엇인지를 파악하는 방법

으로, 주로 인간이 하는 행동을 중심으로 하여 이해한다.

■ 거시적 관점은 인간 자체보다는 인간과 환경 사이의 관계를 중심으로 하여 인간을 이해하는 방법이다.

■ 환경 속의 인간이라는 이중적 관점이 사회복지에서 중요한 의미를 가지는 것이지만 개인과 환경 중 어디에 강조점을 두는가에 따라 이론적 기반과 실천방법이 크게 달라진다. 이러한 현상은 사회복지전문직의 발달과정에 잘 나타나 있다.

■ 자선조직협회는 개인과 가족의 변화에 초점을 두어 개인주의를 중심으로 하는 프로테스탄트 관점 – 개인에게 강조점

■ 인보관운동은 빈민과 이주민에게 매우 복잡한 환경을 잘 이해시키고 바람직한 방향으로 변화시키고 영향을 미치려고 하였다. – 환경에 강조점

– 1917년 Marry Richmond가 『사회진단(Social Diagnosis)』을 저술함으로써 전문화의 길을 열게 됨

– 1920년대에 정신분석이론의 영향으로 개인, 그것도 정신 내적 측면에 초점

– 1930년대의 대공황으로 인하여 사회복지전문직에서는 환경에 초점을 두는 사회개혁적 접근방법

– 1940년대와 1950년대에 미국사회가 경제적 번영, 심리적 역기능을 가진 개인을 치료하기 위한 접근

– 1960년대에 빈곤문제가 다시 사회적 관심사로 부각, 빈곤전쟁과 시민권운동

– 1970년대에는 사회개혁적 전통이 다시 우위

– 1960년대와 1970년대에는 사회복지전문직 내에 존재하고 있던 모든 분열과 불화가 표출되게 되었다. 따라서 이 시기에는 1920년대 Milford 회의에서부터 맹아를 키워왔던 통합적 실천(generic approach)에 대한 요구가 높아지게 되었으며, 일반체계이론의 영향으로 통합적 사회복지실천은 더욱 가속화되게 되었다.

– 1980년대부터 사회복지전문직에서는 다시 개인과 환경 사이의 이중적 초점, 즉 환경 속의 인간이란 관점을 어느 정도 회복, 유지하고 있다.

■ 인간과 환경의 균형적 초점을 유지한다는 것은 지극히 어려운 일이다. 이러한 연유로 아직도 어떤 사회복지사는 사회적 변화를 일으키는 데 더 많은 노력을 기울이는 반면 다른 사회복지사는 개인의 사회적 기능을 증진시키는 데 더 많은 노력을 기울이고 있는 것이다. 분명한 것은 사회복지전문직에서는 반드시 환경 속의 인간이라는 이중적 초점하에서 인간행동과 발달을 이해하여야만 한다.

(2) 생태체계적·통합적 관점

■ 인간의 행동이란 그 행동이 행해지는 환경 속에서 구체적으로 하나가 된다.

- 인간행동을 이해하는 방법은 개인을 중심으로 한 심리학적, 미시적인 차원에서 이해하는 입장이다.
- 개인을 둘러싼 환경적인 요소, 사회·문화와의 관계에서 이해하는 거시적인 차원의 접근을 모색한다.
- 인간의 부적응을 규명하고 치료하는 데 있어서도 정신분석학적 차원의 관심뿐 아니라, 사회문화적인 환경의 영향에 관심을 가져야 한다.
- 개인행동을 이해하려는 접근으로는 성격이론이 대표적으로 "인간은 왜 그렇게 행동하는가?"에 대한 다양한 이론을 제시하고 있다.
- 프로이트(S. Freud)를 중심으로 한 정신분석학적 성격이론가들은 인간행동이 유전적 기질, 특성, 또는 다른 내부의 심리적 힘에서 비롯된다고 보며,
- 스키너(B. F. Skinner)와 같은 행동주의 성격이론가들은 인간행동이 환경 속의 강화인자에 의해 비롯되고 변화한다고 말한다.
- 인본주의 성격 이론가들은 자유 선택을 강조하여 자기가 하려고 마음먹은 것을 할 수 있다고 한다. 전통적으로 인간의 행동은 유전적 기질, 환경의 변인, 자율성의 함수에 의한다고 본다.
- 사회학습이론을 강조한 반두라(A. Bandura)와 같은 성격이론가들은 유전적 요인과 환경적 요인, 그 사람의 행동 자체가 상호작용되어 행동이 이루어지며 세 요소 중 어느 것을 도외시하고서는 인간행동의 결정요인을 설명할 수 없다는 상호결정론의 입장이다.
- 사회체계적 접근방법에서는 인간행동의 근거를 문화와 사회라는 사회체계 속에서 찾는다.
- 사회학자나 문화인류학자들은 인간은 출생과 동시에 가족이라는 집단에서 성장하며 학교 조직체계에서 교육받고 사회라는 조직체계 속에서 일하며 살아가며, 전통적으로 내려오는 문화 속에서 언어를 습득하고 행동양식과 가치를 내면화한다고 본다.
- 이러한 사회체계는 개인, 가족, 집단, 조직, 지역사회 그리고 문화로 구성되며 모두 인간행동에 영향을 주는 기본체계이다.
- 이러한 체계들 중에 어디에 초점을 두느냐에 따라 학자들 간에 입장이 달라진다.
- 파슨스(T. Parsons)와 같은 거시적 기능주의자들은 거시체계인 사회를 중요시하기 때문에 인간의 행동은 전체 사회의 목표나 욕구에 의해 변화되는 하나의 단위라고 봄으로써 인간행동의 문화결정론을 주장하고,
- 반대로 웨버(M. Weber), 미드(J. H. Mead), 그리고 블루머(H. Blummer)와 같은 사회적 행동주의자와 사회적 상징주의자들은 인간은 사회화 과정에서 문화의 영향을 크게 받지만 무조건 받아들이는 것이 아니고 자율성을 가지고 선별적으로 받아들인다는 입장이다.
- 인간의 발달이론, 성격이론, 사회체계이론은 인간행동을 이해하는 데 필수적인 이론이다.

2) 전 생애 발달적 관점

전 생애에 걸친 인간의 신체적·심리적·사회적 측면에서 전개되는 발달에 초점을 두고 인간행동을 이해한다(Newman & Newman, 1986).

① 인간의 성장과 발달은 삶의 모든 기간에 걸쳐 일어난다.
② 인간의 삶이란 기간에 따라 진행되는 지속성과 변화를 보인다.
③ 인간을 전체로서 이해해야 한다.
④ 인간의 발달과 행동은 그에 관련된 상황이나 인간관계의 맥락에서 분석되어야 한다.

		태내기	영아기	걸음마기	학령전기	아동기	청소년기	청년기	장년기	노년기
연령		임신~출산	출생~2세	2~4세	4~6세	6~12세	12~19세	19~29세	30~65세	65세~
발달	신체적	·임신 초기 중요(1~3개월) ·임신부 영향 ·유전영향 발생기(2주) 배아기(~8주) 태아기(9주~)	·제1의 성장 급등기 ·반사활동	·걷기 등 운동 능력 발달 ·3多 ·상상능력과 언어능력	·운동기능 발달(체육 즐김) ·안전사고 주의	·점진적 발달 ·운동기능 발달 ·영구치	·제2의 성장 급등기 ·사춘기 ·성적 성숙 ·양가감정 가짐	·신체적 황금기	·신체기능 변화 ·갱년기 ·중년의 위기	·노화
	심리적		·감정분화 ·대상영속성(9~10개월) 시작	·자아통제 ·요구에 일치하는 능력 ·충동조절과 통제	·도덕성 발달 ·정서 감춤 ·자아개념형성	·정서적 안정 ·공포, 불안정서 ·자아개념 발달	·자율성 ·질풍노도의 시기 ·자아정체감 형성 ·상상 속의 청중	·감각기능 최고 ·자율성 ·애정 발달 ·자아 정체감 확립	·결정성 지능 ·유동성 지능 ·장기적 기억능력	·정서적 변화
	사회적		·애착형성 ·낯가림과 분리불안	·제1의 반항기 ·자율성 ·자기주장 ·반항적 행동 ·상상놀이	·동성친구 ·성 구분 인식 ·사회적 관점 ·반항적 사고 ·집단놀이의 유용성(협동과 상호작용)	·학교 ·또래친구 ·성역할 인식 ·단체놀이(팀 스포츠) ·목표/분업/경쟁/승리	·제2의 반항기 ·심리적 이유기 ·친구(또래집단) ·이성친구	·성역할 정체감 확립 ·직업 ·결혼 ·자녀양육	·가족생활 안정 ·자녀교육과 훈육 ·직업성취 ·역할전도 ·빈둥지증후군	·자아통합 ·죽음 ·역할변화 ·사회적 지지 ·은퇴
프로이드			·구강기 -입을 통해 만족을 느낌 -고착: 구강수동적/구강공격적	·항문기 -고착: 항문강박적/항문폭발적	·남근기 -오이디푸스 콤플렉스 -초자아 발달	·잠재기 -동성과 친밀	·생식기			
에릭슨			·유아기(신뢰/불신) -희망과 자신감/위축 -모성인물이 중요	·초기아동기(자율성/수치심) -의지/강박적 행동 -부모가 중요	·학령전기(주도성/죄의식) -목표, 목적/억제 -가족(핵가족)이 중요	·아동기 학령기(근면성/열등감) -능력/무력감 -이웃, 학교가 중요	·청소년기(정체감 형성/혼란) -성실/거부 -또래집단	·성인기(친밀감/고립) -사랑/배척 -우정, 애정, 협동, 경쟁 대상	·장년기(생산성/침체) -배려/거절 -직장, 확대가족	·노년기(자아통합/절망) -지혜/경멸 -인류, 동족
피아제			·감각운동기 ·반사활동기 -1차순환반응 -2차순환반응 -2차도식의 협응 -3차순환반응 -통찰기	·전조작기 (전개념기) -상징적 사고 -물활론 -자기중심적	·전조작기 (직관적) -불완전한 분류능력, 중심화(한 가지 집중) -불가역성, 자기중심성	·구체적 조작기 -보존 (동일성, 보상성, 가역성) -분류(유목화) -조합	·형식적 조작기 -논리적 -추상적 사고 -가설, 연역적 사고			
콜버그			·전인습적 도덕기(~9세) -1단계: 처벌과 복종 지향으로서 도덕 -2단계: 욕구충족 수단으로서 도덕				·인습적 도덕기 3단계: 원만한 대인관계로서 도덕 4단계: 법과 질서 준수하는 도덕 ·후인습적 도덕기 5단계: 사회계약 정신으로서 도덕 6단계: 보편적 도덕원리에 대한 확신			

사회 복지 실천	・임신부 지원	・운동발달 지체(발달 상태 점검) ・애착관계 형성 ・감각, 지각 발달 지체	・학대와 방임 ・영양결핍, 질병 ・ADHD, 자폐, 늘어증, 야뇨 증	・공격성 ・적절한 인지 교육 ・죄의식	・학습/행동장애 ・결식아동 ・아동학대 ・품행장애	・섭식장애 ・부정적 사아성 체감 ・비행	・이혼 ・숭도장애 ・군인복지 ・취업	・가족해체 ・실직	・만성질환 ・치매

3) 성격상 문제해결적 관점

(1) 인간행동 이론적 관점

- 관찰한 현상의 기술, 설명, 예측, 통제에 필요한 원칙들을 제시한다.
- 인간행동과 관련된 문제를 제기, 행동문제와 관련된 자료 조직화, 큰 준거 틀 내에서 인간행동 문제의 원인을 분석한다.
- 인간행동의 역동적 원인관계를 이해하고, 앞으로의 행동 변화를 예측, 변화 개입 방안을 모색하는 데 도움을 준다.
- 인간발달이나 성격, 사회체계에 대한 이론을 의식적이고 명시적으로 적용함으로써, 계획적이고 전문적인 과정을 통해 개인, 가족, 집단의 기능 증진, 기능상실 예방을 원조한다.

(2) 인간의 성격에 대한 관점

- 현재의 인간을 이해하고 미래의 행동을 예측하며, 바람직한 방향으로 행동을 수정하기 위해 필요하다.

(3) 부적응 행동에 대한 관점

- 인간행동의 이해에는 인간의 부적응적 행동을 이해하는 것도 포함한다.
- 특정 발달단계에서 나타나는 심리사회적 장애 및 사회적 일탈행위를 일반화하는 것도 도움을 준다.

(4) 해결적 관점

- 임상적 접근방법: 개인, 가족, 집단의 변화에 강조점을 둔다.
- 정책적 접근방법: 빈민과 이주민에게 복잡한 환경을 잘 이해시키고, 그 환경을 바람직한 환경으로 변화시기는 데 깅조짐을 둔나.

3. 인간행동과 인생주기

1) 인생주기의 개념과 특징

(1) 배경과 개념

- Levinson(1986)은 성인남자 40인에 대한 연구(Levinson & associates, 1978)와 이를 성인여성에 적용시킨 후속 연구(Levinson, 1988)를 토대로 성인발달에 관한 일반이론의 정립을 시도하였다. 남녀, 문화, 시대의 차이를 불문하고 성인발달(adult development)은 계절이 주기적으로 변화하는 것처럼 구조적 변화를 수반한다고 하였다.
- 인간의 생애(life course)는 서로 구분되는 발달 시기(period) 내지 계절(season)이 교차되는 생애주기(life cycle)가 있다고 보았다.
- 그는 인생의 주기를 미성년기(22세 미만), 성인 초기(17세 이상 45세 미만), 성인 중기(40세 이상 65세 미만), 성인 후기(60세 이후)의 네 가지로 크게 구분한다. 그의 이론은 이들 시기 중에서 성인 초기와 성인 중기에 초점을 맞추고 있다.
- Daniel Levinson은 근로자, 기업가, 학자 그리고 예술가로 종사하는 35세에서 45세 사이의 남성 40명을 대상으로, 삶의 전반에 대해 심층적인 면접을 하여 얻은 자료와 유명인의 자서전이나 문학작품 속 주인공의 생애를 분석한 결과를 통합하여 인생주기(seasons of life) 모형을 제시하였다.

(2) 인생주기의 특징

- Levinson은 인생의 주기를 크게 네 개의 시기(era)로 나누고, 각 시기 사이에 세 번의 시기 간 전환기(cross·era transition)를 설정하였다.
- <그림>에서 보듯이 각 시기는 성인 이전 시기(0~22세), 성인 전기(17~45세), 성인 중기(40~65세), 성인 후기(60세 이후)로 나누어진다.
- 시기 간 전환기는 성인 이전 시기와 전기 사이의 성인 전기 전환기, 성인 전기와 중기 사이의 성인 중기 전환기, 성인 중기와 후기 사이의 성인 후기 전환기로 구성된다.
- 각각 5년간에 걸친 이 전환기 동안에 이전 시기의 삶을 평가하고 통합하며 다음 시기를 설계하게 된다.
- Levinson에 의하면 각 시기의 인생구조가 형성되는 과정은 연령이 증가함에 따라 일정한 계열을 형성한다.
- 각 시기의 인생구조는 구조가 설정되기 시작하는 초보인생구조(entry life structure), 각 시기 내에서 구조가 변화하는 전환(transition), 특정 시기 인생구조가 완성되는 절정인생구조(culminating life structure)의 세 단계 유형으로 구성된다.

■ <그림 1>과 같은 17세에서 65세까지 아홉 개의 주요기간으로 구성되는 인생주기모형이 형성된다.

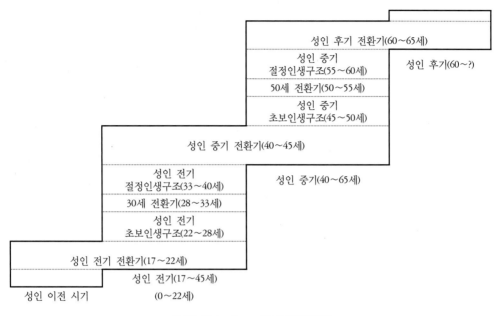

〈그림 1〉 Levinson의 인생주기모형

■ Levinson의 성인기 발달모형은 각 시기에 한 개인의 삶의 기본 양식을 뜻하는 인생구조(life structure)를 가정하고 있다는 점이다.
■ 인생구조는 '지금 내 삶은 어떤 모습인가?'라는 의문에 대해 스스로 제시하는 대답을 의미한다.
■ 자신이 중요성을 부여하는 사람들과의 관계, 결혼과 가족, 그리고 직업을 가장 중요한 요소로 설명하고 있다.
■ 인생주기 중 25년이라는 긴 기간을 5번에 걸친 전환기로 설정한 것은 생의 과정에서 경험하는 동요와 위기의 중요성을 보여 주는 것이다.
■ 성인 전기 인생구조에 의하면 성인 전기는 꿈을 갖고 평생의 과업을 찾으며, 일생 동안 지속할 애정관계를 이루고 스승(mentor)을 구하는 시기이다.
■ 꿈·스승·생애과업·결혼의 네 가지 발달과업이 이루어지는 양상은 곧 성인 전기 성격발달이 이루어지는 과정을 보여 주는 것이다.

2) 성인기 사계절 이론

(1) 개요

■ 레빈슨(Levinson)은 인생주기 진행을 자연의 사계절이 진행되는 과정에 비유하고 있다.

■ 인생주기의 진행을 자연의 사계절에 비유한 이유는 우선 사계절의 질적 특징이 인생의 각 시대의 발달적 특징과 유사한 점에 있다. 그러나 보다 큰 이유는 그 진행이 변화와 안정과정이 순환하면서 점진적으로 이루어지고 있으며, 그 변화과정이 과거와 현재와 미래를 연결하는 연속성이 있다는 점이다.

■ 전 생애를 크게 성인 이전기, 성인 초기, 성인 중기, 성인 후기의 4개의 시대(Eras)로 구분하고 있으며, 각 시대는 4~5년 정도 지속되는 몇 개의 시기들(Periods)의 계열(sequence)로 이루어져 있다고 하고 있다. 이러한 시기들의 계열이 진행되는 과정은 변화와 안정의 순환원리에 의해 진행된다.

■ 혼돈과 갈등, 변화가 수반되는 '전환기(transition)'와 다음 시대를 적절하게 살아가기 위해 새로운 삶의 구조(life structure)를 형성하는 '안정기(settling down period)'가 교차되면서 인생주기가 진행된다.

■ 개인의 심리사회적인 발달은 안정기보다는 주로 전환기에 이루어진다고 할 수 있다.

(2) 성인의 인생구조

■ 레빈슨 이론의 핵심적인 개념은 인생구조이다.

■ 인생구조는 특정시기에 개인의 인생에 있어 강조되는 패턴이나 디자인을 의미한다.

■ 인생의 주요 구성요소는 배우자, 자녀, 직장상사와 동료, 교회나 클럽에서의 사회적 집단을 포함한다.

■ 성인의 인생구조는 전 생애에 걸쳐 안정적인 것이 아니라, 생활구조에 따라 몇 번의 전환기를 경험하게 된다.

■ 성인의 인생을 네 개의 시기로 나누고 각 시기 사이에 세 번의 시기 간 전환기를 설정하여 설명하고 있다.

(3) 성인의 인생구조 형성 과정

■ 레빈슨에 의하면 성인의 인생구조 형성과정은 연령이 증가함에 따라 일정한 계열을 형성한다.

■ 각 시기의 인생구조는 구조가 설정되기 시작하는 초보인생구조, 전환기, 절정기의 세 단계 유형으로 구성된다.

■ 성인의 인생주기 모형을 17세에서 65세까지 9개의 주요 단계로 구성하고 있다.

3) 인생주기모형 구분

(1) 성인 전기 인생주기모형

- 성인전기 성격발달 특성을 다음과 같은 네 개의 기간으로 나누어 살펴볼 수 있다.
① 성인 전기 전환기는 약 17세에서 22세 사이에 경험하게 되는데, 부모로부터 경제적으로나 정서적으로 독립하여 성인으로서의 삶을 준비하는 과도기이다.
② 성인 전기 초보인생구조가 형성되는 단계는 약 22세에서 28세 사이로, 이성을 만나 가정을 만드는 것과 직업선택은 초보인생구조를 구성하는 대표적 요인이다. 성인 전기의 초보인생구조의 형성에 가장 크게 영향을 미치는 요인으로서 꿈과 스승을 들고 있다. 꿈은 과업에 몰입하고 활력을 주는 성인 전기의 삶의 지표이다. 스승과의 만남에서 시작되는 도제기간은 일뿐 아니라 인생을 살아가는 모든 과정에 큰 영향을 미친다.
③ 30세 전환기는 약 28세에서 33세 사이에 남성들은 지난 10여 년의 자신의 삶을 되돌아보며, 자신이 해온 일들이 적합했는가에 대해 의문을 제기함으로써 가벼운 위기를 경험하게 된다. 이 위기를 잘 극복하면 자신의 삶에 확신을 갖고 활력을 지니며, 보다 안정된 성인 전기 인생구조의 토대를 쌓게 된다. 이 시기에 이혼을 하거나 직장을 옮기는 등의 바람직하지 못한 적응양식이 나타나기도 한다.
④ 성인 전기 절정인생구조가 형성되는 단계는 약 33세에서 40세까지로, 30세 전환기를 통해 성인 전기의 안정된 구조가 확립된다. 그래서 직장, 가정, 기타 사회활동에서 열성적으로 일하며 자신의 삶의 양식을 확립하고 인생의 뿌리를 내린다. Levinson은 이 과정을 '자기 자신 되기(Becoming One's Own Man: BOOM)'라 지칭하고 성인 전기 인생구조를 마무리하는 중요한 과업으로 생각한다. 자신을 확립하는 과정에서 이전의 초보인생 구조에서 지녔던 꿈을 실현하거나 불가능한 부분을 버리는 것으로써 정리하며, 인생의 모델로 삼았던 스승을 마음으로부터 버리게 된다.

(2) 성인 중기 인생주기모형

- Levinson의 성인기 발달단계이론에서 성인 중기 발달은 다음의 네 단계로 구성된다.
① 성인 중기 전환기(mid-life transition)는 대체로 40~45세 사이로 지난날의 삶에 대한 의문이 시작된다. Levinson 연구대상의 80퍼센트는 이러한 중년기 위기가 심리적으로 고통스러웠으며 정서적 동요와 불안을 경험한 것으로 보고하였다.
② 성인 중기 초보인생구조기는 약 45~50세 사이에 해당되는데 이 단계에서 대부분의 사람들은 전 생애 동안 지속될 자신의 삶의 새로운 구조를 형성하게 된다. 가정에서 부부와 자녀관계의 재정립, 직장에서 과업수행방식의 재조정은 이 단계 과업의 몇 가지 예가 된다.

③ 50세 전환기는 약 50~55세 사이로서 중년기 내에서 또 한번의 위기를 경험하는 시기이다. 성인 중기 전환기에서 충분한 갈등을 경험하여 극복하고 성인 중기 초보인생 구조단계에서 비교적 확고한 인생구조를 확립한 경우에 50세 전환기는 가볍게 이행된다. 반면에 인생 중기 전환기가 무난히 지나갔을수록 50세 전환기는 힘든 시기가 된다.

④ 성인 중기 절정인생구조기는 대체로 55~60세 사이의 시기로서 성인중년기를 마무리하는 단계이다. 정상적인 삶의 과정에서 이 단계는 한 개인의 삶의 위대한 완성기이다.

(3) 성인 후기 인생주기모형

■ Levinson은 성인 후기를 처음에는 성인 후기 전환기로 특징지음으로써 이론화했다.

■ 시기는 60세와 65세 사이로 간주하고 신체적 변화와 성격과의 관계를 강조했다.

■ 성인 후기의 사람들은 사랑하는 사람들과 친구들의 죽음을 체험하고, 심각한 병의 빈도가 증가하며 능력이 감퇴된다. 그러므로 이 시기 이전의 생의 방식을 끝내거나 수정해야 한다. 그러나 노인들은 가족 내에서 조부모세대의 역할로서 성장하는 자손들을 도울 수 있고, 지혜와 지지의 원천으로서 봉사한다.

■ 은퇴는 또 다른 중요한 발달적 도전이다. 은퇴 후에도 개인은 가치 있는 일에 종사할 수 있으나, 그것은 외적 압력과 경제적 요구가 아닌 창조적 에너지로부터 근거할 것이다. 그리고 생애주기의 끝인 죽음의 과정에 직면하고 자신의 죽음을 준비해야 한다. 그러므로 인생과 죽음에 대해, 특히 자신의 인생과 죽음에 대해 새로운 의미를 줌으로써 발달하게 된다. 그리고 사회생활에서는 주위사람들에게 지혜와 통합의 모델로서 봉사할 것이다. 그리고 가장 중요한 것은 인생의 마지막 시기로서 특별히 자아를 잘 알고 사랑하며, 그래서 마침내 자아를 포기할 준비가 되어 있는 단계에 도달하는 것이다.

(4) 발달단계 연령과업(성인의 인생주기 9단계)

① 성인 초기 17~22세
  - 성인세계로 첫발을 딛는 단계 가능성탐색, 시험적 수행

② 성인 초기 22~28세
  - 결혼, 가족으로부터의 분리, 사회적 관계 형성, 초보인생구조 꿈을 추구

③ 30세 전환기 28~33세
  - 첫 인생구조에서 문제점 인식, 재평가, 새로운 선택 탐색

④ 성인 초기 33~40세
  - 두 번째 인생구조 형성, 직장, 가족, 친구, 절정인생구조 사회에 자신을 투자, 꿈을 추구

⑤ 성인 중기 40~45세
  - 초기와 중기의 다리역할, 자신에 대한 질문, 전환기 역할수행에 의문을 가짐, 위기의식

⑥ 성인 중기 45~50세
　- 새로운 인생구조의 형성을 위해 다양한 노력 초보인생구조
⑦ 50세 전환기 50~55세
　- 30세 전환기와 비슷, 성인 중기 인생구조에 적응
⑧ 성인 중기 55~60세
　- 두 번째 성인 중기의 인생구조를 형성, 성공적인 절정인생구조를 형성하였다면 만
　　족의 시기
⑨ 성인 후기 60~65세
　- 은퇴와 신체적 노화 대비의 시기, 인생주기에 있어 중요한 전환기가 됨
⑩ 성인 후기 65세 이상
　- 은퇴와 신체적 노화에 대비하는 시기로 새로운 패턴의 인생구조 확립하는 시기, 심
　　리적 충격에 대비

제2장

인간행동과 사회환경을 통한 사회복지

1. 성격과 사회복지

1) 성격개념과 특성

- 정신역동이론, 행동주의 이론, 인지이론, 인본주의 이론 등은 인간의 행동과 성격 이해 기초
- 인간의 행동은 주로 개인의 성격에 의해 결정되므로, 인간의 행동 이해 위해 성격을 이해

(1) 성격개념

- 생리적 욕구나 환경적 자극만으로는 설명할 수 없는 개인의 사고, 감정 행동의 결정요 인으로 간주되는 지속적이고 역동적이며 통합적인 정신기제이다.
- 한 개인이 사회적 역할을 수행할 때 주위 사람들에게 주는 피상적 수준의 사회적 이미 지이다.
- 성격은 개인의 독특한 성질을 뜻한다.
- 성격이란 정신과 정서 면에서의 독특한 성향을 말하는 것으로 자신을 다른 사람에게 표현하고 외부세계에 대하여 내적·외적으로 자신을 적용시키는 특별한 방법이다.
- 성격은 자신의 본질적인 존재를 표현하는 방법이다. 성격은 그 사람이 존재의 핵심은 아니지만 그가 가진 가치관과 신념과 관련이 있고 사람마다 성격에 차이가 있다.

(2) 성격의 특성

- 개인과 타인을 구분지어 주는 개인적 속성이다. 개인의 특유한 행동과 사고를 결정, 개 인에 내재하는 심리·신체적 체계들의 역동적 조직(Allport, 1961)
- 상황이 바뀌고 시간이 지나도 성격은 비교적 일관되고 안정된 특성을 보인다(성격의 일관성).
- 성격은 구성요소별로 나뉘어서 기능하는 것이 아니라, 전체적이고 통합적이며 조직적

으로 기능한다.
- 성격은 인간의 내적 속성이다.
- 성격은 정신·신체적 체계들의 통합과정이다.
- 개인마다 고유한 성격을 가진다(독특성).
- 성격은 역동적이다.

(3) 성격의 기능

- 개인이 통합적이고 조직적으로 기능할 수 있게 해준다.
- 인간관계를 형성·유지하거나 사회생활을 도모하고 환경적 요구에 적응할 수 있는 기반을 제공해준다.
- 각 개인을 독특한 존재로서 규정해줌으로써 다른 사람과 구별 지어 준다.
- 실제로 그 사람이 어떤 사람인가 하는 인간 본성을 이해할 수 있는 기반을 제공해준다.

(4) 성격 형성의 영향요인

- Freud: 강한 생물학적 결정론에 입각해 있으며, 성격의 근거를 인간 내부의 무의식적 힘에서 찾고 있다.
- Skinner: 성격은 존재하지 않는 허구의 개념이라고 주장하며, 행동주의 이론(환경결정론)에 입각하여 각 개인에게 주어진 환경적 자극에 의해 획득되는 것이라고 믿고 있다.
- 인간의 주체적 삶의 선택과정의 결과로 성격을 본다.
- 현대적 성격이론에서는 유전적 요인과 환경적 요인이 끊임없이 상호작용한 결과로서 성격이 형성된다는 상호 결정론적 관점이 우세하다.

① 유전 및 생물학적 요인의 영향
- 유전자는 단백질을 특정 방향으로 합성함으로써 인간의 생물학적 성장과 성숙을 결정하고 그 기능을 통제하며, 본능, 감각기능 등의 심리적 기능에도 강한 영향을 미친다.
- 성격 형성에 영향을 미치는 생물학적 요인인 내분비선에 의해 분비되는 호르몬은 자율신경계와 밀접한 관련성을 지니며 정신작용에 깊이 관여한다.
- 자율신경계는 성격특징 중 정서를 지배하는 기능을 담당, 그 기능이 비정상일 경우 정서적 불안이 유발된다.

② 환경 및 후천적 요인의 영향
- 성격발달은 개인이 속해 있는 환경적 요인에 큰 영향을 받는다.
- 가족의 구성, 가족관계, 양육태도, 형제 간 서열, 가족 사회문화적 상태 등이 가장 중요

하다.

- 지역사회환경과 사회문화적 요인 또한 성격형성에 중요하다.
- 인간은 후천적 환경에 적응하는 과정에서 자신만의 독특한 행동방식이나 적응양식, 즉 성격을 형성해 나간다.

2) 성격이론

이론	학자	이론명칭	핵심어
정신분석	프로이트	정신분석이론	구강기-항문기-남근기-잠복기-생식기, 무의식, 의식, 전의식, 원초아(쾌락원리), 자아(현실원칙), 초자아(3~5세에 발달/양심-자아 이상), 에로스/타나토스, 리비도(고착), 오이디푸스/엘렉트라, 유년기 중시
	안나 프로이트	방어기제이론	승화, 합리화, 억압, 전치, 자기에게로 향함, 동일시, 퇴행, 격리(유리), 반동형성, 취소, 내면화, 투사, 부정, 대리형성, 상환, 해리
	에릭슨	심리사회이론	유아기-초기아동기-유희기-학령기-청소년기-성인초기-성인기-노년기, 위기, 심리사회적 유예기간, 자아의 자율적 기능, 점성원리, 청소년기 자아정체성 확립을 중시
	아들러	개인심리이론	자아의 창조적 힘에 의해 생활양식 발달, 열등감과 보상, 우월을 향한 노력, 사회적 관심, 출생순위, 생활양식(지배형, 획득형, 회피형, 사회적으로 유용한 유형), 생활양식 왜곡상황(신체허약, 응석받이, 거부/학대)
	융	분석심리이론	리비도(영적 특질을 가진 창조적 생명력), 집단무의식, 자기, 원형, 음영(그림자), 콤플렉스, 아니마, 아니무스, 페르소나, 중년기/노년기 성격발달 중시, 개별화
행동주의	스키너	학습이론= 전통적 행동주의	인간행동에 대한 기본가정(ABC패러다임), 외적 자극에 의해 동기화, 보상과 처벌(정·부), 강화, 조작적 조건화, 소거(타임아웃), 변별자극, 강화계획(연속적/간헐적-고정간격, 가변간격, 고정비율, 가변비율), 일차적/이차적 강화물, 기계론적 환경결정론
	반두라	사회학습이론 =사회인지이론	관찰하는 평가의 중요성, 모델링을 통한 관찰과 모방, 모델링(유사, 지위, 모델 수) 관찰학습의 4단계: 주의과정-보존과정-운동재생과정-동기과정, 자기조정(자기규제; 수행과정, 판단과정, 자기 반응과정으로 구성), 자기강화, 자기효능감(자기효율성), 내외적요인 간 상호결정론
인지발달	피아제	인지이론	• 도식의 차이가 행위/경험의 차이 낳음. 결정론적 시각 거부(환경과의 상호작용) • 도식, 조직화, 적응(동화와 조절), 평형, 조직화, 보존(동일성, 보상성, 역조작) • 감각운동기(6단계로 세분화)-전조작기(말, 상징적 표상, 대상영속성, 물활론, 상징놀이, 자기중심성, 집중성, 비가역성)-구체적 조작기(보존개념)-형식적 조작기
	콜버그	도덕성발달이론	• 전인습(① 처벌과 복종지향, ② 상대적 쾌락주의=욕구충족수단): 이기적 도덕추리 • 인습(③ 착한 소년소녀 지향=대인관계 조화, ④ 법과 질서 준수): 역할동조적 • 후인습(⑤ 사회계약정신으로서의 도덕성, ⑥ 보편적 도덕원리에 대한 확인)
인본주의	로저스	현상학적 성격이론	무조건적 긍정적 관심, 지금 여기에, 자기(self) 중요시, 현상학적 장, 가치의 조건, 자기결정권, 개인의 존엄성과 가치, 완전히/충분히 기능하는 사람(경험에 대해 개방적 · 실존적 삶, 자신의 유기체에 대한 신뢰, 창조성, 자유스러운 삶)
	매슬로	인본주의적 성격이론	행동주의/정신분석 부정, 건강한 사람 연구, 자기실현자의 특징, 욕구위계(생리적-안전-소속/애정-자존-자기실현), 인간본성: 선함, 통합된 전체, 결핍/성장동기

3) 성격유형

(1) 성격유형 검사 MBTI(신석기, 2007)

- 마이어즈-브릭스(Myers-Briggs: Type Indicator)로서 간단히 줄여서 MBTI이다.
- 이 설문지는 스위스 심리학자인 칼 구스타프 융(Carl Gustav Jung)의 임상연구에 뿌리를 두고 있다.
- 융의 유형론은 사람의 개성을 네 가지 차원에서 보고 있다.
- 외부세계에 대한 개입의 태도를 나타내는 Extraversion과 Introversion(외향성/내향성),
- 개입의 정보를 모으고 간직하는 방식인 Sensing과 iNtuition(감각형/직관형),
- 의사를 결정하는 방법인 Thinking과 Feeling(사고형/감정형),
- 어떤 상황을 마무리 짓고 정리하는 방법인 Judging과 Perceiving(판단형/인식형)이다.

(2) MBTI 네 가지 선호지표의 대표적 표현들

① 외향성/내향성(Extraversion/Introversion)
: 성격유형의 첫 번째는 우리를 둘러싼 외부세계에 대한 개인의 태도를 설명한다.

- 외향적인 사람은 다른 이들과 어울리고 행동하기를 좋아한다.
- 외부의 자극에서 힘을 얻으며 혼자 있으면 힘이 쭉 빠진다.
- 다른 사람과의 대화가 사고의 한 수단이다.
- 깊이 사귀지는 않지만 많은 사람과 인간관계를 맺는다.
- 내향적인 사람은 흔히 외향성인 사람을 경솔하다고 생각한다.
- 내향적인 사람은 내면세계를 좋아한다.
- 혼자 있는 것을 가장 즐기고, 혼자 있는 것을 통해 힘을 얻는다.
- 사람들과 외부세계와 공적인 활동에 동참할 수 있지만 그런 자리에서는 쉽게 피로감을 느끼고 조용하고 차분한 자리로 빠져나오고 싶어 한다.
- 일을 내면적으로 숙고한다.
- 자신을 드러내는 속도가 더디다. 관계발전 속도가 느린 것이 보통이지만 일단 친구가될 것이라는 판단이 서면 마음을 열고 외향적인 사람보다 더 깊게 사귄다.
- 사람들은 자기와 반대되는 성격유형의 상대와 결혼한다.
- 자기 자신과 비슷한 사람은 친숙하고, 안전하고, 쉽게 이해된다.

② 감각형/직관형(Sensing/Intuition)
: 이것은 의사결정을 하거나 결론을 내리는 데 필요한 정보를 어디서 찾아내고 어떻게 취합하느냐와 관계한다. 또한 세부적인 사항들을 다루는 태도들도 포함된다.

- 감각형이란 이름이 함축하고 있듯이 보고, 냄새를 맡고, 만지고, 듣고, 맛보는 오감을

지향하는 사람이다.

- 이런 사람은 대개 세부사항을 상당히 정확하게 파악하는 경향이 있다.
- 이 사람들은 판에 박힌 절차를 지겨워하지 않는다. 현실을 매우 중요하게 여기고, 있는 그대로의 삶에 대한 인식을 매우 중요하게 생각한다.
- 사실에 관심을 갖는다. 어떤 것이 진실임을 확신할 때까지 자기 의견을 바꾸지 않는다.
- 직관형의 사람은 짙고 푸른 하늘로 상상의 나래를 펴는 사람이 되려는 경향이 있다.
- 상세한 자료보다는 육감이나 추상적인 개념을 의지한다. 이들은 생각나는 대로 모든 가능성을 다 제시할 수 있는 자유토론에 탁월성을 발휘한다.
- 사람과 상황에 대해 더 깊은 이해를 가질 수 있다.
- 판에 박힌 일을 지루해하기는 하지만 반면에 복잡한 일에도 쉽게 질리고 만다.
- 직관형의 사람은 세부 항목들의 이면에 깔려 있는 비유와 상징을 볼 수 있으며, 사물들의 의미와 중요성을 알고 싶어 한다. 이들은 또한 장차 무슨 일이 일어나고 어떻게 될지 예측하려는 경향을 갖는다.

③ 사고형/감정형(Thinking/Feeling)

: 이것은 의사결정의 근거와 결론도출과정에서 정보의 비중을 측정하는 방법을 기준으로 구별한다. 사고형의 사람이라고 해서 감정이 없다거나, 감정형의 사람은 사고할 수 없다는 뜻이 아니다. 사고형의 사람은 대개 비교적 덜 감정적이고 더 보편적인 방식으로 사람들과 관계를 맺는다. 감정형의 사람은 사고를 하되 마음으로 한다.

- 사고형은 원리와 원칙을 중요하게 여기는 경향이 있다. 이들은 질서정연한 사회의 기초는 정교하게 만든 일련의 법과 질서이며, 법과 질서를 준수하면 모두에게 유익하다고 생각한다.
- 감정형의 사람은 사람에 대한 배려를 기반으로 의사 결정을 하는 경향이 있다.
- 규칙에는 언제나 예외가 있다는 것과 법이 개인을 짓밟지 않도록 매우 조심해야 한다는 것을 알고 있다.
- 모든 일은 논리적으로 생각해야 하지만 정서적인 면도 고려해야 한다는 것을 알고 있다.
- 조화와 일치가 이뤄지지 않을 때 무척 괴로워하며, 조화와 일치를 이루기 위해서라면 원리와 원칙은 희생될 수 있다고 믿는다.
- 저마다 다 독특하며 각 사람이 처한 상황도 다르다는 것을 이해한다.
- 감정형의 사람에게는 공감과 동정심이라는 말이 중요한 의미를 지닌다.

④ 판단형/인식형(Judging/Perceiving)

: 어떤 상황을 마무리 짓고 정리하는 방법, 즉 채택되는 생활양식이다. 판단형 혹은 인식형이라 함은 조직, 계획수립, 질서와 결론 등을 상대적으로 좋아하느냐 싫어하느냐에 관

한 것이다. 판단형이란 용어는 그 사람이 반드시 비판적이라는 의미가 아니다. 또한 인식형이란 단어는 그 사람이 반드시 다른 사람보다 더 관찰력이 뛰어나다는 의미가 아니다.

- 판단형의 사람은 일을 체계적으로 하려는 경향이 있다. 이들은 일을 계획하고, 계획한 것을 실천하려고 한다.
- 일의 진행을 잘 파악하고, 뜻밖의 일을 잘 받아들이지 않는다.
- 가부간에 결정을 할 수 있는 일을 좋아한다. "일을 시작합시다"라는 말이 들려온다면, 그 말은 십중팔구 판단형의 사람에게서 나온 말일 것이다.
- 일하기를 좋아한다. 하나의 계획된 일을 마무리하기 전에 다른 일을 계획하는 것을 꺼린다.
- 인식형의 사람은 비교적 비조직적인 일들을 좋아한다.
- 이들은 모든 가능성에 대해 열려 있는 일을 좋아하는 경향이 있으며, 언제라도 새로운 정보를 받아들일 준비가 되어 있고, 그때그때의 상황에 따라 계획을 변경할 자세를 갖추고 있다.
- 시간이나 상황에 쫓겨 결정을 내리거나 마감시간을 맞추고 정확한 진행절차를 따르는 것 등을 싫어한다.
- 형식의 구애를 받지 않는 사람, 혹은 최종 순간에 결정하는 사람이라는 말로 인식형을 설명할 수 있다.
- 인식형의 사람을 설명하는 두 가지 핵심적인 단어는 즉흥성과 융통성이다. 일을 하면서도 놀이를 즐긴다. "인생을 즐기자", "즉흥적으로 살자"는 것이 인식형 사람들의 좌우명이다.

⇒ 외향성/내향성, 감각형/직관형, 사고형/감정형, 판단형/인식형 등 네 쌍의 단어들을 보면서 각 쌍에서 어느 한쪽이 다른 한쪽에 비해 자신의 모습과 더 가까운 것이 있다.
⇒ 예를 들어 "나는 내향성(I)이라기보다는 외향성(E)이고, 감각형(s)이라기보다는 직관형(N)이고, 사고형(T)이라기보다는 감정형(F)에 훨씬 더 가깝고, 분명하지는 않지만, 인식형(P)이라기보다는 판단형(J)이다. 그러므로 나는 'ENTJ'형인 것 같다.
⇒ 각 단어 쌍을 한 가지씩 살펴보는 것뿐만 아니라, 성격의 네 가지 양상들이 어떻게 함께 맞물리는지를 살펴보면 자신의 성격을 더 잘 이해할 수 있다.

(3) 16종류의 성격유형

: 네 가지 문자들의 조합으로 설명된 16가지 선호경향의 성격유형(조성환, 2009)

① ISTJ

■ 신중하고 조용하며 집중력이 강하고 매사에 철저하다.

■ 구체적·체계적·사실적·논리적·현실적인 성격을 띠고 있으며, 신뢰할 만하다.

■ 만사를 체계적으로 조직화시키려고 하며 책임감이 강하다.

■ 성취해야 한다고 생각하는 일이면 주위의 시선에 아랑곳하지 않고 꾸준하고 건실하게 추진해 나간다.

② ISTP

■ 차분한 방관자이다. 조용하고 과묵하며, 절제된 호기심을 가지고 인생을 관찰하고 분석한다.

■ 때로는 예기치 않게 유머감각을 나타내기도 한다. 대체로 인간관계에 관심이 없고, 기계가 어떻게 왜 작동하는지 흥미가 많다.

■ 논리적인 원칙에 따라 사실을 조직화하기를 좋아한다.

③ ESTP

■ 현실적인 문제해결에 능하다. 근심이 없고 어떤 일이든 즐길 줄 안다. 긴 설명을 싫어한다.

■ 친구 사귀기를 좋아한다.

■ 적응력이 강하고 관용적이며, 보수적인 가치관을 가지고 있다.

■ 기계의 분해 조립과 같은 실제적인 일을 다루는 데 능하다.

④ ESTJ

■ 구체적이고 현실적이고 사실적이며, 기업 또는 기계에 재능을 타고난다.

■ 실용성이 없는 일에는 관심이 없으나 필요할 때 응용할 줄 안다.

■ 활동을 조직화하고 주도해 나가기를 좋아한다.

■ 타인의 감정이나 관점에 귀를 기울일 줄 알면 훌륭한 행정가가 될 수 있다.

⑤ ISFJ

■ 조용하고 친근하고 책임감이 있으며 양심이 바르다.

■ 맡은 일에 헌신적이며 어떤 계획의 추진이나 집단에 안정감을 준다.

■ 매사에 철저하고 성실하고 정확하다. 충실하고 동정심이 많고 타인의 감정에 민감하다.

■ 기계 분야에 관심이 적다. 필요하다면 세세한 면까지도 잘 처리해 나간다.

⑥ ISFP

■ 말없이 다정하고 친절하고 민감하며 자기 능력을 뽐내지 않고 겸손하다.

- 의견의 충돌을 피하고 자기 견해나 가치를 타인에게 강요하지 않는다. 남 앞에 서서 주도해 나가기보다 충실히 따르는 편이다.
- 일하는 데에도 여유가 있다. 왜냐하면 목표를 달성하기 위해 안달복달하지 않고 현재를 즐기기 때문이다.

⑦ ESFP
- 사교적이고 태평스럽고 수용적이며 친절하며, 만사를 즐기는 형이기 때문에 다른 사람들로 하여금 일에 재미를 느끼게 한다.
- 운동을 좋아하고, 주위에 벌어지는 일에 관심이 많아 끼어들기 좋아한다.
- 추상적인 이론보다는 구체적인 사실을 잘 기억하는 편이다.
- 건전한 상식이나 사물뿐 아니라 사람들을 대상으로 구체적인 능력이 요구되는 분야에서 능력을 발휘할 수 있다.

⑧ ESFJ
- 마음이 따뜻하고 이야기하기 좋아하고, 사람들에게 인기가 있고 양심이 바르고 남을 돕는 데에 타고난 기질이 있으며 집단에서도 능동적인 구성원이다.
- 조화를 중시하고 인화를 이루는 데 능하다.
- 항상 남에게 잘해주며, 격려나 칭찬을 들을 때 가장 신바람을 낸다.
- 사람들에게 직접적이고 가시적인 영향을 줄 수 있는 일에 가장 관심이 많다.

⑨ INFJ
- 인내심이 많고 독창적이며 필요하거나 원하는 일이라면 끝까지 이루려고 한다. 확고부동한 원리원칙을 중시한다.
- 자기 일에는 최선의 노력을 다한다.
- 타인에게 말없이 영향력을 미치며, 양심이 바르고 다른 사람에게 따뜻한 관심을 가지고 있다.
- 공동선을 위해서는 확신에 찬 신념을 가지고 있기 때문에 존경을 받으며 사람들이 따른다.

⑩ INFP
- 정열적이고 충실하나 상대방을 잘 알기 전까지는 이를 드러내지 않는 편이다.
- 학습, 아이디어, 언어, 자기 독립적인 일에 관심이 많다.
- 어떻게 하든 이루어내기는 하지만 일을 지나치게 많이 벌이려는 경향을 가지고 있다.
- 남에게 친근하기는 하지만, 많은 사람들을 동시에 만족시키려는 부담을 가지고 있다.
- 물질적 소유나 물리적 환경에는 별 관심이 없다.

⑪ ENFP

- 따뜻하고 정열적이고 활기에 넘치며 재능이 많고 상상력이 풍부하다.
- 관심이 있는 일이라면 어떤 일이든지 척척 해낸다.
- 어려운 일이라도 해결을 잘하며 항상 남을 도와줄 태세를 가지고 있다.
- 자기 능력을 과시한 나머지 미리 준비하기보다 즉흥적으로 덤비는 경우가 많다.
- 자기가 원하는 일이라면 어떤 이유라도 갖다 붙이며 부단히 새로운 것을 찾아 나선다.

⑫ ENFJ

- 주위에 민감하며 책임감이 강하다.
- 다른 사람들의 생각이나 의견을 중히 여기고, 다른 사람들의 감정에 맞추어 일을 처리하려고 한다. 남의 칭찬이나 비판에 지나치게 민감하게 반응한다.
- 편안하고 능란하게 계획을 내놓거나 집단을 이끌어가는 능력이 있다.
- 사교성이 풍부하고 인기 있고 동정심이 많다.

⑬ INTJ

- 대체로 독창적이며 자기 아이디어나 목표를 달성하는 데 강한 추진력을 가지고 있다.
- 관심을 끄는 일이라면 남의 도움이 있든 없든 이를 계획하고 추진해 나가는 능력이 뛰어나다.
- 회의적 · 비판적 · 독립적이고 확고부동하며 때로는 고집스러울 때도 많다.
- 타인의 감정을 고려하고 타인의 관점에도 귀를 기울이는 법을 배워야 한다.

⑭ INTP

- 조용하고 과묵하다.
- 이론적 · 과학적 추구를 즐기며, 논리와 분석으로 문제를 해결하기를 좋아한다.
- 주로 자기 아이디어에 관심이 많으며, 사람들의 모임이나 잡담에는 관심이 없다.
- 관심의 종류가 뚜렷하므로 자기의 지적 호기심을 활용할 수 있는 분야에서 능력을 발휘할 수 있다.

⑮ ENTP

- 민첩하고 독창적이고 안목이 넓으며 다방면에 재능이 많다.
- 새로운 일을 시도하고 추진하려는 의욕이 넘치며, 새로운 문제나 복잡한 문제를 해결하는 능력이 뛰어나며 달변이다.
- 일상적이고 세부적인 면은 간과하기 쉽다.
- 한 일에 관심을 가져도 부단히 새로운 것을 찾아나간다. 자기가 원하는 일이면 논리적인 이유를 찾아내는 데 능하다.

⑯ ENTJ

- 열성이 많고 솔직하고 단호하고 통솔력이 있다.
- 대중 연설과 같이 추리와 지적 담화가 요구되는 일이라면 어떤 것이든 능하다.
- 보통 정보에 밝고 지식에 대한 관심과 욕구가 많다.
- 때로는 실제의 자신보다 더 긍정적이거나 자신 있는 듯한 사람으로 비칠 때도 있다.

(4) 성격과 사회복지

① 인간의 성격적인 특성은 상황마다 일관적인 편인가 상황에 따라 아주 달라질 수 있는 가에 대한 관점들을 제공해준다.
② 성격이론: 이론의 원목적인 현상의 서술과 설명 능력을 말한다.
㉠ 기술적 기능: 이론의 원목적인 현상의 서술과 설명 능력을 말한다.
㉡ 예측적 기능: 성격에 대한 이론들은 어떤 현상에 대해 설명해주고 변화를 시도할 때 활용될 수 있는 기초지식이나 법칙을 알려 준다.
③ 사람의 성격 유형에 따른 관점: 우울형(melancholic), 담즙형(chol-eric), 점액형(phlegmatic), 다혈질형(sanguiene) 등으로 나누어 서로 다른 유형이 존재함을 증명하여 유전을 강조한 성격학자들도 있고, 태도에 따라 자아의 에너지 방향(ego-orientation)과 기능 유형(psychological function)이 달라 성격은 외향성, 내향성, 사고형, 감정형, 직관형, 감각형이라는 상반된 우세 기능에 따라 차이가 생긴다는 주장도 있다.

2. 사회체계와 사회복지

1) 사회체계

(1) 사회체계관련 인간행동의 관점

- 미시적 관점으로 이해할 때 초점을 둔다.
- 인간행동은 신체적 움직임에 국한되지 않고, 인간의 정신과 정서 등을 포괄하는 심리적 측면과 개인이 처한 상황적 측면까지를 모두 포괄하는 광의의 개념이다.
- 신체-심리-사회적 존재인 인간의 인간발달, 성격, 이상행동, 부적응 행동에 대한 이해가 필요하다.

"인간행동은 주로 성격에 의해 결정된다"

- 인간행동을 있는 그대로 기술하고 그 행동원인을 설명할 수 있게 된다.
- 미래의 행동을 예측한다.
- 행동을 바람직한 형태로 변화, 통제할 수 있는 방안을 찾을 수 있게 된다.

(2) 사회체계의 개념과 특성

▶ Bronfenbrenner의 다섯 가지 생태체계 구분

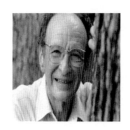

- 미시체계: 개인의 가장 근접한 환경. 가족, 학교, 이웃 등 물리적 환경과 사회적 환경, 그 환경 내에서 갖게 되는 지위나 역할, 활동, 대인관계 등을 의미한다.
- 중간체계: 서로 상호작용하는 두 가지 이상의 미시체계의 관계망이다.
- 외적체계: 개인이 직접 참여하거나 관여하지는 않지만 개인에게 영향을 미치는 환경체계이다.
- 거시체계: 미시체계, 중간체계, 외적체계에 포함된 모든 요소에 광범위한 사회적 맥락을 의미한다.
- 시간체계: 개인의 전 생애에 걸쳐 일어나는 변화와 역사적인 환경을 포함하는 체계이다(Bronfenbrenner, 1979).

2) 가족 · 집단 · 조직체계

(1) 가족체계

① 가족의 개념과 특성

- 가족은 결혼, 혈연, 입양에 의한 결합이며, 함께 거주하는 사람으로 구성된 일차 집단이다(Barker, 1999).
- 또한 구성원들이 동거하면서 협력하고, 각자에게 부여된 지위와 역할을 수행하는 과정

에서 상호작용과 의사소통을 하며, 공통의 문화를 창출, 유지하고 영구적 관계를 유지하는 사회적 집단 또는 사회체계이다.

② 가족이 인간행동에 미치는 영향
- 영·유아기의 자녀양육방식, 모자관계의 질, 형제와의 관계 등은 이후의 인간행동 발달의 기초를 제공해주기 때문에 매우 중요하다.
- 가족체계는 가족성원의 사회화와 사회통제라는 과업을 이행하는 과정에서 개인의 성격형성에 영향을 미친다.
- 가족 내에서 일어나는 반복적 상호작용 유형이 각 개인의 성격과 행동을 결정하는 요인이 된다.
- 가족체계의 역기능과 가족성원의 정신장애는 밀접한 관련성이 있다.

③ 가족과 사회복지실천
- 거시적 접근방법: 가족문제의 원인을 가족 외부의 사회경제적 요인에서 찾고, 가족이 처한 사회적 조건과 환경을 개선하여 가족의 기능을 지원, 보충하고 가족의 변화를 유도하고자 하는 국가적인 차원의 노력이 필요하다.
- 미시적 접근방법: 가족문제의 원인을 가족 내적 요인에서 찾고, 이러한 원인에 의해 발생하는 다양한 문제를 다루고 가족의 변화와 가족성원의 성장을 도모하고자 하는 접근방법이다.

(2) 집단체계

"사회복지실천에서는 인간을 환경 속의 존재로 규정하며, 보다 정확히 표현하자면 '환경 속의 집단에 속한 개인'이라고 할 수 있다"

① 집단의 개념
집단은 비슷한 관심사, 목적을 가진 최소 2인 이상의 구성원, 공유, 달성 가능한 공통의 목적, 소속감, 정체성, 결속력을 형성, 사회통제 기제와 집단 문화가 형성, 전체로서의 집단은 개인의 행동에 영향을 미치며, 외부 환경과의 지속적 에너지 교환을 통해 생존이 가능, 그 기능의 변화와 발달이 이루어지며, 형성~해체까지 역동적 변화를 하는 일련의 발달단계이다(체스와 노린, 1988).

② 집단의 특성
- 인간관계의 특성에 따른 집단분류
- 혈연과 지연을 바탕으로 자연발생적으로 이루어지는 집단(1차 집단), 목적 달성을 위해

인위적 계약에 근거하여 형성된 집단이다(2차 집단)(김종옥 · 권중돈, 1993).

■ 집단구성의 동기에 따른 분류

－외부 개입 없이 자연발생적으로 만들어진 집단(자연적 집단), 조직이 집단구성의 필요성을 인식하여 의도적으로 구성한 집단이다(과업집단).

■ 가입과 탈퇴의 자율성 여부에 따른 분류

－언제나 새로운 성원의 가입과 기존 성원의 탈퇴가 자유로움이다(개방 집단).

－새로운 성원의 가입 없이 처음부터 끝까지 동일 성원으로 운영한다(폐쇄 집단).

③ 집단이 인간행동에게 미치는 영향

집단은 구성원들에게 대인관계의 장을 제공, 집단과 개인의 목적 달성을 지지, 자극함으로써 성장과 변화를 촉진한다. 지나친 사회적 통제기제나 왜곡된 집단문화로 인해 성장과 변화를 방해, 집단 소외현상을 경험하게 함으로써 개인의 심리사회적 문제 유발의 원인이 된다.

(3) 조직체계

"인간의 전 생애에 걸친 삶은 조직과 밀접히 연관되어 있으며, 조직으로부터 강한 영향을 받는다"

① 조직의 개념과 특성

조직이란 특정한 목적달성을 위해 의도적으로 구성된 사회적 단위, 공식화된 분화와 통합의 구조 및 과정, 규범을 내포하는 사회체계이다(권중돈 · 김동배, 2005).

② 조직이 인간행동에 미치는 영향

■ 부적응 현상

개인의 욕구와 관료조직이 추구하는 가치 사이의 불일치로 인해 좌절감, 실패감, 갈등을 경험하고 부정적 성격특징을 나타내거나 부적응 증상을 보인다.

■ 자율성과 자아정체감 확보

혼자의 힘으로는 극복이 불가능한 불균형적 권력배분 구조를 변화시키고자 하는 동기를 증진, 복잡한 사회적 현실에 적응할 수 있는 많은 기회, 대인관계에서의 소외를 극복하고 자율성과 자아정체감을 확보할 수 있다.

③ 조직과 사회복지실천

사회복지실천에서 조직은 자원체계로 간주. 조직의 속성을 지니고 있는 외부기관, 단체로부터 재정 및 인적자원을 동원하거나 지원을 받아 내담자에게 서비스를 제공한다.

그러므로 사회복지사는 자원 체계인 조직의 속성을 정확히 이해해야 효율적으로 자원을 동원할 수 있다.

3) 지역사회·문화체계

(1) 지역사회체계

① 지역사회의 개념과 특성
다른 지역과 구별될 수 있는 경계를 갖는 독립적인 일정 지역에 모여 살면서, 상호작용을 통해 서로의 생활에 도움을 주며, 같은 전통, 관습, 규범, 가치 등을 공유하는 공동체이다(이근홍, 2006).

② 지역사회가 인간행동에 미치는 영향
- 성원들 간의 협력, 결속 사회적 지지를 통해 사회적 소외를 극복, 이타성이라는 성격적 특징을 발달시킬 수 있게 된다.
- 현대사회가 점차 이질적 문화를 가진 하위집단으로 분리됨에 따라 소외, 비인간화, 사회적 부적응 문제이다.
- 농촌사회에서 생활할 경우, 사회적 실패자라는 느낌을 갖게 되어 부정적 자아개념 형성, 낮은 자아존중감, 유능성을 보일 가능성이 크다(Germain, 1987).

③ 지역사회와 사회복지실천
지역사회복지실천은 이상적인 지역사회를 실현하기 위한 일체의 사회적 노력으로서, 지역문제나 지역주민의 욕구충족을 지원하고 지역사회의 변화를 도모하고자 한다(박태영, 2003).

(2) 문화체계

인간은 자신이 속한 사회의 문화를 내면화하여 사회의 구성원으로서 사회화되어 가며, 사회적 관계나 상호작용을 통해 새로운 문화를 만든다.

① 문화의 개념과 특성
문화는 '사회성원으로서 인간이 습득한 지식, 믿음, 예술, 도덕, 법, 관습 등 모든 능력과 습관의 복합적 총체'이다(Tylor, 1970).

② 문화가 인간행동에 미치는 영향
- 개인이 습득해야 하는 기존의 적응양식을 제공해주고, 개인이게 일상생활의 구체적인 행동지침을 제공, 개인의 행동을 인도, 통제, 개인이 주변 상황이나 자극을 해석하는

방식을 제공, 개인의 자아를 풍부하게 해주고 자아실현의 길을 열어준다.
- 사회통합의 기회를 제공하기도 하지만, 문화갈등으로 인해 대인관계상의 긴장, 갈등의 단초를 제공, 특정계층에 대한 억압이나 인간소외의 원인적 요소가 된다.

③ 문화와 사회복지실천

사회복지사는 자신이 경험하고 자신에게 내재되어 있는 문화를 정확히 이해하고 자신의 문화와 다른 문화에 대해서도 수용적 태도를 취해야 한다. 그래야 내담자의 문화적 특성을 내담자의 관점에서 이해할 수 있게 되고, 문화적 차이에서 오는 윤리적 딜레마를 해결할 수 있다.

3. 발달과 사회복지

1) 인간발달의 개념과 제 이론

(1) 발달의 개념

"출생에서부터 사망에 이르기까지 신체적·인지적·정서적·사회적 측면 등 전인적인 측면에서 전 생애에 걸쳐 연속적으로 일어나는 변화의 양상과 과정을 발달 혹은 발달적 변화라고 한다"

- 출생에서 사망에 이르기까지 전 생애에 걸쳐 연속적으로 일어나는 변화의 양상과 과정(권중돈·김동배, 2005).
- 지적·정서적·사회적·신체적 측면 등 전인적인 측면에서의 변화
- 기능과 구조가 성장 발달해가는 상승적 변화와 기능이 위축되고 약화되는 하강적 변화

Greene(1986)	발달을 신체·심리·사회적 변인을 포괄하며, 일생에 걸쳐 일어나는 안정성과 변화의 역동
Schell과 Hall(1979)	일정한 방향으로 질서정연하게, 점진적으로 증진되며, 보다 복잡해지는 변화
Specht와 Craig(1982)	인간발달은 생리적 요인과 문화적 요인을 혼합하는 과정이며, 시간이 지남에 따라 한 개인의 구조, 사고, 행동이 변화하는 것을 의미
Zanden(1985)	발달이란 임신에서부터 사망에 이르기까지의 시간적 흐름에 따라 유기체에서 일어나는 질서정연하고 연속적인 변화

- 인간발달에는 반드시 개인차가 존재하긴 하지만 발달적 변화는 예측 불가능하거나 무작위적인 변화는 아니며 체계적이고 규칙적인 변화이다. 따라서 전체적 존재인 인간에

게서 전 생애에 걸친 삶의 과정에서 이루어지는 발달은 일관성 있는 원리에 따라 진행된다.

① 발달
- 인간의 역동적 변화를 설명해줄 수 있는 개념이다. 전 생애에 걸쳐 기쁘거나 슬플 때의 감정을 표현할 수 있게 되는 신체·심리·사회적 측면에서 나타나는 변화과정을 의미한다.
- 출생에서부터 사망에 이르기까지 전 생애에 걸쳐 연속적으로 일어나는 변화의 양상과 과정이다.
- 지적·정서적·사회적·신체적 측면 등 전인적 측면에서 일어나는 모든 변화이다.
- 시간에 따라 일어나는 신체구조, 사고, 행동의 변화이다.
- 상승적 발달과 하강적 발달을 모두 포함한다.
- 유전과 환경의 상호작용에 의해 이루어지는 인간의 총체적 변화이다.

② 성장(신체)
- 신체 크기의 증대, 근력 증가, 몸무게 증가, 인지의 확장 같은 양적 확대. 신체적·생리적 발달의 양적 증가에 국한해 사용하는 표현이다.
- 사람은 태어날 때 이미 성장의 방향이나 내용이 어느 정도 정해진 설계도를 가지고 태어난다. 이렇게 유전인자에 설계된 대로 성장하다가 일정한 시기가 되면 성장을 멈추게 된다. 환경적 영향에 따라 설계의 내용은 조금씩 달라질 수 있다.

③ 성숙(유전)
- 경험이나 훈련에 관계없이 유전적 기제의 작용에 의해 나타나는 체계적·규칙적으로 진행되어 가는 생물학적 과정이다.
- 내적·유전적 요인에 의해 나타나는 신체적·심리적 변화이다.
- 부모로부터 받는 유전인자가 지닌 정보에 따라 변화하므로 경험이나 훈련과 같은 외적 환경과는 관계없다.
- 운동기능(기기, 앉기, 서기 등), 감각기능(피부가 외부의 자극에 민감하게 반응하는 것, 눈동자의 움직임이 활발해지는 것)과 여러 내분비선의 변화에 의하여 생기는 신체기능이 유능하게 되는 것이다.
예) 사춘기에 나타나는 2차 성징, 태아가 모체 내에서 발달해가는 것 등

④ 학습(후천적, 환경)
- 직접 또는 간접의 경험, 훈련과 연습의 결과로서 일어나는 개인 내적인 변화이다.
- 직접적·간접적 경험의 산물로 나타나는 후천적 변화이다.

- 특수한 경험, 훈련, 연습과 같은 외부자극이나 조건, 즉 환경에 의해 개인이 내적으로 변하는 것이다(권중돈·김동배, 2005).

⑤ 사회화(후천적, 환경)
- 개인이 자기가 속한 사회의 구성원으로서 자연스럽게 동화되어 가는 과정이다.
- 가족, 지역사회 등을 포함한 사회구성원과의 상호작용을 통해 그 안에서 통용되는 사회적 기대, 관습, 가치, 신념, 역할, 태도 등을 전 생애를 통해 익혀 나가는 과정이다.
- 학습과 사회화: 환경적 요인에 의해 진행된다.

발달은 일생을 통한 성장. 성숙, 학습과 사회화에 의해 진행되는 복합적 과정이다.

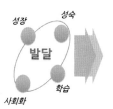

(2) 발달의 특성

① 발달의 단계설과 비단계설
㉠ 발달의 단계설
- 발달에는 일정한 순서가 있다는 원리는 한 단계의 발달이 이루어지면 다음 단계의 발달로 옮아간다는 것을 의미한다.
- 학자로는 프로이트, 에릭슨, 피아제 등
㉡ 발달의 비단계설
- 인간의 성장과 발달에 있어서 질적으로 차이를 보이는 단계는 없으며, 다만 양적으로 증가되는 발달곡선이 있을 뿐이다.
- 학자로는 왓슨, 스키너, 반두라 등

② 발달의 기본성격
- 인간발달의 기초성: 속담에 세 살 버릇 여든까지 간다는 말은 서너 살 때의 모든 경험이 일생을 특징지을 뿐만 아니라, 인생의 말기로 보는 팔순까지의 기초를 형성한다는 뜻으로 해석될 수 있다.
- 어릴 때의 발달이 이후 모든 발달의 기초가 된다는 원리이다. "세살 버릇 여든까지 간다." 인생 초기의 신체적·정서적·지적·사회적·성격적 발달은 그의 일생을 결정하는 기초가 된다. 만 8세까지 지능의 80% 정도가 발달. 만 6세까지 성격의 기본적 기틀이 거의 형성된다.
- 인간발달의 적기성: 아기의 발달을 촉진하기 위해서는 최적기를 놓치지 않고 때에 맞

추어 좋은 환경에서 적절한 자극을 제공해야 한다. 어떤 특정한 발달과업을 성취하는 데는 가장 적절한 시기가 있다. 적절한 시기를 놓치면 다음 시기에 특정한 발달과업을 보충하기 어렵다.

■ 인간발달의 누적성: 누적성(cumulativeness)이란 발달의 성격 때문에 초기의 발달이 더욱 중요시되고 있다. 어떤 적절한 시기에 결손이 생기면 다음 시기의 발달에 좋지 못한 장애가 되며, 이러한 결손은 계속 누적되어 보다 심각한 결손으로 나타날 수 있다.

■ 인간발달의 불가역성: 어떤 발달의 결함을 회복시킬 수가 없다는 뜻이다. 최적기에 발달을 이루지 못하면 일생 동안 그러한 발달과업을 성취하기가 거의 불가능하게 되고 그 시기 이후에 완전히 회복하기 어렵게 된다. "어릴 때 잘못 형성된 것은 나이 들어 고치기 어렵다."

■ 양적·질적 변화: 인간발달은 시간이 경과함에 따라 양적 또는 질적으로 변화한다. 양적 변화는 크기나 질량의 변화를, 질적 변화는 본질, 구조 또는 조직상의 변화를 의미한다.

■ 상승적·하강적 변화: 인간발달은 기능과 구조가 발달해가는 상승적 변화와 기능이 위축되고 약화되는 하강적 변화, 발달에는 상승적·하강적 측면이 모두 포함된다. 일반적으로 출생 후 청년기 혹은 성인 초기까지는 신체 크기도 커지고 기능도 원활해지며 심리적 기능과 구조가 더 나은 차원으로 변화하는 상승적 변화를 겪는다. 성인 초기 또는 그 이후부터는 점차 신체적 기능이 약해지고 심리적 기능도 위축되는 하강적·감퇴적인 변화를 겪는다.

■ 유전적·환경적 요소의 상호작용: 발달은 유전적 요소와 환경적 요소의 상호작용을 통해 이루어진다. 즉, 발달은 성숙, 성장, 노화, 학습의 모든 측면을 반영한 개념이다.

■ 단계별 발달 양상의 다양성: 발달은 전 생애를 통해 다양한 영역에 걸쳐 일어나지만 발달단계별로 특히 중요하고 의미 있는 변화를 보이는 영역이 있다. 언어발달은 노년기보다는 유아기와 아동기 이후에, 도덕성은 아동기와 청년기에 더 중요하게 부각된다.

③ 발달의 원리(김태련·장휘숙, 1994)
㉠ 인간의 운동발달에는 일정한 방향으로 진행되는 순서가 있어 아동은 이 원리에 따라 발달한다.
－발달은 상체에서 하체의 방향으로 이루어진다.
－발달은 중심에서 말초의 방향으로 이루어진다
－발달은 전체 활동에서 특수활동의 방향으로 이루어진다.
㉡ 인간발달에는 속도와 계속성이 있다.
－발달은 계속적인 과정이지만, 그 속도는 일정한 것이 아니다.
－발달은 연속적·계속적인 과정이다.

－신체의 부분에 따라 발달의 속도가 다르며, 정신기능에 따라서도 발달의 속도가 각기 다르다.

ⓒ 인간발달에는 개인차가 있다.

－연령이 같고 성별이 같다 해도 사람들은 신장이나 체중은 물론 운동기능과 정신기능에도 차이가 있다.

－조숙이나 만숙이라는 표현을 쓸 수 있다.

－발달의 차이는 개인차로 인한 것이며, 개인차는 유전과 환경의 차이에서 나타난다.

ⓔ 인간발달에는 상호관련성이 있다.

－신체발달은 지적인 발달이나 도덕성의 발달과 관련되어 있고, 정서발달 역시 사회성 발달이나 성격발달과 관련되어 있다.

－신체발달은 사회성 발달과 관계될 수 있다.

ⓜ 인간의 발달은 분화와 통합과정을 거친다.

- 연령의 증가에 따라 아기의 표현행동인 울음도 점차 분화되어 간다.

- 모든 운동발달은 세분된 특수운동이 나타나기 이전에 전체 활동이 먼저 나타난다.

④ 발달의 개인차

㉠ 발달의 유전요인(계영애 외 공저, 2005)

- 신체적 특질의 유전: 유전요인의 작용이 비교적 크다.

- 정신적 특질의 유전: 지능의 유전성이 가장 분명하고 확실하다.

- 성격의 유전: 유전의 영향을 덜 받고 환경의 영향을 더 크게 받는다.

㉡ 발달의 환경요인

- 신체적 특징에 대한 영향: 신체의 골격구조는 영양과 기후, 연습, 직업 등과 관계되는 것이 많다.

- 지능에 대한 영향: 인간의 지능은 환경에 의하여 보다 큰 비율로 좌우될 수 있다.

- 성격에 미치는 영향: 인간의 여러 특질 중 성격은 특히 환경의 영향을 크게 받는다.

(3) 인간발달의 제 이론

① 프로이트와 융

프로이트	융
리비도는 성적 에너지	리비도는 일반적 생활에너지
성격이 주로 과거의 사건에 의해 결정	과거 사건들뿐만 아니라 미래에 대한 열망도 성격형성에 영향
정신구조: 의식, 전의식, 무의식	정신구조: 의식, 무의식
인간정신의 자각수준에 초점을 맞추어 무의식의 중요성 강조	인류의 정신문화발달에 초점
발달 5단계	발달 4단계

'인간은 어떻게 생각하고 행동하게 되는 것일까', '인간의 성격은 어떻게 발달하는 것일까'에 대한 의문에 프로이트는 인간의 정신을 주제로 내세웠다. 정신이 어떻게 구성되어 있으며 의식이나 무의식이 어떤 과정을 통해 발달하는지에 대해 최초로 과학적 해답을 하고자 한 것이다.

그러나 프로이트는 인간을 너무 수동적·기계적·결정론적 존재로 보았고 정신 내적 현상을 지나치게 강조했다. 이에 아들러(개인심리학)는 반발하여 인간이 좀 더 능동적·창조적·목적론적인 존재임을 내세워 열등감을 극복하려는 자아의 창조적 힘에 의해 상활양식이 발달하면서 성격이 형성되는 것으로 보았다(권중돈·김동배, 2005).

프로이트가 성격이 과거 사건에 의해 결정된다고 믿고 그래서 초기 아동기에 초점을 둔 반면 융(분석심리)은 과거뿐만 아니고 미래에 대한 열망도 성격 형성에 영향을 주기에 중년기도 제2 인생기에 중요하다고 하였고 프로이트가 개인의 정신분석에 그친 반면 융은 인류의 정신문화발달에 초점을 두었다.

② 프로이트와 에릭슨

프로이트	에릭슨
상당히 폐쇄체계에 근거	상당히 개방체계에 근거
강력한 성적·공격적 충동에 의해 동기화	약간의 성적 충동과 사회적 충동에 의해 동기화
이드가 지배적. 충동은 통제권 밖에 있다.	자아가 지배적
충동과 사회적 기대의 모순(이드와 에고) 때문에 갈등하고 불안과 무의식적 욕구에 의해 위협받는다.	자아통제력과 사회적 지지에 의해 건강한 성격이 발달하고 사회적 상호작용에 근거하고 있으며 역사적·인종적(문화적) 집단에 의해 결속력으로 강화된다.
성격발달은 초기 아동기에 형성되어 초기 성인기에 끝남.	성격은 전 생애에 걸쳐서 형성
	다음 세대에 사회적 질서의 원리를 전달하고자 한다.

에릭슨(심리사회)은 아들러의 총체적 인간관과 융의 생애 발달관을 채용하였고 특히 사회적 영향과의 상호작용을 강조하여 8단계 발달설을 주장했다(권육상, 이명재, 2004).

③ 스키너와 반두라

스키너	반두라
직접적 강화	간접적(대리적) 강화와 자기 강화
외부 자극(보상/처벌)	학습자의 주관적 인지
기계론적 환경결정론	상호적 결정론

인간 심리와 행동이 정신에서 비롯된다는 정신분석이론과 달리 인지의 기능과 발달에 따른다는 것이 피아제(인지발달)이다. 사람이 어떻게 머릿속에서 배워 가느냐 하는 것을 도식과 적응(동화와 조절)으로 설명하면서 인지발달과정을 감각운동기 – 전조작기 – 구체적 조작

기 - 형식적 조작기로 나누었다.

인간이 자기 정신의 창조자이고 지배자라 주관적이면서 변화와 성장 가능성을 내세운 아들러의 낙관적 인간관은 로저스와 매슬로의 인본주의를 낳았다. 이들은 인간이 자유롭고 선하며 합리적이고 통합적 존재라고 보았고 긍정적 관심과 자기실현 경향을 통해 성장한다고 하였다.

그러나 스키너는 조건화 실험을 통해 인간이 그렇게 주관적·능동적 존재라기보다 보상과 처벌이라는 외적자극을 통해 동기화되는 기계적 존재이며 개인의 성격이라는 것이 자신의 행동과 환경으로부터의 강화 사이에 관계 유형이라고 하였다.

스키너가 조건화에 의한 행동 형성을 말한 것에 대해 반두라는 그런 직접적인 경험이 아니고도 인간은 관찰을 통한 상황과 해석 그에 따른 모방에 의해 성격이 형성되고 행동이 결정된다고 보았다.

2) 발달의 영역과 발달과업

(1) 인간발달의 영역

"인간의 삶은 신체적 체계, 자아체계, 사회적체계의 세 가지 주요 체계로 이루어진다"

- 인간발달에 대한 접근은 신체적·심리적·사회적 차원으로 나누어진다.
- 세 가지 차원의 상호작용이 인간발달의 토대를 이룬다.
- 인간행동을 보다 정확히 이해하기 위해서는 인간의 신체, 심리, 사회적 요인을 통합되어 있는 전체로서의 인간으로 이해해야 한다.

에릭슨의
접근방법

① 신체적 차원
- 인간의 선천적 능력과 유기체로서 기능하게 하는 모든 요소로 구성된다.
- 골격, 감각기관, 호흡기관, 내분비물, 순환, 찌꺼기 제거, 성적 생식, 소화, 신경계 등이다.
- 유전적으로 인도되는 성숙과 더불어 영양, 일조량, 질병이나 사고, 운동량과 같은 환경적 자원의 결과로서 발달하고 변화해간다.
- 신체적 차원의 중요성
- 인간행동과 발달에 객관적 한계를 제공한다.
- 개인의 유전형질이 심리적 발달에 끼치는 영향을 파악할 수 있다.
- 질병이나 사고로 인한 개인의 신체적 변화가 인지적·감정적 또는 행동상의 수행능력

에 어떤 변화를 가져오는지 이해할 수 있다.
- 태아에서 성숙한 청년에 이르기까지의 신체적 성장이 개인적인 변화와 발달에 미치는 영향을 알 수 있다.

② 심리적 차원
- 개인의 인식, 감정, 행동의 측면으로 나뉜다.
- 인식
- 지식, 신뢰, 견해와 같은 지성적 측면. 감각, 기억, 상상, 판단, 언어 등이다.
- 이러한 과정들을 통해 인간은 세상에 대해 이해하고 의미를 부여한다.
- 감정
- 개인의 정서적인 삶, 동기, 욕구, 충동, 감정, 관심사 등이다.
- 개인이 경험할 수 있는 위기와 위기에 대한 적응성도 포함된다.
- 행동
- 매너리즘, 습관, 개인 간의 대화기술 등이다.
- 개인이 스스로를 행동하는 표현방식이다.
- 바람직하지 않은 행동들은 서비스를 받고 있는 클라이언트의 현 문제점 행동을 분석하고 이해하는 데 관여한다.

③ 사회적 차원
- 개인의 가족, 집단, 사회에서의 역할. 대인관계, 사회성, 사회관계, 사회행동 등이다.
- 개인의 사적 고민들이 사회와의 관계 속에서 발생하는 경우가 많고, 사회환경 속에 개인의 어려움을 도울 수 있는 자원과 힘이 존재하는 경우가 많으므로 일반적으로 사회복지사들은 개인과 집단 간의 상호작용에 관심을 갖는다.
- 개인의 일상생활은 사회체계의 다차원적 요소들과 관련되며, 각 개인은 사회체계 속에서 차지하는 역할을 통해 그 체계와 연결된다.

(2) 발달과업

① 발달단계별 과업

발달단계	주요과업	
태내기	- 임신 3개월부터 출생까지 - 정자와 난자의 결합으로 형성된 새로운 개체의 발달기 - 외형적으로 완전한 인간의 모습을 갖추는 시기	태아 초기: 모체의 상태에 가장 민감한 영향

영유아기	- 출생에서 4세까지 - 단기간의 신체적 성장속도가 매우 빠름 - 2세 무렵에는 기본적인 운동 능력과 언어적 개념 형성 가능 - 신체, 인지, 사회, 정서적 측면이 상호 연관되어 발달함	애착-상호작용을 통해 형성되는 타인에 대한 긍정적 유대
학령전기	- 5~6세 - 움직임과 말수가 많아지고 자기주장이 강해지는 등 활동성이 강해지는 시기 - 행동을 규제하려는 환경의 요구에서 긴장을 경험함	자아를 의식하면서 자율적이고 독립적인 존재로 발달함
아동기 (전기, 후기)	- 7~12세 - 공식적인 학교교육을 받기 때문에 학령기라고도 함 - 사회생활에 필요한 기본적 기술과 능력을 습득하고 적응 - 기초적인 도덕발달로 가족, 지역사회의 가치를 점차 사용 - 놀이나 게임을 통해 성역할 및 자아를 인지	- 방어기제의 발달 - 구체적 조작사고 - 아동의 사회화
청소년기 (전기, 후기)	- 12~22세 - 질풍노도의 시기, 사회적 주변인으로 위치 - 아동기에서 성인기로 전환 - 전기(급속한 신체적 성숙 및 인지발달) - 후기(성인으로서의 자아정체감 확립, 독립을 위한 과제수행)	- 자율성, 성적 사회화, - 자아정체감 확립 - 성적 성숙으로 야기되는 문제 - 청소년비행
청년기	- 25~35세 - 공식적이고 완전한 성인으로서의 삶이 시작되는 시기 - 사랑과 일을 통해 구체적으로 자아를 실현 - 신체, 인지발달의 정점으로서 이후의 발달은 사회문화적 요소에 의해 이루어짐	- 직업생활 - 결혼생활 - 자녀출산과 양육
장년기	- 35~60세 - 정서적·경제적으로 안정적인 인생의 황금기 - 신체적 기능의 쇠퇴를 비롯해 위기를 맞게 되는 전환기이기도 함	- 직업생활의 변화 - 성인병 - 갱년기장애로 인한 문제
노년기 (전기, 후기)	- 60세부터 - 생애주기의 마지막 발달단계 - 신체적 능력의 쇠퇴, 역할의 재조정, 다가올 죽음에 대비 - 노령인구가 증가하는 고령화사회에서 관심 증가	- 노화 - 은퇴 - 삶과 죽음의 수용

- 인간발달의 단계마다 성취해야 할 과업이다. 한 단계에서 발달과업을 성취하지 못하면 그 단계에서 성공적으로 적응하지 못하고, 다음 단계에서 발달 과업을 성취하는 데 지장을 받는다.
- 특정 연령이나 발달단계에 이르면서 수행해야 할 역할이나 해결해야 할 중요한 과업이다.
- 신체적 성숙이나 사회적 기대, 개인적인 노력을 얻을 수 있다.
- 성장 단계에서 반드시 취득해야 하는 기술, 지식, 기능, 태도 등을 포함함. 개인이 환경에 적응하기 위해 필요하다.
- 인간이 환경을 점차 지배하도록 기술과 능력으로 구성됨. 신체적·인지적·사회적·정서적 기술의 획득을 포함한다.

② 발달단계별 중요관계 대상과 사건

단계	시기	연령	과업달성의 결과(기본강점)	중요한 관계범위	중요사건
1	유아기	출생~18개월	희망과 자신감	어머니	스스로 먹기
2	초기 아동기	18개월~3세	의지	부모	스스로 용변보기
3	학령 전기	3~6세	- 목표(목적)와 도덕적 개념 - 초자아가 가장 많이 형성됨	가족	운동
4	학령기	6~12세	학습과 행동강화 능력(유능성)	이웃, 학교	취학
5	청소년기	12~20세	- 성실(충성심), 주체성 - 허무, 무력감이 생겨 일탈행위로 발전하기도 함	또래집단	또래관계
6	성인 초기	20~24세	사랑할 수 있는 능력이 생김	우정, 애정, 경쟁, 협동의 상대들	애정관계
7	성인기	24~65세	보호(배려), 부양의무	직장, 확대가족	부모역할과 창조
8	노년기	65세 이후	지혜	인류, 동족	인생회고와 수용

③ 인간발달에 영향을 미치는 요소

㉠ 생물학적 요소: 인간이 지배할 수 없는 것인 기질이나 유전자가 있는데, 주로 육체적 발달을 주도하는 요인이다.

㉡ 심리학적 요소

－심리적 기능은 일반인들에게 적용되는 내적 혹은 상호작용의 과정으로서 인생의 발달단계를 통해 변화 가능하다.

－인간발달의 상호작용, 1 · 2차적 생활경험, 문화적 혹은 사회적 요소들의 영향을 받는다.

㉢ 환경적 요소와 사회문화적 요소

－학습과 사회화와 관련된 가족, 학교, 직장과 같은 사회문화적 요소들이다.

－기본적인 과정은 학습(learning)과 사회화(socialization)이다.

－학습: 경험과 훈련에 의해 가치관, 태도 등을 형성하면서 기술을 습득하고 지식을 얻는 과정이다.

－사회화: 개인이 자기가 속한 사회적 집단, 즉 가족, 지역사회, 국가와 민족에 그 구성원으로서 자연스럽게 동화되어 가는 과정으로 그 안에서 통용되는 사회적 기대, 관습, 가치, 신념, 역할, 태도 등을 배우는 것이다.

㉣ 생물학적 요소와 심리학적 요소, 환경적 요소의 지속적인 상호작용을 포함하며, 전적으로 한 요소에 의하여 일어나는 발달은 없다.

(3) 발달단계(stages of development)의 특징

"인간의 발달은 개인마다 그 정도가 다르지만, 발달의 변화는 체계적이고 규칙적이며 일관성 있는 원리에 따라 진행된다" (최순남, 2002; 김태련 · 장휘숙, 1994)

① 일정한 순서와 방향성: 발달에는 일정한 방향이 있다(일정한 속도는 아님). 즉, 발달은 두부(head)에서 미부(tail)의 방향으로 또는 상부에서 하부로, 중심 부위에서 말초 부위로, 전체운동에서 특수운동으로 진행된다. 특정한 나이가 되면 대략 몇 센티미터까지 키가 자라고 몸무게는 어느 정도 되고, 어떤 정도의 사고는 가능하다는 것을 일반적으로 예측하고 기대하게 된다.

② 연속적 과정: 전 생애를 통해 이전의 발달에 이어 연속적으로 계속 일어난다. 발달은 연속적인 과정이지는 하지만 발달의 속도는 일정하지 않다.

③ 유전과 환경의 상호작용: 유전적 요인과 환경의 영향은 비중이 다르지만 양쪽의 상호작용으로 진행된다.

성숙과 학습에 의존발달은 유전과 환경의 상호작용에 의해 이루어진다.

④ 속도의 불규칙성: 발달의 속도는 항상 일정한 것이 아니다. 빠르게 진행되는 시기도 있고, 더디게 진행되는 시기도 있다. 발달에는 개인차가 존재한다. 개인차는 후기로 갈수록 더욱 커지는 경향이 있다(예를 들면, 키가 160cm에서 성장이 멈춘 사람과 180cm에서 멈춘 사람).

⑤ 점성원리: 발달은 점성적 원리를 따른다. 성장하는 모든 것은 특정단계에서의 발달은 이전단계의 발달과업 성취 정도에 기초하여 이루어진다. 먼저 발달한 부분을 기초로 다음 발달이 이루어진다.

⑥ 결정적 시기: 발달에는 결정적 시기가 있다. 그 시기에 이루어져야 할 발달 과업이 있다. 신체 및 심리발달이 가장 용이하게 이루어지는 결정적 시기 혹은 최적의 시기가 있고, 이 시기를 놓치면 발달과업 획득의 효율성이 떨어질 수 있다.

⑦ 분화와 통합의 과정: 발달은 점진적으로 분화해가고 전체로 통합되어 가는 과정이다. 신체, 인지, 성격 등 발달의 각 측면은 밀접한 상호작용으로 발달하면서 통합된다.

⑧ 발달은 변화과정을 포함한다. → 발달은 전 생애에 걸쳐 이루어지는 변화의 과정으로서 신체적·심리적 그리고 행동상의 변화를 모두 포함한다.

⑨ 발달의 양상은 예측이 가능하다. → 출생 전후의 환경 조건에 의해 지체될 수도 있고, 부분적으로는 촉진될 수도 있다.

⑩ 모든 발달단계 또는 발달 시기마다 그 시기에 대한 사회적 기대가 있다. → 사회적 기대를 갖고 있는 부모 및 교사들은 각 시기의 아동들이 환경에 잘 적응해가기 위해 이루어야 할 발달적 변화 및 행동들(발달과업)이 무엇인지를 알고 있기 때문에 이들을 지도하는 과정에서 영향을 미치게 된다.

⑪ 개인차: 발달은 보편적인 성장의 과정을 거치지만 개인차도 존재한다. 연령이 증가할수록, 환경 등 외적인 변수들의 영향이 많을수록 개인차의 폭은 커지고 발달을 예측하기도 어려워진다.

발달은 지속적인 역동적 변화의 과정이지만, 전 생애를 놓고 볼 때 기간에 따라서 서로 다른 생리, 심리, 사회적 발달특성이 나타난다.

- 발달단계는 발달과정에서 어떤 측면이 특히 더 발달하는 단계, 혹은 특정한 과제를 성취하는 단계로서 연령대나 기간을 의미한다.

⑫ 발달단계 구분은 학자와 이론에 따라 차이가 있다.

- 프로이트(Freud)는 인간의 발달을 구강기, 항문기, 남근기, 잠복기, 생식기의 5단계로 제시하였고,

- 융(Jung)은 아동기, 청년기와 성인기, 중년기, 노년기의 4단계로 제시하였으며,

- 피아제(Piaget)는 감각운동기, 전조작기, 구체적 조작기, 형식적 조작기의 4단계로 제시하였고,

- 에릭슨(Erickson)은 유아기, 초기아동기, 유희기, 학령기, 청소년기, 성인초기, 성인기, 노년기의 8단계를 제시하였다.

- 학자에 따라 발달단계 제시가 이처럼 서로 다른 것은 이들 각자가 발달단계를 구분하는 데 사용한 기준이 다르고 또한 관심영역이 다르기 때문이다.

- 위의 학자들 중 에릭슨의 단계 구분이 비교적 포괄적인 것이라 할 수 있다.

- 에릭슨(Erickson, 1963)은 인간발달을 8단계로 구분하였으나 최근에는 발달단계가 더 세분화되는 경향이 있다. 예컨대, 유전적 요인과 태내에서의 발달이 중요하다고 인식되면서 태아기가 발달단계에 첨가되는 경향이 있으며, 평균수명이 연장되면서 노년기도 전기와 후기로 구분되는 경향이 있다.

3) 발달과업의 문제와 사회복지실천

(1) 사회복지실천에 인간발달과업 문제의 이해

- 인간발달은 인간의 전반적 생활주기를 이해할 수 있는 개념의 준거 틀을 제공한다(Johson & Yanca, 2001).

- 태아기부터 사망에 이르기까지 각 단계에서 수행해야 할 발달과업을 제시한다.

- 전 생애 동안 경험하는 안정성과 변화과정을 설명할 수 있다.

- 생활전이에 따른 안정성과 변화를 파악할 수 있다.

- 특정 발달단계에서 특징적으로 나타나는 발달요인을 설명한다.

- 발달을 구성하는 다양한 신체, 심리, 사회적 요인을 파악할 수 있다.

- 이전 발달단계의 결과가 다음 단계에 미치는 영향을 파악할 수 있고, 각 단계의 성공과 실패를 설명할 수 있다.

- 발달의 개인차를 파악할 수 있다.

- 발달과업은 연령에 따라 변한다. 사회는 연령에 따라 사회적 행동 기대를 갖기 때문이다.

- 발달과업을 성취하기에 좋은 시기가 있다. 따라서 그 단계에서 특정한 발달과업을 성취하지 못한다면 다음 단계에서 성취하기 어렵다.
- 발달과업은 사회에서 각 연령에 맞는 정서적인 발달이 어떤 것인지를 알게 해준다.
  - '정상'은 특정 연령에 적합한 것으로 간주되는 기능이라는 좁은 의미이다.
  - 정상적인 발달단계는 개인 생애에 정상적으로 일어나는 생리, 심리, 정서, 인지, 사회적 발달을 포함한다.
- 사회복지사는 발달단계의 올바른 이해를 통해 클라이언트의 발달에 대한 기대를 조절해주고 지나친 염려를 줄일 수 있도록 도움을 준다.
- 잠재적 발달장애를 조기에 사정함으로써 미래의 어려운 상황을 최소화하거나 예방한다(남세진·조홍식, 1995).

(2) 인간발달문제 연구와 사회복지

① 사회복지에서의 인간발달연구의 필요성

- 이론은 관찰한 현상을 조직하고 이해할 수 있는 준거 틀을 제시해주는 논리적 개념체계이다. 관찰한 현상의 기술, 설명, 예측, 통제에 필요한 원칙을 제시해준다. 인간을 보다 정확히 이해하고, 전문적 실천행동의 방향을 설정하며, 특정한 개입을 위한 지침이 되는 개념적 틀을 제공해준다.
  - 어떤 이론에 근거하여 어떤 방식으로 규정하는가에 따라 문제해결 방안이 달라진다.
  - 사회복지사들은 활용하고자 하는 특정 이론의 유용성을 비판적으로 평가, 수용한다.
  - 다양한 이론들을 특별한 사례에 대한 개입에 어떻게 적용할 것인지를 심사숙고하여 그 이론들을 절충 또는 통합적으로 활용하게 된다.
- 인간행동과 발달에 대한 정확한 지식을 이해하고 사회복지실천과정에서 사정(assessment)과 개입을 결정하는 데 유용하다.
- 생활주기를 순서대로 정리할 수 있는 준거 틀을 제공해준다.
- 임신에서 사망에 이르기까지 각 단계에서 수행해야 할 발달과업을 제시해준다.
- 전 생애 동안 경험하는 안정성과 변화를 파악할 수 있게 한다.
- 특정 발달단계에서 특징적으로 나타나는 발달요인을 설명해준다.
- 발달을 구성하는 다양한 신체·심리·사회적 요인을 파악할 수 있게 해준다(Green, Ephross, 1991).

② 인간행동과 발달에 대한 이해의 필요성

"인간의 욕구는 연령이나 발달단계에 따라 매우 다양하게 나타나며 그 다양한 욕구를 충족시킬 수 없을 때 문제를 경험한다"

인간행동과 발달에 대한 정확한 지식과 이해이다. 사회복지실천의 사정단계에서 사회복지사는 각 발달단계와 발달과업에 비추어 발달의 정상 여부와 적절한 개입의 때를 결정할 수 있다. 연령별 발달단계에 대한 기초지식을 바탕으로 인간행동을 이해해야 한다.

③ 사회복지에서 인간발달연구의 적용
- 전 생애에 걸친 변화와 안정에 기여하는 요인의 판별이다.
- 신체·심리·사회적 기능 간의 상호관련성을 설명한다.
- 인간의 사회적 기능과 적응수준의 평가이다.
- 인간발달에 영향을 미치는 사회적 영향력을 평가할 수 있는 잣대를 제공한다.
- 인간의 행동을 사정하는 데 적용한다.
- 사회복지사가 개입을 해야 할지 여부를 판단하는 자료에 적용한다.
- 클라이언트가 스스로 문제해결책을 찾는 데 적용한다.
- 사회복지에서 인간발달에 대한 연구는 클라이언트의 문제를 평가하고, 문제해결을 위한 자원을 파악하며, 문제해결을 위한 프로그램이나 서비스를 고안하는 데 유용성을 갖고 있다.
- 단계별 신체적·인지적·사회적·정서적 특징이 변화한다. 사회복지실천은 기본적으로 인간에 대한 접근이므로 그 성공을 위해서는 인간의 성장과 발달에 대한 정확한 이해를 필요로 한다. 지금까지 인간의 변화에 대한 많은 이론이 개발되어 왔으며 이 이론들을 인간발달이론이라 칭하고 있다. 인간발달이론은 대부분 인간의 신체·심리·사회적 기능 간의 상호작용과 사회적 환경이 인간의 발달에 미치는 영향을 설명하고 있다.

④ 사회복지의 적용에 필요한 인간발달문제 연구 주제
- 태아기로부터 노년기까지의 발달을 설명할 수 있는 기제는 무엇이며, 그것은 생의 각 단계에서 어떻게 다르게 나타나는가?
- 전 생애에 걸친 변화와 안정(지속성)을 밑받침하는 요인은 무엇인가?
- 인간발달에서 육체적·인지적·정서적·사회적 기능 간의 상호작용은 어떤 성격의 것인가?
- 사회적 관계가 인간의 발달에 어떤 영향을 미치는가?

학자/이론	프로이트/정신분석	아들러/개인심리	융/분석심리	에릭슨/심리사회
생몰	1856오~1939	1870오~1937	1875스~1961	1902독~1994
생애 특징	부모 나이격차 등 복잡한 가족관계, 1901 정신분석학회	어려서 신체적 병약으로 열등감. 꼽추. 1911 Freud 결별	모친이 요양원 수용, 외가에 영매. 1914 Freud와 결별	유대인 계부로 인해 어릴 때 왕따당해 자아정체성으로 방황. 유예기간

이론 특징	인간의 심리적 문제는 내부에 존재한다는 정신결정론. 과거경험, 무의식, 성적에너지	인간은 성적 만족보다 열등의식을 경험하고 이를 보상하려는 노력으로 우월성 추구를 일생 노력한다. 생활양식 등에 초점	성적충동 외에 다른 무의식 존재. 개인무의식과 집단무의식, 상징, 중년기 설명	인간발달의 사회적 맥락. 사회영향과 자아의 자율적 기능의 상호작용 강조
인간관	비합리적인 인간, 무의식의 지배. 무의식적 힘에 의해 결정되는 수동적, 만 5세 이전 경험에 의한 결정론적, 내적 갈등의 역동에 의한 공격적·투쟁적 인간	사람은 하나의 통합적 유기체 ind-ividual이다. 인간은 주관적·총체적·목적론적·창조적 존재. 인간은 사회적 동물이고 인간발달은 사회적 자극에 의해 동기화된다. 개인의 행동은 자신의 주관적 지각에 따라 결정됨. 선천적으로 사회적 관심을 타고나는데 초기 모자관계가 중요	인간은 역사적이면서 전체적·창조적·긍정적·성장지향적 존재이다. 가변성을 지닌다. 전반기 분화와 후반기 통합. 개성화 과정을 통한 자기실현과정. 리비도-영적 특질을 가진 창조적 생명력	합리적·이성적·창조적·총체적 존재. 환경 속의 존재. 인간발달이 생물학적 성숙+사회적 여건으로 위기를 극복하는 심리사회적 발달. 성격발달에서의 문화적 다양성 인정
주요 개념	의식, 전의식, 무의식, 원초아id쾌락원칙, 자아ego현실원칙, 초자아super-ego양심과 자아이상(3~5세 발달), 오이디푸스/엘렉트라	가상적 목적을 위해 자아의 창조적 힘에 의해 생활양식 발달. 열등감을 극복하려는 노력이 생활식임. 생활양식에 의한 성격 유형: 지배형·획득형·회피형·사회유용형	자아(ego)는 의식세계의 중심이며 지각을 포함. 외부이미지인 페르소나를 보임. 자기(self)는 전체 인식과 정신의 중심에 대한 무의식적 갈망. 개인적 무의식 안에 하나의 공통주제에 관한 여러 파편의 복합(complex)이 있고 동물적 본성으로 자신이 용납하기 어려운 특질인 shadow가 있다. 집단무의식(원형, 아니마/아니무스)이 조직적으로 구성되어 있는 형태가 원형(archetypes)	자아정체감[자아심리학], 점성원리, 위기, 심리사회적 유예기간 유아초기 아동-유희학령-청소년-성인 초기-성인-노년기
	불안: 현실적·신경증적·도덕적	개인성격은 가족구조, 출생순위 및 사회적 요인에 의해 발달	꿈의 해석, 8가지 심리적 유형 MBT	성격은 일생을 통해 발달. 특히 청소년기의 정체성 형성이 중요
발달 과정	eros와 thanatos. 리비도(고착): 구강-항문-남근-잠복-생식기. 유년기 강조, 불변성	생활양식의 왜곡요인: 신체기관의 열등, 과잉보호, 무관심(거부/학대)	아동-청년 및 성인 초기-중년-노년. 중년기 강조	8단계 발달단계별 사회심리적 위기와 극복 능력
실천	방어기제. 진단주의학파, Ct사정에 기여. 개별사회사업발달. 자유연상/꿈 해석. 과거지향적·병리적 인과론	가족 상담에 유용한 지식 기반. 집단경험 치료란 기본적 삶의 전제와 왜곡된 삶의 동기를 수정하는 것(공감-지지-직면-통찰-대안-선택)	꿈 해석, 역사적·미래지향적 목적론, 개별화	해석과 자기 분석(회상요법)을 통해 자신의 발달위기에 대한 통찰을 하고 자아통제력 회복이 치료임
비판	기계론적·결정론적 인간관. 사회복지전문직에 분열과 실천의 불균형 초래	인생목표의 중요성, 성격형성의 가정적·사회적 요인 강조. 성격에 대한 지나친 단순함, 경험적 검증 부족, 창조적 자기나 가공적 목적론 등 개념의 불명확성		인간의 건강한 발달에 대한 새로운 통찰력. 개념 불명확하고 실증적 연구 부족

학자이론	피아제/인지발달	스키너/전통적 행동주의	반두라/사회학습	로저스/현상학	매슬로/욕구이론
생몰	1896스~1980/1940	1904미~1990/1957	1925캐~/1959	1902미~1987/1951	1908미~1970/1943
생애 특징	천재, 자녀 관찰	『Walden two』 저술		외로운 청소년기	왓슨 영향으로 동물 연구하다 딸을 연구
이론 특징	인간의 심리과정을 인지의 기능과 발달에 따라 설명. 결정론적 시각 거부	모든 인간의 행동은 법칙적으로 결정되고 예측과 통제가 가능. 내면세계 부정. 관찰 가능한 행동	인간행동은 상황과 해석에 의해 결정됨. 관찰하는 평가의 중요성	개인 주관적 경험, 감정 중요. 인간의 성장과 자기실현 강조. 자유롭고 합리적, 선하고 통합적 존재	인간은 자신의 성장과 발전을 기하며 자기가 원하는 사람이 되고자 함. 행동주의/정신분석 부정
인간관	주관적·능동적 존재, 합리적 & 비합리적. 감정과 행동은 인지에 의해 통제. 인간에게는 주관적 현실만이 존재. 변화와 성장가능성	인간행동은 외적 자극으로 동기화되는 기계적 존재로 행동에 따르는 강화에 의해 결정됨	인간의 인지적 능력 중요시. 인간행동이나 성격의 결정요인은 다른 사람의 행동을 관찰하고 학습한 결과	인간은 자신을 창조하는 과정 중에 있으며 생의 의미를 창조하고 주관적 자유를 실천해가는 존재	성선설, 자기실현 경향. 결핍은 성장 동기
주요 개념	인지, 인지능력, 도식, 적응(동화, 조절), 조직화, 대상영속성, 보존(동일성, 보상성, 역조작), 평형	고전적 조건화와 조작적 조건화. 변별자극. 보상과 처벌, 강화, 행동형성, 토큰경제. 소거(타임아웃)	모델링, 자기강화, 자기효능감, 관찰학습. 내외적 요인 간 상호결정론. 자기 규제(자기 조정: 수행-판단-자기 반응)	현상학적 장, 자기실현의 동기, 자기self, ideal self, 자기와 경험의 불일치, 긍정적 관심에 대한 욕구, 완전히 충분히 기능하는 사람(=개방적, 실존적, 신뢰, 창조성, 자유로운 삶)	
		ABC 선행요인-행동-결과, 강화계획(연속적·간헐적, 고정·가변적 시간과 횟수)	주의집중-보존-재생-동기화	무조건적 긍정적 관심, 자기 결정권, now-here	
발달 과정	인지발달: 감각운동기-전조작기-구체적 조작기-형식적 조작기	성격은 개인의 행동과 강화사이의 관계유형	모방과 사회학습으로 성격형성	삶의 경험에 따라 각개인의 성격이 달라짐	생리-안전-소속과 애정-존중-자기실현(인지-심미-자기실현-초자아)
실천	인지장애와 인지치료. 엘리스의 ABC논박으로 통한 합리적 정서치료REBT, 벡의 자동사고 치료	행동수정과 행동치료의 개입기법. 체계적 둔감법, 강화와 처벌	관찰과 모방으로 Ct의 문제행동을 제거함. 자기 강화, 자기 효율성	인간중심치료	인간의 가능성 이해와 Ct욕구평가에 유용한 지침
비판		원조초점을 내적 갈등에서 외적 행동으로 이동. 환경의 중요성 강조			

(3) 인간발달과업 문제와 사회복지실천과정

① 인간행동 발달문제의 이해
- 인간행동을 이해하기 위해서는 외관상의 관찰 가능한 행동뿐 아니라, 개개인의 사고, 감정, 무의식 등의 정신적 요인과 정서적 요인 모두를 포괄하고 있으며, 더 나아가 그 사람이 처해 있는 상황적 요인까지도 내포한다.
- 전 생애에 걸쳐 일어나는 인간의 신체·심리·사회적 측면이 복합적으로 작용하여 이루어지는 발달에 대한 정확한 이해가 있어야 한다.
- 인간행동의 주된 결정요인인 성격에 대하여 이해가 필요하다. 이상행동 또는 부적응 행동에 대하여 이해가 필요하다. 인간은 각 단계에서 수행해야 할 발달과업과 욕구는 서로 다르다. 한 개인이 특정 발달단계에서 수행해야 할 발달과업을 적절히 수행하지 못하였을 경우에는 다음 단계로의 성장이나 발달에 방해를 받게 된다. 환경과의 상호작용에서 부적응 상태가 유발-욕구 미충족, 문제 발생, 안녕상태 유지 못함. 이러한 문제해결과 높은 질의 삶을 도모하기 위한 제도, 법, 프로그램이 사회복지이다.

② 인간행동발달 문제에 대한 사회복지사의 해결과정
- 문제 또는 상황을 조사, 진단하고 이해하는 사정(assessment) 단계이다.
- 구체적으로 목적을 설정하고 목표 지향적이면서 구체적인 행동 계획을 세운다.
- 사정에 따른 계획을 수립하고 이에 따른 개입과 실행단계. 이때 형성평가를 할 것인지 총괄평가를 할 것인지를 결정한다.
- 문제해결 과정으로 특히 사회복지사는 클라이언트 스스로가 문제를 해결하도록 자기결정권을 존중하며 적극적으로 프로그램에 참여토록 기회를 준다.
- 평가와 종결 그리고 사후관리를 한다.
- 현대 사회복지실천을 위해 인간의 행동이란 행해지는 환경 속에서 구체적으로 하나가 된다고 이해한다. 큰 흐름은 거시와 미시 또는 직접적 실천과 간접적 실천으로 세분화하고 특수화된 실천을 추구하기보다는 통합적 실천을 중시한다.
- 개인 수준의 실천: 개인을 대상으로 하는 실천방법론이다. 전문 사회복지방법론 중에서 가장 먼저 발달. 프로이트의 정신분석이론이 가장 큰 영향을 미친다.
- 집단 수준의 실천: 인보관운동, 진보적 사회교육운동, 레크리에이션운동 등에 뿌리를 두고 있다.
- 가족 수준의 실천: 많은 인간행동이론의 영향을 받는다.

(4) 인간행동 발달문제의 해결 목표

① 발달은 곧 인간의 정신과 신체의 변화를 의미한다.

② '발달과업'이란 그 시기에 획득하여야 할 일종의 숙제처럼, 그 이후의 삶이 원활하게 진행되기 위해 그 시기 동안 제대로 갖추어야 할 기초능력들을 의미한다.

③ 사회복지사들은 인생의 시기별로 일반인의 행동 경향에 대해 배운다.

(5) 발달과업상 이상행동과 사회복지의 역할

① 이상행동에 대한 정확하고 올바른 평가: 이상행동별로 적합한 개입방법과 치료, 개선 프로그램을 고려하는 데 큰 기여를 한다.

② 이상행동과 관련된 사회복지사의 역할

㉠ 사회복지사는 이상행동에 대해 배움으로써 이상행동을 진단할 수 있다.

㉡ 클라이언트의 가족의 관심과 노력을 활성화시키는 역할을 담당할 때이다.

㉢ 이상행동과 문제행동에 대한 관심과 지원의 필요성을 자극하고 홍보하는 역할을 할 때이다.

③ 이상행동이 무엇인지 '이상행동의 개념과 진단기준'부터 배우게 된다.

④ 사회복지사들은 이상행동을 판단하는 객관적인 여러 기준들과 한계 및 의미를 배워야 한다.

⑤ 이상행동에 대한 이론적 관점을 개괄해야 한다.

인간행동 이론

제1부 정신역동이론

제3장

프로이트의 정신분석이론

1. 정신분석이론의 주요개념

프로이트(Sigmund Freud, 1856~1939)는 오스트리아(지금의 체코슬로바키아의 한 지역)에서 7남매 중 장남으로 태어났다. 인간의 행동을 이해하기 위해 내면, 특히 히스테리아를 연구하였으며, 처음에는 최면(hypnosis)을 통해서 히스테리아를 치료하였으나, 많은 사람들에게 최면이 효과적이지 않다는 것을 발견하면서 자유연상(free association)의 기법을 발견하여 치료하였다. 그러나 이러한 자유연상을 할 때 그 흐름을 차단하는 것을 저항(resistance)이라 하고 이 저항을 무의식적 내용을 억압하고자 하는 힘이 강하다는 증거로 보았으며, 이러한 개념들이 히스테리뿐 아니라 모든 인간의 상태를 특징짓는 것이라고 보았다. 특히 히스테리 환자들이 의식으로부터 차단하고 있는 중심 정서가 "성(性)"이라 결론지었다.

▶프로이트의 생애

이와 같은 프로이트의 성에 대한 관심은 다른 사회적 요인의 영향력도 고려해야 한다고 주장한 제자 아들러와 융에 의해 도전을 받게 되었다. 후에 신경증을 더 이상 성적 요인으로만 설명할 수 없게 되자 프로이트는 공격성도 중요한 충동이라는 생각을 하게 된다(Freud, 1925).

1) 인간의 정신세계

(1) 의식의 구조 모형

- 성격구조와 의식수준의 관계
- 프로이트는 정신을 일종의 지도처럼 가정하여 정신은 무의식, 전의식, 의식의 세 가지 지역(부분)으로 구성되어 있다고 가정하였다.
- 프로이트는 인간의 마음이 사고, 감정, 본능, 충동, 갈등, 동기로 채워져 있다고 하였다. 이 대부분은 무의식 혹은 전의식에 위치하는데 전의식은 의식의 영역으로 쉽게 바뀔 수 있지만, 무의식은 의식의 영역으로 쉽게 바뀌지 않는다.

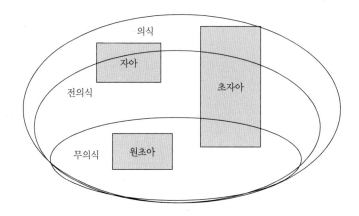

(2) 지형학적 모델: 의식 · 전의식 · 무의식(Freud, 1923)

① 의식(consciousness)

■ 우리가 자신에게 주의를 기울이는 바로 그 순간에 알아차릴 수 있는 경험과 감각들을 뜻한다. 정신생활의 일부분으로 대부분의 자아(ego)가 포함된다. 보고, 듣고, 만지고, 냄새 맡고, 맛보는 것과 같은 여러 가지 감각을 인식하고 슬픔과 고통 같은 것을 그 순간 쉽게 알아차릴 수 있는 정신생활의 영역, 깨어 있을 때 작용하는 영역이다.

■ 새로운 생각이 들어오고 오래된 생각이 물러나면서 의식의 내용은 계속 변한다. 프로이트는 우리가 지각하고 있는 의식은 빙산의 일각에 불과하고 마음의 극히 일부분이며, 바다 깊은 곳에 더 큰 빙산의 몸체가 존재하듯이 의식하지 못한 부분이 더 많다는 것을 강조하였다.

■ 의식은 현재 느끼거나 알 수 있는 모든 경험과 감각을 뜻한다.

■ 의식되었던 것들은 순식간에 지나가기 때문에 시간이 지나면 전의식이나 무의식의 영역 속으로 잠재되게 된다.

■ 의식의 내용은 외부세계의 자극에 의해 나타나고 변화하지만 일부는 전의식이나 무의식 속에 있던 것이 의식영역 속으로 나온 것이다.

② 전의식(preconsciousness)

■ 의식과 무의식의 중간 지점에 있으며 이들 사이에서 교량역할을 한다.

■ 현재는 의식하지 못하지만 조금만 노력하여 회상하려고 마음을 집중하고 노력하면 의식이 될 수 있는 정신생활의 일부분으로서, 전의식에 저장된 기억이나 지각, 생각 등을 의식으로 가져올 수 있다.

■ 전의식은 흔히 이용 가능한 기억이다.

③ 무의식(unconsciousness)

■ 무의식은 정신의 가장 깊은 곳에 위치해 있으며, 개인에게는 그 자신이 전혀 자각하지 못하는 정신생활의 어떤 부분으로서 경험과 기억으로 구성된다. 정신분석의 초점이 되는 부분이다. 무의식은 인간행동을 결정하는 주된 원인이나, 우리가 인식하거나 직접 확인할 수는 없다.

■ 물 위에 떠 있는 빙산보다 물 아래에 있는 보이지 않는 더 큰 부분인 무의식은 실상 정신내용의 대부분에 해당되며 인간행동의 동기가 된다.

■ 의식적 사고와 행동을 전적으로 통제하는 힘이다.

■ 주로 원초아와 초자아로 구성되어 있으며, 방어기제도 무의식의 일부분으로 나타난다.

■ 정신내용의 대부분은 무의식으로 채워져 있으며 인간의 행동은 대부분 무의식에 의해 결정된다.

■ 무의식의 정신과정 혹은 정신내용의 일부는 의식 속에 있다가 억압되어 무의식에 저장된 것이며, 나머지는 절대 의식될 수 없고 또 의식된 적이 없는 무의식의 근저에 있는 것들이다. 이것들이 인간의 행동을 주로 결정한다는 것이다.

■ 무의식의 내용은 언어화되기 어렵고 논리성도 없으며, 서로 모순되는 경향이 동시에 존재하기도 한다.

■ 꿈의 해석, 최면, 자유연상이 있으며, 대부분 자료를 억압기제를 통해 무의식 속으로 들어가게 한다. 방어기제도 무의식의 일부분이다.

(3) 경제적 모형

■ 프로이트는 인간의 모든 행동은 본능의 지배를 받으며, 정신에너지를 발산하는 데 그 목적이 있다고 본다.

■ 프로이트는 신체구조의 긴장상태에 의해 유발되는 정신적 표상, 즉 소망의 집합체를 본능(instinct)이라고 규정하고 있기 때문에 모든 인간의 행동은 생리적 기원을 가지고 있다고 할 수 있다.

■ 본능의 네 가지 구성요소
· 원천: 신체 내의 긴장상태(ex: 위가 비어서 느끼는 허기)
· 목표: 신체적 긴장상태의 해소를 통한 쾌락의 획득(ex: 음식섭취를 통한 포만감 획득)
· 대상: 목표성취에 활용되는 수단(ex: 음식물)
· 추동: 특정 본능이 갖고 있는 에너지의 양, 즉 본능의 강도(ex: 음식물을 섭취하려는 소망의 강도)

2) 인성의 구조와 개념(권중돈 · 김동배, 2005)

- 정신의 구조 모형: 원초아 · 자아 · 초자아
- 마음에 대한 프로이트 개념의 두 번째 영역은 원초아, 자아, 초자아의 영역이다. 이것들은 서로 관련되어 상호 영향을 미친다.
- 정신의 지도가 무의식, 전의식, 의식으로 이루어져 있다면, 정신의 구조는 원초아, 자아, 초자아의 세 가지로 이루어져 있다.
- 원초아는 전적으로 무의식의 영역에 속해 있다.
- 자아는 의식과 현실수준에 놓여 있는데, 대개 전의식의 영역에 머물러 있다. 이것은 자아가 원초아로부터 발달하지만 현실을 다루는 역할을 해야 하기 때문이다.
- 초자아는 원초아의 요구를 언제나 무시하며 자아의 판단에 대해서도 비판적인 태도를 취한다. 초자아도 일부는 무의식에 속해 있다.

① 원초아(id)
- 무의식 안에 감추어진 일차적인 정신의 힘으로서 즉각적이고 본능적인 욕구다.
- 성격의 기초가 되는 기본 욕구와 충동을 대표한다.
- 성격의 가장 원초적 부분으로 본능적 욕구를 관장하며, 성욕과 공격욕을 말한다.
- 인간이 생존하는 데 필요한 모든 본능이다. 인간이 생존하는 데 필요한 기본적 욕구이다.
- 원초아에서 자아와 초자아가 분화된다.
- 원초아를 지배하는 원리는 긴장해소의 쾌락원리다.
- 리비도는 프로이트가 원초아, 자아, 초자아라는 3체계의 활동에너지를 총칭하는 뜻으로 사용했다.
- 원초아는 쾌락을 추구하고 고통을 회피하는 방향으로 움직이는 쾌락원칙의 지배를 받는다. 따라서, 원초아는 충동적이고 비합리적이며 자애적이다.
- 신생아에서는 원초아 상태이다.
- 원초아에는 긴장을 해소하는 두 가지 기제가 있는데, 반사행동과 일차 과정사고가 그것이다.
- 반사행동은 선천적이고 자동적인 행동으로 예컨대 눈을 깜빡이는 행위가 이에 속한다.
- 일차 과정사고(primary process thinking)는 욕구를 만족시키는 대상의 이미지를 기억 속에서 만들어내는 것이다.
  예) '목이 마르다'라는 긴장이 발생하면 물이나 음료수 병을 떠올림으로써 욕구를 충족시키는 것
- 일생 동안 그 기능과 분별력은 유아적인 수준에 머물러 있다.
- 욕구를 만족시키는 대상의 심상을 기억 속에 만들어내는 일차 과정사고 기제를 사용한다.

② 자아(ego)
- 원초아의 욕구를 현실적인 방법으로 충족시키기 위해 적절한 기능을 발휘한다.
- 현실원리에 따르게 한다. 현실원리는 자아 만족을 추구할 수 있는 방법을 발견할 때까지 만족을 연기함.
- 원초아의 쾌락추구는 외부세계의 현실로 인해 즉각 이루어질 수 없는 경우가 많다. 따라서 외부의 현실을 감안하여 만족을 지연시키고 현실에 적응하는 능력을 길러야 한다. 이것은 자아에 의해 이루어진다.
- 현실원리에 따라 사회적으로 수용될 수 있는 방법을 발견할 때까지 쾌락 추구하는 긴장해소는 유보한다.
- 자아는 현실원칙에 의해 지배된다. 하지만 자아는 원초아를 좌절시키려는 것이 아니라 원초아의 목적을 달성하기 위해 원초아를 의식적으로 통제하고 적절한 방향으로 이끌려는 것이다.
- 자아의 이러한 현실적 사고는 이차 과정사고(secondary process thinking)에 의해 가능하다. 이러한 자아의 힘은 근본적으로 원초아로부터 온 것이다.
- 이성적인 차원에서 행동의 결과를 평가하고 자신의 행동과정을 결정한다.
- 자아는 마음의 이성적인 요소로서, 출생 후 경험을 통해 발달한다.
- 원초아에 비해 자아는 조직적이고 구체적인 정신구조다.
- 자아는 성격의 조정자로서 인간의 생각과 행동을 통제한다.
- 자아는 개인이 객관적인 현실세계와 상호작용할 필요가 있을 때 원초아에서 분리한다.
- 생후 4~6개월부터 발달한다.
- 구강기 때 자아가 나오기 시작, 성격의 조정자이다(인간의 행동과 생각을 통제).

③ 초자아(superego)
- 개인에게 투사되는 도덕적 · 윤리적 가치가 개인에게 내면화된 표상이다.
- 3~5세 사이에 발달하는 초자아는 부모가 아이에게 전달하는 사회의 가치와 관습을 말한다.
- 초자아의 주요 기능은 옳고 그른 것을 결정하여 사회가 인정하는 도덕적 기준에 따라 행동하는 것이다.
- 초자아는 자아로부터 발달한다.
- 정신구조의 최고단계로서 흔히 양심이라고 말한다.
- 쾌락보다는 안정을 추구하고 현실적인 것보다는 이상적인 것을 추구한다.
- 초자아는 성격의 도덕적인 부분이며, 심판자로서 자아와 함께 자신의 행동을 조절할 수 있게 해준다.
- 초자아는 원초아와 자아를 비판하여 사회규범에 맞는 생활을 하도록 하는 기능을 갖는다.

- 정신에너지는 원초아와 자아, 초자아에 분배되는데, 이 세 가지 각각의 구조에 에너지가 어떻게 분배되어 있는가에 따라 성격의 특징이 결정된다.
- 초자아는 성격의 도덕적 측면으로 쾌락보다는 완성을 중시하며, 현실보다는 이상을 중시한다.
- 초자아는 일부는 사회의 도덕률이나 금기로 구성되고, 또 일부는 부모로부터 받은 도덕교육을 토대로 형성된 도덕관념으로 구성된다.
- 부모가 행하는 도덕교육 역시 사회규범을 교육하는 것이므로 결국 초자아는 외부세계의 대변자인 셈이다. 따라서, 초자아는 사회적 원리에 따른다고 볼 수 있다. 초자아는 두 가지 하부체계를 갖는데, 하나는 양심이고 다른 하나는 자아이상이다.

▸초자아의 두 측면, 양심과 자아이상

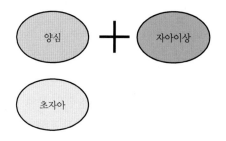

- 양심
－마음의 도덕적 가르침이며, 사람에게 죄의식을 느끼게 해서 벌을 주는 역할을 한다.
－벌을 통해 발달하며 자아가 죄책감을 느끼도록 작용함, 마음의 도덕적 가르침이다.
－양심은 잘못된 행동에 대해 처벌이나 비난받는 경험에서 생기는 죄책감이다.
－어린 시절에 영향을 주었던 부모나 양육자가 비난이나 벌을 주었던 일들이 토대가 되어 그와 같은 행동이나 생각을 할 때 죄책감을 느끼는 것이다.
－잘못된 행동에 대한 처벌을 통해 형성됨. 처벌적 측면이다.

- 자아이상
－자아이상은 긍정적 이상향을 뜻하는데, 긍지를 느끼게 해서 상을 주는 역할을 한다.
－상을 통해 발달하며 자아가 긍지를 느끼도록 작용한다.
－잘한 행동에 대해 긍정적 보상을 받은 경험으로 형성되기 때문에, 보상받을 행동을 하려고 추구하게 된다.
－긍정적인 이상형이라는 의미이다.
－부모나 타인으로부터 받은 칭찬이 토대가 되어 그에 대한 자아이상을 추구하게 된다.
－잘한 행동에 대한 칭찬이나 수용을 통해 형성됨. 보상적 측면이다.

3) 본능과 정신 에너지

(1) 리비도(libido)-역동적 체계

- 원초아가 갖는 성적 본능의 에너지이다. 리비도는 일종의 정신적 힘으로서 "성적 본능의 에너지"를 의미한다. 이것은 출생 시부터 타고나며 아동의 행동과 성격을 결정하게 된다. 죽음의 본능으로까지 확대된다.
- 프로이트는 성의 개념에는 신체적 사랑, 정서적 충동, 자기애, 부모의 자식에 대한 사랑, 우정의 감정까지 포함된다고 본다.
- 삶의 본능 중 성격에 가장 큰 영향을 미치는 것이 성본능이므로 에로스와 리비도를 거의 같은 의미로 사용하기도 한다. 자아본능(자기 보존의 본능)에 대립하고 있는 성 본능(종족보존의 본능)에 따른 성적 에너지이다.
- 리비도의 개념을 프로이트는, 초기에는 자아본능에 대립하고 있는 성본능에 따른 성적 에너지라고 보았고, 후기에 와서는 사랑과 쾌감의 모든 표현이 포함된 것으로 본다.
- 리비도는 인간발달단계에 대응한 성감대와 충족의 목표 및 대상을 가지는데, 충족을 얻지 못하고 울적하면 불안을 낳는다.

(2) 정신에너지

생의 본능인 에로스(eros)는 생명을 유지, 발전시키고 사랑을 하게 하는 본능이다. 배고픔, 갈증, 성욕 등이 생의 본능에 해당한다. 죽음의 본능인 타나토스(thanatos)는 생물체가 무생물체로 환원하려는 본능이다. 죽음의 본능은 공격적·파괴적 성향의 근원이 되며 자기주장, 야심, 경쟁심 등이 여기에 속한다.

(3) 고착(Fixation)

① 불안 요인과 좌절감으로 리비도가 어떤 대상을 향해 정지하고 있을 때이다.
② 인간발달단계에서 다음 단계로 진행하지 못하고 특정 단계에 머무르는 것이다.
③ 종류
·좌절: 아동의 심리성적 욕구를 양육자가 적절히 충족시키지 못하는 것이다.
·방임: 아동의 심리성적 욕구를 양육자가 과잉 만족시켜 아동에게 의존성이 생기는 것이다.

(4) 죽음의 본능

- 인간행동의 파괴적 혹은 부정적인 힘이다.
- 모든 유기체는 자신의 근원인 무생물 상태로 되돌아가려는 충동이 있기 때문에 죽고자 하는 무의식적인 소망이 있다.

- 인간이 가지는 잔인성과 공격성, 자살, 살인, 전쟁 등 일상생활에서의 공격성을 의미한다.
- 프로이트는 처음에는 삶의 본능만을 제시했었지만, 제1차 세계대전을 목격한 후 초기 이론을 수정하여 죽음의 본능을 에로스와 대립되는 개념으로 추가한다.

2. 방어기제

1) 방어기제의 개념과 위계서열

(1) 방어기제의 개념

- 자아의 무의식 영역에서 일어나는 심리기제로서 인간이 고통스러운 상황에 적응하려는 무의식적인 노력이다.
- 최적의 정신건강을 유지하려면 각 단계의 위기를 원만히 해결하기 위해 적절한 방어기제 사용이 요구된다.
- 자아가 불안에 대응하고 대처하는 데에 동원하는 심리적 책략이다. 본능적 충동이 자아의 영역을 침범하려고 할 때 자아는 위협을 느끼게 되는데, 이것이 바로 불안(anxiety)이다. 불안은 위험을 경고하는 것인데, 이 불안을 감소시키려고 활용하는 수단이 방어기제(defense mechanism)이다. 방어기제는 갈등의 원천을 무의식적으로 왜곡하거나 대체하고 차단한다.

(2) 방어기제의 위계서열

합리화-억압-전치-동일시-전환-격리(지성화)-반동형성-취소-내면화-투사-부정방어기제가 상대적으로 정교한지 또는 원시적인지를 결정하는 가장 중요한 기준은 현실검증의 정도이다(권중돈, 김동배, 2005).

2) 방어기제의 사용상 특징

(1) 방어기제의 사용과 특징

- 갈등이나 불안, 좌절, 죄책감 등으로 인한 심리적 불균형이 초래될 때 심리내부의 평형상태를 유지하기 위해 일어난다. 내적 긴장을 완화시키기 위한 심리적 기교이다.
- 불안과 고통에서 개인을 안전하게 지킨다는 점에서 긍정적 기능이 있지만 지나치게 의존하거나 무분별하게 사용할 때는 병리적 증상을 초래할 수 있다.
- 방어기제는 때로 긍정적인 사회적 결과를 가져오기 때문에 정상적으로도 방어기제를

사용한다.

- 대부분의 경우 한 번에 한 가지 이상의 방어기제가 동시에 사용된다.
- 정신치료에서는 방어기제를 제거하는 것만이 목표가 아니라 더 적응적으로 생활하기 위해 어떠한 방어기제는 강화되기도 한다.
- 방어기제는 성격발달과 밀접하게 연관되며 성격의 성숙 수준을 나타냄. 예를 들어, 투사나 부정은 성격의 미성숙을 보여 주며, 억압이나 승화는 성격의 보다 성숙된 수준을 나타낸다.
- 방어기제의 병리성 판단은 방어기제의 강도, 한 가지 방어를 사용하는지 혹은 여러 가지 방어기제를 사용하는지와 관련된 균형, 사용한 방어기제가 연령의 측면에서 적절한지 여부, 위험이 사라지고 나서도 방어기제가 사용되는지 혹은 사용되지 않는지를 통해서 판단한다.
- 현실에 잘 적응하는 사람은 방어기제를 융통성 있고 선택적으로 사용하는 경향이 있지만, 그렇지 못한 경우에는 한두 가지 방어기제만 편중적이고 고착적으로 사용하는 경향이 있다. 방어기제가 정상적인지 또는 병리적인지를 판단하기 위해서는 한 가지 방어기제를 사용하는지 혹은 여러 가지 방어기제를 사용하는지와 관련된 균형, 방어의 강도, 사용한 방어기제의 연령적합성, 위험이 사라졌을 때 사용한 방어기제를 철회할 수 있는 가능성이라는 네 가지 요소를 근거로 판단하여야 한다고 했다.

(2) 방어기제의 사용과 연대기적 특징

① 각 방어기제가 특정한 본능적 충동과 연관
- 예를 들면, 억압은 성적 소망을 방어하기 위해 주로 사용되므로 남근기와 관련된다.

② 정신의 구조분화에 의한 분류
- 어릴 때에는 투사, 퇴행, 역전, 자기로의 전향된다.
- 자아와 원초아의 분화가 생길 때 억압된다.
- 초자아 발달, 승화된다.

3) 방어기제의 종류(이인정·최해경, 2008)

① 억압(repression)의식에서 무의식으로 밀어낸다
- 방어기제 중에서 가장 일차적이고 원시적이며 가장 많이 사용된다.
- 억압이란 의식에서 용납하기 어려운 생각, 욕망, 충동 들을 무의식 속에 머물도록 눌러 놓은 것이다.
- 억압을 통해서 자아는 위협적인 충동, 감정, 소원, 환상, 기억 등 위험적 요소들이 의식

화되는 것을 막는다.

- 특히 죄책감, 수치심 또는 자존심을 상하게 하는 경험일수록 억압의 대상이 된다.
- 비슷한 개념인 억제는 무의식이 아닌 의식적인 차원에서 이루어진다는 차이점이 있다.
- 억압은 무의식적인 억제로, 억제는 의식적인 억압으로 볼 수 있다.

예) 하기 싫고 귀찮고 어려운 과제가 있을 때, 그 과제를 아예 잊어버리는 경우, 고통스러운 기억을 쉽게 잊는 것이 한 예이다. 지나친 수줍음이나 소심, 복종은 어린 시절의 공포나 미움, 또는 분노가 의식화되려는 것에 대한 방어이다.

② 취소=원상복귀(undoing)

- 자신의 성적 혹은 공격적 욕망이나 충동으로 인하여 상대에게 피해를 주었다고 생각하여 무의식적으로 죄책감을 지워 버리기 위해 상대가 입은 피해를 원상복구하려는 행위를 말한다.
- 무의식 속에서 어떤 대상을 향해 품고 있는 자기의 성적인 또는 적대적인 욕구로 인해 상대방이 당할 것이라고 생각되는 피해를 원래 상태로 되돌려 놓은 기제이다.
- 용납될 수 없는 행동 동기를 위장하여 합리적으로 설명함으로써 자기를 보호하고 사회적 승인을 얻으려는 것이다.
- 용납할 수 없거나 죄책감을 일으키는 행동, 사고, 감정을 상징적인 방법을 통해 취소 또는 무효화하는 것이다.

예) 순간적으로 화가 난 엄마가 아이를 때리고 곧바로 "엄마가 잘못했다. 아팠지? 미안해" 하며 쓰다듬는 경우, 혼외정사의 욕구가 생긴 남성이 부인의 선물을 사는 것, 아기가 동생에게 화가 나 때린 다음에 곧바로 끌어안고 미안하다고 하며 입 맞추는 것이다.

③ 반동형성(reaction formation): 완전히 반대의 방향으로 바꾸어 행동한다

- 무의식 속의 받아들여질 수 없는 생각, 욕구, 충동 등을 정반대의 것으로 표현하는 경우로 원래의 생각, 소원, 충동 등을 의식화하지 못하게 하는 기제이다.
- 어떤 충동을 의식에서 추방하여 무의식 속으로 밀어 넣음과 동시에 그것을 그와 반대되는 감정으로 대치시켜 표현하는 것이다.
- 겉으로 드러나는 태도나 언행이 마음속의 요구나 생각과 정반대인 경우의 방어기제이다.

예) 적개심과 공격성을 덮기 위해 미운 놈 떡 하나 더 준다는 속담, 사랑을 미움으로 표현하는 경우, 남편이 바람을 피워 다른 여자와의 사이에서 태어난 아이를 키우면서 과잉보호하는 본부인의 경우, 부인에 대한 성난 감정을 억압하는 남편은 부인에게 각별한 애정을 표현하기도 한다. 실제로 자기를 학대하는 대상인데도 그 대상을 좋아하는 것처럼 보임, 겁이 많은 소년이 불량배와 같은 언행을 하는 것이다.

④ 상환(restitution)

- 무의식의 죄책감을 씻기 위해 사서 고생하는 경우나, 잃어버린 대상을 그리워하면서 불행하게 지내는 경우이다.

예) 자신은 가난하고 불행하게 살면서 모든 수입을 자선사업에 바치는 경우라든가 사랑하는 아내를 잃은 남편이 죽은 아내를 대신할 만한 여인이 나타날 때까지 불행하게 지내는 경우

⑤ 동일시(identification)

- 불안을 없애기 위해 그 불안의 원인이 되는 사람과 똑같이 되려는 것이다.
- 동일시 또는 동일화는 주로 부모, 형, 윗사람, 주위의 중요한 인물들의 태도와 행동을 닮는 것으로, 불안을 없애기 위해 오히려 불안의 원인이 되는 그 사람과 똑같이 되려는 것이다.
- 합일화, 함입, 내면화, 금지대상과의 동일시, 공격자와의 동일시, 병적 동일시, 감정이입, 동정과 유사하다.
- 타인의 성격특성을 모방하거나 타인의 성공을 공유함으로써 자신의 가치를 높여 만족을 얻는 심리이다.

예) 아이를 보면 부모를 알 수 있다. 어린이가 엄마의 큰 신발을 끌고 다니는 행동, 아버지를 무서워하는 아들이 아버지를 닮아가는 경우, 거세불안을 느끼는 아동이 아버지와 행동을 같게 하는 경우이다.

⑥ 투사(projection)

- 용납할 수 없는 생각 등을 마치 남의 것인 양 생각한다.
- 자신의 용납할 수 없는 충동, 생각, 행동에 대해 무의식적으로 다른 사람이 그러한 충동, 생각, 행동을 한다고 믿는 것이다. 즉, 자신의 용납할 수 없는 충동 등의 원인을 외부로 돌리는 것이다. 받아들일 수 없는 충동이나 욕망, 자신의 실패 등을 타인의 탓으로 돌리는 것이다.
- 투사는 관계망상이나 피해망상 등을 불러일으키는 등 환각이나 착각, 망상 형성의 중요한 기제이다.

예) 사회복지사를 미워하는 클라이언트가 반대로 사회복지사가 자신을 미워한다고 느끼는 것, 잘못되면 조상 탓이다. 늦잠 자고 일어나면서 어머니에게 소리를 지르고 안 깨워서 지각한다고 불평하는 경우, 바람피우고 싶은 욕구를 배우자에게 뒤집어씌움으로써 배우자를 의심하고 부정하다고 불평을 늘어놓는 경우, 시험을 잘 치지 못한 학생이 "시험공부를 할 여유가 없었다", "시험문제가 너무 황당한 것이었다"라고 말한 경우이다.

⑦ 자기에게로 향함(turning against self)

■ 본능적 충동을 자신에게로 향하는 것이다. 대개는 공격적인 충동이 타인이 아닌 자신에게로 향하는 것이다.

■ 존경하는 사람에게 어떤 공격적인 언행을 한다는 것은 받아들일 수 없는 것이므로 대신 자신에게 화풀이한다.

예) 어머니로부터 심한 꾸지람을 받은 아이가 자신의 머리를 벽에 부딪쳐 자해하는 경우로 이 경우는 미운 어머니를 자신의 머리로 전치한 것이기도 하다. 부부싸움 후 부인에 대한 분노를 자신의 머리를 벽에 부딪치는 것으로 나타내는 것, 무의식중에 증오하는 아버지를 가진 사람이 진짜로 아버지가 돌아가셨을 때 심한 우울함에 빠질 수 있는데 왜냐하면 아버지를 향하던 증오가 자신에게로 전향되어 자기 내부의 아버지를 향하게 되었기 때문이다. 아버지와 자신을 동일시하여 분노를 자신에게 퍼부었다고 생각하게 된다.

⑧ 전치＝전위＝치환(displacement)

■ 어떤 생각이나 감정 등을 표현해도 덜 위험한 대상에게 옮기는 것이다.

■ 실제로 어떤 대상에게 향했던 감정 그대로를 다른 대상에게 표현하는 기제이다.

예) 시어머니에게 구박받는 며느리가 시어머니가 좋아하는 애완견을 구박하는 일, 나쁜 행동을 하고 나서 손을 계속 씻는 행위, 불결하다고 버스 손잡이를 잡지 못한다. 일상 생활에서 무의식적인 공격성을 농담으로 표현한다든가, 아버지에게 혼이 난 아이가 마당의 개를 발로 차 버림으로써 화를 푸는 것, 무의식적인 죄책감을 씻기 위해서 강박적으로 손을 씻는 경우이다.

⑨ 대리 형성(substitution)＝대치: 표현해도 덜 위험한 대상에게 옮긴다

■ 받아들여질 수 없는 소망, 충동, 감정 또는 목표가 좀 더 받아들여질 수 있는 것으로 전치하게 되는 기제이다.

■ 목적하던 것을 못 갖는 데서 오는 좌절감과 불안을 최소화하기 위해 원래 것과 비슷한 것을 가짐으로써 만족하는 것이다.

■ 정서적으로 아주 중요하지만, 심리적으로 수용할 수 없는 대상을 심리적으로 수용 가능한 비슷한 다른 대상으로 무의식적으로 대치하는 기제이다.

예) 오빠에게 강한 매력을 느끼는 여동생이 오빠와 비슷한 용모를 가진 사람과 사귀는 경우이다.

⑩ 부정(denial)

■ 의식화하기에는 불쾌한 어떤 생각, 욕구, 충동, 현실 등을 무의식적으로 부정함으로써 불안으로부터 자신을 방어하려는 정신기제이다.

- 엄연히 존재하는 위험이나 불쾌한 현실을 부정함으로써 그로 인한 불안을 회피해서 편안한 상태를 유지하려는 방어기제이다.

예) 어머니가 사망했음에도 불구하고 돌아가신 것이 아니라 며칠 동안 딴 곳으로 갔다고 믿는 경우, 암 말기의 환자가 자신의 병을 의사의 오진으로 주장하는 경우이다.

⑪ 상징화(symbollzation)
- 곧바로 의식화하기에는 어려운 어떤 억압된 대상을 의식화해도 무난한 중립적인 대상으로 바꿈으로써 상징성을 부여하는 것이다.
- 꿈의 분석 같은 작업에서 중요한 방어기제이다.
- 어떤 사람이나 사물에 부착된 감정적 가치를 어떤 상징적 표현으로 전치시키는 기제이다.

예) 아이를 낳고 싶은 강렬한 소망을 지닌 여인이 꿈에서 달걀을 보는 경우이다. 정신분열증 환자가 신문지를 "수표이니 고맙게 잘 써라"라고 내민다. 고향을 떠난 이가 고향으로 가는 기찻길 옆에서만 살려고 한다.
- 태극기나 무궁화는 대한민국을 상징함. 꿈속에서 길게 튀어나온 것들, 뱀이나 지팡이 등은 남근의 상징이다.

⑫ 합리화(rationalization)
- 그럴듯한 이유를 붙여 불안을 제거한다.
- 언행 속에 숨어 있는 용납하기 힘든 충동이나 욕구에 대해 사회적으로 그럴듯한 설명이나 이유를 대는 것이다.
- 그 설명이나 이유는 합리적이고 이성적이며 자아가 받아들일 수 있는 내용으로 꾸민다.
- 합리화가 거짓말이나 변명과 다른 점은 전적으로 무의식의 차원에서 이루어진다는 것이다.
- 용납할 수 없는 신념, 태도, 행동을 정당화하기 위해 합리적 설명을 시도하는 것이다.

예) 하찮은 일로 자신의 동료를 상관에게 고발한 병사가 "그 친구는 벌을 받아 마땅하다. 그리고 나는 의무를 다했을 뿐이야"라고 말하는 경우이다. 합리화의 하위 유형에는 다음과 같다.
- 신포도형: 어떤 목표를 달성하려 했으나 실패한 사람이 자신은 처음부터 그것을 원하지 않았다고 변명하는 것이다.
- 달콤한 레몬형: 자기가 현재 가지고 있는 것이야말로 바로 자신이 진정 원하던 것이라고 스스로 믿는 것이다.
- 투사형: 자신의 결함이나 실수의 책임을 다른 대상에게 전가하는 것이다.
- 망상형: 원하는 일이 마음대로 되지 않을 때 자신의 능력에 대해 허구적 신념을 가짐으

로써 실패의 원인을 합리화하는 것이다.

⑬ 보상(compensation)
- A분야에서 탁월 → B분야에서의 약점을 보충한다.
- 자신이 가지고 있는 결함을 다른 것으로 보상받기 위해 자신의 강점을 지나치게 강조하는 것이다.
- 자신의 결함을 극복하기 위한 행위를 말한다.

예) 말을 더듬던 사람이 유명한 웅변가가 되는 것, 우리나라의 "작은 고추가 맵다"는 속담의 경우이다. 키가 작은 사람이 목소리가 큰 경우라던가 나폴레옹 콤플렉스가 대표적이다. 뚱뚱한 여자가 아주 여성스러운 목소리를 내는 것, 많이 못 배운 부모가 자식들의 공부 뒷바라지에 헌신하는 것, 자신의 친부모에게 효도를 하지 못한 사람이 이웃의 홀로 된 노인을 극진히 부양하는 경우이다.

⑭ 유리＝격리＝분리(isolation)
- 과거의 고통스러운 불안을 야기하는 기억과 관련된 감정을 떼어내 버리고 과거의 외상적인 사건을 생각해내는 것이다. 가슴 아픈 사건이나 생각은 기억하나 그 기억에 수반된 감정은 기억되지 않는 것이다.
- 과거의 기억에 대한 감정의 부분적인 억압이라 할 수 있다.

예) 몇 년 전 아버지가 돌아가신 기억을 다시 생각해보면, 그 당시에는 너무나 충격적이고 슬펐으며 고통스러웠으나 지금 다시 생각해보면 당시의 기억들은 생생하지만 그에 수반된 감정들은 억압되고 의식화되지 않는 경우, 아버지의 죽음에 초연하면서 영화 속의 권위적인 남성의 죽음에 비통하게 우는 것이다.

⑮ 퇴행(regression) 이전 발달단계로 후퇴
- 심한 스트레스나 좌절을 당했을 때, 현재의 발달단계보다 더 이전의 발달단계로 후퇴하는 것을 말한다.
- 잠재적 외상(trauma)이나 실패 가능성이 있는 상황에 처하게 될 때 이전의 발달단계나 행동양식으로 후퇴하는 것이다.

예) 사랑을 독차지하던 아이가 동생이 태어나 사랑을 빼앗기게 되자 갑자기 대소변 가리기가 안 된다든지, 더욱 심한 어리광을 부리게 되는 것이다. 어른들도 어릴 적 친구들을 만나면 마치 아이들처럼 즐거워하고 들뜨게 되는데 이것 또한 일시적인 퇴행이라 할 수 있다.

⑯ 해리(dissociation)
- 의식세계에서 받아들이기 힘든 성격의 일부가 자아의 지배를 벗어나 하나의 독립된

기능을 수행하는 경우이다. "지킬 박사와 하이드"라는 문학작품에서 '지킬'일 때에는 '하이드'를, '하이드'일 때에는 '지킬'을 기억하지 못한다.

- 마음을 편하지 않게 하는 근원인 성격의 일부가 그 사람의 의식적 지배를 벗어나 마치 하나의 다른 독립된 성격인 것처럼 행동하는 것이다.

예) 이중인격자, 몽유병, 잠꼬대, 건망증, 기억상실증 등의 경우이다.

⑰ 저항(resistance)
- 자아가 관여하기에는 너무나 괴롭고 불안한 억압된 자료들이 더 이상 의식계로 떠오르는 것을 막는 기제이다.
- 억압된 감정이 의식화되면서 너무 고통스럽기 때문에 억압된 재료들이 의식화되는 것을 방해하는 과정. 대개 기억이 없다고 답변한다.

예) 상담 시에 상담자가 클라이언트의 중요 문제에 접근해 들어가면, 침묵하거나 갑자기 "기억이 잘 나지 않는다"고 말하거나 울어 버리는 등 상담을 지연시키는 행위나 그다음 상담 시간에 나타나지 않아 상담에 협조를 하지 않는 경우이다.

- 자유연상을 통해 억압된 내용을 상기시킬 때 흔히 부딪히게 되는 연상의 단절, 당혹, 침묵, 불안 등이다.

※ 억압과 저항
- 억압: 무의식으로 누르는 것이다.
- 저항: 의식으로 못 올라오게 막는 것이다.

⑱ 승화(sublimation)
- 본능적인 에너지, 특히 성적·공격적 에너지를 개인적으로나 사회적으로 용납되는 형태로 유용하게 돌려쓰는 것을 말한다.
- 프로이트는 전치에서 대치물이 높은 수준의 문화적인 목적을 가지고 있는 경우에 승화라고 하며 이는 인류의 문명발달의 원동력이 되었다고 본다. 방어기제들 중 가장 적절하고 건전한 방법이다.
- 리비도를 성적 목표로부터 보다 고상한 사회적 목표로 전환하는 것이다.

예) 공격적 본능을 운동으로 승화하는 것이 해당된다. 예술은 성적 욕망을, 종교는 막강한 아버지를 찾는 의존심을 승화시킨 것이다. 강한 공격적 욕구를 가진 사람이 격투기 선수가 되거나, 신한 열등감을 가진 사람이 열심히 공부해서 학자로 성공하는 경우와 잔인한 공격적 충동을 가진 사람이 유명한 생체해부 학자가 되는 경우이다.

⑲ 전환(conversion)
- 심리적 갈등이 신체감각기관과 수의근계통의 증상으로 표출되는 경우이다.

예) 군에 입대하기 싫어하는 사람이 입영영장을 받아 보고 시각장애를 일으키는 경우, 시험공부를 너무 못한 사람이 시험지를 받아들자 눈이 안 보이는 경우, 너무 싫어하는 사람을 만나야 할 일이 생겼을 때 다리에 마비가 오는 경우이다.

⑳ 신체화(somatization)
■ 심리적 갈등이 감각기관이나 수의근계통 이외의 신체증상으로 표출한다.
예) 시험공부를 너무 못한 사람이 시험 전날 밤부터 복통으로 고생하는 경우, "사촌이 땅을 사면 배가 아프다"의 경우이다.

㉑ 투입(introjection)
■ 외부대상에 대한 자신의 용납할 수 없는 감정을 자기 자신에게로 돌리는 것이다.
■ 투사가 자신의 감정을 외부로 돌리는 것인 데 비해 투입은 외부를 향한 자신의 감정을 자기에게로 돌리는 것이다.
예) 어머니를 미워하는 딸이 스스로를 미워하는 것이다.

㉒ 전이(displacement)
■ 과거의 중요한 인물을 현재의 인물과 동일시하여 대한다.
■ 본능적 충동의 대상을 원래의 대상에서 다른 덜 위협적인 대상으로 옮겨가는 것이다.
■ 전에 알았던 사람과 현재의 사람을 동일시하여 전에 알았던 사람에게 가졌던 사랑이나 미움의 감정을 현재의 사람에게 옮겨와 반복시키고 있는 특수 착각(specific illusion) 현상이다.
예) 성인에 대한 분노를 아동학대로 분출하는 것, 무서운 아버지 밑에서 성장한 사람이 남편에게 쉽게 말을 걸지 못한다.

㉓ 역전이(reversal)
■ 감정, 태도, 특징, 관계, 방향을 반대로 변경하는 것이다.
■ 반동형성도 일종의 역전인데, 역전이 보다 일반적인 의미를 갖는다.
예) 극도로 수동적인 어머니에게 반항하여 유능하게 된 여성이 자신의 성공에 대하여 불안을 경험하는 경우이다.

㉔ 지성화(intellectualization)
■ 용납할 수 없는 정서나 충동을 직접 경험하지 않고 지성적으로 사고함으로써 회피하는 것이다.
■ 감정과 충동을 억제하기 위해 그것을 직접 경험하는 대신 그것에 대한 생각을 많이 하거나 이야기를 늘어놓는 현상이다.
■ 지적이고 수준 높은 토론 같지만 문제해결에는 도움이 되지 못한다.

예) 마음에 드는 여학생에게 제대로 말도 못 붙이는 남학생이 친구들과 "사랑이 뭐냐?", "인생이 뭐냐?" 등의 토론을 벌이는 것과 사춘기에 철학이나 종교에 심취하는 경우이다.

㉕ 내면화(internalization)
- 타인의 태도나 규범, 가치를 자기 자신의 성격으로 흡수하는 것이다.

예) 어머니를 미워하는 감정을 수용할 수 없기 때문에 자기 자신을 미워하는 것으로 대치하는 경우이다.

3. 정신분석이론의 특징과 심리성적 발달

1) 정신분석이론의 주요개념과 치료적 기법

(1) 내적 갈등의 역동

- 인간의 마음 혹은 정신은 다양한 힘들이 상호작용하는 에너지 체계로서 에너지를 방출시키고 긴장을 감소시키려는 작용을 한다.
- 긴장의 감소로써 즐거움을 느끼지만, 사회는 개인이 에너지를 방출시키는 방법을 모두 허용하는 것이 아니고 일정 정도 통제와 제약을 가한다.
- 에너지를 방출하고 긴장을 감소하고 싶은 개인과 통제를 가하는 사회는 갈등을 겪는다.
- 인간 내부에서도 내적 갈등이 생긴다.
- 프로이트는 인간 정신이 가진 에너지의 양이 일정하게 제한되어 있다고 보아 정신을 폐쇄체계로 보았다.

(2) 정신결정론

- 정신분석이론의 기본적 원리이다. 인간의 모든 정신활동에는 목적이 있으며, 이는 지나온 과거의 발달과정에서 경험한 것에 의해 결정된다고 보는 것이다.
- 과거의 일과 전혀 관계없이 우연히 일어난 일인 것처럼 보인다 하더라도 실제로는 과거의 일과 긴밀히 관련되어 있다. 과거가 미래의 사건을 결정한다는 의미이다.
- 인간이 겪는 심리적 문제는 내부에 존재하는 정신적 원인의 작용이다.

(3) 과거 경험의 중요성 강조

- 어린 시절에 겪었던 정서적 경험을 중요시한다.

- 인간의 기본적 성격구조는 초기 아동기, 특히 만 5세 이전의 경험에 따라 결정된다.
- '현재는 과거의 축적물에 불과하므로, 현재를 바꾸기 위해서는 과거를 변화시켜야 한다'는 전제이다. 초기 아동기의 경험을 재구성하는 것이 필수적이다.

(4) 무의식과 심리성적 욕구

- 인간의 행동은 의식적인 요인보다 무의식적인 요인에 의해 더 많은 영향을 받는다.
- 인간의 무의식적 동기 중 심리성적 욕구는 개인의 행동에 지대한 영향을 끼친다.

(5) 발달과 고착

① 리비도 중심의 발달단계(이인정·최해경, 2008)
- 프로이트는 인간의 성격이 성적인 욕구와 관련하여 발달한다고 믿기 때문에 심리성적 발달이라고 한다.
- 리비도가 신체의 어느 특정 부위에 집중되느냐에 따라 심리성적 발달단계를 5단계로 구분한다.
- 리비도는 처음에는 입에, 그다음에는 항문에, 마지막에는 성기에 집중된다.
- 프로이트는 성격 형성에서 가장 중요한 단계는 5단계 중 구강기, 항문기, 남근기의 세 단계라고 본다(만 5세).

▶ **리비도**(libido)
- 프로이트는 본능적인 성적 에너지인 리비도가 행동과 사고의 동기가 된다고 본다.
- 리비도는 정신적 에너지 또는 본능적 충동이며 의식적 또는 무의식적으로 개인의 성격과 행동에 영향을 미친다.
- 처음에는 협의의 성적 에너지로 생각되었다가 점차 그 개념이 넓혀져 사랑과 쾌감의 모든 표현이 포함된다.
- 프로이트는 말년에 가서 리비도의 개념을 생의 본능인 에로스와 죽음의 본능인 타나토스까지 포함하는 것으로 설명한다.
· 에로스(eros): 생명을 유지·발전시키고 사랑을 하게 하는 생의 본능을 의미하는 것으로, 이 본능 때문에 인간은 자기를 사랑하고 생명을 지속하며 종족을 보존시킴, 특성들은 배고픔, 목마름, 성적 충동 등이다.
· 타나토스(thanatos): 생물체가 무생물체로 환원하려는 죽음의 본능을 의미하는 것으로, 이 본능 때문에 생명은 결국 사멸되고 살아 있는 동안 자기를 파괴하거나 처벌하며 타인이나 환경을 파괴하는 공격적 행동을 한다. 특성들은 잔인성, 공격, 자살, 살인, 전쟁 등이다.

· 인간의 본능과 관련하여 인간이 대처해야 할 가장 중요한 두 가지 충동이다.
→ 성적 충동과 공격적 충동: 이것들은 유전되는 특성을 가진다.

② 고착: 리비도가 어떤 대상을 향해 정지해 있는 것이다
■ 모든 사람이 모든 발달단계에서 성공을 거두는 건 아니다. 지나치게 만족 또는 좌절, 다음 단계로 진행하지 못하고 특정 단계에 머무르게 되는 것을 고착이라 한다.
■ 리비도가 그 에너지를 방출하지 못하고 축적되면 신경증이 나타난다.
■ 고착이 일어나면 성인기 성격에 나쁜 영향을 미치므로 최적의 정신건강을 유지하기 위해서는 각 단계의 위기를 원만하게 해결해야 한다.
■ 고착이 일어난 경우 적절한 방어기제를 사용해야 한다.

③ 성격발달의 원칙
■ 정신적 결정론: 인간의 정신활동은 과거에 경험한 행동이나 사건에 의해 결정된다.
■ 무의식의 중요성: 인간의 행동은 의식적 과정보다는 의식할 수 없는 무의식에 의해 그 동기가 유발된다.
■ 성적 에너지(리비도): 본능적인 성적 에너지가 행동과 사고의 동기가 된다.

(6) 정신분석이론의 인간관

① 수동적 인간
■ 인간의 행동은 무의식적인 본능에 의해 결정된다. → 인간을 의식의 영역 밖에 존재하는 비합리적이고 통제할 수 없는 무의식적 본능의 지배를 받는 존재로 보았다. 즉, 인간은 성장이나 자아실현을 추구하기보다 무의식적 본능에 의해 야기된 긴장상태를 해소하기 위하여 행동하게 된다는 것이다.
■ 인간의 행동은 기본적인 생물학적 충동과 본능을 만족시키려는 욕망에 의해 동기화된다.
■ 인간의 자유의지, 책임감, 자발성, 자기 결정과 선택을 할 수 있는 능력을 인정하지 않는다.
■ 인간의 모든 행동은 무의식적인 힘에 의하여 결정되고, 지배를 받는 수동적 존재라고 보았다.

② 결정론적 인간
■ 인간의 기본적 성격구조는 초기 아동기, 특히 만 5세 이전의 경험에 의해 결정되고, 이러한 기본적 성격구조는 성인기가 되어서도 변하지 않고 지속된다고 보고 있다(현재보다 과거 중시).
■ 인간의 심리적 문제는 출생에서부터 5세까지 어린 시절의 경험이 무의식 속에 잠재되어 있는 심리성적 사건들에 의하여 결정된다.

- 과거의 생활경험에 의한 무의식적 경험에 의해 행동과 선택을 결정하는, 과거 속의 포로와 같은 존재이다.

(7) 정신분석이론의 치료적 기법

- 정신분석적 치료자의 핵심 역할은 클라이언트의 전이반응과 저항을 이해하는 것이며, 이때 필요한 사회복지사의 기술은 클라이언트의 말을 잘 경청하는 것이다.
- 정신분석치료의 핵심 가정은, 개인의 생애 초기 부모와의 관계, 형제자매들과의 관계에서 형성된 무의식적인 기반에 대한 철저한 이해 없이는 그 개인이 현재 안고 있는 문제를 결코 해결할 수 없다는 것이다.
- 치료의 목적은 갈등을 의식적 수준으로 끌어올려서 합리적이고 현실적인 방식으로 처리될 수 있게 만드는 것이다.

① 자유연상

- 클라이언트 스스로 어떤 감정이나 생각도 억압하지 않고, 마음에 떠오르는 생각이나 느낌을 무엇이든 자유롭게 말하도록 하는 방법이다.
- 자유연상기법을 통해 자기 꿈의 저변에 깔려 있는 의미에 도달하게 되며, 무의식 혹은 무의식적 갈등에 접근할 수 있다.
- 프로이트는, 자유연상이 차단되거나 저항이 발생하는 것은 개인이 민감한 영역들에 대해 무의식적으로 통제하는 데에서 초래된 결과라고 가정하고, 치료를 위해서 민감한 영역들을 파헤쳐 밝혀내야 한다고 믿었다.

② 해석

- 클라이언트의 행동이 지닌 의미를 설명하고 때로는 가르치기도 하는 것이다. 행동에 대해 단순히 설명하는 것이 아니라 자아로 하여금 더 깊은 무의식의 자료를 탐색할 수 있도록 도와주는 기능을 한다.
- 적절한 해석을 하기 위해 치료자는 클라이언트의 준비상태를 민감하게 지각하고 있어야 한다.
- 해석의 유형에는 내용해석, 저항해석, 전이해석, 꿈의 해석 등이 있다.

③ 꿈의 분석

- 꿈을 통하여 무의식적 욕구를 찾아내고, 해결되지 않은 문제에 대한 통찰을 얻을 수 있다.
- 프로이트는 꿈이야말로 '무의식에 이르는 왕도'라고 본다. 즉, 프로이트에게 있어 꿈은 무의식적 소망 또는 두려움이 위장된 형태로 나타난 것이다.
- 꿈은 내용 면에서 잠재적 내용과 명시적 내용으로 구분한다. 잠재적 내용은 고통스럽고

위협적이기 때문에 위장되고 숨겨진 무의식적 동기들로 구성되어 있으며, 명시적 내용은 잠재적 내용이 용납 가능한 내용으로 대체되어 나타나는 것을 일컫는다.

- 치료 장면에서 꿈의 분석은 개인이 꿈의 내용을 말하는 것과 그 내용에 대해 자유연상하는 것으로 구성된다. 치료자는 자유연상을 통하여 클라이언트의 꿈의 명시적 내용 속에서 잠재적 의미를 추출해내야 한다. 또한 꿈은 내담자의 무의식을 인식하는 수단으로 사용되기도 하지만 내담자의 현재의 기능을 이해하는 수단이 되기도 한다.

④ 전이의 분석과 해석
- 전이는 치료과정에서 클라이언트가 치료자에게 보이는 반응이다.
- 클라이언트가 자신의 사고와 정서가 향하고 있는 표적인물이 치료자라고 여기는 경향을 말한다. 즉, 클라이언트가 실제로는 자신의 생애에서 소중한 사람들에 대해 느끼는 그 태도를 치료자에 대해서 느끼는 태도인 것처럼 표현하는 것이다.
- 전이의 분석은 클라이언트로 하여금 과거 자신의 미결사항이 현재 자신에게 어떻게 영향을 미치는지 통찰할 수 있는 기회를 부여한다. 통찰된 미결사항을 해석하고 훈습함으로써 클라이언트에게 자신을 변화시킬 수 있는 기회를 갖게 한다.
- 전이와 달리 역전이는 치료자가 클라이언트에게 보이는 반응을 일컫는 말로 역전이가 치료의 흐름을 방해하지 않도록 치료자는 자신의 정신분석에 철저해야 하며 객관성을 잃지 말아야 한다.

⑤ 훈습
- 억압된 갈등에 대한 초기 해석이 제공된 후에 지속되는 저항을 극복하기 위해 분석작업을 계속하는 극복과정이다.
- 정신분석 치료에서 치료자는 클라이언트의 꿈과 전이, 저항 등을 통하여 무의식을 해

석해주고 클라이언트로 하여금 자신의 문제에 대해 깊게 통찰하게 한다.
- 자신의 문제에 대해 통찰을 했다면 클라이언트의 유아적 소망을 포기하거나 낡은 행동양식을 버리고, 현실에 근거한 판단과 소망으로 새로운 행동양식을 습득해야 하지만 이것이 단기간에 되지는 않는다.
- 클라이언트가 자신의 문제를 확실히 해결하여 성격구조가 변할 수 있을 때까지 클라이언트의 무의식적 자료를 재해석해주고, 분석과정에서 해석된 것을 통합하도록 도와주며, 변화과정에서 유발되는 저항을 극복하도록 도와주는 일련의 과정이 필요한데, 이러한 과정을 훈습이라고 한다.
- 전이현상이나 생활문제의 갈등, 과거문제의 갈등 등에 대한 클라이언트의 이해 및 관점의 수준을 확장시켜 자신의 문제나 상황을 좀 더 통합적인 관점으로 이해하게 하는

것을 목표로 한다.

- 자료가 점점 의식화되어 가는 것을 클라이언트가 계속 탐색하고 이해할 수 있도록 상황을 반복적으로 설명하고 이해시킨다.
- 사회복지사는 클라이언트가 가장 잘 이해하도록 문제에 대해 조리 있게 설명하고 반복적으로 전달한다.
- 클라이언트의 통찰이 발달하고 자아통합이 확대되도록 도와주어야 한다.
- 분석가는, 환자가 지금까지 친숙해왔던 것을 바꾸는 것에 대한 자신의 저항과 좀 더 친숙해 지고 그것으로부터 벗어나고 극복할 수 있도록 시간을 주어야 하며, 그러한 저항에 맞서서 분석의 기본 규칙에 따라 분석작업을 계속 진행시켜야 한다.

2) 인성(심리성적) 발달의 5단계(권중돈 · 김동배, 2005)

프로이트는 성격발달을 심리성적(psycho-sexual) 발달로 간주하고 그 단계로 구강기, 항문기, 남근기, 잠복기, 생식기의 다섯 단계를 제시하였다. 이 단계들 중 앞의 세 단계가 성격 형성에 결정적 역할을 하게 된다. 이 시기에 리비도는 신체의 특정 부위에 자리 잡고 그 특정 부위에서 만족을 추구한다. 만족을 추구하는 특정 부위는 연령에 따라 변화한다. 즉, 단계들은 성적 본능 또는 성적 충동의 에너지인 리비도가 어디에 위치하는가에 따라 구분된 단계들이다. 심리성적 발달단계는 모두 성공적으로 진행되는 것은 아니다. 한 단계에서 다음 단계로의 진행이 방해받으면 특정 단계에 고착될 수 있다. 프로이트는 이 고착이 성인기 성격에 직접적 영향을 미친다고 보았다.

(1) 구강기(oral stage, 출생~1.5세경)

① 개념 및 특성
- 출생 시부터 1.5세까지이다.
- 입으로부터 쾌락을 얻는다. - 리비도
- 유아의 일차적 활동이 젖을 먹는 것에 집중되어 있다. 입, 입술, 혀 같은 기관에 활동이 집중해 있으므로 이 시기를 구강기라 한다.
- 생존을 위해 타인에게 전적으로 의존함. 만족을 얻는 수단은 의존이다.
- 리비도가 추구하는 방향은 타인이 아닌 자기 자신에게만 국한된다.
- 출생 후 6개월 동안의 구강기 초기에는 어머니의 젖을 빨면서 쾌락을 느낀다. 유일한 접촉대상인 어머니에게 합일하고 접근하려는 경향을 갖는다.
- 후기는 깨무는 것에서 쾌감을 느낀다.
- 6개월 이후의 구강기 후반기에는 이유로 인한 좌절감으로 욕구불만을 느끼고 어머니에 대해 우호적 태도와 함께 적대감도 갖게 된다. - 최초의 양가감정(ambivalence)

- 생후 8개월 정도가 되면 이가 나기 시작하면서 좌절감을 경험할 때 깨물고 싶은 충동을 느낀다. 후반기로 갈수록 이유에 대한 욕구불만 때문에 양육자에게 최초의 양가감정을 느낀다.
- 구강기 동안 신체적·정서적으로 무시당하거나 박탈당한 아이는 성인이 된 후 충족되지 못한 보살핌에 대하여 강한 갈망을 경험하기 쉬우며, 타인에 대한 불신으로 대인관계가 어려울 수 있다.

② 성격 유형
- 구강 수동적 성격: 유아가 먹는 것이 너무 과도하거나 혹은 불충분한 경우 발달하는 성격으로, 낙천적이고 타인에게 의존적이며, 희생을 감수하면서도 인정받고 싶어 한다.
- 구강 공격적 혹은 구강 가학적 성격: 이가 나면서 깨물고 뜯음으로써 불쾌 또는 불만족을 표현한다.
- 구강 수동적 성격: 수동적, 미성숙, 과도한 의존, 잘 속는 경향, 희생 감수하고 인정받으려 한다.
- 구강 공격적 성격: 논쟁적, 비판적, 비꼬기를 잘함, 타인을 이용하거나 지배하려 한다.
- 고착현상은 구강의 과소충족으로 욕구불만 현상이나 과잉충족으로 몰두, 집착현상이 나타나서, 다음 단계로 이행되는 것을 방해한다.
- 구강적 성격의 증상은 손가락 빨기, 과음, 도식, 과도한 흡연, 수다 떨기, 손톱 깨물기 등의 증상이 보인다.

(2) 항문기(anal stage, 1.5~3세경)
① 개념 및 특성
- 1.5세부터 3세까지이다(대변 가리는 훈련이 시작되는 시기).
- 리비도의 초점이 구강영역에서 항문영역으로 옮겨 간다. 배변으로 생기는 항문자극에 의해 쾌감을 얻으려 하는 시기이다.
- 변을 참거나 내보내는 배설과 관계된 행동들이 즐거움을 주는 동시에 공격의 무기가 된다.
- 항문기는 변을 내보내는 데서 즐거움을 얻는 전반기와 변을 방출하지 않고 보유하는 데서 즐거움을 얻는 후반기로 구분할 수 있다.
- 이 시기가 되면 유아는 괄약근이 발달하기 때문에 배변을 마음대로 조절할 수 있게 된다. 하지만 이 시기에는 부모들이 배변훈련을 시키기 때문에 마음대로 배변하려는 욕구를 가진 유아는 사회적 관행에 따르기를 요구하는 부모의 요구에 직면하게 된다.
- 이 시기는 유아가 처음으로 사회적 요구에 직면하는 시기이다. 이 시기는 초자아의 발

달에 시초가 되는 시기이다.
- 항문 폭발적: 무질서, 어지르기, 낭비
- 항문 보유적: 깔끔, 조직화, 인색

② 성격유형
- 항문 폭발적·공격적 성격: 유아는 배변훈련을 통해 통제하려는 부모 내지는 사회와 갈등을 겪게 된다. 본능적으로 외부의 간섭과 통제 경험을 싫어하여 더 어지럽히거나 지저분하게 함으로써 부모에게 반항한다.
- 항문 보유적 성격: 배변훈련에 대한 다른 형태의 저항은 변을 보유하는 것이다. 변을 방출하지 않고 가지고 있는 것은 부모를 기다리게 하고 애태우는 방법이자 수단이다. 성공하면 이런 행동 유형을 반복하게 되어 항문 보유적 성격이 될 수 있다. 성격은 질서정연하고 깔끔하고 체계적이다.
- 항문 공격적 성격: 무질서, 어지르기, 낭비, 사치, 무절제, 반항적, 공격적이다.
- 항문 보유적 성격: 깔끔, 질서정연, 조직화, 절약, 인색, 쌓아두기, 수동 공격적이다.
- 배변훈련이 너무 엄격하면 유아는 일부러 지저분한 행동을 하기도 하고 성인이 되면 권위에 대한 불만을 불결, 무책임, 무질서, 고집, 인색, 난폭, 분노, 적개심을 보이는 행동으로 표출하기도 한다.
- 항문기 경험으로 아동은 구강기의 전적인 의존에서 벗어나 자기 조절, 자립, 자부, 자존 등을 경험하고 배우게 된다. 또한 적절한 배변 훈련은 창조성과 생산성의 기초가 된다.

(3) 남근기(phallic stage, 3∼5세경)

① 개념 및 특성
- 3세부터 5세까지이다.
- 리비도는 성기에 집중된다.
- 자신의 성기를 만지고 자극하는 데서 쾌락을 느낀다.
- 아동의 주요 활동은 성기를 자극하고 자신의 몸을 보여 주거나 혹은 다른 인간의 몸을 보면서 쾌감을 얻는다. 이 시기의 아동은 자기중심적인 성향이 있더라도 사랑하고 사랑받기를 원하며 특히 칭찬을 갈망한다. 이 시기에 아동은 이성의 부모에게 성적 관심을 갖게 되면서 동성의 부모에게 성적 동일시를 하게 된다.
- 양가감정을 초래한다. 동성의 부모가 떠나기를 바라면서 동성부모로부터의 보복을 두려워하기도 한다.
- 남자아이: 오이디푸스 콤플렉스로 인한 거세불안. 어머니를 사랑하게 되면서 아버지를 경쟁자로 점차 거세불안을 느끼고, 억압과 반동형성의 방어기제로 이 불안을 극복

하려 한다. 자신을 아버지와 동일시하여 아버지의 태도, 가치, 행동패턴을 닮으려고 노력한다.

- 여자아이: 엘렉트라 콤플렉스로 인한 거세에 대한 불안과 남근선망(penis envy)의 심리상태를 보인다. 아버지에 대한 사랑과 어머니에 대한 적개심, 유아기 때 자신의 남근이 거세되었다고 믿고 있다. 프로이트는 여아의 콤플렉스 극복과정은 제시하지 않는다.
- 프로이트는 남근기에 초자아가 발달되는 것은 오이디푸스 콤플렉스의 결과로 보았다. 근친상간의 본능을 억압하게 되면서 초자아가 발달하게 된다.

② 성격유형
- 남근기에 고착된 성인 남자는 대부분 경솔하며 과장되고 야심적이다.
- 강한 자부심, 난잡한 성행위, 자기 등의 성격유형이다.
- 남근기에 고착된 성인 여성은 성관계에서 순진하고 결백해 보이지만 난잡하고 유혹적이며 경박하다. 특히 남성의 성적 무기력과 여성의 불감증의 원인도 남근기의 고착에서 나온다.

(4) 잠복기(latent stage, 6~12세경)

- 잠재기라고도 한다.
- 이 시기의 리비도는 승화되어 지적 관심, 운동, 동성 간의 우정, 공부 등으로 표출된다.
- 지금까지 발달한 초자아가 더욱 강화되면서 오이디푸스적 욕망을 제지한다.
- 리비도는 친구에게로, 특히 동성친구에게로 향하며 동일시의 대상도 친구가 된다.
- 성적 충동이나 환상이 무의식으로 잠복하게 되고, 리비도의 지향대상은 동성친구에 향하게 되며, 원초아가 약화되고 자아와 초자아가 강력해진다.
- 사회성 발달 시기이다.

(5) 생식기(genital stage, 13~19세경)

- 이 시기에는 성적 관심이 되살아나는데, 그 관심 대상은 또래의 이성 친구에게 옮겨간다. 호르몬과 생리적 변화로 인해 잠복되었던 성적 충동이 크게 강화된다. 생식기에 고착되면 쾌락추구에 몰두하여 비행에 이르게 되거나 지나친 금욕주의, 지성화의 경향을 보이기도 한다.
- 충분하게 사랑과 일을 할 수 있는 시기이다.
- 남녀 모두에게 2차 성징이 나타나며 이전 시기에 확립했던 성적 주체성에 의해 성인으로 성장한다.

3) 정신분석이론에 대한 평가와 사회복지실천에 미친 영향

(1) 정신분석이론에 대한 평가

① 정신분석이론의 의의
- 성격발달에 관한 최초의 포괄적이고 과학적인 이론을 정립했다.
- 성격심리학의 발달에 지대한 공헌을 했다.
- 인간발달단계의 특징과 심리적 기제를 체계적으로 설명한다.
- 심리적 문제를 가진 사람에 대한 인식을 증가시킨다.
- 상담기법에 지대한 영향을 미친다.
- 발달이론을 형성하여 인간행동을 사정하는 데 많은 도움을 준다.

② 정신분석이론에 대한 비판
- 인간의 성격발달에 있어 인간의 성적 욕망을 지나치게 강조한다. 유아기의 성욕을 강조하였으며, 성적 에너지가 성감대를 찾아 신체부위를 옮겨가는 과정을 발달로 보았다.
- 인간을 성욕이나 과거의 경험 및 무의식에 의해 지배되는 수동적이고 소극적인 존재로 간주, 즉 인간이 학습이나 자유의지에 의해서 어느 정도 변화될 수 있는 적극적 존재라는 사실을 간과한다.
- 프로이트는 결국 자신이 속한 사회의 여성에 대한 편견을 극복하지 못하였다는 점을 비판
 - 여성이 남근선망을 가지고 있다는 것과 초자아의 발달이 남성보다 부족하다는 것은 남성 지배적 사회에서 동등한 권리가 부여되지 않은 탓이지 여성의 문제가 아니라는 여권주의자들의 강한 반론을 받게 된다.
 - 남아의 오이디푸스 콤플렉스와 여아의 엘렉트라 콤플렉스 및 여성의 열등감에 대한 프로이트의 편견은 비교문화연구의 결과 보편성이 증명되지 못하고 있다. 즉, 문화의 특수성에 따라 이러한 갈등을 경험하지 않고도 발달이 이루어지고 있으며, 남녀의 성역할이 전도되기도 한다는 것이다.
- 신경증환자만을 대상으로 그들의 심리치료과정에서 도출된 사실에 기초한 경험적 연구이기 때문에 정상인의 발달에 적용하기가 어려우며 과학적인 검증이나 설명이 불가능하다.
- 발달에 미치는 생물학적 요인의 강조로 대인 관계적·사회적 요인의 영향을 고려하지 않는다.

③ 한계점
- 모든 인간을 근친상간적 욕구 등 성적 자극에 의해 지배당하는 존재로 본다(성에 대한

지나친 강조).

■ 여성에 대한 편견을 극복하지 못하였다(여성이 남근선망을 가지고 있다거나 초자아의 발달이 남성보다 부족하다는 주장).

■ 과학성에 대한 비판: 문제 있는 사람들의 발달단계를 지나치게 보편적으로 생각함은 물론 발달단계 구분에 대해 검증이 불가능하다.

■ 생물학적 요인의 강조(리비도 강조): 사회문화적 요인의 영향을 고려하지 않았다. 인지발달은 무시한 채 정서발달에만 치중하였다는 것과 발달에 미치는 생물학적 요인의 강조로 대인관계적·사회적 요인의 영향을 고려하지 않았다는 비판을 받았다.

■ 인간관이 매우 비판적: 원초아에 의해 지배당한다고 보고 인간의 자유의지를 부정한다.

■ 정신결정론: 자유의지가 행동을 지배할 수 없다고 보았다. 사회복지의 이중적 초점이라 할 수 있는 인간과 환경 중에서 인간의 정신내적 현상을 지나치게 기계론적이고 결정론적 인간관과 이에 따라 실천을 조장함으로써 사회복지전문직의 분열과 사회복지실천상의 불균형을 초래하는 문제점을 야기시키기도 하였다.

(2) 사회복지실천에 미친 영향

① 개인의 과거경험을 중심으로 개별적으로 접근하는 진단주의 학파에 영향을 미쳤다. 특히 고든 해밀턴, 플로렌스 홀리스 등에 의해 개별사회사업이 발달하는 데 큰 영향을 미친다. Richmond(1917)가 '원인을 발견함으로써 치료방법을 찾을 수 있다'는 전제는 바로 프로이트에 의해 창안된 의료적 모델에 근거한 것이며, 이후 대부분의 개별 사회복지사들도 의료적 모델에 많은 관심을 기울였다.

② 문제에는 일정한 원인이 있다는 직선적 원인론을 채택함으로써 사회복지실천이론의 과학적 토대를 제공하였다.

③ 생애 초기의 경험 중 감추어진 정신적 외상을 밝혀내는 과정은 클라이언트의 문제를 사정하는 데 기여하였다.

④ 지나치게 인간의 정신 내적 현상을 강조함에 따라 기계론적이고 결정론적인 인간관을 강조하게 되어 부정적인 영향을 미치기도 한다.

제4장

에릭슨의 심리사회이론

1. 심리사회이론의 개념 및 특징

▶ 에릭슨의 생애

에릭슨(Erik Erikson, 1902~1994)은 1902년 독일의 프랑크푸르트(Frankfurt)에서 덴마크인 아버지와 유대인 어머니에게서 출생하였다. 에릭슨이 태어나기 전에 그의 부모가 이혼하였으며, 그가 세 살이 되었을 때 어머니가 유대인인 소아과 의사와 재혼했다. 에릭슨은 여러 해가 지난 뒤에 자신이 양부의 밑에서 자란 사실을 알게 되었다. 어린 시절 에릭슨은 부모가 유대인이었지만 자신은 덴마크인 외모를 가졌기 때문에 유대인 친구들로부터 놀림을 받아 학교생활에 제대로 적응하지 못했다. 의학을 전공하라는 계부의 권유에도 불구하고 고등학교 졸업 후 유럽여행 등 방황하는 시간을 보냈다. 그는 스스로 이 기간을 '유예기간'이라고 회고한다.

이러한 에릭슨의 가족배경과 청년기의 방황 경험이 그의 심리사회이론에, 특히 자아정체감이나 심리사회적 유예기간과 같은 주요 개념들을 정립하는 데 큰 영향을 미쳤다.

25세 때는 안나 프로이트가 설립한 비엔나의 학교(어린이 연구소)에서 아동들을 지도해 달라는 제안을 받았으며, 그곳에서 안나 프로이트의 지도하에 아동정신분석에 대한 수련을 받았다. 1933년 미국으로 건너가 27세에 결혼하여 정착하면서 아동분석가로 활동하였으며 여전히 여행에 대한 충동으로 예일 대학교에 재직(1936년부터 3년간)하면서도 인디언 보호지역에 들어가 그들과 살면서 그들에 대한 연구를 하였다. 샌프란시스코에 이주하여 1939년부터 캘리포니아 대학교에서 연구하면서 또다시 다른 인디언족을 연구하였는데 이것이 프로이트와 달리 아동들의 생활과 성격에 영향을 미치는 상이한 문화 여건에 대한 연구를 하게 된 배경이다. 이런 사회적 요소의 중요성 때문에 그의 이론을 심리사회적(psycho-social) 성격 이론이라고 한다. 1961년 공식적인 학위는 없었지만 하버드 대학교의 교수로 임명되었고, 은퇴할 때까지 그곳에서 일했으며, 1994년 92세에 사망하였다.

에릭슨의 가장 유명한 저서로는 『아동기와 사회』(1950)가 있으며, 이 책에서 인생의 전 단계를 통해 어떻게 이러한 단계들이 상이한 문화에서 상이한 방법으로 진행되는지를 보여 주었다. 그의 대표적인 저서로는 『청년 루터, 정신분석과 역사의 연구』(1958), 『정체성: 청년기의 위기』(1968), 『간디의 진리』(1969), 『성인기』(1978) 등이 있다(Erikson, 1975).

1) 심리사회이론의 개념 및 특징

(1) 심리사회이론(psychosocial theory)의 개념

① 개념
- 심리사회이론은 인간의 발달이 심리사회적인 측면에서 이루어진다고 본다. 이 이론은 주로 자아의 성장에 관한 것이며 자아의 기능을 강조했기 때문에 자아심리학이라고도 한다.
- 심리사회이론의 대표적인 학자는 에릭슨(Erikson)이다.
- 에릭슨은 인간은 일생 동안 여러 단계의 심리사회적 위기를 경험하게 되고, 이 위기를 어떻게 극복하는가의 결과로 성격이 발달하게 된다고 보았다.
- 에릭슨의 발달단계는 노령기까지 포괄하고 있다.
- 에릭슨은 인간발달에서 생물학적 요인과 환경적 요인 그 어떤 요인의 지배도 인정하지 않는다. 오히려 개인에 의한 위기해결을 위한 노력을 강조하고 문화적인 요인의 영향을 함께 고려하고 있다.
- 에릭슨은 개인을 사회적 관계 속에서 분석하였으며 이러한 연유로 심리사회이론으로 불린다.
- 에릭슨은 문화적 요인을 강조하면서 개인의 성장 발달에는 부모뿐 아니라 가족, 친구, 사회, 문화 배경 등이 중요하게 작용한다고 보았다.

② 강조점
- 병리적인 것보다는 정상적/건강한 측면
- 자아정체감 확립의 중요성
- 문화적·역사적 요인과 성격구조의 관련성 중시

③ 인간관
- 내적 통합성, 좋은 판단력, 성공할 수 있는 능력을 지닌 합리적·이성적·창조적 존재이다.
- 총체적 존재, 환경 속의 존재, 가변성을 지닌 존재이다.
- 인간행동은 생물학적 성숙에 의해서뿐 아니라 개인의 심리적 요인과 사회문화적 영향의 상호작용에 의해 결정이며, 그중에서도 사회적 힘의 영향을 특히 중요시한다.

④ 기본가정
- 발달은 생리적·심리사회적 속성을 지니며, 전 생애에 걸쳐 일어난다.
- 생물학적 요인에 의해 발달이 추진되긴 하나, 개인의 정체감은 사회조직과 분리되어

존재할 수 없다.

- 자아는 환경에 대한 유능성과 지배감을 확보하려고 하기 때문에 발달에 중요한 역할을 한다.
- 사회제도와 보호자는 개인적 효과성의 발달에 긍정적 지지를 제공하며, 개인의 발달은 사회를 풍요롭게 한다.
- 발달은 심리사회적 위기가 일어나는 8단계로 구분한다. 성격은 각 단계의 위기를 해결한 결과이다. 각 단계는 이전 단계의 성공에 기반을 두고 있으며, 새로운 사회적 요구와 새로운 기회를 제공한다.
- 생활단계에 동반되는 심리사회적 위기는 보편적인 것이며, 모든 문화에서 일어난다. 각각의 문화에 따라 각 생활단계의 해결방안이 서로 다르다.
- 세대에 걸쳐 욕구와 능력이 상호 연결되어 있다.
- 심리적 건강은 자아강점과 사회적 지지의 기능에 달려 있다.
- 위기를 성공적으로 해결하지 못하고, 사회제도로부터 소외될 경우 자아정체감의 혼란이 야기된다.

- 에릭슨은 프로이트로부터 정신분석의 영향을 많이 받았기 때문에 신프로이트학파라고도 불린다.
- 프로이트이론과 다른 점은 에릭슨은 문화와 사회를 인성발달의 가장 중요한 결정 요인으로 추가하였다.
- 에릭슨은 프로이트의 중심개념을 받아들였으나, 발달단계에 성인시기를 포함함으로써 프로이트의 발달이론을 확대하였다.

(2) 심리사회이론의 특징

- 에릭슨은 8단계로 이루어진 심리발달이론을 제시한다.
  생물학적인 성숙과 사회적 요구 사이에서 인간의 성격이 생애 동안 어떻게 진화하는가에 주목한다.
- 각 심리단계에서 개인은 위기에서 야기하는 스트레스와 갈등에 적응하려고 노력해야 한다. 발달단계별 위기를 성공적으로 해결하지 못하면 자아정체감의 혼란이 야기된다. '정체성 추구'는 청소년기에 직면하는 위기이다. 에릭슨의 심리사회이론은 전 생애 발달과정을 논하지만, 청소년기의 정체성 형성을 중요하게 다루고 있다.

발달단계 구분의 기준	프로이트	에릭슨
	리비도가 집중되는 신체부위	인간이 겪는 심리사회적 위기

- 발달은 심리사회적 위기가 일어나는 8단계로 구분될 수 있으며, 성격은 각 단계의 위기를 해결한 결과다.

(3) 성격발달의 특징

	프로이트	에릭슨
인간행동의 기초	■ 원초아-무의식 ■ 인간행동의 동기를 원초아에 둠 ■ 성격발달의 본능적 측면을 주로 강조	■ 자아-의식
자아	■ 원초아에서 분화됨 ■ 원초아를 위해 봉사. 즉 원초아의 욕구가 보다 현실적으로 충족될 수 있게 조정하는 역할을 담당 ■ 인간행동의 기초로 원초아를 강조	■ 원초아에서 분화된 것이 아니라 그 자체로 형성됨 ■ 자아가 독립적으로 기능함 ■ 인간행동의 기초로 자아를 강조
성격발달	■ 아동의 성격발달에 미치는 부모의 영향 강조 ■ 아동초기의 경험 중시 ■ 성인기는 이미 성격 형성이 종결되어 발달이 완료된 상태 ■ 단계별 욕구를 만족시켜야만 발달의 다음 단계로 이행 가능 ■ 성격은 인생 초기에 형성된다는 점 강조 ■ 폐쇄에너지 및 체계에 근거 ■ 강한 성적·공격적 충동에 의해 추진 ■ 원초아에 의해 지배 ■ 불안이나 무의식적 욕구에 의해 위협을 받음 ■ 갈등감소와 환경을 지배하려고 시도하는 행동에 의해 지배됨 ■ 상반된 충동과 사회적 기대 사이에 갈등이 발생 ■ 충동을 통제하려 함 ■ 초기 아동기에 형성되며, 초기 성인기에 끝남(5단계)	■ 성격은 자아의 지배력과 사회적인 지지로 형성됨 ■ 전 생애 발달 강조 ■ 성인기는 발달과정의 한 상태 ■ 성격은 전 생애에 걸쳐 계속적으로 발달하며 특히 청소년기의 자아정체감 형성기가 중요 ■ 단계별 발달과업이 성취되었을 때와 위기를 극복 못했을 때를 양극 개념으로 설명 ■ 개방체계에 근거 ■ 약한 성적 충동과 강한 사회적 충동에 의해 형성 ■ 자아에 의해 지배 ■ 사회적 상호작용에 기반을 두고 발달 ■ 역사적·민족적 집단연합에 의해 강화됨 ■ 자아지배력과 사회적 지지를 통해 형성 ■ 역사적·민족적 세대 간의 상호관련성에 기반함 ■ 사회에 긍정적 기여할 수 있는 건강한 사회성원을 양성하려 함 ■ 전체 생애를 통해 발달(8단계) ■ 사회질서의 원칙을 다음 세대로 전달
사회문화적 환경의 영향	■ 환경이 발달의 추진력으로 작용하지 않음	■ 발달에서 환경이 중요하다는 점을 인식 ■ 개인은 부모와 사회적 환경의 영향으로 일생을 통해 성장하고 발달함
인간관	■ 무의식에 지배되는 수동적 인간관	■ 잠재기능성이 있는 능동적 인간관
심리적 문제	■ 초기 외상이 성인기에 정신병리의 원인	■ 초기문제를 부적절하게 처리하면 성장 후 어려움을 겪음
기타	■ 인간의 심리성욕 갈등의 양상과 해결에 있어서 무의식적 작용을 설명하고자 함	■ 자아가 형성되는 아동의 심리역사적 환경의 영향 강조

- 에릭슨은 인간행동의 기초로서 원초아보다 자아를 더 강조한다. 자아는 환경에 내한 유능성과 지배감을 확보하려고 하기 때문에 발달에 중요한 역할을 한다. 에릭슨은 자아를 성격의 자율과 구조로 보고 있다. 자아는 원초아로부터 중요한 역할을 한다. 또한 자아를 성격의 자율적 구조로 보았으며, 자아는 원초아로부터 분화된 것이 아니라 그 자체로 형성되고 환경에 대해 적극적이고 창조적으로 대응한다.

- 프로이트는 부모가 아동 성격발달에 주는 영향을 강조한 반면, 에릭슨은 개인과 부모의 관계를 비롯해서 가족에게 영향을 미친 역사적·사회적 상황에까지 관심을 갖는다. 즉, 성격 형성에 미치는 심리사회적 환경을 강조하는 것이며, 심리사회이론으로 불리는 이유도 여기에 있다.
- 프로이트는 성격발달을 심리성적 5단계로 제시했는데, 이것은 생식기까지며 성인기에 해당하는 연령이다. 에릭슨은 성격발달을 전 생애로 확장해서 보아, 유아기부터 노년기까지 발달에 대해 더 넓은 조망을 가졌다.

▶ **공통점(권육상·이명재, 2004)**

① 인간의 자아분석에 기초를 두고 자아의 성장과정을 설명한다.
② 인생 초기가 인생 후기를 형성하는 중요한 시기로, 초기경험을 중요시한다.
③ 성격 단계는 예정되어 있고, 불변한 것이다(발달단계설 주장).
④ 과학적인 정보성의 결여이다.

▶ **차이점**

① 에릭슨은 인간이 행동을 이드로부터 자아로 그 강조점을 돌렸는데, 프로이트는 인간행동의 동기를 이드에 두었다.
② 프로이트는 꿈, 사고, 기억의 분석을, 에릭슨은 사회적 경험을 통해 분석한다.
③ 에릭슨은 문화적 요인을 강조했는데, 프로이트는 부모의 중요성만 강조한다.
④ 프로이트는 5단계 완성을 에릭슨은 전 생애를 통해 계속적 발달이 이뤄지고 8단계를 주장한다.
⑤ 프로이트는 한 단계의 실패를 고착이면서 되돌릴 수 없다고 본 반면, 에릭슨은 실패의 수정은 언제라도 가능하다고 본다.
⑥ 프로이트는 심리 성욕 갈등해결을 위해 초기성장과정에서 경험한 외상이 중요했다면, 에릭슨은 정신사회적 위험을 이겨낼 수 있는 인간의 능력, 즉 인간발달단계에서 나타나는 자아자질에 관심을 가진다.
⑦ 프로이트는 본능적인 추구를, 에릭슨은 사회적 위기를 도전감으로 본다.

2. 심리사회적 발달단계

- 생물학적 성숙의 관점과 사회적 욕구가 중심이다.
- 배고플 때 엄마가 젖을 줄 것인가 → 스스로 변을 가려 부모에게 칭찬을 받는가 → 놀이를 주도하는가 → 공부를 열심히 하는가 → 내가 무엇인가 하는 의문 → 사랑을 할 나이 → 성취를 할 때 → 죽음에 대비한다.

단계	연령	심리사회적 갈등	갈등극복으로 얻는 능력	중요한 관계의 범위	프로이트단계
유아기	출생~1.5세	신뢰감 대 불신감	희망-위축	어머니	구강기
초기 아동기	1.5~3세	자율성 대 수치심과 회의	의지력-강박증	부모	항문기
학령 전기	3~5세	주도성 대 죄의식	목적-억제	가족	남근기
학령기	6~12세	근면성 대 열등감	능력-무력감	이웃, 학교	잠재기
청소년기	13~19세	자아정체감 대 자아정체감 혼란	성실성-거부	또래집단 외 집단	생식기
성인 초기	20~24세	친밀감 대 고립	사랑-배타	우정, 성, 경쟁, 협동의 상대들	
장년(중년)기	24~65세	생산성 대 침체	배려-거절	분업과 함께 사는 가구	
노년기	65세 이상	통합 대 절망	지혜-경멸	인류, 동족	

① 1단계: 유아기(구강감각기)(Bradshaw, 오제은, 2004)
기본적 신뢰감 VS 기본적 불신감(basic trust vs. mistrust) → 희망 획득

■ 출생부터 약 1.5세(18개월)까지로 프로이트의 구강기에 해당한다.
■ 잠을 자고, 먹고, 배변을 하는 등 기본적인 생리적 욕구가 원활하게 충족되고 긴장 없이 잘 이루어지면 자신과 타인, 세상에 대한 기본적 신뢰가 생겨난다.
■ 협력을 배우며 신뢰와 불신이 형성되는 시기이므로 무엇보다 양육자의 수유의 일관성이 중요하다.
■ 양육자의 자신감이 부족하여 일관성이 없으면 부모의 모호성이 아이에게 전해져 불신감을 갖게 된다.
■ 어머니를 신뢰할 수 없는 아이들은 타인과 세상을 불신하며, 자기 신뢰를 형성하지 못한다. 사회적 상호작용이 위축된다.
■ 부모의 양육방식뿐만 아니라 부모의 실제적인 행동방식도 아이에게 영향을 미친다. 부모의 친사회적 방식의 행동은 아이의 친사회적 행동을 증가시킨다.
■ 건전한 성장발달은 신뢰와 불신의 적절한 비율로부터 온다.
■ 신뢰 대 불신의 갈등이 성공적으로 해결되어 얻어진 심리사회적 능력은 희망이다.
■ 기본 신뢰감 발달에 심한 결함이 있을 때 나타나는 행동결과는 유아에게는 급성 우울증, 어른은 편집증이다.
■ 이 시기를 인생의 초기단계 중 가장 비중 있게 취급했던 이유는 발달 특성으로서의 기본적 신뢰감을 형성하게 되는 것이 생의 후기에 맺게 되는 모든 사회관계에서의 성공적인 적응과 밀접한 관련이 있기 때문이다.

② 2단계: 초기 아동기
자율성 VS 수치심과 의심(autonomy vs. shame and doubt) → 의지력 획득

- 프로이트의 항문기에 해당하는 시기로 18개월에서 3세까지다.
- 신체 및 지적인 면이 빠르게 발달하여 언어와 사회적 기준을 배우기 시작한다.
- 괄약근이 발달하여 대소변 가리기를 훈련으로 배운다.
- 부모로부터 신뢰감을 획득하게 되면 유아는 독립심에 대한 강한 욕구를 갖게 되고, 이 시기에 유아는 자신의 행동주체가 자기 자신이라는 것을 깨닫게 되어 의도적인 행동을 보이며, 이러한 의도적인 행동을 통해 자율성을 획득하게 된다.
- 유아는 걷기·달리기·기어오르기 등의 운동 능력, 식사·옷 입기 등의 자조기술 및 배변 통제 능력이 향상되어 상당히 자율적이 되며, 이 시기에 유아는 여러 충동들 사이에서 선택이 요구될 때 자신의 의지를 나타내려고 한다.
- 유아에게 대소변 가리기 훈련은 자신의 행위에 대한 독립심을 키워주게 되어 자율성 개발의 기초가 된다.
- 대소변 가리기 훈련과정에서 부모가 자녀에게 칭찬해주고 유아가 능력을 발휘할 수 있도록 적절히 도와주면 자신의 신체와 주변환경을 통제할 수 있다는 것을 깨닫게 되며, 이러한 자신감이 자율성으로 발전된다.
- 그러나 대소변 가리기 훈련과정에서 부모가 유아에게 너무 엄격하고 실수에 대해 비난하게 되면, 유아는 자기 자신에 대하여 수치심을 느끼게 된다. 즉, 유아가 덜 성숙된 상태에서 외부 통제가 너무 빨리 또는 너무 엄격하게 주어진다면, 유아는 자신의 통제 능력의 미약함과 더불어 외부압력을 조절할 수 없는 무능력에 대해 심한 수치심과 의심을 갖게 된다.
- 유아가 자율성을 충분히 획득하게 되면 이후에 창의성·생산성·독립성·자존심 등을 갖게 되며, 유아의 신뢰감을 더욱 높이게 된다.
- 외부의 통제가 엄격하면 자신의 통제력이 미약하고 무력하다고 느낌으로써 수치심과 의심을 갖게 되며 향후 절대적이고, 고집이 세며, 타인의 도움을 거절하고, 인색하며, 소심하고 자신의 행동에 대해 책임감을 회피하려는 경향으로 나타난다.
- 확고하고 친절하며 점진적인 대소변 가리기 훈련을 받은 아동은 자존감을 잃지 않으면서 자기통제 감각을 발달시켜 자율성을 획득한다.
- 이 단계는 전적으로 의존적이던 아동이 자율성을 발달시키는 단계다. 아동은 부모의 보호로부터 벗어나는 것을 배워야 자율성을 성공적으로 획득하게 된다.
- 에릭슨은 이 단계의 심리사회적 위기를 만족스럽게 넘기느냐의 여부는 아동의 활동들을 자유롭게 조절하도록 허용하는 부모의 의지에 달려 있다고 말한다.
- 자율성 대 수치심의 갈등이 성공적으로 해결되어 얻어진 심리사회적 능력은 의지력이다. 위기극복에 실패한 아동은 자신과 타인에 대한 불심을 갖게 된다.

③ 3단계: 학령 전기(유희기)

주도성(솔선성) VS 죄의식(initiative vs. guilt) → 목적 획득

- 프로이트의 남근기에 해당하는 단계로 대략, 3~5세에 해당한다.
- 아동의 행동은 목표지향적이고 경쟁적인 성향을 갖게 된다.
- 부모가 자녀의 호기심 및 환상적인 행동을 인정하고 금지하지 않았을 때 자기 스스로 행동하도록 격려된 아동은 자신의 행동에 목표와 계획을 세우는 주도성을 지닌다.
- 부모에게 제재를 받을 수 있는데, 이때 부모의 제재가 일관성 있고 부드러워야 한다. 너무 심한 꾸지람이나 체벌은 아동에게 자신감을 상실하게 하고 죄의식을 갖게 한다.
- 죄의식을 갖게 된 아동은 무슨 일에나 잘 체념하고 자신에 대해 무가치감을 갖게 된다.
- 주도성 대 죄의식의 단계를 성공적으로 극복한 결과는 목적 획득이다. 아동은 존경하는 성격과 직업을 가진 사람과 동일시하며 그러한 사람이 되기를 꿈꾸는 목적을 갖게 된다.

- 이 시기 아동들의 행동들은 매우 공격적이기 때문에 때로는 부모로부터 강한 제재를 받을 수 있는데, 이때 부모의 제재가 일관성 있고 부드러워야 한다. 너무 심한 꾸지람이나 체벌은 아동에게 자신감을 상실하게 하고 죄의식을 갖게 된다.
- 죄의식을 갖게 된 아동은 무슨 일에나 잘 체념하고 자신에 대한 무가치감을 갖게 되며, 자신을 내세우는 데 두려워하고, 동료집단의 주변에만 머뭇거리며, 어른에게 심하게 의존한다. 또한 가능한 목표를 수립하고 추구하려는 목적의식이나 용기가 부족하게 된다.
- 아동의 질문에 대하여 충실히 답해주게 되면 주도성이 발달하게 되나, 신체활동이나 언어활동을 제한하고 간섭하며, 아동의 활동과 질문을 귀찮게 여기게 되면 아동은 좌절을 느끼고 죄의식을 갖게 된다.
- 주도성 대 죄의식의 갈등이 성공적으로 해결되면 심리사회적 능력 또는 덕성인 목적(purpose)을 갖게 되지만, 이러한 위기가 적절하게 해결되지 못하면 소극성, 성적 무기력, 불감증 등을 초래할 수 있다.

④ 4단계: 학령기

근면성 VS 열등감(industriousness vs. inferiority) → 능력 획득

- 대략 6~12세까지의 심리사회적 위기 단계로서, 프로이트이론의 잠복기와 생식기 초기에 해당한다.
- 자아의 성장이 가장 확실해지며 근면성을 성취하는 시기이다.
- 아동은 학교라는 작은 사회를 경험하면서 지적 능력이 발전하고, 친구를 통하여 사회의 가치관과 규범을 획득하는 기회를 갖는다.
- 학교 친구와의 관계에서 자기 정체성(self identity)을 확립하고 스스로 주도적으로 할 수 있는 능력과 자신감, 근면성을 발전시킨다. 친구와의 관계에서 스스로 주도적으로 할

수 있는 능력과 자신감, 근면성을 발전시킨다.

- 학습결과나 도구를 다루는 기술이 친구들에 비해 뒤떨어져서 바람직한 결과를 나타내지 못할 때 열등감이 생긴다.
- 이 시기를 훌륭하게 보낸 아동은 사회환경에 적극적인 영향력을 발휘할 수 있는 자신감과 능력을 갖게 된다.
- 이 단계의 과업을 성공적으로 달성하지 못하면 열등감이 형성되어 계속적 실패를 경험할 수 있다.
- 이 단계에서는 부모 외에도 교사의 역할이 아동의 근면성을 성취하는 데 크게 기여하게 된다.
- 따라서 아동에게 무엇을 성취하도록 기회를 제공하고, 성취한 과업을 인정하며, 또다시 시도해보도록 격려하는 것이 필요하다. 이때 아동은 근면성을 갖게 된다.
- 이 시기에는 학교 과제를 준비시키는 가정의 역할도 중요하지만 무엇보다 중요한 것이 교사의 태도이다.
- 아동들이 자신의 능력 이외의 다른 요소, 즉, 피부색, 집안의 경제력, 자신의 옷차림 때문에 자신의 가치를 결정하여 열등감을 가지지 않도록, 그리고 학교 성적에만 의존하여 자신을 무능력하게 평가하지 않도록 개인의 특수한 재능을 찾아내어 격려하는 것이 필요하다.
- 이 시기의 자신에 대한 가치결정은 이후 자아정체감에 결정적인 영향을 미치게 된다. 예를 들면, 부모 없이 자란 아동이나 빈곤 가정의 아동은 자신의 약한 배경 때문에 스스로의 열망이나 의지가 제대로 실현되지 못할 수 있다. 이럴 경우에도 열등감을 경험할 수 있다.
- 근면성 대 열등감의 갈등이 성공적으로 해결되면 심리사회적 능력 또는 덕성인 능력(competence)을 갖게 되지만, 이러한 위기가 적절하게 해결되지 못하면 생산적인 일을 하지 못하는 사고와 행동의 마비, 즉 무력함(inertia)을 느끼게 된다.

⑤ 5단계: 청소년기
자아정체감 VS 역할 혼란(identity vs. identity confusion) → 성실성 획득

- 13~19세까지의 청소년기는 아동기에서 성인기로 옮겨가는 전환기로 이 시기 주요 발달과업은 자신이 누구인지를 탐구하고 자신의 정체성을 형성하는 시기이다.
- 이 시기에는 급격한 신체적 변화와 함께 지금까지와는 다른 사회적 압력과 요구가 나타나는 시기이다. 즉, 청소년기가 되어 신체적 성숙이 이루어지고 부모로부터 정서적으로 독립할 수 있게 되면서, 청소년들은 이러한 새로운 상황에 어떻게 대처해야 할 것인지를 결정하게 되며, 자기의 존재에 대해서 새로운 의문과 탐색이 시작된다.
- 자신의 다양한 역할을 통합하지 못하고 상충하는 역할들에 적응하는 데 어려움을 겪

고 방황하는 것이 바로 역할혼란이다. 이런 경우, 자신의 정체성은 혼돈스럽고 불확실하다.

■ 이 시기의 정체감 혼란은 다양한 방식으로 표현될 수 있다. 책임 있는 성인처럼 행동하기를 미루거나, 어설프게 계획한 행동에 자신을 몰입하거나, 성인기의 책임을 회피하려고 어린아이의 유치함으로 퇴행하는 것이다.

■ 정체성 혼란기의 방어기제는 자기 아집, 관용하지 않는 고립, 회피, 사랑에 빠지는 것 등이다.

■ 최종의 정체감을 성취하기 이전에 일정 기간 자유 시험기가 있는데, 이를 '심리사회적 유예'라고 한다. 이는 젊은이들에게 가치, 믿음, 역할 등을 시험해볼 자유를 허락하며, 각자의 장점을 극대화하여 사회로부터 긍정적인 인정을 획득함으로써 사회에 최상으로 적응할 수 있게 한다.

■ 청소년기에는 결정해야 할 일이 너무 많고 모든 결정이 다른 가능성을 줄인다고 생각하기 때문에 결정하기 전 스스로 타임아웃(중간휴식)을 하게 되는데 이것이 심리사회적 유예기간(psycho-social moratorium)이다.

■ 그러나 대부분의 청소년들은 현실적으로 이러한 유예기간을 갖기 쉽지 않으므로 많은 고립감과 무력감을 느끼게 된다.

■ 이 시기에 청소년은 가정·학교·사회에서 자신의 위치와 역할을 발견하게 되며, 이러한 자신의 다양한 역할을 통합하지 못하고 상충하는 역할들에 적응하는 데 어려움을 겪고 방황하는 것이 바로 역할혼란이다.

■ 남성이든 여성이든 나름대로 자신을 발견하기 위해 노력한다. 즉, '나는 누구인가?' 등과 같은 자신에 대한 끊임없는 질문과 함께 자신의 능력, 존재의 의미 등을 탐색하면서 고민과 갈등을 겪으며 방황하게 된다. 이러한 고민과 방황이 길어지면 정체감의 혼란이 일어난다.

－그러나 청소년이 자신의 역할을 정확히 인식하고, 뚜렷한 목적의식을 가지며, 자신에 대한 통찰력을 갖게 되면 자아정체감(ego identity)이 확립된다.

■ 즉, 청소년이 자아정체감을 확립하기 위해서는 자기 자신이 내적 동일성과 일관성을 가진 것으로 지각해야 하며, 다른 사람이 자기를 동일성과 일관성이 있는 사람으로 지각해야 하고, 이러한 일관성에 대한 결과적 자신감이 있어야 한다.

■ 여기에서 자아정체감이란 자기 동일성과 일관성에 대한 자각이며, 자기의 위치, 능력, 역할 및 책임에 대한 인식을 의미하고, 이것은 장래의 진로와 직업 선택, 배우자 선택, 인생관 확립 등에 중요한 역할을 한다.

■ 정체감 대 정체감 혼란의 갈등이 성공적으로 해결되면 심리사회적 능력 또는 덕성인 성실성(충성심; fidelity)을 갖게 되지만, 이러한 위기가 적절하게 해결되지 못하면 익숙

하지 않은 역할과 가치를 거부(repudiation)하게 된다.

- 이 단계의 위기를 성공적으로 넘기면 스스로의 약속을 지킬 수 있는 능력인 성실성이 발달한다.
- 성실성의 사회적 관습, 윤리, 가치를 지각하고 이를 지키는 능력을 의미한다. 반면 이 단계의 실패는 불확실성을 야기한다.
- 정체성을 형성하려면 이들을 잘 선별해서 자신의 내면성과 일관성을 이룰 수 있는 잠재적인 요소들을 선택해야 한다.
- 에릭슨은 청소년기 심리학적 문제들에 대한 연구에서 청소년기의 정체성 혼란은 정상적인 위기라고 보았다.

⑥ 6단계: 성인 초기
친밀감 VS 고립감(intimacy vs. isolation) → 사랑 획득

- 20~24세까지를 말하며 중요한 발달과업으로 에릭슨은 친밀감 형성을 들고 있다.
- 이 시기의 사람들은 청소년기에 확립한 자아정체감을 바탕으로 타인과 상호관계를 형성하여 타인에 대한 보살핌과 사랑을 넓혀가고 심화시키는 단계를 가진다.
- 친밀감은 자기 자신의 정체성을 잃지 않으면서 다른 사람과 주고받고 나누는 능력을 말한다.
- 친밀감은 올바른 자아정체가 형성된 다음에라야 경험할 수 있는 것이며 친밀한 관계 형성은 자신이 가치 있고 의미 있는 존재라고 생각될 때에만 가능하다.
- 청소년기에 긍정적인 자아정체감을 확립하지 못한 사람은 자신감을 갖지 못하므로 타인과의 사회적 관계에서 고립감을 느끼고 자신에게만 몰두하게 된다.
- 에릭슨은 이 시기의 가장 중요한 과업이 친밀감이며 이는 성적 사랑을 통해 확고해진다고 보았으나 성적인 것 이상의 우정, 인류애적인 사랑(love)을 모두 다 포함하는 것으로 보고 독신자나 성직자들도 친밀감 발달이 가능하다고 본다. 이러한 친밀감이 형성되지 못할 때 고립(isolation)이 일어난다.
- 고립되면 그 개인은 타인과의 친밀감이 자신의 정체감 확립을 방해한다고 생각하여 친밀한 대인관계를 피하며 융통성 없는 삶을 살게 된다. 예를 들어, 연애가 자신의 성공에 방해가 된다고 생각해서 철저하게 이성교제를 피하는 것 등이다.
- 친밀감 대 고립감의 갈등이 성공적으로 해결되면 심리사회적 능력 또는 덕성인 사랑(love)을 얻게 되지만, 이러한 위기가 적절하게 해결되지 못하면 남을 밀쳐내는 배척(exclusivity)을 하게 되며, 고립, 고독, 이혼, 별거 등의 부정적 결과를 가져온다.

⑦ 7단계: 장년기(중년기)
생산성 VS 침체(generativity vs. stagnation) → 배려 획득

- 24~65세까지의 기간으로 정립된 자아를 통해서 이웃과 세계를 위해 의미 있는 일을 실천하는 단계이다.
- 어느 때보다 경제적으로 안정되어 있고 다양한 삶의 경험을 통해 지혜를 터득하며 가정과 사회에서 중요한 역할을 수행하는 인생의 황금기이다.
- 이 시기의 주요 과업은 자녀양육이다. 뿐만 아니라, 부하직원이나 동료들을 잘 보호하고 직업이나 여가활동에 참여함으로써 얻게 되는 창조성도 포함된다.
- 생산성이란 다음 세대를 이끌어주고 돌봐주려는 일반적인 관심으로서, 가장 중요한 예는 출산, 양육, 자손의 성취에 관한 개인의 만족감을 들 수 있다. 사회적으로는 직장에서 다음 세대를 지도하고 양성하는 데 관심과 노력을 기울이며, 창의적인 학문적 성취, 기술적 생산품, 예술적 업적 등을 통해서 생산성을 획득하게 된다. 한편 자신의 자녀가 없는 경우에는 다음 세대들을 위한 사회적 봉사를 통해서 생산성을 획득하기도 한다. 이러한 생산성은 사회를 존속시키는 원동력이 된다.
- 침체란 타인에게 거짓된 친밀성을 갖고 자기에게만 탐닉하는 것으로 자기만을 우선적으로 보호하는 것을 말한다. 젊은 시절의 목표를 달성하지 못했다는 무능력, 사회에 의미 있는 기여를 못했다는 회의로 인해 침체를 경험하고 자신의 삶이 잘못된 것이라고 인식하여 소위 중년의 위기를 경험한다.
- 이 시기의 심리사회적 위기를 잘 극복하면 자아는 타인을 돌보는 능력, 즉 배려(care)라는 특질을 획득하게 되고, 그렇지 못하면 타인에게 충분한 관심을 표현하지 못하는 거절(rejection)을 경험한다.

⑧ 8단계: 노년기

자아통합 VS 절망(integrity vs. despair) → 지혜 획득

- 65세 이후부터 사망에 이르는 기간이다.
- 새로운 심리사회적 위기의 출현보다는, 이전의 7단계를 종합하고 통합 및 평가하는 기간이다.
- 노년기는 신체적·사회적 상실에 직면하는 시기이다.
- 노인은 더 이상 자신이 사회에 필요한 존재가 아니라는 사실을 인식하며 자아통합이라는 과업에 직면하게 된다.

-자신의 생애를 돌아보면서 자신의 인생이 보람이 있었으며 가치가 있었다는 것을 인식하고 갈등, 실패, 실망 등을 성공, 기쁨, 보람 등과 함께 전제의 삶 속에 포함시켜 수용하며, 오랜 삶을 통해 노련한 지혜를 획득하게 되면 자아통합을 이루게 되며, 이것이 이루어져야 죽음을 두려움 없이 맞이할 수 있게 된다. 즉, 자아통합은 모든 관점에서 자신의 인생을 돌이켜보고 겸허하게 그러나 확고하게 '나는 만족스럽다'고 확신하는 능력에서 생긴다.

- 자아통합이란 자신의 인생을 수용하고 갈등, 실패, 실망 등을 성공, 기쁨, 보람 등과 함께 전체 삶 속에 포함시키는 것을 의미하며 이의 성취는 두려움 없는 죽음을 보장해준다.
  - 그러나 노년기에 직업에서 은퇴한 후 신체적·경제적 무력감을 느끼며, 지금까지 자신이 살아온 인생이 무의미하고 가치가 없다고 생각하고 후회와 회한에 빠지게 되면 절망감을 느끼게 된다. 즉, 절망감과 죽음에 대한 공포를 느끼는 노인들은 "이제 시간이 얼마 남지 않았고 다시 시작하거나 다른 방법을 찾기에는 너무 늦었다"는 느낌을 갖게 되면서 지나온 생을 후회하며 절망하게 된다. 이러한 절망감을 감추기 위해 다른 사람의 잘못과 말썽을 참지 못하고 사소한 일에도 쉽게 혐오를 느끼게 되는데, 사실 이러한 혐오는 스스로에 대한 경멸의 의미라고 할 수 있다.
- 자아통합 대 절망감의 갈등이 성공적으로 해결되면 심리사회적 능력 또는 덕성인 지혜(wisdom)와 더불어 자기 수용, 지나온 생이 옳고 적합했다는 느낌, 죽음을 위엄과 용기로 직면할 수 있는 능력이 생기게 되지만, 이러한 위기가 적절하게 해결되지 못하면 인생이 무의미하다고 느껴지고 죽음에 대한 두려움과 지나온 삶에 대한 회한으로 절망감에 빠지기 쉬우며 우울증과 피해망상 그리고 나약함, 즉 자신에 대한 경멸(disdain)을 경험하게 된다.
- 이 시기의 특징: 자신의 삶 전체를 받아들이는 것, 세대와 세대 간의 계속성에 참여하는 일, 유년기의 순진성을 회복하는 것 등이다.

3. 주요개념과 사회복지실천

1) 주요개념

① 자아(ego)

에릭슨은 프로이트와 달리 원초아나 초자아에는 관심을 덜 가졌고 자아에 관심을 가졌으며, 자아를 자율적인 존재로 생각하였다.

② 자아정체감(ego identity)

- 자아정체감이란 총제적인 자기 지각을 말한다.
- 에릭슨은 자아정체감을 시간적 동일성과 자기 연속성을 인식하는 것으로 본다.
  이는 시간이 경과하면서 변하는 자기 자신을 이제까지의 자신과 같은 존재로 지각하고 수용하는 것이다.
- 자아정체감은 개인의 자아가 그의 인격체를 통합하는 방식에 있어서 동실성과 연속성이 유지되고 있다는 사실을 아는 동시에 자기 존재의 동일성과 독특성을 지속하고 고

양시켜 나가는 자아의 자질을 의미한다.

- 자아정체감을 지닌 사람은 개별성·통합성·지속성을 경험한다. 다른 사람과 같은 동기, 흥미 가치 등을 공유하더라도 자기를 다른 사람과 분리된 독특한 개인으로 자각하여 자기 일관성, 자아정체감을 이룩하고자 한다.
- 정체감 발달은 평생의 과정인데, 초기 정체감의 형성은 아동기의 동일시 경험에서부터 시작되어, 특히 청소년기 후기에 가장 중요한 이슈로 등장함. 자아정체감을 형성한 사람은 신념, 가치관, 정치적 견해, 직업 등에서 스스로 의사결정을 할 수 있다.
- 정체성 성취단계에 도달하기 위해 사람들은 일정 기간 격렬한 결정과정을 겪는다.
- 자아정체감은 두 가지 측면을 갖는다. 하나는 내적 측면으로서 이것은 시간적 자기 동일성과 자기 연속성의 인식을 말하며, 다른 하나는 외적 측면으로서 이것은 문화의 이상과 본질적 패턴을 인식하면서 그것과 동일시하는 것이다.
- 정체감에 대한 위기가 없이 지나는 정체감 유실은 발달과 변화의 다양한 다른 기회가 차단된 것이고, 위기를 겪으면서 개인의 가치를 정하지 못하고 격렬한 불안을 경험하는 것을 정체감 유예라고 한다. 이 시기를 거쳐 정체감을 획득하면 정체감 성취가 되고 못하면 정체감 혼란이 된다.

▶ **마르샤의 자아정체감 범주**
- 정체감 성취: 이 단계에 도달하기 위해 일정기간 격렬한 결정과정을 겪는다.
- 정체감 유실: 정체감 위기를 경험하지 않은 사람들. 발달과 변화의 다양한 다른 기회를 차단한다.
- 정체감 유예: 정체성 위기 동안 격렬한 불안을 경험한 사람들. 개인의 가치나 직업을 정하지 못한 부류이다.
- 정체감 혼란: 어떤 견해와 방향성도 확고하지 않은 상태로 정체감 유실이나 부정적 정체감 형성보다도 더욱 문제가 있다.

③ 점성원리(epigenetic principle)
- 발달은 기존의 기초 위에서 이루어진다. 특정 단계의 발달은 이전 단계에서 성취한 발달과업의 영향을 받는다.
- 인간의 발달은 점성의 원리를 따르며 이는 8단계의 단계별 성격이 앞서 전개된 발달단계의 결과를 통히여 발달한다는 것을 의미한다. 단계별 진보는 그 이전 단계의 성공 또는 실패에 의해 부분적으로 정해진다. 이는 장미꽃 봉오리와 각 꽃잎이 일정한 시간과 일정한 순서에 따라, 그 유전적 특질에 따른 본질이 정해놓은 대로 피어나는 것과 같다.
- 각 단계는 본질적으로 심리사회적인 일정한 발달과업들을 내포하고 있다. 에릭슨은 그

과업들을 '위기'라고 부름으로써 프로이트의 전통을 따르고는 있지만 프로이트의 위기가 함축하는 것보다는 더 확대된 의미이다.
- 다양한 발달과업은 두 가지 대립항으로 나타난다. 예를 들어 유아의 과업은, '신뢰-불신'이라고 불린다. 언뜻 보면 유아가 학습해야 할 신뢰와 불신이 명확한 것 같지만 거기에는 균형이 필요하다. 주로 신뢰를 학습해야 하지만 불신도 조금은 학습함으로써 속기 쉬운 바보로 성장하지 않게 되는 것이다.
- 각 단계는 발달의 결정적 시기가 있다. 아동을 성인기로 재촉하려 할 필요가 없고 아동들을 삶의 요구사항들로부터 보호하거나 그 속도를 늦추어서도 안 된다. 각 발달과업은 때가 있는 것이다.
- 성장하는 모든 것은 기초 안을 가지며, 이 기초 안으로부터 부분이 발생하고 각 부분이 특별히 우세해지는 시기가 있으며, 이 모든 부분이 발생하여 전체를 이루게 된다는 원칙이다. 심리사회적 발달과정은 점성원칙에 따른다.
- 인간발달의 단계별 진보는 그 이전 단계의 성공 또는 실패에 의해 부분적으로 정해진다.
- 이는 유아기에서 성인기 그리고 노년기에 이르기까지 인간의 전 생애에 대한 발달단계를 제시한 최초의 심리학적 이론이다.
- 신체의 각 기관은 성장과 발달의 결정시기가 존재하며 미리 정해진 시간표에 따라 성장하고 발달한다.

④ 위기
- 인간의 발달단계마다 사회는 개인에게 어떤 심리적인 요구를 하는데 이것을 '위기'라고 한다.
- 개인은 위기에서 야기되는 스트레스와 갈등에 적응하려고 노력하며 다음 위기에 적응할 준비 과정을 통해 개인의 성격이 발달한다.
- 에릭슨의 이론은 개인이 성숙과 사회의 요구 사이의 상호작용의 결과로 성격이 일생 동안 어떻게 발달하는가에 주목한다.
- 위기는 해당 단계의 개인에게 부과된 생리적 성숙과 사회적 요구로부터 발생된 인생의 전환점이다.
- 아동이 각 단계에서 위기(심리사회적 위기)를 만족스럽게 해결하면 자아의 긍정적인 요소들이 점차 성장하는 자아 속에 흡수되어 보다 건전한 발달을 하게 된다.
- 각 개인이 매 단계에서 위기를 해결하는 방식은 문화에 따라 차이가 있다.

⑤ 에릭슨 심리사회이론(자아심리학이론)
- 프로이트가 성적인 본능을 강조한 데 비해, 에릭슨은 사회문화적 측면을 더 강조하면서 인간의 행동이나 성격이 심리적 요인과 사회문화적 영향이 상호작용에 의해 결정

된다고 보았다.

- 에릭슨은 자아의 기능을 강조했다. 원초아와 자아 간의 갈등을 강조한 프로이트와 달리, 에릭슨은 인간이 자아를 통해 사고, 감정, 행동을 조절할 수 있는 합리적 존재라고 생각했다.

2) 심리사회이론의 공헌과 평가

① 심리사회이론의 공헌
- 생애주기를 통한 전 생애의 발달변화를 강조한다.
- 사회적·문화적 요인을 배경으로 인간발달을 이해하게 함으로써 정신분석학을 확대, 발전시킨다.
- 성숙의 개념을 보다 폭넓은 의미로 이해하고 활용할 수 있도록 하였다.
- 정신분석이론을 확대시켜 자아의 성장가능성을 제시하였다.
- 성숙의 개념을 보다 폭넓은 의미로 이해하고 활용할 수 있도록 하였다.
- 정신분석이론을 확대시켜 자아의 성장가능성을 제시하였다.
- 인간의 건강한 발달에 관한 새로운 통찰력을 부여하였다.
- 각 시기의 발달기준을 어린이나 어른의 성격결함을 설명하는 도구로 사용하였다.
- 발달시기와 각 시기에 달성해야 할 과제에 대한 설명은 교육과정을 설계하는 데도 적용하였다.
- 성격의 주된 책임자이었던 부모의 역할을 약화시킴으로써 아동이 경험하는 성격발달의 실패에 대한 부모의 책임을 감소시켜 주었다.
- 에릭슨은 성격발달에서의 초기 실패는 후기에 교정될 수 있다는 희망을 제공해주었다.

② 심리사회이론에 대한 비판
- 자아발달의 여러 측면들을 프로이트의 성적 신체부위에 너무 무리하게 연결시키려 하였다. 에릭슨은 신체부위마다 자아가 외부세계와 상호작용을 하는 특징적 양식이 있다고 보았지만 그렇지 않다. 예, 유아의 자율성을 획득하려는 많은 노력이 보유와 배설의 항문 통제방식과 관계가 있다고 보기는 어렵다.
- 발달관계의 구분에 대한 정확한 과학적 근거를 제시하지 못했다.
- 개념이 매우 불명확하여 이론에 대한 실증적 연구가 부족하다. 예로, 노년기에도 성장의 가능성이 있다는 새로운 통찰력을 제시하고 있지만 구체적으로 과정이 어떻게 일어나는지 그리고 성숙이 어떻게 성인기의 다른 단계들에 영향을 미치는지 설명하지 못하고 있다.

3) 심리사회이론과 사회복지실천

에릭슨의 심리사회이론은 정신분석이론을 확대시켜 자아의 성장 가능성을 제시하였고 인간의 건강한 발달에 관한 새로운 통찰력, 즉 인간의 정상적인 위기와 사건을 좀 더 정확하게 이해할 수 있는 준거 틀을 제시하였다는 점에서 기여하는 바가 크다.

그러나 그의 이론상의 개념들은 명확하지 않은 점이 있어 이론에 관한 실증적인 연구가 부족하다는 한계가 있다.

■ 에릭슨의 심리사회이론은 인간의 정상적인 위기와 사건을 정확하게 이해할 수 있는 준거 틀을 제시한다.

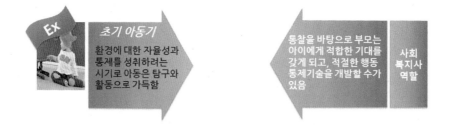

- 사회복지사는 사회환경 내의 인간행동의 역동성을 이해하고 청소년기와 청년기의 특징적 상호관계를 이해한다.
- 사회복지사는 청소년기의 갈등을 자연스러운 현상으로 보고 클라이언트가 느낌이나 행동에 통찰력을 가질 수 있도록 돕는다.
- 부모와 자식 간의 갈등은 청소년기의 보편적인 일로 이해한다.
- 사회복지사는 비행청소년을 돕고 사회에 재적응시키는 프로그램에 지속적으로 참여한다.
- 가족 상담소나 청소년기관을 통해 상담서비스를 제공하기도 하고 복지관이나 학교에서 반사회적 행동을 한 청소년들을 집단지도하기도 하며, 감별소나 보호관찰소 등에서 교정사회복지사로 활동하기도 한다.
- 동성애, 다양한 정신장애의 발발가능성, 자살의 가능성 등 청소년의 위기적 상황을 이해하고 클라이언트에게 적절하게 개입해야 한다.

제5장

아들러의 개인심리이론과 융의 분석심리이론

1. 아들러의 개인심리이론

▶ 아들러의 생애

아들러(Alfred Adler, 1870~1937)는 1870년 빈(Wien) 근교 펜지히(Penzig)에서 6남매 중 둘째로 태어났다. 그의 아버지는 유대상인이었다. 아들러는 큰형의 질투로 쓰라린 경험을 했기 때문에 어린 시절을 불행하게 회상했다. 그는 생후 2년간은 어머니로부터 따뜻한 사랑을 독차지했으나 곧 어린 동생이 태어나 응석받이 위치를 잃게 되었다. 그때부터 그는 아동기까지 아버지의 총애를 받고 자랐다.

그의 어린 시절은 죽음과 병고가 끊임없이 찾아왔다. 그는 거리에서 두 번씩이나 사고로 죽을 뻔했고, 다섯 살 때에는 심한 폐렴으로 거의 죽을 뻔했다. 만성적으로 병약한 아들러는 육체적인 놀이에서 형이나 친구들에게 경쟁상대가 되지 못했다. 더욱이, 중학교 때 그는 수학 실력이 좋지 않아 선생님으로부터 구두제화공장으로 보내라는 제의를 받았음에도, 그의 아버지는 아들을 격려해서 학업을 계속하도록 했으며, 그는 후에 인내와 노력으로 그 반에서 우수한 학생이 되었다.

아들러는 18세 때 빈 대학교에 들어갔다. 대학의 주위에는 연극과 음악 그리고 사회주의 철학이 용솟음쳤다. 아들러는 그런 분위기를 좋아해 정치적 모임에 자주 참여하던 중 같은 학교에 다니는 러시아인 레이사 엡슈타인(Raissa Epstein)을 만나 1897년 결혼했다.

아들러는 1895년 의학학위를 받은 후 일반의학부문의 실습을 거친 후 정신과 의사가 되었다. 그는 1902년부터 1911년까지 프로이트의 곁에서 연구 활동을 했으나 프로이트 이론과 대립하게 되어, 결국 그는 1911년 정신분석학회장직을 물러났고, 1912년 개인심리학회(Society for Individual Psychology)를 따로 운영했다. 1920년 중반부터 그는 유럽이나 미국을 다니면서 강연을 하는 데 많은 시간을 보냈다. 유럽에 히틀러(Hitler)의 등장과 전체주의 물결이 휩쓸 때 그는 격변을 예상하고 1934년 가족이 뉴욕으로 이주하여 곧 뉴욕 주립대학교에서 의학심리학 교수로 봉직했으며, 사회사업가, 임상심리학자 그리고 정신과 의사에게 많은 영향을 끼쳤다. 그는 1937년 5월 28일 67세를 일기로 스코틀랜드의 애버딘(Aberdeen)에서 강연여행 중에 사망했다.

아들러의 성장과정의 경험은 열등감과 보상추구, 출생 서열, 사회적 관심 등 오늘까지도 적용될 수 있는 이론을 만들어냈다고 평가된다.

아들러는 그의 생애 동안 300여 권의 책과 논문을 발표했다. 『개인주의 심리학의 이론과 실제』(1927), 『인간본성의 이해』(1927), 『생활양식』(1930), 『사회적 관심: 인류에의 도전』(1939) 등이 그의 주요 저서이다(Adler, 1956).

▶ 신프로이트학파

프로이트의 추종자들 가운데서도 프로이트의 정신분석이론에 비하여 다소 수정된 견해를 지지하는 학파를 말한다. 신프로이트학파는 성과 공격성 같은 생리적인 측면을 프로이트보다 상대적으로 덜 강조하였고, 사회적 관계의 중요성을 강조하였다.

- 아들러는 인간이 단순히 환경과 유전에 의해 결정되어 버리는 결정론적 존재가 아니라, 각 개인 스스로 사건을 해석하고 서로에게 영향을 끼치는 창조적인 능력을 가진 존재로 인식하면서, 자신의 운명을 스스로 개척해 나가는 자율성과 책임을 강조한다.
→ 즉, 아들러는 인간은 단순히 유전 형질이나 환경에 의해 결정되는 것도 아니며, 또 어떻게 태어났는가 하는 것이 중요한 게 아니라, 단지 우리가 가진 능력으로 무엇을 어떻게 하느냐 하는 것이 중요한 것이라고 믿었다.
- 아들러는 인간을 사회적 동물이라 전제하고 인간발달은 사회적 자극에 의해 동기화된다고 보았다. 또한 그의 이론은 자아의 창조성을 강조하여 자아가 더 이상 이드(id)에 지배당하지 않고 자신의 경험을 주관적으로 지각하여 의식적으로 자신의 행동을 추구한다고 보았다.
- 이러한 아들러의 생각은 신프로이트학파에 속한 대부분의 학자들처럼 인본주의 성격이론에 영향을 주었다.
- 아들러의 성격이론은 다음과 같은 특징을 지니고 있다(권중돈·김동배, 2005).
㉠ 인간행동은 본능에 의해 동기화된다고 가정한 프로이트와는 달리, 사회적 자극에 의해서 동기 유발된다고 보았다.
→ 즉, 인간은 충동적이고 악한 이드(id)의 본능에 이끌려 행동하는 황량한 무의식의 노예가 아니라, 협동적 사회생활에 참여하고 사회복리를 추구하는 사회적 존재라는 것이다.
㉡ 창조적 자아(creative self)의 개념: 프로이트의 자아(ego)는 이드의 목적에 기여하는 심리적 과정인 데 비해, 아들러의 자아(self)는 개인의 주체적인 체계로서 유기체를 통제하는 힘을 의미한다.
→ 즉, 인간은 자아인식을 통해 자신의 환경을 개선하고 운명을 개척하려는 능력을 가지고 있는 보다 긍정적이고 희망적인 존재인 것이다.
㉢ 의식(consciousness)을 성격구성의 주체로 간주한 점

→ 즉, 인간은 자아의식을 가지고 있기 때문에 자신이 행동주체로서 자아실현(self-realization)을 향해 필요한 행동계획을 이끌어나갈 수 있는 목적의식을 가진 존재인 것이다.
- 결론적으로 아들러는 인간을 사회적이며 목적론적인 존재로 보았으며 이러한 인간을 이해하려고 했음.
- 아들러는 상담을 통해 잘못된 생활양식을 긍정적인 관점으로 바꾸고 사회적 관심을 발달시키면서 좀 더 나은 생활양식을 개발할 것을 강조했다.
- 아들러는 가족 구성원의 생활양식과 가족 구조, 출생 서열 등에 많은 관심을 가졌으며, 이러한 개념들은 사회복지실천에 있어 가족 상담이나 가족치료 등에 이론적 기반을 제공한 것으로 평가되고 있다.

1) 개인심리이론의 특징과 주요개념

(1) 개인심리이론의 특징(Adler, 1956)

개인심리학(individual psychology)이란 총체적인 입장을 취하면서 환원주의를 거부한다. 즉, '개인(individual)'이라는 말은 '나누어질 수 없다(indivisible)'에서 나온 것으로 인간을 정신과 신체 혹은 각종 정신 기능 등으로 분리하지 않고 하나의 통합된 유기체로 본다.

아들러(Alfred Adler)는 융(C. G. Jung), 에리히 프롬(E. Fromm), 하니(Horney), 설리반(Sullivan), 에릭슨(Erikson), 안나 프로이트(Anna Freud) 등과 함께 신프로이트학파(Neo-Freudian)의 한 사람으로 알려져 있다.

개인심리이론의 대표적 학자는 아들러(Adler)이다. 일반적으로 아들러의 이론은 정신분석이론의 수정인 신프로이트학파 중의 한 이론으로 분류된다. 그 이유는 프로이트가 인간의 성격이 생물학적 기원을 가진 무의식적인 원초적 본능의 힘에 의해 결정된다고 보는 반면 아들러는 사회적 요인과 가족적 요인이 개인의 성격형성에 많은 영향을 미친다고 보고 있기 때문이다.

① 개념 및 특징
- 개인심리학에서는 성적 만족보다는 우월감 추구에 많은 사람들이 관심을 두고 있다고 보았다. 이를 인간이 성적 만족보다 우월감을 추구하며 이것은 타인에 대한 열등감에서 기인한다고 설명한다.
- 인간을 사회적·목적론적 존재로 보고, 인간을 이해하려고 노력하였다.
- 아들러는 인간을 사회적이며 목적론적인 존재로 보았으며 이러한 인간을 이해하려고 했다. 상호작용을 중시하는 '개인심리학(individual psychology)'으로 발전시켰다.
- 아들러는 상담을 통해 잘못된 생활양식을 긍정적인 관점으로 바꾸고 사회적 관심을 발달시키면서 보다 나은 생활양식을 개발할 것을 강조했다.

■ 아들러는 가족 구성원의 생활양식과 가족 구조, 출생 서열 등에 많은 관심을 가졌다. 이러한 개념들은 가족 상담이나 가족치료 등에 이론적 기반을 제공한 것으로 평가되고 있다.

② 개인심리이론의 인간관

■ 아들러는 프로이트의 정신역동이론이 생물학적 요인이나 본능을 지나치게 강조한다고 생각하여 그의 이론에 반대했지만 생애 초기의 경험이 성인기에 많은 영향을 준다는 믿음은 공통적이다.
■ 프로이트와의 차이점은 과거에 대한 탐색에 초점을 두는 것이 아니라 과거의 경험이 현재에 미치는 영향에 더 관심을 두었다는 것이다.
■ 유전인자나 타고난 환경 등의 선천적인 요인보다는 가진 능력을 어떻게 활용하는지가 더 중요하다고 본다.
■ 가치, 신념, 태도, 목표, 관심, 현실적 지각과 같은 내적 결정인자를 강조하는 인간관, 총체적이고 사회적이며 목표지향적인 인간관이 특징이다.
■ 총체적 존재-인간은 통일되고 자아 일치된 유기체이다. 인간을 전체적 관점에서 본다. 개인은 독특하고, 더 이상 분해할 수 없으며, 자아 일차적이고 통합된 실체다.
■ 목적론적-인간은 역동적으로 완성을 추구하며, 개인적으로 중요한 인생목표를 향해 전진한다.
■ 창조적 존재-개인은 창조적 힘을 가지고 열등에 대한 보상과 미완성을 극복하고 완성을 추구하고자 하는 성향을 지니고 있어 자기 삶을 결정할 수 있다.
■ 사회적 관심-모든 인간은 협동하고 상호작용하는 사회적 관계를 맺을 수 있는 능력을 선천적으로 타고난다. 심리적 건강은 개인이 우월성을 추구하는 과정에서 환경적 방해를 어느 정도 극복하느냐와 사회적 관심 정도에 달려 있다.
■ 주관성-개인은 환경을 주관적으로 파악하고 이러한 주관적 신조나 믿음에 따라 행동한다. 개인의 행동은 개인이 자신을 어떻게 주관적으로 지각하느냐에 따라 결정된다.
■ 생애 초기 경험이 성인기에 많은 영향을 준다.
■ 프로이트와 차이점은 과거의 탐색에 초점을 두기보다, 과거의 경험이 현재에 미치는 영향에 관심을 둔다.
■ 유전, 환경 등 선천적 요인보다 인간이 가진 능력을 어떻게 활용하는지가 더 중요하다.
■ 가치, 신념, 목표, 태도, 현실적 지각 등의 내적결정인자를 강조하는 인간관이다.
■ 총체적·사회적·목표지향적인 인간관이다.

(2) 주요 개념

① 열등감과 보상(Adler, 1956)

㉠ 열등감

열등감은 개인이 잘 적응하지 못하거나 해결할 수 없는 문제에 직면했을 때 생기는 것으로 좀 더 안정을 추구하려는 데서 생겨난다. 이러한 열등감은 모든 인간으로 하여금 무언가를 추구할 수 있는 동기가 된다.

아들러는 자기완성을 위한 필수요인으로 열등감을 제시함으로써 열등감을 긍정적인 것으로 보았다.

열등감은 누구에게나 존재하며, 인간이 성숙해지고 자신의 잠재력을 실현하는 데 필요하다. 누구나 어떤 측면에서 열등감을 느낀다. 열등의식이 결코 약점이나 비정상이 아니고 모든 사람에게 공통적으로 존재한다고 보았다. 그러나 이 열등감이 개인을 더 높은 수준으로 자기 발달을 하도록 동기를 유발시키기 위해서는 재능, 용기 그리고 사회적인 관심과 연결되어야 한다.

㉡ 보상

잠재력을 발휘하도록 인간을 자극하는 건전한 반응이다.

인간은 항상 좀 더 나아지기를 원하기 때문에 본질적으로 열등감을 경험하게 된다. 좀 더 나은 상태로 나아가기 위하여 신체적·정신적인 기술을 훈련하여 부족한 점을 충족하려는 시도이다. 어떤 결함이 있는 사람이 연습이나 훈련을 통해 이를 보완하려는 것을 말한다. 잠재력을 발휘하도록 인간을 자극하는 건전한 반응이다.

열등 콤플렉스의 요인이 되는 것은 신체기관의 열등, 과잉보호(응석받이), 무관심(거부된 아동)의 세 가지 요소로 생활양식을 왜곡시키기 쉬운 상황이다.

이 세 가지 부정적 요소들은 자존심과 사회적 관심의 발달을 위협하는데 아들러는 이에 대한 개선의 가능성은 인생에 대해 보다 협동적이며 용기 있는 대처방식을 훈련하는 데 있다고 보았다. 다시 말해 인생에서 모든 문제는 그 해결을 위한 협동을 필요로 하므로 다른 사람에게 기여해야 한다는 것을 이해하는 사람만이 역경에 용기를 갖고 대처하며 성공의 기회를 얻게 된다는 것이다.

② 우월성 추구/우월에 대한 추구의 본질과 그 기능

㉠ 우월성 추구(Adler, 1979)
- 인간은 출생에서 사망까지 우월감을 추구하기 위해 노력하는데, 개인으로서는 완성을 향해 노력하고 사회의 일원으로서는 문화를 완성하기 위해 노력한다. 이는 열등감을 보상하려는 욕구에서 나온다.

- 자기완성 혹은 자아실현이라는 맥락에서 이해할 수 있다.
- 인간생활의 궁극적인 목적은 바로 우월하게 되는 것이다. 우월은 모든 인간이 갖는 기본적인 동기로서 선천적이다.
- 부족한 것은 채우고, 미완성인 것은 완성하려고 하는 경향성이 있다.
- 성취를 향한 모두의 노력에도 불구하고, 표현되는 잠재력의 차이에 따라, 사회적으로 이타성을 띤 긍정적인 경향과 개인적인 우월성을 추구하는 부정적인 경향을 취할 수 있다.
- 아들러가 인간생활의 궁극적 목적을 이론화할 때, 공격적이 되는 것 → 강력하게 되는 것 → 우월하게 되는 것을 설정했다.
- 우월을 향한 노력은 인간에게 공통된 기본적인 동기라고 보았는데, 열등감을 보상하려는 욕구에서 나오며 환경을 보다 잘 통제할 수 있도록 권력 혹은 힘을 성취하려는 것이다.
- 우월을 향한 선천적인 노력은 잠재적으로 존재하나 이 잠재력이 실제로 어떻게 구현되는가는 개인마다 다르다. 이것은 우월을 향한 목표가 개개인마다 고유한 것이며, 각자가 인생에 부여하는 의미에 따라 다르기 때문이다. 우월의 목표는 긍정적인 경향 혹은 부정적인 경향을 취할 수 있다. 긍정적인 경향은 사회적인 관심이나 다른 사람의 행복을 지향하는 이타적 목표이며 부정적인 경향은 개인적인 우월성을 추구하는 자기존중, 권력, 개인적인 허세 같은 이기적 목표이다.

ⓛ 우월에 대한 추구의 본질과 그 기능
- 분리된 충동들의 결합이라기보다는 기본 동기의 하나로서, 그것은 유아기 때 자기가 주위의 사람들보다 무력하고 열등하다는 것을 인식한 것에 근거한다.
- 향상의 욕구는 사실 보편적이고 정상적인 사람이나, 신경증인 사람 모두가 공통으로 가지고 있는 것이다.
- 우월의 목표는 부정적인 경향이나 긍정적인 경향을 취할 수 있다.
- 아들러는 완성을 위한 노력은 상당한 정력과 노력을 요구한다고 주장했다.
- 우월을 향한 추구는 개인과 사회 두 가지 수준에서 일어나는바, 즉 개인으로서 완성을 향해 노력하고 또 우리 사회의 일원으로 우리의 문화를 완성하기 위해 노력한다. 프로이트와 달리 아들러는 개인과 사회가 근본적으로 서로 조화를 이룬 것으로 보았다.

③ 사회적 관심
- 아들러는 인간이 성적 충동보다 사회적 충동(사회적 관심)에 의해 주로 동기화된다고 생각하였고, 사회적 충동(관심)이란 각 개인이 이상적인 공동사회의 목표를 이루고자 사회에 공헌하려는 성향을 의미한다고 하였다.

- 인간은 사회의 이익을 위해서 개인적 이익을 포기하며 개인은 이상적인 공동사회의 목표를 달성할 수 있도록 사회를 원조하려 한다고 보았다.
- 사회적 관심의 발달에 가장 큰 영향을 주는 사람은 어머니, 아버지, 부부관계 순서이다.

④ 생활양식(Hjelle & Ziegler, 1981)
- 인생의 목표, 자아개념, 성격, 문제에 대처하는 방법, 삶에 공헌하려는 소망, 특질·행동·습관의 독특한 형태를 의미한다.
- 생애 초기의 경험에 의해 형성되는 것으로 가족 내에서의 경험이 중요하다.
- 가족관계, 기타 중요한 사회경험이 기본 생활양식을 만들며 경험이나 사건 자체가 아닌 그것을 대하는 태도가 중요하다.
- 인간은 의미 있는 삶의 목표를 추구하기 위해 독특한 생활양식을 발달시킨다.
- 생활양식은 개인적인 관점이나 개인 고유의 목표를 추구하는 행동들로 구성된다.
- 생활양식 유형이 곧 성격유형으로, 사회적 관심과 활동수준에 따라 지배형, 획득형, 회피형, 사회적으로 유용한 형으로 나눈다.
- 아들러가 말하는 생활양식은 자아, 성격, 성격의 통일성, 개성, 문제에 대처하는 방법, 삶에 공헌하려는 소망 등을 의미하는 것이다. 아들러에 따르면, 모든 행동은 생활양식에 의해 결정되며, 생활양식은 4~5세경에 형성된다.
- 생활양식은 개인의 성격을 움직이는 체계적 원리로서 부분에 명령을 내리는 전체의 역할을 한다. 개인의 독특성, 즉 삶의 목적, 자아개념, 가치, 태도 등을 포함하는 것으로 삶의 목적을 달성하는 독특한 방법들이다. 개인마다 독특한 생활양식은 일생 동안 그 사람의 행동양상을 지배한다.
- 인간의 생활양식은 4~5세경에 틀이 형성되며 그 후 거의 변화되지 않으나 상담 및 심리치료를 통해서 다소 변화시킬 수 있다.

⑤ 가상적 목적론
- 인간의 행동은 과거의 경험에 의해서 좌우되는 것이 아니라 미래에 대한 기대에 의해 좌우된다. 즉, 미래를 가상하여 설정한 현재의 목표가 인간의 행동 및 심리적 현상에 영향을 미치는 것이다.
- 이것은 결국 우월성의 추구 및 생활양식의 지침이 되기도 한다.

⑥ 창조적 자아
- 아들러는 생활양식이 개인의 창조적 행위라고 믿었다. 자아의 창조적 힘이 인생목표와 목표추구 방법을 결정하고 사회적 관심을 발달시킨다는 것이다.
- 이에 따르면 유전과 환경은 성격 형성에 있어 재료인 회반죽과 벽돌일 뿐이며 인간이 창조적 방법으로 건축물을 디자인, 즉 인생에 대한 태도를 형성한다. 창조적 자아는 인

간이 환경에 의해 영향을 받기도 하지만 스스로 환경에 영향을 미쳐 환경이 자신에게 적절히 반응하도록 창조하는 존재라는 뜻이며, 인본주의적 성격을 지닌 것으로 인간의 존엄성을 강조하는 내용이라고 할 수 있다.

⑦ 사회적 관심(Adler, 1956)
- 사회적 관심은 각 개인이 이상적인 공동사회의 목표를 달성하고자 할 때 사회에 공헌하려는 성향이다.
- 가족관계 및 다른 아동기의 경험에서 발달하며 어머니가 사회적 관심의 발달에 가장 큰 영향을 준다.
- 심리적 성숙의 주요 기준이 되며 선천적이지만 의식적으로 개발하는 것도 필요하다. 적절한 지도와 훈련으로 사회적 관심을 달성해야 한다.
- 부부관계가 자녀의 사회적 관심발달에 지대한 영향을 미친다.
- 사회적 관심은 장래의 모든 적응력의 중요한 관건으로 한 개인의 심리적 건강을 측정하는 유용한 척도다.

⑧ 창조적 자아
- 목표를 직시하고 결정하고 선택하고, 개인의 목표와 가치관에 부합하는 모든 종류의 배려를 나타내는 능력을 의미한다.
- 인간은 스스로 자신의 삶을 만들어 가며 자신에게 적합하게 환경을 창조하는 존재이다.
- 창조적 자아는 개인심리학을 대표하는 개념으로, 생의 의미를 제공하는 원리다.
- 창조적 자아에 의해 인간은 자신에게 주어진 유전적인 조건과 환경, 경험 등에 대하여 자신의 관점으로 해석하며 이로써 자신의 생활양식을 만들어 간다.

⑨ 가상적 목표
- 개인이 추구하는 궁극적 목적은 현실에서 결코 검증되거나 확인될 수 없는 가상적 목표이다.
- 각 개인의 우월성 추구는 그들이 채택하는 가상적 목표에 의해 결정된다.
- 개인의 가상적 목표는 자기 스스로 결정한 것이므로 자신의 창조력에 의해 결정되고 개인마다 독특하다.
- 한 개인의 가상적 목표를 이해하게 되면 다른 행동 의미도 알 수 있고 생활양식도 이해할 수 있다.

2) 아들러의 성격유형과 발달

(1) 아들러의 성격유형(이인정·최해경, 2008; 권중돈·김동배, 2005)

성격유형	활동수준	사회적 관심	성격특성
지배형	높음	낮음	독단적이고 공격적이며 활동적이지만 사회적인 인식이나 관심이 없다. 인생과업에 있어서 반사회적이며 타인의 안녕은 아랑곳하지 않다.
획득형	중간	낮음	기생적인 방법으로 외부세계와 관계를 맺으며 다른 사람에게 의존하여 대부분의 욕구를 충족한다.
회피형	낮음	낮음	사회적 관심도 거의 없고 인생에 참여하려 하지도 않는다. 문제를 회피함으로써 한 치의 실패가능성조차 모면하려는 목표다.
사회적으로 유용한 유형	높음	낮음	심리적으로 건강한 사람의 표본이다. 사회적 관심이 많아서 자신과 타인의 욕구를 충족시키는 한편 인생과업을 완수하기 위해 다른 사람들과 협동한다.

아들러는 생활양식의 유형을 성격유형으로 간주하여 네 가지 성격유형을 구분하였다. 이 것은 아들러의 이론에서 **생활양식이 사고하고, 느끼고, 행동하는 모든 것의 기반**이 되는 것으로 상정되어 있기 때문이다. 아들러는 인생에 있어서 **가장 중요한 과업은 직업, 우정, 사랑과 결혼**의 세 가지라고 생각하여 이 인생과업에 대한 태도가 어떠한가에 따라 생활양 식유형을 구분하고 이에 기초하여 성격유형을 구분하였다.

① 지배형: 활동수준은 높으나 사회적 관심은 낮은 유형(예, 독불장군)

독선적이고, 공격적이며, 활동적이지만 사회적인 관심은 거의 없는 사람이다. 이러한 사 람은 비사회적인 면에서 활동적이며, 타인의 안녕에는 아랑곳하지 않고 행동한다. 그들은 외부세계에 대해 지배하려는 태도를 가지고 있으며, 인생과업을 공격적이고 반사회적인 방 법으로 대처해 나간다.

② 획득형: 활동수준은 중간이고 사회적 관심은 낮은 유형(예, 깡패)

기생적인 방식으로 외부세계에 관계를 맺으며 타인에게 의존하여 자신의 욕구를 충족한 다. 인생의 주된 관심은 가능한 한 많은 것을 다른 사람에게서 얻어내는 것이다. 그러나 활 동수준이 낮으므로 그렇게 위험하지는 않다.

③ 회피형: 활동수준도 낮고 사회적 관심도 낮은 유형(예, 산속의 도인)

성공하고 싶은 욕구보다 실패에 대한 두려움의 비중이 더 크기 때문에 인생과업으로부터 도피하는 행동을 한다. 인생의 모든 문제를 회피함으로써 실패를 면하려 하고 사회적으로는 무익한 행동이 대부분이다.

④ 사회적으로 유용한 유형: 활동수준도 높고 사회적 관심도 높은 유형

사회적 관심이 커 자신과 타인의 욕구를 동시에 충족시키면서 인생과업을 완수하기 위해

다른 사람과 협력한다. 이들은 직업, 우정, 사랑과 결혼과 같은 세 가지 중요한 과업을 사회적인 문제로 간주했으며, 이를 해결하기 위해 협동, 개인적인 용기, 타인의 안녕에 공헌하려는 의지가 필수적임을 인식하고 있다.

(2) 개인심리이론의 성격 발달

아들러는 성격의 구조나 발달단계를 제시하지는 않았다.
대신에 아들러는 부모와 자녀와의 관계, 가족의 크기, 형제와의 관계, 가족 내에서의 아동의 출생순위 등 다양한 요소들이 성격의 발달에 영향을 준다고 주장하면서 잘못된 생활양식을 왜곡시킬 수 있는 상황을 설명한다(Adler, 1956).

가. 생활양식을 왜곡하기 쉬운 상황

① 신체적으로 병약하거나 허약한 아동
- 불완전한 신체기관은 목표를 달성하거나 능력을 형성하는 데 불리한 조건이 되기 때문에 성격 형성에 중요한 역할을 한다.
- 병약하거나 허약한 경우 기술의 습득이 힘들거나 숙달할 수 없기 때문에 열등감을 경험할 수 있다.
- 이러한 아동은 자신에게만 관심을 집중하고 타인에게 기여하는 것의 의미를 알기 어렵다.

② 응석받이
- 좌절에 대처하는 방법을 배우지 못하였기 때문에 문제가 생기면 퇴행하고 다른 이에게 도움을 요구하는 것이 하나의 생활양식이다.
- 응석받이의 관심은 오직 자신이며 협동의 의미를 모른다.
- 자기중심적인 사람이 되거나 자신의 미성숙함을 신경증적 양식으로 나타내기도 한다.

③ 거부당하는 아동
- 거부는 물리적인 폭력일 수도 있고 심리적인 것일 수도 있다.
- 거부당한 아동은 거부에서 비롯된 불신감으로 세상이 적대적이고 위협적이라고 보기 때문에 반항적이다.
- 신뢰감을 갖고 사람을 접해본 경험이 없기 때문에 사랑이나 협력 등을 알 기회가 적어 다른 사람에게 유익한 행동을 함으로써 애정이나 존경을 받게 된다는 것을 이해하지 못한다.

나. 가족구도 및 출생순위와 성격의 특징(Dreikurs, 1953)

양친-아동관계(부모관계), 식구 수, 형제관계, 출생순위 등 가족 및 사회적 요인에 의해 개인의 성격이 형성된다. 성격에 영향을 미치는 것은 출생순서에서의 숫자가 아니라 태어난 상황이다. 즉, 절대적인 상황이 아니라, 개인의 주관으로 그 상황을 어떻게 받아들이느냐에 따라 성격이 형성된다.

① 첫째 아이(장남 또는 장녀 - '쫓겨난 황제')
- 집안에서 매우 독특한 위치를 갖는데, 첫아이로서 부모의 모든 사랑과 관심을 받으면서 자라 일반적으로 버릇이 없다.
- 둘째가 태어나면서 '폐위된 왕'이 되는데, 이러한 변화로 보통 열등감을 경험하게 된다.
- 한때는 외동아이로서 지나친 사랑과 과잉보호를 받았으나 동생이 생긴 후엔 모든 것을 양보해야 된다. 이 상황은 매우 위협적일 수 있어 잃어버린 것을 다시 쟁취하기 위해 아동은 유치한 단계로 퇴행하거나 파괴적으로 되거나 관심을 끌기 위해서라면 무엇이든 하려 들 수 있다.
- 윗사람들에게 동조하는 생활양식을 발달시키면서 성장한다. 성장 후 권위를 행사하고 싶어 하고 규칙과 법을 중시하는 경향이 있다.

② 둘째 아이 또는 중간 아이(혁명가적 기질)
- 태어날 때부터 형이나 누나라는 속도 조정자가 있어 형과 누나의 장점을 능가하기 위해 자극받고 도전받는다.
- '경쟁'이 바로 둘째 아이의 가장 큰 특성이다.
- 항상 자기가 형보다 뛰어나다는 것을 증명하기 위해 노력하며 달리는 꿈을 자주 꾼다고 하였다.
- 협동 및 타협의 기술을 보다 쉽게 배울 수 있다. 그러나 때로 중간 자녀는 손위의 우월한 형제의 권리 및 특권을 의식하게 된다.

③ 막내 아이
- 응석받이로 자라거나, 경제적 상황이 어려울 경우에는 천덕꾸러기일 수 있고, 과잉보호를 받을 가능성이 많다.
- 자신보다 힘도 세고 능력 있는 형제들에게 둘러싸여 있는 경우에는 독립심이 부족하면서 동시에 열등감을 경험할 수 있다.
- 막내에게는 형들을 능가하려는 강한 동기가 작용한다는 이점이 있다.

④ 독자(응석받이)
- 경쟁할 형제가 없는 독특한 위치에 있기 때문에 자기중심적으로 되기 쉽다.

- 자기중심적이거나 혹은 소심하고 의존성이 현저하게 나타나며 경쟁의 경험도 거의 없다.
- 독자는 노력 없이도 관심을 받고 자랐기 때문에 자신의 중요성에 대해 과장된 견해를 가질 수 있다.
- 어린 시절부터 가족의 관심의 초점이 되지만 후에 자신이 관심의 주요 대상이 아니라는 것을 깨닫게 될 때 현실적인 문제를 야기시킬 수 있다.

3) 평가와 사회복지실천

(1) 프로이트와 아들러 비교

프로이트	아들러
객관적 심리학-생리학이 중요시됨	주관적 심리학-사회심리학이 중요시됨
인과론 강조	목적론 강조
개인은 원초아/자아/초자아, 삶 본능/죽음 본능, 의식/무의식과 같이 서로 상반되는 부분들로 나님	성격은 나눌 수 없음. 개인은 통일된 존재이며 모든 부분(기억, 정서, 행동)은 전체 개인을 위해서 활용됨
개인의 연구는 개인 내적, 정신적인 것에 집중됨	인간은 단지 대인관계를 통해서만 이해될 수 있음. 인간은 사회적 존재로 그의 환경을 통해 움직이며 환경과 상호작용함
정신의 내적 조화를 이루는 것이 심리치료의 목표	개인의 확장, 자기실현 및 사회적 관심고양이 목표
인간은 기본적으로 악함. 문명화란 인간을 길들이는 것인데 인간은 그것을 위해 매우 많은 대가를 치르고 있음. 치료를 통해 본능적인 욕구는 승화되지만 제거되지는 않음	인간은 선하거나 악한 존재가 아니라 창조적이고 선택할 수 있는 존재로서 선하게 되거나 악하게 되는 것을 평가, 선택할 수 있음. 치료적 중재를 통해 자기실현을 선택할 수 있음
인간은 본능적인 생활 수동적인 희생물	인간은 선택하는 사람으로서 내적 환경과 외적 환경 모두를 조정할 수 있음. 비록 인간은 자기의 운명을 완전히 극복하지 못하고 자기에게 일어나는 일을 항상 선택할 수는 없다 해도 그는 언제나 생활의 자극에 대해서 자기의 입장을 취할 수 있음
아동발달에 대한 프로이트의 기술은 아동에 대한 직접적인 관찰에 근거하지 않고 성인의 자유연상을 근거로 함	아동발달에 대해 가정과 학교, 가족교육센터에서 직접적으로 연구됨
오이디푸스 상황과 그 해결을 강조	가족구도를 강조
다른 사람을 적 혹은 경쟁자로 봄	다른 사람은 동료임. 그들은 우리와 동등한 사람이고 우리의 협동자이며 인생에서 도움을 주는 사람임
신경증은 성적인 원인을 가짐	신경증은 학습의 실패이며 왜곡된 지각의 산물임
여성은 남성의 성기를 선망하기 때문에 열등감을 느낌	여성의 열등감은 사회문화적인 환경에서 과소평가되기 때문임

(2) 공헌점과 비판

① 공헌점
- 성격 형성의 사회적 요인에 대해 강조한다.
- 인생목표의 중요성을 강조한다.
- 아동양육에서 가정의 중요성을 강조한다.
- 집단 내에서 개인을 치료하는 집단치료의 개념을 선도한다.

- 교사교육, 부모교육, 결혼상담, 가족 상담의 초석을 마련한다.
- 로저스의 인간중심, 프랑클의 실존주의, 엘리스의 합리 정서적 치료, 번의 의사교류분석, 현실치료 그리고 행동치료 등의 상담이론에 큰 영향을 미친다.

② 비판
- 성격에 대해 지나치게 단순한 해석을 한다(복합적 구성개념이 없음).
- 성격 형성에 사회적 요인을 지나치게 강조한다.
- 실험적이기보다 관찰적이다(개념들의 경험적인 검증이 빈약함).
- 개념의 불명확성 및 구체적인 하위수준의 개념이 부족하다(창조적 자기, 가공적 목적론 등의 개념은 실체가 없고 불명확하다고 지적).

(3) 개인심리이론과 사회복지실천(Kefir, 1972)

■ 아들러의 개인심리이론은 가족 분위기, 가족 형태, 가족 구성원의 생활양식 등에 초점을 둔다.
■ 개인의 사회적 관심을 증대시키고 열등감을 극복하도록 돕고 목표를 수정하게 하는 것이다.
■ 아들러의 이론은 사회복지실천에 있어서 가족 상담에 유용한 지식기반을 제공한다.
■ 집단 경험을 통해 잘못된 생활양식을 바꾼다는 주요 개념은 집단사회사업에서 유용하게 활용한다.

2. 융의 분석심리이론의 배경과 주요개념

▶ 융의 생애

융은 1875년 스위스의 케스빌(Kesswil)에서 출생하여 1961년 86세에 사망하였다. 어린 시절 부모의 결혼생활이 긴장의 연속이었기 때문에, 그는 대체로 불행하고 고독한 성장을 하였다. 아버지가 목사였으므로 교회에 다니기는 하였지만, 그는 교회를 싫어하여 종교문제로 아버지와 잦은 언쟁을 하였다. 이러한 환경은 꿈, 환상, 공상 등에 몰두하게 하는 중요한 계기가 되었다. 그는 유녀 시절과 청년 시절 동안 자연을 탐구하고 희곡·시·역사·철학·고고학·심령 현상 등에 관심을 갖게 되었는데, 이것이 그의 분석심리학(analytic psychology)의 토대가 되었다.

융은 이러한 문제에도 불구하고 공부를 계속하여 의사 자격을 취득하였으며, 취리히(Zurich)에서 정신과 의사로 활동하였고, 그때부터 정신병에 대한 지속적인 흥미를 갖게 되었다. 그때 프로이트의 이론에 흥미를 갖게 되면서 자신의 논문을 프로이트에게 보냄으로써 프로이트와의 관계가 시작되었다. 프로이트는 융을 아들이자 자신의 학문적 후계자로 생각하였으나, 융은 프로이트 이론의 모두에 동의하지는 않았으며, 특히 모든 무의식적 사건을 성적 충동으로 돌리려는 것(범성설)에 반대하면서, 1913년 융은 자신의 독자적인 견해를 펴 나가기로 결심하고 프로이트와 결별하였다. 프로이트와의 결별 후 상징적인 꿈과 환상을 정신병적 상태에 가까울 만큼 경험했던 융은 자신의 체험에 근거해서 무의식과 상징에 대한 탐구를 계속하였다. 융은 무의식이 종교적 · 정신적 욕구를 포함하여 여러 종류의 욕구들을 지니고 있다고 보았다.

프로이트와 헤어지고 나서 융은 혼란과 내적 불안정으로 자신이 거의 정신병적 수준에 이르고 있다는 것을 인식하면서도 무의식을 이해할 수 있는 기회로 삼기 위해 그 상태를 그냥 내버려두었다. 그러면서 그는 태고의 상징과 심상들을 보게 되는데 이것들이 융의 무의식과 그 상징에 대한 이론의 토대가 된다.

융은 서서히 자신의 내적 의문의 목표를 발견하기 시작했으며, 무의식과 그 상징들에 대한 탐구를 그의 나머지 생애 동안의 중심적인 과제로 삼았다. 그는 꿈과 환상을 꾸준히 탐색하였고, 또한 여러 문화의 신화와 예술을 폭넓게 연구하면서 이들 속에서 보편적이고 무의식적인 갈망과 긴장의 표현을 발견하려 하였다.

융의 대표적인 저서로는『영혼을 추구하는 현대인』(1933),『분석심리학 소론』(1953),『기억, 꿈, 반영』(1961) 등이 있다(Jung, 1973).

1) 분석심리이론의 배경

- 융은 인간 마음은 개인의 경험을 모두 합한 것 이상이라고 생각했는데, 개인의 경험은 집단 무의식 안에 융합되며 이것이 모든 인간의 일부분이 된다고 보았다.
- 집단무의식은 목표와 방향감각을 주는데, 무의식 안에는 종교적이고 신화적인 요소가 포함되어 있다.
- 인간의 꿈 해석에 매력을 느꼈고, 프로이트와는 달리 정서적 왜곡에서 성이 차지하는 부분을 최소화하였다.

칼 구스타프 융(Carl Gustav Jung)은 프로이트의 성욕 및 정신생물학적 결정론을 거부하고 심리적 건강의 이상형은 의식이 무의식을 감독하고 지도하는 것이라고 주장하였다. 융의 이러한 주장은 분석심리이론을 대표한다.

융의 분석심리학과 프로이트의 정신분석의 기본적인 차이는 리비도와 연관된다. 프로이트는 리비도를 성적 에너지라고 주장했고, 반면에 융은 일반적인 생활에너지로 간주했다. 두 번째 차이는 성격에 있어서 어린 시절의 영향에 대한 프로이트의 결정론적 견해에 있다.

융은 성격은 생활 속에서 후천적으로 변할 수 있고 미래의 목표와 열망에 의해 형성된다고 믿었다.

2) 분석심리이론의 인간관

- 융은 인간을 생물학적 · 심리적 · 사회문화적 존재로 보고 의식과 무의식 간의 본질적인 대립양상을 극복하고 하나로 통일해 나가는 전체적 존재로 본다. 역사적이면서도 동시에 미래지향적인 존재이다.
- 인간은 자기실현을 위해 앞으로 나아가고자 하는 경향을 지닌 성장지향적 존재이다.
- 프로이트는 인간을 불변적이고 결정론적인 존재로 보았지만, 융은 가변적 존재로 보고 인간의 정신 구조는 살아가는 과정을 통해 후천적으로 변할 수 있다고 보았다.

3) 분석심리이론의 주요개념(Hall & Lindzey, 1978)

① 자아(ego)

- 의식의 심층을 형성하고 있는 의식적 마음으로, 우리가 알 수 있는 지각, 기억, 사고, 감정 등으로 되어 있다.
- 자아는 개인의 의식이 타인으로부터 분리되는 과정, 즉 의식의 개성화과정에서 생긴다.
- 자아가 의식으로 인지하고 받아들이지 않으면 보이지도 들리지도 생각나지도 않는다. 자아가 의식의 문지기 역할을 한다. 이러한 의미에서 자아는 선택적이다. 무수히 많은 경험을 해도 대부분은 의식에 도달하기도 전에 자아가 제거해 버리게 된다. 자아가 의식 여부를 결정하는 것은 심적 기능에 의해 결정된다.
- 의식을 전부라고 여기며 의식의 판단에 따라 행동하므로 무의식과는 단절되어 있다. 무의식은 꿈, 사건 등을 통해 자아에게 무의식이 존재한다는 것을 알리려고 한다.
- 생물학적 · 성적 · 사회적 · 문화적 · 창조적인 모든 형태의 활동에 에너지를 제공하는 전반적인 생명력을 가진 것이다.
- 프로이트의 리비도 개념을 보다 확대하였다.
- 융은 이상적인 발달의 결과, 강하고 잘 구조화된 자아가 이루어진다고 주장한다.

② 자기(self)

- 성격 전체의 일관성, 통합성, 조화를 이루려는 무의식적 갈망으로 성격의 상반된 측면을 균형 있고 조화롭게 만드는 역할을 한다.

- 중심성, 전체성, 의미를 무의식적으로 추구하는 원형이다.
- 집단무의식 내에 존재하는 타고난 핵심 원형으로서 모든 의식과 무의식의 주인이며, 모든 콤플렉스와 원형을 끌어들여, 성격을 조화시키고 통일시키는 본래적이고 선험적인 '나'이다.
- 자기는 개성화를 통해 성격이 충분히 발달될 때까지, 즉 중년기 때까지는 거의 드러나지 않는다.
- 자아와의 협력으로 자아실현이 가능하다.
- 자아가 의식세계의 중심이라면 자기는 의식과 무의식을 모두 포괄하는 전체 인격과 정신의 중심이다.
- 자기는 의식과 무의식을 포함한 전체 정신의 중심으로 태어날 때부터 존재하는 원형이다.
- 자아는 의식영역에 있어 무의식과 단절되어 있지만, 자기는 의식과 무의식을 다 포함한다.
- 자아의식이 확대되어 무의식을 깨달을 때 자아는 자기에 가까워진다.
- 자기는 전체로서 인간 성격의 조화와 통합을 위해 노력하는 원형이다.
- 개인의 자기실현은 자신에 대한 정확한 지각과 미래의 계획 및 목표를 수반한다.
- 균형과 전체의 중요성 강조, 각 개인의 정신 내면의 잠재력의 성장에 유전된 초월적 근원과 영적차원의 인식이다.

③ 원형(原型; archetypes)(Jung, 1961)
- 인간이면 누구나의 정신에 존재하는 인간정신의 보편적이고 근원적인 핵이다.
- 집단무의식을 구성한다.
- 융은 원형을 어떠한 것이 만들어지게 되는 기본 모형으로서 나중에 형성되는 심상들에 대한 모델 혹은 본보기라고 정의하였다.
- 시간이나 공간, 문화나 인종의 차이와 관계없이 보편적으로 존재하는 인류의 가장 원초적인 행동유형이다. 즉, 어떠한 나라의, 어떠한 문화권의, 어떠한 종족의 인간도 또 어떠한 시대의 사람도 한결같이 생각하였고, 느꼈고, 행동했고, 말한 것들의 유형이다. 인류가 죽음에 대하여, 사랑과 미움에 대하여, 어린이에 대하여, 또한 노인에 대하여, 부모님의 위대한 힘에 대하여, 어둠과 광명에 대하여, 크나큰 조물주의 힘이나 현자의 지혜에 대하여, 남성이 여성에 대하여 혹은 여성이 남성에 대하여 느끼고, 생각하고, 행동해온 모든 것이 바로 원형이다.
- 원형은 무의식 수준에 존재하는 경향성이나 소인으로서 인간에게 미치지만 인간은 원형을 인식하지 못한다. 원형은 언제 어떻게 생겼는지 아무도 모르지만, 융은 사람의 신체의 각 기관이 이미 그렇게 형성되도록 조건 지어져 있듯이, 정신 또한 그 자체의 구

조를 갖추고 있다고 보았다.

- 융은 연구과정에서 탄생, 죽음, 권력, 신, 악마, 현세의 이머니 등과 같은 많은 원형들을 구별하여 논의하였다.
- 대표적인 원형은 페르소나, 아니마, 아니무스, 그림자, 자기(self) 등을 들 수 있다.
- 표상 불가능한 무의식이며 선험적인 이미지를 가진다. 인생에는 수많은 원형이 있으며, 이 원형은 경험에 의해 현상되어야 하는 음화(잠재적 이미지)이다.
- 잠재적 이미지는 현실 속의 부합되는 대상들과 동일시됨으로써 의식적 실재가 된다.
- 집단무의식을 구성하고 있는 인류역사를 통해 물려받은 정신적 소인이다.
- 원형은 형태(form)를 가진 이미지 혹은 심상이지, 내용(content)은 아니다.
- 인간이 갖는 보편적·집단적·선험적인 심상들로 융의 분석심리학에서 성격의 주요한 구성요소이다.

④ 페르소나(persona)(Hall & Nordby, 김형섭 역, 2004)
- 페르소나는 무대에서 배우가 쓰는 가면, 개인이 외부에 표출하는 이미지를 뜻하는 라틴어이다. 즉, 개인이 사회적 요구들에 대한 반응으로서 외부에 표출하는 이미지 혹은 가면을 말한다.
- 사회에 적응하기 위해서는 어느 정도 페르소나가 발달하는 것이 필요하다.
- 페르소나를 통해 타인과 관계하면서 좋은 인상을 주거나 자신을 은폐시킨다. 사회적 역할에 지나치게 사로잡혀 자아가 오직 사회적 역할만 동일시하면 성격의 다른 측면들이 발달하지 못하게 된다.
- 페르소나는 환경의 요구에 조화를 이루려고 하는 적응의 원형이다.

⑤ 아니마(anima)와 아니무스(animus)(Hall & Nordby, 김형섭 역, 2004)
- 융은 인간은 남성호르몬과 여성호르몬을 모두 분비하므로 사실상 양성의 성질을 모두 가지고 있지만 사회화의 성차 때문에 남성에게는 여성적 측면이, 여성에게는 남성적 측면이 억압된다고 보았다.
- 사고, 영웅적 주장, 자연적 정복은 남성의 원리며 양육, 감정, 예술 및 자연과의 일치는 여성적 원리라고 보았다.
- 아니마(anima)는 무의식에 존재하는 남성의 여성적 측면이며, 아니무스(animus)는 여자의 남성적인 면이다. 이 둘은 꿈, 환상, 문학, 남녀이 상호작용, 신화 속에 나타나는 반대 성의 원형이다.
- 남성이 여성적 본성을 억압하고 경멸하면 자신의 창조력과 전체성을 고립시키게 된다. 융은 성숙한 인간이 되기 위해서는 남자와 여자는 자신의 내부에 잠재해 있는 이성을 이해하고 개발하는 것이 필요하다고 보았다.

⑥ 음영(shadow)

- 의식의 이면으로 무시되고 도외시되는 마음의 측면이다. 동물적 본성을 포함하고 있지만, 창의력과 자발성의 원천이기도 하다.
- 인간의 어둡거나 사악한 측면을 나타내는 원형으로 인간의 양면성, 밝고 긍정적인 면과 어둡고 부정적인 면을 반영한 원형이다.
- 동물적 본성을 포함하여 스스로 의식하기 싫은 자신의 부정적 측면을 말한다. 사회생활을 위해서는 음영의 동물적 본성을 자제하고 페르소나를 발전시켜야 한다.
- 반면 음영은 동물적 본능의 근원 외에도 자발성, 창의력, 통찰력 등 완전한 인간성에 필요한 요소의 원천이 되기도 한다. 음영을 너무 억압하면 창조성과 같은 본성이 희생된다. 따라서 자아와 음영의 적절한 조화를 통해 생기와 활력이 넘치도록 해야 한다.
- 융은 의식적인 자기상이 부정적이라면 무의식적인 음영은 긍정적인 모습이 된다고 하였다. 음영의 통찰은 자기 자각과 성격통합의 첫 걸음이 된다. 하지만 음영의 통찰이 어려운 것은 투사와 관련되기 때문이다. 융은 인간 사이에 일어나는 모든 갈등은 음영 투사로 인해 생긴다고 보았다.

⑦ 개성화(individuation)

- 고유한 자기 자신이 되는 것으로서 무의식적 내용을 의식화하고 통합해가는 과정이다. 개인의 의식이 타인으로부터 분화되어 가는 과정이기도 하다.
- 개성화의 목표는 가능한 한 완전히 자기 자신을 아는 것, 즉 '자기 인식'에 있다.
- 성격발달은 개성화의 과정을 통한 자기실현이다. 자기실현을 위해서는 자기가 충분히 발달하고 드러나야 하는데, 자기는 중년기에 이르기까지 표면화되지 않는다. 자기가 어느 정도 완전히 드러나기 위해서는 성격이 개성화를 통해 충분히 발달되어 있어야 한다.
- 개인의 자신을 정확히 인식하지 못하고 자기를 실현한다는 것은 불가능하므로, 융은 자기실현을 달성하는 것보다 더 중요한 것은 정확한 자기 인식이라 하였다.

⑧ 리비도(libido, 성본능)

- 정신이 작용하는 데 사용되는 에너지, 즉 정신에너지이다.
- 프로이트가 말한 성적 에너지에 국한하지 않고, 인생 전반에 걸쳐 작동하는 생활에너지 혹은 모든 지각, 사고, 감정, 충동의 원천이 되는 에너지로 간주한다.

⑨ 콤플렉스(complex, 열등의식)

- 특수한 종류의 감정으로 이루어진 무의식 속의 관념덩어리이다.
- 정서적 색채가 강한 관념과 행동적 충동이다.
- 콤플렉스는 우리의 사고의 흐름을 훼방하고 우리로 하여금 당황하게 하거나 화를 내

게 하거나 우리의 가슴을 찔러 목메게 하는 마음속 어떤 것으로, 우리의 사고를 방해하거나 의식의 질서를 교란시킨다.
- 개인무의식에서 많은 기억을 축적하는 과정에서 발생한다.
- 콤플렉스를 의식화하는 것이 인격 성숙의 과제다.
- 예를 들어, 흔히 "그 사람이 그렇게 당황하는 건 바로 아픈 데를 찔렸기 때문이야"라고 말할 때, 바로 이 '아픈 곳'에 콤플렉스가 위치하고 있다고 볼 수 있다.

⑩ 의식(conscious)
- 인간은 자아를 통해 자신을 외부에 표현하고 외부 현실을 인식한다. 의식과 관련하여 중요한 내용인 태도와 기능을 이해하는 것이 요구된다.
- 태도는 의식의 주인인 자아가 갖는 정신적 에너지의 방향-자아가 외부 대상에 지향하는 반향이 수동적인가 능동적인가에 따라 성격 태도가 결정된다.
- 외향성은 의식을 외적 세계 및 타인에게 향하게 하는 성격태도이다.
- 내향성은 의식을 자신의 내적·주관적 세계로 향하게 하는 성격태도이다.
- 의식 기능은 주관적 세계와 외부세계를 지각하고 이해하는 서로 다른 방식을 의미한다.

⑪ 집단무의식(collective unconsciousness)
- 모든 인류에게는 공통적으로 유전되어 온 집단무의식이 정신의 심층에 존재한다. 집단무의식은 현재의 모든 행동에 영향을 미치게 된다.
- 융이 제안한 독창적 개념으로 분석심리학에서 가장 핵심적인 이론이다. 개인적 경험과는 상관이 없으며 역사와 문화를 통해 공유해온 모든 정신적 자료의 저장소, 많은 원형으로 구성한다.
- 집단무의식은 직접적으로 의식화되지는 않지만 인류역사의 산물인 신화, 민속, 예술 등이 지니고 있는 영원한 주제의 현실을 통해 간접적으로 관찰될 수 있다.

⑫ 정신
- 퍼스낼리티(personality)는 전체로서 생리적 충동에 예속되지 않는 독자적 실체이다. 정신은 의식적, 무의식적인 모든 생각, 감정, 행동을 포함하며, 인간은 퍼스낼리티의 전체성을 가지고 태어난다.

⑬ 정신의 구조
- 융의 이론에서 정신은 무의식과 의식으로 구성되어 있으며, 무의식은 다시 개인무의식과 집단무의식으로 구분된다. 정신의 바깥에 있는 외부세계에 대해 정신은 페르소나로 대응한다.
- 개인무의식(프로이트의 전의식과 유사개념)은 살면서 의식이 억압하고 망각한 모든 상

황과 감정으로 이루어져 있다. 음영의 대부분은 무의식이며, 아니마와 아니무스도 부분적으로는 무의식의 영역에 속해 있다. 개인무의식에는 하나의 공통된 주제와 관련된 정서, 기억, 사고가 집합을 이루는 경우가 있는데, 이것을 융은 콤플렉스(complex)라 불렀다. 콤플렉스는 무의식 속에 존재하는 사고, 감정, 기억의 연합체이다. 콤플렉스는 퍼스낼리티 속에 있는 또 하나의 작은 퍼스낼리티로서 자체적인 추진력을 가지고 사고와 행동을 강력하게 지배할 수 있다. 융은 콤플렉스는 종의 진화사에서 겪은 어떤 경험, 즉 유전이라는 기제를 통해 한 세대에서 다음 세대로 계승되는 경험으로부터 생겨나는 것이라고 생각하였는데, 이 경험이 바로 집단무의식이다.

⑭ 심리적 유형

■ 융은 자아의 태도와 자아의 기능을 기준으로 심리적 유형을 여덟 가지로 구분하였다.

⑮ 자아의 태도유형(Ewen, 2003).

융은 에너지 흐름의 방향을 태도(attitude)라 불렀고, 외향성과 내향성이라는 양극으로 나누었다. 융은 이 방향의 결정은 선천적이며 모든 사람은 외향성과 내향성 양쪽 다 가지고 있으나 어느 한쪽의 상대적 우세가 그 유형을 결정하며, 외부환경과 내적 성향이 어느 한쪽을 지지하고 다른 쪽을 제한하여 한쪽의 우세가 자연히 발생하게 된다.

- 외향성: 외향형은 정신에너지인 리비도가 객관적 외계의 표상으로 향하며, 객관적 사실과 조건에 관한 지각, 사고, 감정에 의해 좌우된다. 따라서 외향적인 사람은 사람, 사물, 사건들에 무한히 흥미를 느끼며 환경에 쉽게 적응한다. 그 사람의 태도가 객체를 주체보다 중요시하면 그는 외향적인 태도를 취한다고 볼 수 있으며, 타인과의 상호작용에 관심을 가진다. 외향형의 행동은 객관적인 사물이나 다른 사람이 주는 영향에 따라서 결정되므로 곧잘 현실적이고 구체적인 것에 관심을 가지고, 먼 미래보다 현재의 가장 가까운 주변의 사건들을 추구한다. 외향형은 현재와 외적 현실에 집착하는 나머지 과거와 역사를 무시하는 경향이 있다.
- 내향성: 내향성은 리비도가 주관적인 정신구조와 과정으로 향해 있다. 내향성의 사람에게는 대상 그 자체가 중요하다기보다는 대상이 자신의 심리와 어떻게 관계되는가가 중요하다. 내향적인 사람들은 자신의 내적 세계에 대해 사색하고 분석하는 일에 흥미를 가진다. 내향적인 사람은 자신의 주관에 의해 판단한다.

⑯ 기능

인간의 행동이 겉으로 보기는 멋대로이고 예측하기 힘들 정도로 변화무쌍해 보이지만 사실은 매우 질서정연하고 일관성이 있으며, 몇 가지의 특징적인 경향으로 나누어져 있다.

성격에는 감각(sensing), 사고(thinking), 직관(intuition), 감정(feeling) STIF의 4가지 심리적 기능이 있다. 융은 정신기능을 인식기능인 감각과 직관, 판단기능인 사고와 감정기능으로 분류하고 인식기능을 비합리적인 지능, 그리고 판단기능을 합리적인 정신기능으로 보았다. 왜냐하면 인식기능은 옳고 그름의 판단과정을 거치지 않고 직접적으로 무엇을 감지하는 기능이므로 비합리적인 기능으로 보았으며 판단기능은 과정이므로 합리적인 기능으로 보았다.

3. 분석심리이론의 특징과 발달과업

1) 분석심리이론의 특징

(1) 기본가정

- 정신 또는 성격은 부분들의 단순한 집합이 아니라 하나의 전체성을 이룬다.
- 인간행동은 의식과 무의식 수준에서 서로 상반되는 두 가지 힘에 의해 동기화된다.
- 인간의 행동은 과거에 의해 상당한 정도로 결정되지만, 미래의 목표와 가능성에 의해 조정된다.
- 발달은 타고난 소인 또는 잠재력을 표현해 나가는 것이지만, 후천적 경험에 의해 다르게 표현된다.
- 개인은 독립된 존재가 아니라 역사적으로 연결되어 있으며, 사회적 규범이나 문화의 요구에 적응해가며, 개인은 자기실현 과정을 통하여 사회의 발전에 기여한다.
- 심리적 건강은 정신의 전체성을 유지하는 것이며, 정신병리는 전체성의 분리현상이다.
- 정신병리를 파악함에 있어서는 원인과 함께 병리가 지니는 의미를 동시에 파악해야 한다.
- 클라이언트에 대한 원조 목표는 무의식의 의식화를 통해 개성화(진짜 자기 자신이 되어 가는 과정)를 촉진하여, 정신의 전체성을 회복할 수 있도록 하는 것이다.

(2) 성격발달에 관한 견해

- 융은 성격의 발달을 개성화의 과정을 통한 자기실현과정이라고 본다.
- 융은 타고난 인간의 잠재력인 자기를 실현하기 위해 인생 전반기에는 자기의 방향이 외부로 지향되어 분화된 자아를 통해 현실 속에서 자기를 찾으려고 노력한다. 그러나 인생 후반기에는 자기의 방향이 내부로 지향되어 자아는 다시 자기에 통합되면서 성격발달이 이루어지는데, 이 과정을 개성화라고 하였다.
- 인생 전반기는 투사와 동일시를 통하여 자아가 자기로부터 분리되어 나감으로써 자아를 강화하고 확대하는 시기다.
- 인생 후반기는 무의식 내용을 의식화하고 이해함으로써 자아가 자기에로 접근해가는

과정, 즉 자아가 성격의 전체이고 주인인 자기로 변화되어 가는 과정이라 할 수 있다.

(3) 융의 무의식 구분

- 융은 무의식을 "내가 알고 있으나 그것에 관하여 내가 지금 생각하고 있지 않는 모든 것,
- 내가 언젠가 한 번 의식하고 있었으나 지금은 잊어버린 모든 것,
- 나의 감각에 의해 언젠가 포착되었으나 나의 의식적인 마음에 의해 주목을 받지 못했던 모든 것,
- 내가 별로 주의를 기울이지 않고, 또 비자발적인 마음에서 그것에 관하여 느끼고 생각하며,
- 기억하고 바라며, 행하고 있는 모든 것, 나의 내면 속에서 구형되고 있는 모든 미래사,
- 그리하여 언젠가는 나에게 의식화될 그 모든 것, 이것이 모두 무의식의 내용이다"라고 설명한다.

■ 정신 → 무의식, 의식 ■ 무의식 → 개인무의식, 집단무의식

프로이트와 달리 융은 정신을 의식과 무의식으로 구분하고, 무의식은 개인무의식과 집단무의식이라는 두 개의 층으로 구성되어 있다고 보았다.

---

① 개인무의식
- 본질적으로 의식 속에 더 이상 남아 있지는 않지만 쉽게 의식의 영역으로 떠오를 수 있는 자료의 저장소이다. 개인이 살아오면서 억압한 모든 성향과 감정을 포함하며, 융의 개인무의식에는 프로이트가 구분한 전의식의 내용도 포함된다.
- 개인무의식은 개개인의 과거 경험으로부터 형성된다.
- 무의식은 보다 상부에 위치한다.
- 개인무의식을 구성하는 대표적인 예로 음영과 콤플렉스가 있다.

② 집단무의식
- 개인적 경험과는 상관없이 조상 또는 종족 전체의 경험 및 생각과 관계된 원시적 감정, 공포, 사고, 원시의 성향 등을 포함하는 무의식, 즉, 모든 인류에게 공통적으로 유전되어 온 무의식이다.
- 융의 분석심리학이론 중 가장 핵심적인 개념이며, 성격구조 중 가장 접촉하기 어려운 가장 깊은 수준 즉, 정신의 심층에 위치한다.
- 개인무의식과 달리 개인적인 것이나 다소 독특한 내용으로 만들어진 것이 아니라 보편적·규칙적으로 발생하는 것으로부터 만들어진다. 즉, 모든 개인의 정신이 공통적으로 가지고 있는 정신의 하부구조다.
- 한 개인 성격의 토대, 성격 전체 구조의 유전적·종족적인 기반이 된다.

- 집단무의식은 인간의 행동에 많은 영향을 미치며 예술이나 꿈을 통해서도 표현된다.
- 멀리 떨어진 다른 지역에 비슷한 신화가 존재하는 것은 집단무의식을 확인할 수 있는 하나의 예가 된다.

(4) 융이 제시한 성격유형

- 융은 자아의 태도와 정신기능이라는 두 가지 잣대를 근거로 성격유형을 분류한다.
- 자아의 태도에 따라서는 외향형과 내향성을,
- 자아의 정신기능에 따라서는 감각형, 직관형, 사고형, 감정형을 나누고,
- 이를 조합하여 외향적 사고형, 외향적 감정형, 외향적 감각형, 외향적 직관형, 내향적 사고형, 내향적 직감형, 내향적 감각형, 내향적 직관형이라는 8가지로 성격유형을 구분한다.

(5) 자아의 태도

융은 자아의 기본적인 태도가 태어날 때부터 결정된다고 보고, 이를 외향성과 내향성으로 구분했다.

정신에너지인 리비도가 주로 외부의 대상을 향하면 외향성, 외부 대상 그 자체보다는 그것과 관련된 내적 정신구조나 성찰을 향하면 내향성이라 할 수 있다.

외향형 (extraversion)	■ 정신에너지인 리비도가 객관적 세계를 지향한다. ■ 특징: 폭넓은 대인관계, 사교적·정열적·활동적이다.
내향형 (introversion)	■ 리비도가 주관적 세계를 지향한다. ■ 특징: 깊이 있는 대인관계. 조용하고 신중함. 이해한 다음에 경험한다.

(6) 자아의 정신기능

정신기능이란 외부세계와 내면세계를 지각하고 이해하기 위해 사용하고 사고, 감정, 직관, 감각을 말한다. 판단이나 평가를 필요로 하는 기능인 사고와 감정은 합리적 기능으로, 이성적 판단을 필요로 하지 않는 지각의 두 형태인 감각과 직관은 비합리적 기능으로 분류된다.

	감각형(sensing)	■ 오감에 의존하며 실제의 경험을 중시한다. ■ 지금, 현재에 초점을 맞춘다. ■ 정확하고 철저하게 일을 처리한다.
비합리적 기능	직관형(intuition)	■ 육감 내지 영감에 의존한다. ■ 미래지향적이고 기능성과 의미를 추구한다. ■ 신속하고 비약적으로 일을 처리한다.

합리적 기능	사고형(thinking)	■ 진실과 사실에 큰 관심을 가진다. ■ 논리적이고 분석적이며 객관적으로 판단한다.
	감정형(feeling)	■ 사람과 관계에 큰 관심을 가진다. ■ 상황적이며 정상을 참작한 설명을 한다.

2) 발달단계와 발달과업(Feist & Feist, 2006)

융은 성격발달을 아동기, 청소년기 및 성인 초기, 중년기, 노년기의 4단계로 기술하였다. 본능에 의해 지배되는 유아기에는 자아가 형성되지 않으므로 이 시기가 성격형성에 미치는 영향은 중요하지 않았고 이 시기의 성격발달단계는 상세히 설명하지 않았다.

융의 분석심리이론은 오히려 중년기와 노년기의 성격발달을 중요하게 다루고 있다.

① 아동기: 출생~사춘기
■ 유아기는 본능에 의해 지배되며, 자아가 아직 형성되지 않은 시기이므로 의식적 자아가 존재해야 생기는 심리적인 문제는 없다.
■ 자아(ego)는 아동기에 처음 원시적인 방식으로 발달하기 시작하나 독특한 자신(self)이나 주체의식은 없다.
■ 초년의 생존을 위한 활동에 리비도의 영향을 중요시했다. 5세 이전 성적 리비도가 나타나기 시작하여 청년기에 최고에 이른다.

② 청년 및 성인 초기: 사춘기~약 40세 전후
■ 사춘기-"심리적 탄생기(psychic birth)": 많은 문제와 갈등, 적응의 시기
■ 외부세계에 대처하는 능력을 발휘, 의식이 지배적이고 인생의 목표는 이 세상에서 성공하여 자기의 위치를 공고히 다지는 것이다.
■ 융은 이 시기를 생의 전반기로 보았다.
■ 외적·신체적으로 팽창하는 시기, 성숙함에 따라 자아가 발달하고 외부세계에 대처하는 능력을 발휘한다.
■ 젊은이들은 다른 사람과의 교제를 통하여 가능한 한 사회의 보상을 많이 얻으려고 노력한다.
■ 가정을 이루며 경력을 쌓고 사회적 성공을 얻기 위해 노력하며 남자는 남성적 측면을, 여자는 여성적 측면을 발달시킨다.
■ 이 시기의 과업은 외적 환경의 요구에 확고하고 완고하게 대처하는 것이다. 따라서 내향적인 사람보다는 외향적인 사람이 더 순조롭게 이 시기를 보낸다.

③ 중년기-융이 가장 중요하다고 강조한 시기
중년기는 대부분 삶에서 요구하는 것에 비교적 잘 적응하여 상당한 만족감을 얻는 시기

이므로 가정과 사회에 있어서 중요한 위치에 있고 경제적으로 안정되어 있다.

그럼에도 불구하고 절망과 비참함을 경험할 수 있는 시기로서, 융은 중년기에 인생의 의미를 잃어 공허함을 느끼는 문제의 원인을 찾아낸다.

- 생애 발달과정에서 성격발달의 정점이며 정서적 위기를 수반하는 발달적 위기이다.
- 가정과 사회에서 중요한 위치, 경제적으로 안정되기도 하고 절망과 비참함을 경험할 수 있는 시기이다.
- 외부세계에 쏟았던 에너지를 자기 내면으로 돌리면서 새로운 국면으로 접어들고 지금껏 실현하지 못한 잠재력을 일깨워 보고자 하는 충동이 일어난다.
- 중년기의 개별화: 자아를 외적·물질적 차원에서 내적·정신적 차원으로 전환한다.
- 성격원형의 본질적 변화 초래, 개별화 기간 중 페르소나, 그림자, 아니마, 아니무스의 변화가 일어난다.
- 중년기 남성은 아니마 특성을, 여성은 아니무스 특성을 표출할 수 있어야 한다.

㉠ 중년기의 문제원인
- 인생의 전반기에 삶의 기반을 위해 많은 에너지를 투자하지만 삶의 기반이 이미 마련된 40대에 가서는 더 이상 인생의 도전이 없어져 버린다.
- 40대에는 정신적 변화가 생겨 추구하던 목표와 야망의 의미를 잃게 되어 우울감과 침체감을 경험한다.
- 외부세계에 쏟았던 에너지를 자기 내면으로 돌리도록 자극받으며 지금껏 실현되지 않은 잠재력을 배우려는 충동을 느낀다.
- 중년기의 많은 변화는 결혼생활에 문제를 초래할 수 있다.
- 중년기는 더 이상 금전, 위신, 명예, 혹은 지위에 지배받지 않는다.

㉡ 중년기의 개성화(individuation)
- 개성화는 중년기에 자아를 외적·물질적 차원으로부터 내적·정신적 차원으로 전환시키는 것을 의미한다.
- 인생의 전반기의 자기 강화 없이 후반기의 자기 강화는 어렵기 때문에 엄격한 의미의 개성화 과정은 인생 후반기의 자기실현을 의미한다. 개성화를 위해 요구되는 것은 다음과 같다.
-자기 국면을 인식하는 것: 자신답게 되는 것 혹은 자기 인식으로 해석할 수 있다. 이는 중년기에야 이루어진다.
-무의식은 진정한 인간 자신을 드러내주므로 무의식의 소리에 직면하고 받아들인다.
-성인 초기의 물질적 목표와 그것을 달성하게 했던 성격 특성을 버린다.

ⓒ 중년기 성격 원형의 본질적 변화

■ 개성화 기간 중 페르소나, 그림자, 아니마, 아니무스의 변화가 생긴다.

■ 페르소나의 변화: 페르소나를 분해하거나 혹은 밀어낸다. 인간의 사회적 역할은 중년기에도 계속되는데, 인간이 지니고 있는 사회적 성격에도 불구하고 그것은 인간의 본성을 나타내지 않을 수 있다. 중년기의 인간은 페르소나의 하부까지 도달하여 페르소나가 덮고 있는 자기를 인식한다.

■ 그림자의 변화: 중년기는 개성화된 인간으로서 파괴적이기도 하고 건설적이기도 한 그림자의 힘을 모두 알아야만 한다. 그것은 인간 본성의 어두운 면인 파괴성, 이기심 같은 동물적이고 원시적인 충동이다. 이것들의 힘을 안다는 것은 거기에 굴복하거나 지배받는 것이 아니라 그 존재를 인정한다는 것이다.

■ 아니마와 아니무스의 화해: 중년기에 남성은 아니마의 특성을, 여성은 아니무스의 특성을 표출할 수 있어야 한다. 이는 이전의 자아상에서 가장 큰 변화를 겪는 부분이다. 어느 한쪽의 독점적인 성격을 다른 쪽으로 대치하여 균형을 이루는 것이 중요하다. 융은 아니마와 아니무스가 자유롭게 표현될 때, 남성은 어머니로부터 여성은 아버지로부터 자유로워진다고 본다.

④ 노년기

■ 나이가 들수록 명상과 회고가 많아지고 내면적 이미지가 큰 비중을 차지하게 된다.

■ 노년기의 죽음 앞에서 생의 본질을 이해하려는 시기로 인간다움의 이미지를 지니게 된다.

■ 내세에 대한 이미지가 없다면 건전한 방식으로 죽음을 맞이하기 어렵다.

■ 융에게는 사후의 생에도 삶 그 자체로서, 죽은 자도 노인과 마찬가지로 존재에 대한 물음과 계속 씨름한다.

■ 명상과 삶의 회고를 많이 하고 특히 내면적 이미지가 많은 비중을 차지한다.

3) 분석심리이론과 사회복지실천(김혜숙, 2005)

■ 융은 사회복지분야에서 직접적인 관심을 가진 적은 없다. 다만 그의 이론은 인간행동과 발달에 대한 이해를 넓히는 데 도움을 주는데 특히 중년기의 마음에 관한 연구는 사회복지실천에 있어 유용한 지침을 제시해준다.

■ 중년기의 인생의 반이 지났다는 인식 때문에 심리적 위기를 경험하게 된다. 나이에 따른 변화를 무시하기 어렵고 자신의 인생목표에 대한 심리적 부담을 느낀다. 이러한 시기에 중년기 사람들의 자아성찰은 자신에 대한 평가뿐 아니라 직업, 결혼, 대인관계 등의 변화를 가져오게 한다.

■ 융은 중년기 때에는 무의식적으로 남아 있던 성장을 위해 잠재력을 개발한다고 하였다. 이러한 현상 때문에 중년기 사람들은 새로운 이익과 가치를 개발하고 국가나 사회적인 일에 능동적으로 참여할 수 있다. 따라서, 사회복지사는 중년기 사람들이 과거 자신의 경험과 판단에 집착하지 않고 자신에게 다가오는 현실 상황을 극복하는 새로운 사고와 대처방식을 발견하고 이를 수용할 수 있도록 도움을 주어야 한다.

■ 중년기의 문제를 중점적으로 다루어, 사회복지실천에서 중년기의 자아문제 쟁점에 기여한다.

■ 중년기 인생의 과업뿐 아니라 심리적 위기를 긍정적으로 다룰 수 있도록 하는 데 기여한다.

■ 중년기 사람들이 과거 자신의 경험과 판단에 집착하지 않고, 자신의 현실을 극복하고 새로운 사고와 대처방안을 발견, 수용하도록 돕기 위한 이론적 배경을 제공한다.

제2부 인지행동이론

제6장

피아제 · 콜버그 · 비고츠키 · 정보처리이론

1. 피아제의 인지발달 이론

▶ 피아제(Jean Piaget)의 생애

피아제는 1896년 스위스의 작은 대학촌인 뇌샤텔(Neuchatel)에서 태어났다. 그의 아버지는 주의 깊고 논리적인 역사학자였으며, 어머니는 감정적이며 정서적으로 불안정한 여성이었다.

피아제는 어릴 때부터 과학자로서의 소질을 보였으며, 10세 때 공원에서 본 백변종 참새(알비노스페로우)에 관한 논문을 써 학술지에 게재하였다. 이후 연체동물을 연구하는 뇌샤텔 박물관장의 연구를 도와 15세의 나이로 스위스의 유명한 동물학술지에 "연체동물에 관한 연구"를 발표하여 외국의 여러 학자들로부터 초청을 받기도 하였다.

1918년 21세에 뇌샤텔(Neuchatel) 대학교에서 연체동물에 관한 논문으로 동물학 박사학위를 취득하였다. 피아제는 박사학위를 취득한 후 관심 분야를 생명체의 신체구조로부터 정신구조의 발생으로 옮겼다.

1920년 23세에 아동심리학 분야에서 처음으로 과학적 접근에 의해 '마음의 발달'을 연구하기 시작했다. 그는 파리의 비네(Binet) 연구소에서 아동용 지능검사 제작에 관여하면서 아동의 틀린 답에 주목하여 아동들의 사고체계가 나름대로 독특한 특성을 가지고 있으며 어른에 비해 우둔한 것이 아니라 전적으로 어른들과 다른 방식으로 사고한다는 사실을 확인하였으며, 이러한 발견이 그의 인지발달단계이론을 형성하는 계기가 되었다.

1925년 피아제는 첫아이(Jacqueline)가 출생하면서부터 아동의 인지발달에 관한 중요한 연구를 시작하였다. 1940년 초부터 그는 아동의 독자적인 생각을 알아보기 위해 개방적인 면담을 고안하여 아동의 사고에 관한 성인의 선입견을 버리고 수학적·과학적 개념들에 대한 아동들의 이해에 초점을 두어 연구하였다. 특히 그는 아내(Valentine Chatenay)와 함께 자신의 세 아이를 직접 관찰함으로써 실증적으로 아동을 이해하고자 노력하였으며, 그 결과는 『지능의 근원(The Origin of Intelligence)』, 『아동심리(Psychology of the Child)』 등의 저서에 수록되어 있다. 1950년대에 그는 인식론의 철학적 문제들로 관심을 전환하였지만, 아동의 인지발달에 관한 연구는 계속하였다. 피아제는 1980년 84세에 사망했다.

피아제의 대표적인 저서로는 『아동의 언어와 사고』(1923), 『아동의 판단과 추론』(1924), 『아동의 세상 개념』(1926), 『아동의 물리적 인과성 개념』(1927), 『아동의 도덕 판단』(1932), 『시간에 대한 아동의 이해』(1946), 『운동과 속도에 대한 아동의 이해』(1946), 『수에 대한 아동의 이해』(1952) 등이 있다.

1) 인지구조와 인지발달 이론의 특징

(1) 인지구조와 인간론

인지이론은 사고의 획득과 기능에 초점을 두는 이론으로서, 한 개인이 무엇을 어떻게 알게 되고, 생각하게 되는지 그리고 무엇을 느끼고, 행동하는지에 초점을 두기 때문에, 인간의 잠재력과 행동을 이해하고 이를 변화시키는 데 있어서 필수 불가결한 이론적 기반이 된다.

인지이론에서는 인간을 매우 주관적인 존재로 규정하고 있다. 인지이론에서는 이 세상에는 객관적 현실이란 존재하지 않으며, 각 개인이 나름대로 의미를 부여한 주관적 현실만이 존재한다고 본다. 객관적인 외적 현실은 개인의 독특한 방식에 따라 구성되기 때문에 모든 사람에게 획일적이고 표준화된 영향을 미치지는 못한다.

인지이론에서는 인간본성에 대해 비결정론적 시각을 지니고 있으며, 변화와 성장 가능성을 인정하고 있다. 즉, 인지이론에서는 인간이 유전적 요인에 의해 결정되어지는 존재가 아니며, 환경적 영향을 받기는 하지만 이러한 환경적 자극을 능동적으로 중재하고 재구성할 수 있는 능력이 있으며, 지속적으로 성장 발달할 수 있는 잠재력을 지니고 있다고 본다.

※ 피아제 인지이론 → 콜버그 → 벡 → 엘리스

장 피아제(jean paget)는 자기 자녀들을 관찰하여 인간이 외부세계를 이해하고 파악하는 바탕 인지구조가 어떻게 형성되는가에 관한 이론을 전개하였다. 인지(recognition)는 정보를 획득하고, 저장하고 활용하는 높은 수준의 정신과정을 의미한다. 피아제는 인간의 인지는 환경과의 상호작용을 통하여 변화하고 발달한다고 보고, 이러한 상호작용에서 인간의 능동적 역할을 중시하고 있다.

(2) 인지발달이론(cognitive development theory)의 특징

① 기본가정
- 모든 인간은 똑같은 방법으로 생각하는 방법을 배운다.
- 유아기와 아동기 초기에는 생각하는 것이 매우 기본적이고 구체적이다.
- 성장하면서 사고는 더욱 복잡하고 추상적이 된다.
- 인지발달단계는 개인이 생각하는 일정한 원칙과 방식의 특징이 있다.

② 인간에 대한 관점

- 인간의 감정이나 행동은 인지 혹은 생각에 의해 통제될 수 있다.
- 인간을 매우 주관적인 존재로 규정-인간은 매우 주관적인 존재이기 때문에 객관적인 현실이란 존재하지 않는다.
- 세상에는 객관적인 현실은 그대로 있지만 나름대로 의미를 해석한 주관적인 현실만 존재, 각 개인이 자신의 삶을 해석하는 방식에 따라 각기 다른 주관적인 현실만이 존재한다.
- 각 개인의 정서, 행동, 사고는 개인이 현실세계를 구성하는 방식에 따라 다르다.
- 인간 본성에 대해 비결정론적 시각-인간 본성에 대해 결정론적인 시각을 거부한다. 변화와 성장가능성을 인정한다.
- 인간의 의지는 환경과 상호작용하면서 변하고 발달한다. 이 과정에서 인간의 능동적 역할이 중요하다.
- 인지적 성장과 변화는 일생에 걸쳐 일어난다. → 개인은 경험과 현존하는 인지능력과 지식 사이의 상호작용을 통하여 지식과 의미를 활동적이고 지속적으로 구성해 나간다.
- 인간의 사고는 모든 측면의 기능을 수행하는 데 있어서 중재역할(① 정신과정: 개인의 행동 동기에 영향을 미치고, 행동의 속성을 결정하며, 행동에 대한 감정을 결정한다. ② 사고과정: 행동적 결과의 원인적 요인)
- 인지는 행동의 결과, 수행의 적절성, 신체적 상태와 같은 개인의 환경 또는 신체적 측면의 사고에 상호간 영향을 미친다.
- 현실을 해석하는 데 있어서 중재적인 역할-개인이 인식하는 것이 바로 현실이다.
- 치료자는 ct가 처해 있는 상황을 이해하고 ct가 원하는 방향을 개입 및 원조이다.
- 환경이 지각된 유능성과 실제적 유능성에 영향을 미친다(시험장소의 소음 정도에 따라 성적에 영향을 받음 → 소음이 주의집중력에 영향을 끼침).

2) 주요개념

(1) 인지

- 인지란 아는 것에 관련된 모든 과정을 지칭하는 데 사용되는 일반적인 용어 혹은 유전학적인 용어이다.
- 인지는 아는 것에 관련된 모든 정신적인 활동 또는 상태, 그리고 마음의 기능을 포함하며, 지각력, 주의력, 기억력, 상상력, 언어기능, 발달과정, 문제해결능력 등을 포함한다.

인지이론가 중에서 가장 널리 알려진 사람은 피아제이다.

(2) 인지능력

■ 인지능력은 사람들에게 마음으로 무언가를 하게 만드는 인간의 모든 성격 또는 특성을 말한다.
■ 인지능력은 처음 언어를 획득하는 능력과 같이 인류 전체의 특성으로 간주될 수 있고, 혹은 구술능력이나 추론능력 등과 같이 개인이나 집단을 구별하는 특성으로 간주될 수 있다.

(3) 보존

■ 피아제는 연령대가 다른 아이들에게 액체가 들어 있는 두 개의 컵을 보여 주었다. 그 컵은 크기와 모양이 같으며 동일한 양의 액체가 들어 있다. 피아제는 이 중 한 컵의 액체를 길고 좁은 다른 컵에 부었다. 그러자 6세 이하의 아이들은 길고 좁은 컵에 더 많은 액체가 들어 있다고 말했다. 그러나 6세 이상의 아이들은 컵의 모양과 상관없이 동일한 액체가 들어 있다고 말했다.
■ 나이가 어린 아이들은 컵의 크기를 결정하는 데 있어서 눈의 지각에 직접 의지하는 경향이 있고 좀 더 나이 많은 아이들은 문제를 비교적 논리적으로 생각할 수 있다. 즉, 6세 이상의 아이들은 훨씬 추상적인 인지 수준을 보인다.
■ 질량은 양적 차원에서는 동일하지만 모양의 차원에서는 변할 수 있는데 이 개념을 보존이라 한다.

(4) 도식(scheme)(Piaget & Inhelder, 1969)

■ 자신의 인지발달 수준에 따라 아이디어와 개념을 생각하고 이를 조직화하는 방식을 도식이라고 한다.
■ 인간의 마음속에서 어떤 개념 또는 사물의 가장 중요한 측면이나 특징을 인식하고 표현하는 능력이다.
■ 사물이나 사건 또는 사실에 대한 전체적인 윤곽이나 개념을 말한다. 사건이나 자극을 인식하고 그것에 대응하는 데 사용되는 기본적인 이해의 틀이다(환경과의 접촉을 통해

형성). 인간이 환경을 이해하는 틀로서 인간이 환경을 접할 때 반복하는 행동과 경험이다.

- 도식은 사건, 감정, 관련된 심상(이미지), 행동 또는 생각들의 의미 있는 배치임과 동시에 자료나 정보가 투입될 때 일종의 준거 틀로 기능한다.
- 도식은 정신적 조직화의 일차적 단위이므로 사람들은 도식을 통해 환경에 적응한다.
- 일종의 대상에 대한 청사진이라고 할 수 있으며 어린 아동이 소를 보고 "야! 큰 개다"라고 말했다면 그 아동은 '네 발 달린 짐승은 개'라는 도식만 있고 소에 대한 도식이 아직 없기 때문에 소의 특징을 개의 도식에 맞추어 표현한 것이다.
- 이러한 도식은 끊임없이 변하며 환경과 계속 접촉하면서 개발되고 수정된다.

(5) 적응(adaptation)

- 자신의 주위환경의 조건을 조정하는 능력으로, 주위환경과 조화를 이루고 생존하기 위해 변하는 과정이다.
- 피아제는 이를 동화와 조절이라는 두 과정으로 보았고 동화와 조절이 동시에 작용한 것이 적응이다.
- 적응이란 환경에 대한 개인의 조정과정인데, 이는 동화와 조절이라는 두 가지 과정으로 나눈다.
- 동화와 조절은 인지가 발달되어 가는 과정이며, 동화만 할 줄 알고 조절을 할 줄 모르는 사람은 얼마나 커다란지의 도식은 갖게 되겠지만, 사물들 간의 차이는 알지 못할 것이다. 피아제 인지발달 이론에서는 모든 지식은 동화와 조절이라는 상호보완적·동시적인 정신과정의 산물이라고 본다.
① 동화(同化, assimilation, 유사성): 자기 나름대로의 이해의 틀에 맞춰 외계의 대상을 이해하고 해석하는 것이다.
예): 개에 도식을 가진 아동이 처음 소를 보았을 때. 개에 대한 도식을 갖고 있기 때문에 '커다란 개다'라고 반응하는 것이다. 새로운 지각물이나 자극이 되는 사건을 자신이 이미 가지고 있는 도식이나 행동양식에 맞춰가는 인지적 과정이다. 인간은 새로운 환경이나 사건을 접하면 그에 관한 정보를 받아들여서 자신의 사고방식으로 통합한다. 인지구조의 양적 변화를 가져온다.
② 조절(調節, accommodation, 차이점) 외계의 대상이 기존의 틀로써 이해되지 않을 때 그 틀을 변화시키는 것으로 새로운 도식이 형성되는 것이다
예): 개와 소의 차이점을 들고 소라는 새로운 도식을 형성하는 것이다. 자신이 이미 가지고 있는 기존 도식이 새로운 대상을 동화하는 데 적합하지 않을 때 새로운 대상에 맞게 기존의 도식을 바꾸어 가는 인지과정이다. 아이들이 좀 더 높고 추상적인 인지 수준에서 생각하기 위해 자신의 지각과 행동을 바꾸는 과정이다. 이때 아이들은 새로운 정보

를 동화할 뿐 아니라 자신의 기본 틀을 조절한다. 인지구조의 질적 변화를 가져온다.

③ 평형(平衡; equilibrium) 상태: 동화와 조절의 결과 조직화된 유기체의 각 구조들이 균형을 갖는 것이다. 유기체 혹은 환경 변화로 기본 구조를 바꾸어야만 할 때 유기체는 불평형상태가 되는데 평형상태로 되돌리기 위해 노력한다. 모든 도식은 평형상태를 지향한다. 기존의 도식으로는 납득할 수 없는 낯선 경험을 만날 때 인지 불평형 상태가 초래되는데, 인지적 불평형 상태를 해소하고 사고과정과 환경 간의 조화로운 관계를 모색하게 된다. 이때 동화, 조절, 조직화 등을 사용하며 다시 평형상태를 회복하게 되는 과정이 바로 새로운 환경에 대한 적응과정이라고 할 수 있다.

(6) 조직화(組織化; organization)

- 신체적 또는 심리적 과정을 삶의 성장과정에서 하나의 일관된 전체로 종합하는 것으로, 성숙과 더불어 상이한 도식들을 자연스럽게 서로 결합하는 것이다.
- 서로 다른 감각에서 얻은 정보들을 상호 연관 짓는 것이다.

예): 유아가 곰 인형을 보고 잡는 것은 보는 행동과 잡는 행동을 조직한 것(보는 것과 잡는 것은 두 가지가 결합이 된 것)이다.

- 심리적인 측면에서는 떠오르는 생각을 조리 있게 종합하는 것이다.
- 조작(operation): 수, 액체, 질량의 보존개념을 논리적으로 이해하는 것. 이런 조작이 아직 되지 않는 시기를 전조작기라고 한다.
- 평형화: 정지된 상태가 아니라 계속적으로 발전한 동적 상태이다.
- 자아 중심성: 자신과 대상을 서로 구분하지 못하는 것으로 타인과 생각을 교환하려고 하기보다 자신의 세계관에 몰두하는 것을 말한다.

3) 인지발달의 요인

(1) 인지발달의 주요 원리

① 인간의 발달은 적응과정이다. 적응은 동화와 조절이라는 두 가지 작용에 의해 평형을 이루어가는 과정이다.

② 인간의 지적 발달도 동화와 조절에 의해 인지적 균형을 이루어가는 과정이고 이는 새로운 지적 구조를 조직해가는 원천이 된다.

③ 지적 발달이란 인지 구조의 변화를 의미하고 지적 기능은 적응과 조건이라는 불변하는 요소로서 존재한다.

④ 인간의 지적 발달은 계속적으로 이루어지지만 인지 구조는 질적으로 명확하게 구분되는 발달단계를 거쳐서 변화하게 된다. 이는 발달의 계속성, 단계성과 관련이 있다.

⑤ 한 단계의 인지 구조는 항상 전 단계의 인지 구조에 기초를 두고 이루어지는데 이는 발달의 기초성과 관련이 있다.

⑥ 개인의 경험과 문화의 차이로 인해 한 단계의 발달이 성취되는 연령에는 차이가 있을 수 있으나 그 위계적 순서는 변함이 없다. 즉, 발달의 계열성과 문화적 보편성이 있다.

⑦ 피아제의 발달단계는 인지발달을 중심으로 감각운동기, 전조작기, 구체적 조작기, 형식적 조작기로 나눈다.

(2) 인지발달단계의 특성

① 출생부터 청소년기에 이르기까지 4단계의 인지발달단계를 제시한다.

② 각 단계는 불연속적 단계가 아니라 계속적인 발달의 흐름을 편의상 구분한 것이다.

③ 한 단계에서 다음 단계로의 진보는 생물학적 성숙과 아동의 환경 속에서의 경험과 활동에 의해 이루어진다.

④ 각 단계의 순서는 고정적이지만 단계가 나타나는 연령은 개인의 유전과 경험에 따라 다르다.

⑤ 다음 단계로 이동하는 과도기에는 두 단계의 인지적 특성이 함께 나타날 수 있다.

⑥ 고도로 인지발달이 된 성인도 때로는 낮은 단계의 사고를 한다.

⑦ 인지발달, 정서발달, 사회적 발달은 병행하여 발달하여 개인내적 사고와 대인관계에 영향을 미친다.

⑧ 인간의 인지발달단계에서 성취연령은 개인별로 차이가 있고 모든 아동은 순차적인 발달단계를 지니며 단계를 뛰어넘을 수는 없다.

(3) 인간발달의 기본적 요인

① 유전적 요인(내적 성숙): 신생아가 외부세계의 문제에 적응하는 최초의 상태를 결정한다.

② 신체적 경험: 논리나 지능의 발달 등 자발적·심리적인 지적 발달에 기여한다.

③ 사회적 전달(교육): 외부로부터 지식을 전수받는 것으로 인지발달의 심리사회적 측면에 기여한다.

④ 평형: 각 요인들의 평형상태가 유지되어야 한다.

(4) 인지발달단계

시기	연령	특징	주요관점	주요개념 획득
감각 운동기	출생~2	- 목적지향적 행동 - 직접적인 신체감각과 경험을 통해 환경을 이해 - 자신과 외부대상을 구별하지 못함 - 6개의 하위단계로 다시 구분	자기와 환경의 구분	대상영속성 형성되기 시작

전조작기	2~7	- 언어습득으로 상징적 개념 활용 → 추상적 개념 이해 - 자아중심성, 집중성, 비가역성 → 논리적 사고 방해 - 물활론, 상징(상상놀이)	언어 사용	대상영속성 획득(확립)보존개념을 어렴풋이 이해하기 시작
구체적 조작기	7~11	- 다양한 변수를 고려하여 상황과 사건을 파악 - 다른 사람의 관점에서 사물을 이해하고 공감 - 관점의 초점은 생각이 아니라 사물임	현실인지 도덕 판단	분류, 연속성, 보존 개념 획득
형식적 조작기	12~16	- 사물이 존재하는 방식과 기능하는 방식에 대해 추상적 사고 - 다양한 관점에서 가설. 연역적인 추론 가능	교과학습	추상적인 합리화

(5) 평가

① 개인적인 편견의 소지가 많다(자기 아이들을 대상으로 실험).

② 평범한 아이들에 관한 실험이라지만 "평범"의 정의가 불분명하다.

③ 인지발달에 관련이 있는 몇 가지 구체적인 경우를 제외하고는 인간발달의 왜곡된 부분에 대해서는 거의 언급하지 않고 있다.

④ 인지발달이론은 청소년기에 멈춘다고 주장한다. 그러나 성인기에도 지속해서 인지가 발달한다는 연구 결과는 많이 있다.

2. 피아제의 인지발달단계

1) 감각운동기(sensorimotor period; 출생~2세)(Piaget & Inhelder, 1969)

■ 감각운동기는 간단한 반사반응을 하고 기본적인 환경을 이해하는 시기이다. 자극에 대한 반사행동이 특징적으로 나타난다.

■ 외부세계에 대한 정보를 습득하기 위해 빨기, 쥐기, 때리기와 같이 반복적 반사활동을 한다.

가. 감각운동기의 특징적 활동

■ 유아는 외부세계의 정보를 받아들이면서 다양한 감각을 배운다. 동일한 대상에 대해서도 여러 다른 감각적인 정보를 받아들일 수 있다.

■ 주로 만져 보고, 조작해 보며, 환경을 직접 탐색해서 학습한다.

■ 목적지향적 행동을 한다. 유아는 우연히 간단한 반응을 나타내는 것이 아니라, 단순하지만 어떤 목적을 달성하기 위해 몇 가지 행동을 수행한다.

■ 대상이 영원하다는 것을 이해하기 시작한다. 유아는 어떤 대상이 시야에서 사라지거나 들리지 않아도 계속 존재한다고 믿는다. 유아는 대상을 더 이상 지각할 수 없다고 느끼는 순간부터 그 대상을 잊어버린다. 대개 2세가 되면 볼 수 없고 들을 수 없는 어떤

대상의 이미지를 생각할 수 있으며 그것을 활용하여 간단한 문제를 해결할 수 있다.

나. 감각운동기의 하위 6단계

① 반사 활동기(0~1개월)

- 학습되지 않은 생득적 반사로 환경에 적응한다.
- 잡기, 빨기, 큰 소리에 반응하기와 같은 반사적 행동과 재생적 동화를 한다.
- 동화가 환경적응의 대부분을 차지하지만 때로 조절도 일어난다. 모든 대상을 빨기 도식에 동화시키는 것이다. 그러나 동화만 일어나는 것은 아니라 아기는 젖을 먹기 위해 자신의 머리를 움직여 가슴을 찾는 조절도 하게 된다.

② 일차 순환반응(1~4개월)

- 순환반응이란 우연히 새로운 경험을 하고 그러한 경험을 하기 위해 행동을 반복하는 것이다.
- 반복되는 빨기, 잡기, 블록 치기와 같은 감각행동의 반복을 의미한다.
- 자기 내부의 만족을 위해 우연히 했던 행동으로 흥미 있는 결과를 얻었을 때 이를 반복한다(손가락 빨기).
- 반사행동들 간의 분리가 증가하여 동화와 조절 기능이 분리된다.
- 감각체계 간의 협응(목적의식적이지 않은)이 이루어져 물체의 요구에 따라 반응을 수정한다.
- 어느 정도 인과개념을 발달시켜, 자기 행동을 예측되는 결과에 연결시킨다.

③ 이차 순환반응(4~10개월)

- 자신이 아닌 외부에서 흥미로운 사건을 발견하여 반복하게 된다. 환경변화에 흥미를 가지고 활동을 반복한다(딸랑이 흔들기).
- 아직 재생적 동화가 주가 된다.
- 덜 자기중심적으로 되며 외부세계에 대한 정보를 자기 자신보다 다른 사물들에 의존한다.
- 자신의 행동과 예상되는 결과를 예측하나 행동의 결과 간에 의식적 결합은 아직 불가능하다.
- 대상영속성 개념이 나타나기 시작한다.

④ 이차 도식들의 협응(보고, 내 쪽으로 당기는 것, 10~12개월)

- 새로운 사건들을 접하면 이미 학습된 행동양식과 도식을 사용하기 시작한다. 어떤 결과를 얻기 위해 둘로 분리된 도식을 협응하여 의도적이며 수단·목적적인 행동을 수행한다.

- 친숙한 행동이나 수단으로 새로운 결과를 얻으려 하고, 의도적·목적적이다.
- 대상영속성(object permanence) 발달이 이루어진다.
- 1차 도식과 2차 도식의 협응이 이루어진다.

⑤ 삼차순환반응(12~18개월)
- 활동성의 증가로 새로운 경험의 기회가 많아지면서 환경을 통제하고 실험을 하기 시작한다.
- 외부세계에 대해 명백히 실험적이며 탐색적인 접근을 하게 된다.
- 실험을 통해 사건들 간의 인과관계를 검토하는 모색적 조절을 한다.
- 친숙한 행동으로 목표에 도달할 수 없을 경우 시행착오의 학습과정을 한다.
- 도식 자체가 크게 변화하고 능동적으로 새로운 수단을 발견한다.

⑥ 사고의 시작-상징적 표상(18~24개월)
- 주어진 대상에 감각운동적 양상을 적용하는 것이 아니라, 대상의 실체가 존재하지 않더라도 스스로 상징을 만들어 그것에 대해 생각할 수 있게 된다. 즉, 직접 행동하지 않고 상상하거나 생각함으로써 시험해본다.
- 행동하기 전에 생각을 함으로써 이해와 통찰을 얻을 수 있다.
- 내적으로 사건들을 표상하기 시작하는 상징적 사고가 사고의 주요양식이다.
- 수단과 목적의 관계에 대한 정신적 조작이 가능해진다.
- 몸으로 행동하는 대신 마음속으로 행동의 결과를 예측한다.

2) 제2기 전조작기(pre-operational period; 2~7세)(권중돈·김동배, 2005)

① 특징
- 사물에 대해 상징적 표상을 사용한다. 말은 대표적인 상징적 표상이다.
- 감각, 동작기에서 조작(정보의 전환을 이해하는 정신능력) 단계로 넘어가는 과도기이다.
- 언어의 발달, 자기중심성, 중심화, 불가역성, 물활론적 사고가 특징이다.
- 언어의 습득으로 상징적 표상능력을 지닐 수 있다. = 상상놀이, 상징적 놀이
- 상징적 사고가 본격화되면서 가상놀이를 즐긴다.
- 대상과 상황이 존재하지 않아도 언어를 이용하여 지속적인 사고가 가능하다.
- 감각운동기에 형성되기 시작한 대상영속성이 확립된다.
- 사고는 가능해졌지만 아직 논리적이지는 못하기 때문에 조작이라고 보기는 어렵다. 따라서 이 시기를 전조작기라고 부른다.
- 직관적 사고를 한다. 직관적 사고란, 유아가 아직 사물이나 사건의 여러 측면에 주의를 기울일 줄 모르기 때문에 그 속에 내재된 규칙이나 조작을 이해하지 못하고 사물이나

사건이 갖는 한 가지의 두드러진 지각적 속성만으로 그것들을 판단하는 것을 말한다. 이러한 직관적 사고로 인해 보존개념이 획득되지 못하며, 분류·서열화가 획득되지 못한다.

■ 보존개념을 어렴풋이 이해하기 시작하지만 아직 획득하지 못한 단계이다.
■ 전조작기 사고를 나타내는 대표적인 예는 상징놀이(긴 자를 총이라고 놀이를 하거나 병원놀이, 학교놀이)와 물활론(인형의 다리가 부러지면 아플 것이라고 여김), 자아중심성이다.
■ 비논리적 사고(논리적 사고 방해요인=물활론, 상징적 기능, 자기중심성, 집중성, 비가역성, 예를 들면 4세 아동에게 너의 사촌이 누구냐고 물으면 정현이라고 대답한다. 그러나 정현이의 사촌이 누구냐고 물으면 모른다.)

② 전조작기의 하위단계
■ 전개념적 사고단계이다(2~4세).
－내적 표상을 여러 형태의 상징 또는 기호로 표현하는 시기로 상상놀이가 가능하다.
－상징적으로 사물을 조작할 수 있도록 해주는 표상기술을 획득하다.
－모방, 심상, 상징화, 상징놀이, 언어기술이 획득된다.
－구체적인 자극이 없어도 과거에 일어났거나 미래에 일어나기를 원하는 사건 표현 가능하다.
■ 직관적 사고단계이다(5~7세).
－상위개념과 하위개념을 완전히 구분하기 못하므로 분류능력이 불완전하다.
－사물이나 사건의 개별적 특성만을 고려하여 추리하고, 전도추리 경향이다.
－전체 상황에서 하나의 측면만을 중요시하는 중심화 경향이 나타난다.
－일련의 논리나 사건을 원래 상태로 역전시킬 수 없는 불가역적 사고특성이다.
－타인의 관점과 역할을 고려하지 않고 자신의 입장에서 세계를 지각하는 자기중심적 사고이다.
－보이는 대로 대상을 판단하지만 보존개념은 아직 없다.

③ 논리적 사고를 방해하는 전조작기의 인지 특성

㉠ 자아중심성(egocentrism)
－단지 자신만을 인식하며 다른 사람의 욕구와 관점을 인식하지 못하는 것을 자아중심성이라 하고, 아동은 이 때문에 다른 사람의 입장에서 사물을 볼 수 없다.
－다른 사람의 욕구와 관점을 인식하지 못하는 것으로 이기적인 것과는 다르다.
－또래들과의 상호작용을 통해 극복될 수 있다.
－모든 것을 자신의 관점과 다른 사람의 관점을 구별하지 못한다.

예) 엄마의 생일선물로 자신이 좋아하는 모형 자동차를 산다거나 자신이 배가 고프면 인형도 배가 고플 것이라고 생각한다.

ⓛ 중심화(집중성; concentration)
– 한 가지 대상 또는 한 부분의 상황에만 집중하고 다른 모든 측면을 무시하는 경향이다.
– 같은 양의 액체를 하나는 길고 좁은 컵에, 다른 하나는 짧고 넓은 컵에 넣었을 때 전조작기 아동은 종종 길고 좁은 컵의 액체를 더 많다고 지적한다.
– 이는 아동이 넓이보다는 높이 개념에 초점을 두고 있는 것으로 한 부분만 집중하여 문제를 해결하려는 중심화의 사고에 해당한다.

ⓒ 비가역성(irreversibility)
– 아동이 관계의 또 다른 면을 상상하지 않고 한 방향에서만 생각하는 성향이다.
– 이 시기의 아동들에게 동생이 있느냐고 물으면 바르게 대답하나, 그 동생의 언니가 누구냐고 물으면 잘 모르겠다고 한다.
– 즉, 자신의 입장에서는 생각할 수 있지만, 생각의 방향을 바꾸어서 다른 사람의 입장에서는 사고하지 못하기 때문에 동생의 입장에서 대답하지 못하는 것이다.

ⓔ 상징놀이(또는 상상놀이; symbolic play)
– 상징놀이는 감각운동기 6단계에서 최초로 나타나 전조작기에서 가장 많이 발달한다.
예) 이 시기의 아동은 베개를 아기라 하면서 업고 다니고 손을 문질러 씻는 흉내를 내면서 비누라고 하기도 한다.
– 물활론(物活論; animism): 생명이 없는 대상에게 생명을 부여하는 것이다.
예) 인형에 생명을 부여하여 인형을 던지면 인형이 다친다고 생각한다.
– 도덕론(타율적 도덕성, heteronomous morality): 아동들이 흔히 하는 공기놀이의 규칙을 임의로 바꿀 수 있는지 질문하였을 때 아동들은 규칙은 지켜져야 하고 지키지 않으면 벌을 받는다고 대답한다.

3) 제3기: 구체적 조작기(concrete operational period; 7~11세)(Piaget & Inhelder, 1969)

① 특징
■ 아동의 사고능력은 구체적인 수준에서 논리적인 수준으로 발달하며, 전조작기의 논리적 사고발달을 방해하는 몇몇 요인들을 극복한다.
■ 논리적 사고가 현저하게 발달하지만, 아동의 사고가 현실에 존재하며, 아동의 관점은 여전히 보고, 듣고, 냄새 맡고, 만지는 사물의 구체적인 부분에 머물러 있기 때문에 구

체적 조작기라고 한다.

- 전조작기에 발달하기 시작한 인지능력인 분류, 서열화, 조합, 보존의 개념을 완전히 획득한다.
- 상황과 사건에 대해 융통성 있게 생각할 수 있다.
- 상징을 많이 사용하게 됨으로써 간단한 산술과 연산을 이해하고 언어로 표현하는 능력이 향상된다.
- 구체적 조작을 성취함으로써 논리적으로 사고할 수는 있지만 언어나 가설적 문제에 적용하지는 못한다.
- 보존, 가역성, 연속성, 분류와 같은 기본적 논리체계 획득한다.

② 보존개념 획득
- 물질의 한 측면, 즉 질량 혹은 무게가 동일하게 남아 있는 동안에도 물질의 다른 측면, 즉 형태 혹은 위치가 변할 수 있음을 이해하는 것이 보존개념이다. 형태와 위치가 변화해도 물질의 양은 동일하게 유지된다.
- 동일한 부피의 고무찰흙을 하나는 공처럼 말고 하나는 넓적하게 펼칠 때 6세 이하의 아이는 넓적하게 펼쳐진 고무찰흙이 더 양이 많은 것으로 지적한다. 7세 이후에는, 이 두 고무찰흙 뭉치가 동일한 양임을 구분할 수 있는데 보존개념이 획득되었기 때문이다.
- 보존개념 획득의 전제요소
- 동일성: 아무것도 더하거나 빼지 않았을 때 본래의 양이 동일하다는 것이다.
예) 같은 용기에 있던 물, 다른 곳으로 옮겨서 모양은 달라졌지만 동일하다는 것이다. 같은 모양의 컵 두 개에 담긴 같은 양의 액체를, 하나는 길고 좁은 컵에 넣고 다른 하나는 짧고 넓은 컵에 각각 채웠을 때, 각각의 컵에 액체를 더 부었거나 덜지 않았으니 두 컵에 담긴 액체의 양은 같다.
- 보상성: 변형에 의한 양의 손실은 다른 차원에서 얻어진다는 것이다(폭이 좁지만 길어진 것, 보상이 되는 것이다).
예) 한쪽 컵이 긴 반면에 다른 컵은 넓기 때문에 두 컵의 양은 같다.
- 가역성: 변화과정을 역으로 거쳐 가면 본래의 상태로 되돌아갈 수 있다는 것이다.
예) 양쪽 컵 모두 원래의 컵에 다시 부을 수 있으니 물의 양이 같다.
- 역조작은 역으로 같은 컵으로 부으면 같다는 것이다.

③ 분류화(정옥분, 2004)
- 분류화는 대상을 일정한 특징에 따라 다양한 범주로 나누는 능력을 말하는데, 분류의 기준이 되는 특징은 형태, 색상, 무늬, 크기 등이다.
- 구체적 조작기의 아동은 점차 대상의 차이점을 구별하게 되고 이 차이점으로 범주화

할 수 있는 능력을 발달시켜 분류화가 가능하다.
- 물체의 속성에 따라 분류하고 한 대상이 하나의 유목에 속하는 것으로 분류할 수 있는 능력이다.

④ 서열화
- 서열화는 특정한 속성이나 특징을 기준으로 하여 사물을 순서대로 배열하는 능력을 말한다.
- 5세의 전조작기 아동은 가장 짧은 것과 가장 긴 것을 구별할 수 있고, 구체적 조작기 아동은 가장 짧은 것부터 가장 긴 것까지 여러 개의 빨대들을 길이에 따라 배열할 수 있다.
- 5~6세의 전조작기 아동은 어려움을 느끼는 작업이지만 구체적 조작기의 아동에게는 훨씬 수월할 수 있다(유아에게 길이가 다른 여러 개의 막대기를 주고 길이가 짧은 것부터 순서대로 나열해 보라고 할 때 서열화의 개념을 터득하게 된다).

⑤ 전조작기의 자아중심성 극복
- 논리적 사고를 방해하는 전조작기 사고의 특징인 자아중심성을 극복한다.
- 전조작기의 자아중심성을 극복함으로써 다른 사람의 시각에서 사물을 보는 능력이 발달한다.
- 타인의 입장, 감정, 인지 등을 추론하고 이해할 수 있는 조망수용능력을 습득하게 된다(조망수용능력이란 어떤 상황에서 타인의 감정을 추론하고 이해할 수 있는 능력을 말한다).

⑥ 탈중심화
- 다양한 변수를 고려하여 상황과 사건을 파악하고 조사하는 등 좀 더 복잡한 사고를 할 수 있다.
- 더 이상 한 가지 변수에만 의존하지 않고 더 많은 변수를 고려하게 된다.

⑦ 가역적 사고
- 사고의 비가역성을 극복함으로써 가역적 사고가 가능해진다(가역성은 시작까지 합리적으로 거슬러 올라갈 수 있는 능력).

4) 제4기: 형식적 조작기(formal operational period; 12~16세)(Piaget, 1969; 권중돈 · 김동배, 2005)

① 추상적 사고
- 형식적 조작기의 가장 중요한 특징은 추상적 사고가 가능하다는 것이다. 가장 성숙한 인지적 조작능력을 획득하며 지각이나 경험보다 논리적 원리의 지배를 받는다.
- 구체적 상황을 초월하여 상상적 추론이 가능하다(A가 B보다 크다. B가 C보다 크다면 A가 제일 크다는 것이 추론).
- 현재의 지각적 경험뿐만 아니라 과거와 미래의 경험을 사용한다.
- 사건에 대한 가설적 · 추상적인 합리화를 통한 과학적 사고가 가능하다.
- 있을 수 있는 모든 개념적 조합을 체계적으로 고려하고 검증할 수 있다.
- 관련된 모든 변인의 관련성을 파악하여 문제해결을 위한 방법을 모색한다.
- 사회적 규범과 가치관을 이해, 예술작품의 상징을 이해한다.
- 지능지수와 정적 상관관계가 있으며 이질적 성원으로 구성된 동년배집단 참여로 촉진된다.
- 교과과정을 통한 학습을 통해 촉진된다.
→ 가설 검증, 추론, 추상적 사고가 나오면 형식적 조작기이다.
- 추상적 사고란 구체적인 자료가 없어도 추상적으로 추론하고 생각하는 것인데, 융통성 있는 사고, 효율적인 사고, 복잡한 추리, 가설을 세우고 체계적으로 검증하는 일, 직면한 문제 상태에서 해결가능한 모든 방안을 종합적으로 고려해보는 일 등과 같은 것이다.
- 실제로 혹은 구체적으로 경험할 수 없는 사물이나 사건을 머릿속으로 생각할 수 있다.
- 자신의 미래에 대한 생각하고, 현실과 다른 가상적 사회를 구상할 수 있다.

② 가설-연역적 추론
- 어떤 정보로부터 가설을 수립하여 일반적인 원리를 바탕으로, 특수한 원리를 논리적으로 이끌어내는 사고가 가능하다.

③ 체계적 · 조합적 사고(combination thinking)
- 하나의 문제를 해결하기 위해 여러 가지 가능한 해결책들을 논리적으로 구성하여 문제를 해결할 수 있는 사고를 한다.
- 문제해결을 위해 사진에 모든 가능한 방법을 생각하고 체계적으로 소합할 수 있는 능력이 형성된다.

④ 모든 변인의 관련성 파악
- 관련된 모든 변인의 관련성을 파악하여 적절한 문제해결 방법을 찾아낼 수 있다.

⑤ 가설 설정과 미래사건 예측 가능

■ 가설을 설정하고 미래의 사건을 예측할 수 있으며, 제시된 문제가 자신의 이전 경험이
나 신념과 어긋난다 할지라도 처리가 가능하다.

5) 피아제 이론의 평가

피아제의 이론은 아동의 과학적·수학적 추리능력이 어떻게 발달하는지, 그리고 아동들
이 부족해서가 아니라 어른들과 달리 사고한다는 것을 잘 밝혀주고 있다. 특히, 아동의 인지
발달에 대한 폭넓은 관점은 아동에 대한 이해를 넓혀 주었다. 그러나 이러한 기여에도 불구
하고 피아제 이론에 대한 몇 가지 비판이 있다.

① 아동의 발달이 자발적이라는 주장이 강한 비판을 받는다. 성인의 가르침 없이도 아동
들은 스스로 인지구조를 발달시킨다는 것인데 이에 대해 특히 학습론자들은 훈련의
효과를 제시하며 부모와 교사의 중요성을 강조하였다. 그러나 학습론자들이 전조작기
의 아동들에게 보존개념을 학습시켰으나 아동들은 겉으로는 깨닫는 것 같으면서도 막
상 어느 컵의 우유를 마시겠느냐고 물으면 원래 본인이 크다고 생각하였던 컵을 선택
한다는 것이다. 그럼에도 불구하고 훈련의 효과를 검증한 여러 연구들은 피아제의 자
발적 발달과 관련된 부분을 강하게 비판하고 있다.

② 피아제는 최종적인 인지발달이 청소년기가 되면 이루어진다고 보았는데 일부 학자들
은 성인기에도 인지발달은 계속된다고 주장하였다. 또한 청소년기에 도달한다는 형식
적 조작기에 상당수의 성인이 도달하지 못한다고 반박하였다.

③ 피아제의 과학적·수학적 사고의 발달 이론은 인정하지만 사회적 발달 부분, 즉, 자아
중심성, 도덕 판단과 관련된 개념들은 정교하지 못하다는 비판이 있다. 예를 들면, 전
조작기의 아동이라 하여도 모두 자아중심적인 것은 아니며 또한 모두 물활론적 사고
를 가지고 있는 것도 아니다.

3. 도덕성발달이론·비고츠키·정보처리이론

▶ 콜버그(Lawrence Kohlberg)의 생애

콜버그는 1927년 뉴욕 주의 브롱스빌(Bronxville)에서 태어났다. 그는 미국의 명문 사립고등
학교(Andover Academy)를 졸업한 후 대학에 진학하는 대신에 이스라엘 건국운동을 돕기 위해
귀환자의 수송비행기 부조종사로 활동하였다. 사회적 정의를 행동으로 실천한 이러한 경험
은 나중에 그의 도덕성발달이론의 기초가 되었다. 1948년 시카고 대학교에 입학하여 1년 만
에 학부과정을 마치고 동 대학교 대학원 심리학과에 입학하여 박사학위를 받았다.

콜버그는 박사과정 중에 피아제의 이론에 영향을 받아 도덕성발달에 관심을 갖게 되었다. 그는 도덕적 딜레마를 응답자에게 제시하고 그것에 대해 도덕적 추론을 하게 한 뒤 왜 그렇게 판단하였는가에 대한 이유를 기록하는 방법으로 도덕성을 연구하였다. 그는 자신의 박사학위논문 연구대상자를 20년 동안 추적하여 장기간에 걸친 도덕성발달의 종단적 연구를 수행하였다.

콜버그는 시카고 대학교에서 1962년부터 1968년까지 교수로 재직하였으며, 1968년 이후부터 하버드 대학교 교수로 자리를 옮겨 학문적 연구와 후학 양성에 매진하였다. 그는 겸손하고 나서기를 좋아하지 않는 사람이었고, 도덕성을 중심으로 하여 철학과 심리학 분야의 여러 중요한 문제에 관해 깊이 사고하였다. 콜버그는 1987년 60세에 사망했다.

콜버그의 대표적인 저서로는『도덕성발달의 의미와 측정』(1979),『도덕성발달의 철학』(1981) 등이 있다(Shaffer, 1993).

1) 피아제의 도덕성 발달

- 피아제는 아동의 인지발달뿐 아니라 도덕성 발달에도 관심을 두었는데, 그는 아동의 전반적 인지발달 수준이 아동의 도덕적 판단을 결정한다고 생각했다. 인지이론가들 중에서도 도덕성 발달에 대한 대표적인 이론가는 바로 피아제와 콜버그이다.
- 도덕성 발달과정은 자기중심적 사고에서 벗어나서 다른 사람의 관점에서 자아와 대상을 볼 수 있게 된다는 뜻에서 가역적 사고로 나아가는 지적 발달의 과정과 동일한 원리로 설명될 수 있다.
- 피아제는 특히 아동의 도덕성 발달에 중점을 두었는데, 아동들에게 아래 보기와 같이 짝으로 구성된 여러 이야기를 들려주고 각 상황에 대해 아동들이 내리는 판단을 관찰하여 아동의 도덕성 발달수준을 타율적 도덕성과 자율적 도덕성의 2가지 유형으로 제시하였다. 피아제에 따르면, 아동의 도덕적 판단은 타율적 도덕성으로부터 자율적 도덕성으로 발달해간다.
- 보기: 철수는 잼을 몰래 훔쳐 먹으려다 컵 하나를 깼고, 영수는 엄마 설거지를 도와주려다 실수로 컵을 10개 깼다. 철수와 영수 중 누가 더 나쁜 아이인가?

(1) 타율적 도덕성

- 전조작기의 도덕적 수준이다.
- 성인이 정한 규칙에 아동이 맹목적으로 복종한다.
- 규칙은 불변적이며 지키지 않으면 벌을 받기 때문에 절대적으로 지켜야 한다고 생각한다.
- 아동이 저지른 잘못이 크면 클수록 의도가 어떻든 간에 더 나쁘다고 생각, 즉 의도보다

결과에 치중한다.

예) 앞의 예에서 영수가 컵을 더 많이 깼으니까 더 나쁘다고 판단하는 것이다.

- 10세경까지 지속되다가 규칙이 협동적 상호작용을 위한 계약임을 배우게 되면서 자율적 도덕성으로 전환된다.

(2) 자율적 도덕성

- 구체적 조작기의 도덕적 수준이다.
- 규칙이 상호 합의에 의해 제정되며, 서로가 동의하면 언제든지 자율적으로 변화될 수 있다고 생각한다.
- 행위의 결과보다 행위자의 의도에 따라 옳고 그름을 판단한다.

예) 앞의 예에서 훔치려다 컵을 깬 철수가 더 나쁘다고 판단하는 것이다.

- 규칙을 어겼다고 반드시 처벌을 받는 것은 아니며 정상참작이 필요함을 인정한다.

2) 콜버그(Lawrence Kohlberg)의 도덕성 발달

(1) 도덕성 발달이론(moral development theory)

- 콜버그는 피아제의 도덕 추론 연구를 청소년기와 성인기까지 확장하였다.
- 콜버그는 피아제 이론을 더 세부화, 체계화, 발전화시켰다. 그는 문화나 사회마다 도덕적 신념이나 가치 내용이 다양하기 때문에 도덕적 내용보다는 도덕적 사고 구조에 중점을 두었다.
- 성장의 결과로 도덕발달이 성장된다고 보지 않았다. 피아제는 성장으로 도덕발달이 이루어진다고 보았다.
- 연구참여자들에게 죽어 가는 아내를 살리기 위해 약을 훔친 하인츠 이야기 같은 여러 개의 도덕적 딜레마 상황을 제시하고 연구 참여자들의 응답을 분석함으로써 도덕성 발달단계를 3수준 6단계로 나누어 제시하였다.
- 도덕발달에 초점을 맞추었던 학자 콜버그는 1956년부터 30년 이상 10~16세 사이의 아동과 청소년 75명을 대상으로 도덕성 발달을 연구하였다. 이들 아동·청소년들에게 '도덕적 딜레마'에 대한 가상적인 도덕적 갈등 상황을 제시하고, 그들이 어떤 반응을 보이는가에 따라서 도덕성 발달 수준을 6단계로 구분했다. 그는 피험자의 응답결과보다는 판단의 논리에 관심을 가졌는데 대답이 다르더라도 판단의 근거가 되는 논리가 비슷하면 같은 수준의 발달단계로 보았다.
- 콜버그에 의하면, 모든 아동은 10살 무렵까지는 전인습적 수준에 있다가 이 시기 이후 다른 사람의 의견을 고려하여 행위를 평가하기 시작하면서 인습적 수준의 도덕성을

보이게 된다. 대부분의 청소년들은 13살까지는 인습적 수준에서 추론할 수 있다. 피아제와 마찬가지로, 콜버그는 형식적 조작기에 도달한 개인만이 후인습적 수준의 도덕성에 필요한 추상적 사고를 할 수 있다고 주장하였는데, 이 수준은 보다 고차원적인 윤리적 원리의 관점에서 행위의 정당성을 평가하게 된다. 콜버그는 연구에 참여한 성인이 10% 미만이 6단계 유형의 사고를 보였다고 보고했고, 그는 죽기 전 자신의 이론에서 6단계를 삭제하였다.

■ 피아제와 마찬가지로 콜버그도 아동의 인지능력이 발달함에 따라 도덕발달 수준도 단계적으로 발달해간다고 보았다.

예) 2단계의 도덕적 사고 수준에 머물렀던 아동은 인지적 능력이 높아지고 사회적 경험이 풍부해지면서 3단계로 이행하게 된다. 도덕성 발달양상을 콜버그의 단계 기준에 맞추었을 때, 어느 연령은 어느 단계에 속한다고 정확히 말하기는 어려운데, 그것은 매우 상대적이고 개인차가 심하기 때문이다.

■ 콜버그는 상이한 도덕성 발달단계에서는 각기 다른 인지능력이 필요하다는 것을 밝혀내었다. 인지발달 수준에 따라 도덕성 발달이 이루어진다는 것이다. 그는 각 발달시기의 도덕적 갈등 상황에 대한 판단양식에 따라 도덕성 발달을 설명하였다.

(2) 도덕성 발달단계

= 통합과 분리의 원리로 나눔. 3수준 6단계로 확대하여 제시한다.

〈하인츠의 행동에 대한 도덕발달단계별 반응 예시(송명자, 1995)〉

단계 1	괜찮다	훔친 약값이 실제로는 200불밖에 안 될 것이다.
	나쁘다	남의 것을 함부로 훔치는 것은 죄가 된다. 약값이 비싸므로 비싼 것을 훔친 만큼 죄가 크다.
단계 2	괜찮다	약국 주인에게 큰 손해를 끼치는 것도 아니고, 또 언젠가 갚을 수도 있다. 아내를 살리려면 훔치는 수밖에 없다.
	나쁘다	약사가 돈을 받고 약을 파는 것은 당연하다.
단계 3	괜찮다	훔치는 것은 나쁘지만 이 상황에서 훔치는 것은 당연한 행동이다. 아내를 죽도록 버려둔다면 비난받을 것이다.
	나쁘다	아내가 죽더라도 남편이 비난받을 일은 아니다. 약을 훔치지 않았다고 해서 무정한 남편이라고 할 수 없다.
단계 4	괜찮다	사람이 죽어가는 마당에, 약사가 나쁘다. 아내를 살리는 것이 남편의 의무라고 할 수 있다. 그런 약값은 반드시 갚아야 하고, 훔친 데 대한 처벌도 받아야 한다.
	나쁘다	아내를 살리려면 하는 수 없지만, 그래도 훔치는 것은 나쁜 행동이다. 개인의 감정이나 상황에 관계없이 규칙은 지켜야 한다.

단계 5	괜찮다	훔치는 것이 나쁘다고 하기 전에 전체 상황을 감안해야 한다. 이 경우 훔치는 것은 분명 나쁘다. 그러나 이 상황에 처했다면 누구라도 약을 훔칠 수밖에 없을 것이다.
	나쁘다	약을 훔치면 아내를 살릴 수 있지만 목적이 수단을 정당화할 수는 없다. 하인츠가 전적으로 나쁘다고 할 수는 없지만 상황이 그렇다고 해서 훔친 행동이 정당화될 수는 없다.
단계 6	괜찮다	법을 준수하는 것과 생명을 구하는 것 중에서 선택을 하라면 법을 어기더라도 생명을 구하는 것이 더 수준이 높은 행동이다.
	나쁘다	암환자는 많고 약은 귀하기 때문에 모든 사람에게 약이 돌아갈 수는 없다. 이 경우에는 모든 사람들이 보편적으로 옳다고 생각하는 행동을 해야 한다. 감정이나 법에 따라 행동할 것이 아니라 한 인간으로서 무엇이 이성적인가를 생각해야 한다.

〈도덕성 발달단계〉

수준 및 단계 구분		도덕성 발달 특성
제1수준 · 전인습적 수준 (4~10세)	1단계 처벌과 복종 지향	· 처벌을 피하기 위하여 규칙과 권위에 복종한다. · 규칙은 고정불변이고 절대적이다. · 행동의 내용보다는 결과에 의해 선악을 판단한다. · 처벌을 피할 수 있거나 힘 있는 사람에게 무조건 복종하는 것을 도덕적으로 가장 가치 있는 것으로 본다. 하인츠 예시) 훔치는 일은 벌을 받기 때문에 하인츠의 행동이 나쁘다고 판단한다.
	2단계 상대적 쾌락주의	· 규칙은 더 이상 고정적이거나 절대적인 것이 아니다. · 보상을 얻거나 개인적 목적을 위해서 규칙에 동조한다. · 자기가 어떻게 보느냐에 따라 모든 것이 상대적으로 달라질 수 있다고 보며, 자신의 욕구와 쾌락에 따라 도덕적 가치를 판단한다. 하인츠 예시) 하인츠는 아내를 구하기 위한 것이었으므로 훔치는 것이 정당하다고 생각할 수 있으나 약제사의 입장에서는 도둑질은 나쁘다고 생각할 수 있다고 본다.
제2수준 · 인습적 수준 (10~13세)	3단계 착한 소년소녀 지향	· 타인으로부터 칭찬을 받거나 타인에게 도움이 되는 행동을 도덕적이라고 여긴다. · 타인의 반응이 도덕성 판단의 기준이 되지만, 물리적 힘보다는 심리적인 인정 여부에 관심이 있다. · 사회적 규제를 수용하며 의도 또는 동기와 감정에 의해 행위의 옳고 그름을 판단한다. 하인츠 예시) 하인츠는 '아내를 사랑했다', '생명을 구하려고 애썼다' 그래서 착한 것이고 반대로 약제사는 '탐욕스럽다', '자신의 이익 때문에 생명에 무관심하다'고 생각하면서 몹시 분노하며 약제사를 감옥에 보내야 한다고 응답한다.
	4단계 법과 사회질서	· 법과 사회질서를 지지하는 정도에 따라 행동을 판단한다. · 법과 규칙은 사회적 질서 내에 고정된 것이며, 선한 행동이란 사회가 정한 규칙이나 역할을 그대로 따르는 것이라고 본다. 하인츠 예시) 하인츠에게 동정적이지만 그럴 만한 이유가 있을 때마다 모두가 법을 어기면 사회가 어떻게 되겠느냐고 반문하면서 하인츠가 불가피한 상황에서 약을 훔쳤다면 그에 따른 처벌도 함께 받아야 한다고 생각한다.
제3수준 · 후인습적 수준 (13세 이상)	5단계 민주적으로 용인된 법	· 개인의 권리나 사회적 계약 및 민주적 방식으로 수용된 법률에 따라 행동을 판단한다. · 법은 사람들이 필요로 하는 바를 충족시키지 못하게 되면 상호 동의와 민주적 절차를 통해 언제든지 변경시킬 수 있는 것이라고 본다. 하인츠 예시) 하인츠 아내의 살 권리가 중요하다는 것은 알지만 그렇다고 도둑질한 것을 옳다고 할 수 없어 옳고 그름을 분명히 이야기할 수 없다고 한다.

| 제3수준 · 후인습적 수준 (13세 이상) | 6단계 보편적 원리 | • 개인의 양심이나 자신이 선택한 보편적인 윤리원칙에 따라 옳고 그름을 정의한다. 가장 높은 도덕 단계이다.
• 이 양심의 원리는 구체적인 규칙이 아니고 법을 초월하는 '인간의 존엄성'이나 '정당성'과 같은 보편적 정의의 원리이다. 즉, 사회질서의 중요성을 인식하고 있으나 질서정연한 사회라고 하여 모두가 행복한 것이 아니므로 사회질서보다 중요한 원리를 실현시켜야 한다고 깨닫는다.
• 법과 사회적 가치 및 계약 그리고 시대와 문화를 초월한 보편적인 원리에 근거하여 행동을 판단한다.
• 그러나 보편적 원리인 6단계에 도달하는 사람은 많지 않으며 간디, 소크라테스 같은 위대한 철학자, 종교적 지도자 등만이 도달할 수 있다고 본다.
하인츠 예시) 하인츠가 도둑질을 할 법적 권리는 없지만 보다 상위의 도덕적 권리를 갖고 있다고 응답한다. |

가. 제1수준: 전인습적 수준(pre-conventional level; 4~10세)의 도덕성

⇒ 외적 결과를 기준으로 도덕성 규정, 피아제의 전조작기에 해당한다.

■ 자기중심적이고 이기적인 도덕적 판단이 특징이며, 사회의 규범이나 기대, 즉 인습을 잘 이해하지 못한다.

■ 일반적으로 9세 이전 연령은 전인습적 수준에 해당된다.

① 제1단계: 타율적 도덕성
- 복종과 처벌 지향(보상과 처벌)이라는 행동의 결과에 따른 도덕적 판단이다.
- 벌과 복종에 의해 방향이 형성되는 도덕성. 즉, 행위의 물리적·신체적 결과가 선악 판단의 기준이 된다.
- 1단계의 아동은 복종해야 하는 고정불변의 규율은 강한 권위자가 내려준 것이라고 추측한다.

⇒ 권위에 무조건 복종해야 하며 그렇지 않을 경우 벌을 받게 된다고 생각한다.

■ 수반되는 결과에만 비추어 반응한다.

예) 하인츠 사례에 대해 다음과 같이 대답하는 경우. "훔치면 벌 받아요 그러니까 나빠요"
예) 오로지 수반되는 결과("벌 받으니까 훔치면 안 돼요")에만 비추어 반응한다.

② 제2단계: 개인적·도구적 도덕성
- 자신에게 이익이 되는 정도에 따라 옳고 그름 판단한다.
- 상대적 쾌락주의. 욕구충족 수단으로서의 도덕성이다.
- 네가 혜택을 주니까 나도 이렇게 혜택을 준다는 식의 상호성을 가지고 있다.
- 2단계의 아동은 어떤 문제든 한 가지 이상의 측면이 있음을 알게 되며, 상대성을 알기 시작한다.
- 모든 것이 상대적이기 때문에 각자의 욕구와 쾌락에 따라, 즉 상대적 쾌락주의에 의해 도덕성이 결정된다.
예) 하인츠 사례에 대해 다음과 같이 대답하는 경우이다. "사람에 따라 다르죠. 하인츠는 아내를 구하기 위해 훔치는 게 정당하다고 생각할 수 있겠지만, 약제사는 자기 약을 허락도 없이 훔쳤으니 하인츠를 나쁘다고 생각할 수 있어요."

나. 제2수준: 인습적 수준(conventional level; 10~13세)의 도덕성(이효선 & Garz, 2012)
■ 사회인습에 비추어 행위판단, 피아제의 구체적 조작기에 해당된다. 외부적 권위를 포함한 타인들의 사회적 기대와 규칙 내면화한다.
■ 인습적이란 사회규범, 기대, 관습, 권위에 순응하는 것을 뜻하는 것으로, 인습적 수준의 사람들은 다른 사람의 견해와 입장을 이해할 수 있다.
■ 10세 이상의 아동, 청소년, 대다수의 성인이 인습적 수준에 해당한다.

③ 제3단계: 개인 상호 간의 규준적 도덕성
■ 대인관계의 조화로서의 도덕성이다. 다른 사람과 관계를 유지하고 다른 사람의 인정을 받는 '착한 아이' 타입의 도덕성 단계, 착한소년/착한소녀 지향이다.
■ 어떤 사람의 동기가 순수하기만 하면 사회성원들은 그의 행동을 승인해줄 것이라고 생각하여 결과보다 의도에 따른 판단을 한다.
■ 3단계의 아동들은 착한 사람이 행해야 하는 것에 비추어 반응한다. 착하다고 하는 것은 동기와 감정 면에서 정의될 수 있는 것으로, 하인츠 사례의 경우 다음과 같이 응답하는 경우에 해당된다.
예) 하인츠의 동기가 선하므로 옳다고 보는 경우 → "하인츠가 생명을 구하려 애썼어요", "하인츠는 아내를 사랑했어요." 약제사의 동기가 악하므로 옳지 않다고 보는 경우 → "약제사는 탐욕스러워요", "약제사는 자기 이익만 생각했어요."

④ 제4단계: 사회체계 도덕성
■ 법과 질서를 준수하는 것으로서의 도덕성, 사회질서 유지에 부합하는지를 기준으로 도덕적 판단이다.
■ 의무를 수행하고 권위를 존중하는 행동, 사회질서를 지키는 것을 중요하게 생각한다.
■ 사회질서 유지를 위해 법에 복종하는 데 역점을 둔다. 사회질서 지체가 당연히 유지되어야 한다는 신념이다.
예) 하인츠 사례에서 하인츠에게 동정적이긴 하지만 도둑질을 용서할 수는 없다는 대답은 4단계에 속한다.

다. 제3수준: 후인습적 수준(post-conventional level; 13세 이상)의 도덕성
⇒ 행동의 외적 결과보다 그 행동 이면에 있는 도덕적 원리를 중요시한다.
■ 후인습적 수준의 도덕성은 자신이 인정하는 도덕적 원리를 토대로 한 도덕성으로, 사회규범을 이해하고 인정하지만 법이나 관습보다는 개인의 가치기준에 우선순위를 두

고 도덕적 판단을 한다.
- 이러한 수준의 도덕적 추론을 위해서는 형식적·조작적 사고가 필요하다.
- 콜버그가 10대 아동들을 20년 동안 추적연구한 결과, 5단계에 이른 아동은 10%에 지나지 않았고 6단계에 이르는 경우는 매우 극소수에 지나지 않았다.

⑤ 제5단계: 인권과 사회복지 도덕성
- 민주적으로 용인된 법. 사회계약 정신으로서의 도덕성으로 개인의 가치에 대한 존중과 사회질서 유지, 민주적으로 용인된 법에 따른 도덕성이다.
- 4단계에서는 상당히 엄격한 '법과 질서'의 태도를 취했지만 5단계에서는 법을 보다 유동적인 것으로 파악한다.
- 5단계에서는 법이 사람들이 필요로 하는 바를 충족시키지 못하면 상호 동의와 민주적 절차를 통해 언제든지 변경 가능하다고 본다.
- 5단계의 응답자는 자유, 정의, 행복의 추구 등의 개인적 가치가 법보다 우선한다는 것을 어렴풋하게 인식한다.

⑥ 제6단계: 보편적 원리, 일반윤리
- 사회질서를 초월하는 인간의 존엄성에 대한 보편적 원리에 입각한 도덕적 판단이다.
- 보편적 도덕 원리에 대한 확신으로서의 도덕성이다.
- 6단계에서는 법을 초월하는 어떤 추상적이고 보편적인 원리에 대한 보다 명확한 개념화가 이루어진다. 이러한 원리들은 모든 사람에 대한 정당성과 존엄성을 포함한다.
- 사회질서의 중요성을 인식하지만, 질서정연한 사회라고 해서 보다 중요한 원리들을 모두 실현시키고 있는 것은 아니라는 것도 깨닫는다.
- 6단계 수준의 도덕적 사고에 도달하는 사람은 드물다.
예) 하인츠 사례에서 하인츠가 아내를 구하기 위해 도둑질을 할 법적 권리는 없지만 보다 상위의 도덕적 권리를 가지고 있다고 말할 경우 6단계 도덕성 수준에 해당된다.
- 상위 발달단계로 갈수록 더욱 분화되고 추상적으로 되어 간다. 불변적 순서이다.
- 모든 사람이 6단계까지 나아갈 잠재력을 가지고 있으나, 실제로 아주 작은 수의 사람만이 후인습적 판단의 시기까지 도달한다.

⑦ 7단계: 우주적 영생을 지향하는 단계
- 콜버그는 말년에 7단계를 추가한다. 그것은 도덕 문제는 도덕이나 삶 자체가 문제가 아니라 우주적 질서와의 통합이라고 보는 단계이다. 예수, 간디, 마틴 루터 킹, 공자, 소크라테스, 칸트, 본회퍼, 테레사 등의 위대한 도덕가나 종교지도자, 철인들의 목표가 곧 우주적인 원리이다. 우주적인 원리가 속하는 것은 '내가 대접을 받고자 하는 대로 남을 대접하라'는 황금률과 같은 곳에서 드러난다. 생명의 신성함, 최대다수를 위한 최

선의 원리, 인간 성장을 조성하는 원리 등이 우주적인 원리에 속한다.

■ 콜버그의 도덕성 발달단계는 각 발달단계가 순서대로 진행된다고 가정하며 일단 한 사람이 도덕적 발달의 상위단계에 도달하면 결코 전 단계로 퇴행하지 않는다고 한다.

(3) 콜버그 이론의 특징과 평가

가. 이론의 특징(Schriver, 1995)

① 단계들이 불변의 연쇄를 이루고 있다는 것이다. 극단적으로 신체적·정신적 손상을 입은 경우를 제외하고 사람은 반드시 순서에 따라 각 단계를 거쳐 간다. 다시 말해서 도덕 발달은 다른 모든 발달처럼 일정한 원칙을 가지고 진행되므로 하룻밤 사이에 지고의 도덕군자로 변신할 수 없다는 의미이다.

② 단계들은 계층적 통합을 이루고 있다는 것이다. 낮은 단계는 높은 단계의 도덕적 추론을 이해하지 못하지만, 높은 단계는 낮은 단계의 도덕적 추론을 포괄하고 이해한다. 단계의 이동은 도덕적 추론을 구성하고 있는 일련의 인지적 구조가 재조정되는 것을 의미한다.

③ 발달은 인지적 불균형이 생성될 때 발생한다. 도덕적 난관에 부딪혔을 때 그것을 해결하려는 인지적 판단이 서지 못한 상태를 불균형이라 한다. 이러한 딜레마적 상황에서 현재의 인지적 판단으로 해결하지 못하는 경우 새로운 인지적 구조로 전환하여 해결해 나가는 것이 발달의 특성이다.

나. 이론의 평가

① 그가 말하는 도덕성의 발달단계는 그 순서가 불변인가에 대한 쟁점이다. 단계를 밟아 발달되는 도덕성은 어느 단계를 뛰어넘거나 생략될 수는 없는가?

② 콜버그에게는 단계 순서에 퇴행이란 없다. 그러나 그의 어떤 연구에서는 대학생들이 인습적·도덕적 견해를 버리고 상대주의적 의문의 시기로 돌아간다.

③ 단계에서 단계로의 이행이 문제이다. 대다수의 심리학자들은 도덕적 태도가 사회화의 산물로 보는데, 그는 이에 동의하지 않고 도덕 발달은 문화교육의 결과가 아니고 아동의 자발적 행동의 결과라고 본다.

④ 그의 이론은 문화적 보편성을 가지고 있지 않다. 특정 문화의 차이가 분명한데, 그의 이론이 보편적 적용성을 지닐 수 있겠는가?

⑤ 그의 이론은 아동의 도덕적 사고에 관한 것이지 도덕적 행동에 관한 것이 아니다. 따라서 도덕적 사고와 도덕적 행동 간의 일치성이 나타날 것인가에 대한 의문이 있다.

⑥ 도덕적 원천으로서 이타심 혹은 사랑과 같은 정의적 측면에 대한 고려가 결여되어 있다. 말기에 '아가페'를 상정하긴 하지만, 상위 단계가 하위 단계를 논리적으로 포함한

다는 도덕성 발달단계의 일반 원리에 비추어 보면 이런 상정도 일관성이 결여된 것이라고 할 수 있다.

⑦ 도덕성은 아동기에서 성인기에 이르기까지 발달하며, 남성은 여성보다 한 단계 더 높은 발달단계에 이른다고 하여 도덕 수준의 성차를 주장하는데, 성차는 논란의 여지가 많다. 단지, 어떤 문제를 해결하는 남녀의 처리 방법이 다르기 때문에 생기는 차이일 뿐이지, 도덕적으로 남성이 더 우월하기 때문은 아니다. → 남자는 4단계. 여자는 3단계

※ 길리건 → 콜버그의 이론을 비판, 여성은 도덕성을 돌봄의 의무로, 남성은 정의와 공정성으로 보았다.

3) 비고츠키 · 정보처리이론

(1) 비고츠키의 인지이론(인지발달이론, Theory of cognitive development)

- 레프 비고츠키(Lev Semenovich Vygotsky, Лев Семенович Выготский , 1896~1934)

가. 고등정신기능의 발달과 영역

① 고등정신기능의 발달: 사회 · 문화적 특성 등을 토대로 자신의 행동과 사고구조를 발달시켜 나간다.

② 근접발달영역(ZPD; zone of development): 아동이 보이는 실제적 발달수준과 성인이나 좀 더 유능한 또래와의 협력으로 아동이 성취할 수 있는 잠재적 발달수준 간의 간격이다. 아동이 혼자서는 해결할 수 없지만 성인이나 뛰어난 동료와 함께 학습하면 성공할 수 있는 영역을 의미한다.

또한 아동의 지적능력을 근접발달영역의 개념으로 설명하기도 한다. 근접발달영역은 지능검사 점수나 학업성취도 등 아동이 현재 스스로 과제를 해결할 수 있는 실제적 발달수준(level of potential development) 간의 격차를 의미한다. 현재 동일한 지적 발달수준에 있는 두 아동이 성인의 도움을 받아 개발될 수 있는 능력의 크기인 근접발달영역에 다르다면 이 두 아동의 지능은 동일한 것이 아니다.

나. 언어와 사고의 발달단계

① 1단계(출생~2세까지): 만족이나 불만 등의 감정표현이나 부모와 주변사람들에 대한 사회적 반응이다.

② 2단계(2세 이후): 인지적 활동으로서 언어적 특성을 보인다.

③ 3단계(7세 이전까지): 자아중심적 언어를 통해 자신의 행동수행과 계획방법을 조직한다.

④ 4단계(7세 이후): 논리적 사고 같은 내적 언어를 통해 문제를 해결할 수 있다.

다. 비고츠키이론의 평가

① 비고츠키이론의 장점

㉠ 아동의 발달을 사회문화적 맥락 내에서 살펴보았다는 점: 사회문화적 환경은 단지 아동에게 영향을 끼치는 요인이 아니라 아동의 활동을 규명해준다.

㉡ 발달과 학습의 관계에 대해 설명한 점: 비고츠키이론에 따르면 학습이 발달을 이끌어주기 때문에 아동은 학습을 통해 더 높은 수준의 발달을 달성할 수 있다.

② 비고츠키이론의 한계점

㉠ 아동의 근접발달영역의 폭을 안다고 해서 그 아동이 가지고 있는 학습능력이나 학습유형, 발달수준을 알 수 있는 것은 아니다.

㉡ 근접발달영역의 일반성이나 안정성에 대해서 잘 알 수 없다.

(2) 정보처리이론

가. 정보처리이론의 체계

① 외부세계의 정보는 시각, 청각, 미각, 후각 등의 인간의 감각기관을 통해 인지체계에 투입된다.

② 인간의 뇌는 감각기관에 투입된 정보를 다양한 방법으로 저장·전환한다.

③ 마지막 체계는 인간의 행동으로 나타나는 산출부분이다.

나. 정보처리 모델

① 정보투입: 감각기관을 통해 정보를 받아들인다.

② 감각기억: 정보를 있는 그대로 정확하게 기록한다.

③ 단기기억: 정보를 30초 정도 보존, 정보에 대한 조작 실행

④ 장기기억: 정보의 영구 저장

⑤ 통제과정: 주의과정 통제, 적절한 처리과정 및 문제해결책략 선택, 잠정적 해결안의 검토

다. 정보처리의 과정

① 부호화: 정보를 후에 필요할 때 잘 기억해낼 수 있는 형태로 기록하는 과정이다.

② 저장: 정보를 기억 속에 쌓아두는 과정이다.

③ 인출: 저장된 정보를 필요한 때에 꺼내는 과정이다.

라. 기억전략의 발달

① 주의집중: 중추신경계가 성숙하는 아동기에 크게 증가한다.

② 시연: 시연은 기억해야 할 정보를 여러 번 반복해 암송하는 것이다.

③ 조직화: 기억의 효율성을 높이는 전략이다.

④ 정교화: 같은 범주에 속하지 않는 기억재료 간에 관계를 설정해준다.
⑤ 인출전략: 정보를 저장할 때 사용했던 전략을 그대로 사용하는 것이다.

마. 정보처리이론의 평가
① 정보처리이론의 장점
㉠ 인간의 복잡한 사고과정을 가시화하고 쉽게 풀이했다.
㉡ 지각, 주의, 기억, 언어, 추상적 정신작용이 어떻게 관련되어 있는가를 밝혔다.
㉢ 최근의 정보처리이론은 인간의 많은 속성들을 고려하고 있다.

② 정보처리이론의 한계점
㉠ 상상력이나 창의성처럼 비논리적인 인지측면 연구를 소홀히 했다.
㉡ 개인의 욕구, 능력, 이것들 간의 관련성은 간과했다.
㉢ 실제 학습상황에서 나타나는 중요한 특성을 고려하지 못했다.

제7장

스키너의 행동주의 · 반두라의 사회학이론

1. 스키너 행동주의 이론의 주요개념

1) 고전적 조건형성과 파블로프식 조건형성

- 고전적 조건형성과 반응적 조건형성(respondent conditioning)은 같은 의미이다.
- 스키너는 파블로프의 조건형성에 대해 다른 심리학자들이 주로 사용하는 '고전적 조건형성'이라는 표현 대신 '반응적 조건형성'이라는 표현을 사용했다.

① 고전적 조건형성(classical conditioning theory)의 의미

자동적 반응을 일으키는 자극과 연합된 중립자극도 나중에는 반응을 유발하게 된다. 자극들 간의 연합에 의해 반응적 행동이 유발되는 것을 말한다.

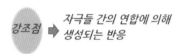
강조점 ➡ 자극들 간의 연합에 의해 생성되는 반응

② 고전적 조건형성의 유래

▶파블로프 실험(Shaffer, 1993)
- 개를 아래 그림과 같은 실험 장치에 고정시키고 음식을 제시하자 개는 타액을 분비하였다. 이 경우 제시된 음식은 무조건 자극(unconditioned stimulus)이라고 하고 타액 분비는 무조건 반응(unconditioned response)이라고 한다. 왜냐하면, 제시된 음식에 의한 타액 분비는 자극에 의하여 자동적이고 자연적으로 일어나는 생리적 반응이기 때문이며 음식과 타액 분비의 연결을 위하여 사전에 어떠한 조건화도 필요하지 않기 때문이다.
- 다음에 파블로프는 종을 울리고 개의 반응을 관찰하였다. 기대한 대로 개는 타액을 분비하지 않았다. 이때의 종소리는 중립자극(NS: previously neutral stimulus)이라고 하고 타액분비를 하지 않는 것은 무반응(NR: no response)이라 한다.
- 파블로프는 음식, 타액 분비, 종소리라는 세 가지 요소를 사용하여 개가 종소리를 듣고 침을 흘릴 수 있도록 조건화시킬 수 있는지를 실험해 보았다.

■ 공복의 개에게 먼저 종소리를 울리고 바로 음식을 주는 과정을 반복하여 여러 번 시도
하였다. 그 결과 개는 종소리만 듣고서도 음식을 먹었을 때와 똑같이 타액을 분비하였
다. 즉, 파블로프는 이런 실험을 통해서 개가 처음에는 무조건적으로 음식에만 침을 흘
리다가 종소리와 함께 음식을 반복적으로 제시했더니 나중에는 종소리만 들어도 타액
을 분비하는 현상을 확인했다. 이때 음식의 제공 없이 타액을 분비시킨 종소리는 조건
자극(CS: conditioned stimulus)이 되었고 종소리라는 조건화된 자극에 의해 타액을 분비
하는 반응은 조건 반응(CR: conditioned response)이 되었다.

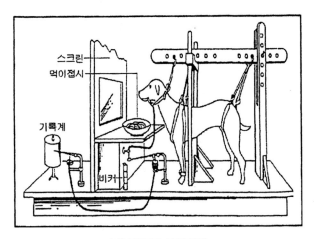

〈파블로프의 실험장치〉

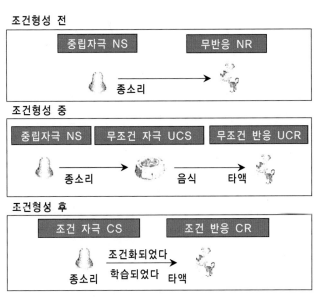

〈파블로프의 고전적 조건형성 절차〉

▶ 고전적 조건형성과 반응적 행동

- 위의 실험에서 살펴보았듯이 무조건 자극에 조건 자극을 연결시켜 무조건 자극에 의한 무조건 반응과 똑같은 별개의 조건 반응을 얻어낼 수 있게 되는 이런 학습과정을 고전적 조건형성 또는 고전적 조건화라고 한다.

- 고전적 조건형성은 행동을 유발하는 힘이 없는 중성 자극에 반응유발능력을 불어넣어 조건 자극으로 변화시켜 조건 반응을 일으키도록 하는 반응적 조건형성에 관한 이론이다.

- 고전적 조건형성은 반응적 조건형성(respondent conditioning)이라고도 불리며, 이러한 조건형성에 의해 형성된 행동을 반응적 행동이라 한다. 즉, 반응적 행동이란 인간 유기체가 특정 자극에 대해 자동적으로 반응을 보이는 것을 의미한다. 이러한 반응적 행동의 대표적 예로는 타액 분비, 눈물, 재채기 등과 같은 반사행동과 수업시간에 교수가 질문을 하면 초조해하는 행동, 타인의 칭찬을 받았을 때 수줍은 미소를 짓는 것 등을 들 수 있다.

▶ 소거와 자발적 회복

- 개가 종소리를 반복하여 들었는데 먹이를 얻지 못하게 되면, 종소리에 대한 개의 반응, 즉, 타액 분비의 양은 점차 감소하여 드디어 개는 종소리를 들어도 더 이상 타액을 분비하지 않게 되는데, 이것을 소거(extinction)라고 한다. 즉, 소거는 조건 자극과 무조건 자극의 반복적인 짝짓기를 중단 또는 차단하여 조건 자극과 조건 반응 사이의 조건화를 해지시키는 방법이다.

- 일단 조건 반응이 소거되었다고 영원히 사라진 것이 아니라, 며칠 후 다시 종소리를 들려주면 개는 다시 침을 흘리기 시작하였다. 이와 같이 일단 학습하였다가 소거된 반응이 재훈련 없이 스스로 다시 나타나는 현상을 자발적 회복(spontaneous recovery)이라고 한다.

▶ 일반화와 변별자극

- 파블로프는 개가 종소리를 들을 때 타액을 분비하도록 조건화되고 나면 부저(buzzer) 소리나 메트로놈(metronome)의 소리를 들을 때도 가끔씩 입에서 침을 흘린다는 것을 알았다. 이처럼 종소리와 비슷한 소리에도 반응을 하는 것을 일반화(generalization)라고 한다. 즉, 일반화란 특정 자극상황에서 강화된 행동이 처음의 자극과 비슷한 다른 자극을 받았을 때 다시 발생하게 되는 것을 의미한다. 이때 두 가지 자극이 유사할수록 두 번째 자극에 대한 반응 확률은 증가하며 일반화의 정도는 더욱 커진다.

- 변별자극(discriminative stimulus)이란 특정한 반응이 보상되거나 보상되지 않을 것이라는 단서나 신호로 작용하는 자극이다. 즉, 바람직한 결과를 얻기 위해 어떤 행동이나

반응을 보여야 하는가를 알려주는 신호를 말한다.

예) 시험장에서 키닝(cunning)을 하는 학생이 있을 때 감독선생님의 찡그리는 표정이나 헛기침은 계속 커닝을 하게 되면 처벌을 받게 될 것이라는 신호가 된다. 무인속도측정기의 경우도 운전자가 교통위반범칙금을 물지 않기 위하여 속도를 줄이게 만드는 신호가 된다.

■ 이러한 변별자극이 우리 행동을 완전히 통제할 수는 없지만 더 바람직한 결과나 덜 위협적인 결과를 성취하기 위해서 어떤 행동을 선택할지 미리 알려준다.

▶ **파블로프의 개 실험을 통한 고전적 조건반사 연구**

'개에게 고기를 주기 전에 매번 종을 울리면 그 개는 점차 종소리만 듣고도 침을 흘리게 되더라.'

- 고기: 자동적 반응을 일으키는 자극
- 종소리: 중립자극
- 고기 주기 전에 울리는 종소리: 자동적 반응을 일으키는 자극과 중립자극이 연합된다.
- 나중에는 종소리만 듣고도 개가 침을 흘림: 중립자극만으로도 반응이 유발된다.
- 이때 개가 조건화되었다고 말한다.
■ 파블로프의 고전적 조건화는,
- 무조건적 반응: 고기에 대한 개의 반응이다.
- 조건적 반응: 중립자극이었던 종소리에 대한 개의 반응이다.
- 중립자극이었던 종소리가 고기와 함께 제공되면서 나중에는 개가 종소리에만도 반응을 보이게 되었는데 이것은 개가 종소리에 조건화되어서 그런 것이다. 이것을 고전적 조건화라 한다.

▶ **새로운 행동의 설명을 조건화(conditioning)에 의해 설명**

■ 조건화 ⇨ 반응의 대상이 전혀 다르다 해도 어떤 일정한 훈련을 받으면 동일한 반응이나 새로운 행동변용을 가져올 수 있다는 주장이다.
■ 무조건 자극(unconditioned stimulus) ⇨ 유기체로 하여금 자동적으로 정서적·생리적 반응을 일으키게 하는 자극이다.
■ 무조건 반응(unconditioned response) ⇨ 무조건 자극이 제시되었을 때 인출되어 나오는 자연적·자동적 반응이다.
■ 조건 자극(CS: conditioned stimulus) ⇨ 조건형성 후에 정서적·생리적 반응을 일으키는 자극이다.
■ 조건 반응(CR: conditioned response) ⇨ 조건 자극에 의해 인출되도록 학습된 반응이다.
■ 중성 자극(NS: previously neutral stimulus) ⇨ 반응을 일으키지 못하는 자극이다.

■ 인간에게 있어서 고전적 조건화는 연상적 학습을 설명해준다. 가령, 물에 대한 공포 연상이 일생 동안 물에 대한 회피를 가져올 수 있다.
예) '자라 보고 놀란 가슴 솥뚜껑 보고 놀란다.'

③ 원리와 개념

㉠ 조건 반응의 형성
- 조건 반응이 형성되려면, 무조건 자극과 조건 자극이 짝지어지는 횟수와 두 자극 간의 시간간격이 매우 중요하다.
- 조건 자극과 무조건 자극은 짝짓는 횟수가 증가하면 할수록 일정한 수준까지는 조건 반응의 강도가 급속도로 증가하나 반응강도의 증가속도가 점차 줄어들면서 어느 수준에 이르면 증가를 멈추게 된다.

㉡ 자극의 일반화
- 어떤 특징의 조건 자극에 대한 조건 반응은 이 조건 자극과 유사한 다른 자극에 의해서도 유발되는데, 이러한 현상을 자극의 일반화라고 한다.
- 일반적으로 보아 두 번째 제시되는 자극이 원래의 조건 자극과 비슷하면 할수록 일반화가 잘 일어나고, 다를수록 일반화가 일어나지 않는다.

㉢ 변별
- 조건화가 완전하게 이루어지면 처음부터 주어졌던 조건 자극에 대하여서만 조건 반응이 일어나고, 유사한 자극에는 조건 반응이 일어나지 않는다. 이러한 변별은 선택적 강화와 조건을 통해서 생긴다.

㉣ 학습소거
- 조건 반응이 형성된 후에라도 무조건 자극은 주지 않고 조건 자극만을 계속해서 제시하면, 조건 반응은 점차 약해지고, 마침내 반응 자체가 일어나지 않게 되는데 이를 일시적인 억압현상으로 본다.

㉤ 자발적 회복과 재조건 형성
- 자발적 회복: 소거현상에 의하여 조건 반응이 일어나지 않게 된 후, 조건 자극도 무조건 자극도 전혀 제시하지 않다가 조건 자극을 다시 제시하면 소거되었던 것으로 보이던 조건 반응이 원래의 강도를 다시 회복하는 경향이다.
- 재조건 형성: 자발적 회복이 생긴 이후 계속해서 조건 자극과 무조건 자극을 짝지어 제시할 때, 조건 반응이 원래의 강도를 되찾게 되는 현상이다.

ⓑ 고차적 조건 형성

- 어떤 조건 자극이 일단 조건 반응을 일으키는 힘을 얻고 난 다음에 다른 제2의 자극과
  짝지어졌을 때, 제2의 자극에 대한 무조건 자극이 되어 새로운 조건 반응을 일으키는
  자극이 될 수 있다. 이것을 2차적 조건형성이라고 하며 이러한 방식으로 제3, 제4의 조
  건 자극을 만들어낼 때 이것을 고차적 조건형성이라고 한다.
- 자극일반화: 어떤 아이가 삼촌을 보고 "짬촌"이라고 불렀을 때 칭찬을 해주면 비슷하게
  생긴 성인 남자를 보고 "짬촌"이라고 한다.
- 반응일반화: 책을 눈에서 30cm 정도 거리를 두고 읽는 행동에 대하여 어머니의 칭찬을
  받았다면 TV를 볼 때도 눈에 좋다는 거리에서 시청을 하는 경우이다.

2) 조작적(도구적) 조건형성과 스키너의 조건형성

가. 스키너의 조작적 조건형성

① 조작적 조건형성(operant conditioning)
- 손다이크(Thorndike)의 도구적 조건형성(instrumental conditioning) 실험, 즉, 동물을 대상
  으로 실시했던 지렛대 실험을 토대로 이것이 인간에게도 적용될 수 있다고 봄으로써
  어떤 행동과 결과를 통해 그 행동이 강해지거나 약해지는 조작적 행동을 형성할 수 있
  다고 본 것이다.
예) 부인이 자신의 개인적 문제를 남편과 의논하려고 할 때, 남편이 계속 신문만 보고 있
  다면 앞으로 부인이 남편에게 속마음을 터놓을 가능성은 낮아진다.
- 조작적 조건형성은 자극이나 특수한 조건에 의해 어떤 반응이 유발되는가에 대한 기
  능적 분석을 실시하여, 행동의 원인과 결과를 발견하고, 원인인 자극을 조정함으로써
  그 결과인 반응을 통제할 수 있다는 원리이다.
- 스키너는 '심리학은 반드시 측정될 수 있는 범위 안에서 연구되어야 한다'고 생각했으
  며, 인간을 그들의 본성이나 내적 충동에 의한 것이 아닌 환경에 의한 산물이라고 보
  았다.
- 이것은 인간행동이 보상과 벌에 의해 유지된다고 보는 것으로 인간을 기계적이며 수동
  적인 존재로 파악하였다. 즉, 스키너에 의하면 자율적인 인간이란 존재할 수 없으며 인
  간의 자기 결정과 자유의 가능성은 배제되어야 한다고 설명하였다.
- 그는 인간의 인지적 기능을 전혀 고려하지 않았으며 무의식, 의식, 내면적 동기 등의
  개념을 거부해 경험적 실증이 불가능한 것은 연구할 필요가 없다고 주장했다. 즉, 스키
  너의 학문적 관심은 인간행동 중 조작이 가능한 행동에 한정되었다.

② 스키너의 실험(이성진·이찬교·정원식, 1990)
- 스키너는 조작적 조건형성을 입증하기 위해 자신의 이름을 붙인 'Skinner box'라는 실험 장치를 고안하였다.
- 스키너 상자는 아래 그림과 같이 보통 지렛대, 빛 그리고 먹이 컵을 갖추고 있으며, 바닥에는 전기가 통하는 철망마루로 되어 있다. 그리고 동물이 지렛대를 누르면 배식 기계가 작동하여 먹이가 먹이통에 나오도록 배열하고 있다.
- 지렛대가 장치되어 있는 스키너 상자에 굶주린 흰쥐를 집어넣으면, 쥐는 사방을 돌아다니며 먹이를 찾다가 우연히 지렛대를 누르게 된다. 그 순간 자동으로 먹이 하나가 나오고, 쥐는 먹이를 먹은 후 다시 한 번 지렛대를 누른다.
- 그렇게 할 때마다 먹이가 계속 나오게 되면 그 후 점차로 지렛대를 누르는 속도가 빨라지게 되는 것이다.

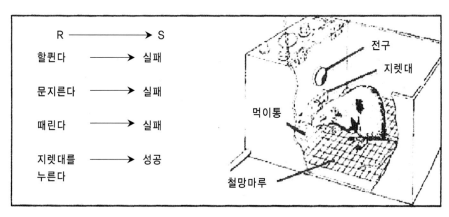

〈스키너의 실험장치〉

- 이 실험에서 지렛대를 누르는 행동(보상을 이끌어낸 행동)은 먹이(보상)에 의해 강화된 것임을 짐작할 수 있다. 만일 지렛대를 눌렀을 때 먹이가 주어지지 않았다면 지렛대 누르는 속도는 빨라지지 않았을 것이다.
- 이렇듯 조작적 조건형성이 이루어지기 위해서는 강화가 무엇보다도 결정적 역할을 한다.

③ 스키너 상자
- 조작적 조건형성은 왓슨의 행동주의에서 영향을 받은 스키너의 주장으로서 스키너 상자라는 실험이 있다.
- 상자의 한쪽 벽에 지렛대를 설치해놓고 이 지렛대가 자동적으로 기록을 하는 장치와 전동식으로 작동되는 먹이통에 연결되게 하였다. 상자 속에 있는 쥐가 지렛대를 누르면 먹이통에 알맹이로 된 먹이가 지렛대 밑의 먹이 그릇에 자동적으로 떨어지게 되어 있다.

- 이 스키너 상자에 쥐를 넣으면 쥐는 새로운 환경을 탐색하면서 여러 가지 행동을 해보게 된다.
- 이 중에서 우연히 지렛대를 누르면 먹이를 주어 쥐가 나타내는 반응을 강화해준다.
- 쥐는 드디어 이전에 행한 여러 가지 반응을 생각하고 즉각적으로 지렛대를 누르는 행동을 계속하게 된다. 또 쥐가 배가 고플수록 지렛대를 누르는 반도가 증가하게 된다.
- 스키너 심리학의 중심원리인 '정적 강화의 위력'을 보여 주는 실험이다.

④ 조작적 조건화
- 고전적 조건화와 달리 유기체가 원하는 결과를 얻기 위하여 실행하는 자발적이며 능동적인 반응이다.
- 조작적이라는 용어는 유기체가 원하는 결과를 얻기 위해 선택적으로 환경에 작용한다는 것을 의미한다.
- 조작적 조건화는 어떤 행동으로 인한 결과에 따라서 그 행동이 재연되기도 하고 그렇지 않기도 하는 것을 말한다. 즉, 조작적 조건화는 유기체가 어떤 원하는 결과를 얻기 위해 실행하는 자발적인 반응이다. 조작적이라는 용어는 유기체가 자신이 원하는 결과를 얻기 위해 선택적으로 환경에 작용하는 것을 뜻한다.
- 조작적 조건화에 의해 나타나는 행동을 조작적 조건 반응 또는 조작적 행동이라 하는데, 조작적 행동은 강화 또는 처벌에 의해 증가될 수도 있고 감소될 수도 있다. 강화는 긍정적 강화와 부정적 강화로 다시 나뉜다.
- 강화는 일차적 강화와 이차적 강화로도 구분되는데, 일차적 강화는 애초부터 강화속성을 가진 사건이나 대상을 말하고(배고픈 사람에게 주어진 음식 등), 이차적 강화와 밀접히 관련된 사건이나 대상을 말한다(미소, 칭찬 등).

⑤ 고전적 조건화와의 차이
- 고전적 조건화는 자극 간 연합에 의해 생성되지만, 조작적 조건화는 행동과 결과 사이의 연합에 의해 생성된다. 즉, 조작적 조건화에서의 강조점은 바로 '행동의 결과'이다.
- 행동의 결과가 어떠한가에 따라 행동이 달라진다.
- 특정 행동의 결과가 긍정적이면 행동이 증가하고 부정적이면 감소하는 경향이 있다.

⑥ 임상적 활용
- 스키너는 행동의 학습은 어떤 강화가 없으면 일어나지 않는다고 보고, 조작적 조건화의 개념을 활용하여 인간행동을 수정할 수 있는 다양한 행동적 기법을 개발하여 임상에서 적용하였다.
- 대부분의 치료에서 조작적 조건화 원리를 응용한다.

3) 스키너 행동주의 이론의 주요개념

〈강화와 벌의 관계〉

자극의 종류	제시되면	철회되면
유쾌한 자극	정적 강화(칭찬)	벌(컴퓨터 오락금지)
불쾌한 자극	벌(체벌)	부적 강화(숙제 면제)

(1) 변별자극

- 특정한 반응이 보상받거나 혹은 보상받지 못할 것이라는 단서 혹은 신호로서 작용하는 자극을 말한다.
- 어떤 행동이나 반응을 나타내면 바람직한 결과를 얻을 수 있을 것인지 알 수 있는 신호로, 인간은 변별자극으로 외적 세계를 예측하고 통제하는 것이 가능하다.

예) 벽에 낙서했을 때 선생님이 무서운 얼굴 표정을 지으면 처벌을 받는다는 신호로 일종의 변별자극이다.

(2) 강화

- 강화란 보상을 제공하여 행동에 대한 반응을 강력하게 하는 것을 말한다.
- 행동의 결과로써 그 행동을 좀 더 자주 유지하도록 했다면 그 결과를 강화라고 한다.
- 강화물은 반응을 증가시키는 행위나 사물로 행동을 강화함으로써 미래에 그 행동을 다시 할 가능성을 높이는 역할을 한다.

예) 철수가 심부름을 하자 엄마가 아이스크림을 사주었다. 그랬더니 철수가 그 뒤로도 심부름을 자주하더라. 이때 행동의 결과인 '아이스크림 사주기'는 강화에 해당한다.

- 강화에는 즐거운 결과를 부여하여 행동 재현을 가져오도록 하는 정적 강화와 혐오스러운 결과를 제거함으로써 바람직한 행동 재현을 유도하는 부적 강화가 있다.

① 정적 강화
- 유쾌한 결과를 제시하여 행동빈도를 증가시킨다. 즐거운 결과를 부여하여 행동 재현을 가져오게 하는 것이다.
- 즐거운 결과를 부여함으로써: +, 정적
- 행동 재현을 가져옴: +, 강화
- 정적 강화의 예
- 철수가 방청소를 하면 아이스크림을 준다. → 아이스크림을 줌으로써 방청소를 하는 행동이 증가한다.
- 쥐가 지렛대를 누르면 음식이 나온다. → 음식을 줌으로써 지렛대 누르는 행동이 증가

한다.

- 명진이가 동생과 싸우지 않고 잘 놀면 엄마는 명진이가 좋아하는 핫케이크를 구워준다. → 핫케이크를 구워줌으로써 동생과 사이좋게 노는 행동이 증가한다.
- 세진이가 감기약을 뱉지 않고 잘 삼키면 바나나를 준다. → 바나나를 줌으로써 약을 잘 먹는 행동이 증가한다.

② 부적 강화
■ 혐오스러운 결과를 제거하여 행동빈도를 증가시킨다. 혐오스러운 결과를 제거함으로써 바람직한 행동 재현을 가져오는 것이다.
- 혐오스러운 결과를 제거함으로써: -, 부적
- 행동 재현을 가져옴: +, 강화
■ 부적 강화의 예
- 학생 모두가 수업 시작 전에 강의실에 도착하면, 교수가 그날 과제를 면제해준다. → 과제를 면제해줌으로써, 수업시간 전에 도착하는 행동이 증가한다.
- 정진이가 7시 전에 과제를 모두 끝내놓으면, 그날은 아빠가 정진이에게 잔소리를 하지 않는다. → 잔소리를 하지 않음으로써, 7시 전에 과제 수행하는 행동이 증가한다.
- 안전벨트를 매면 안전벨트 부저의 시끄러운 소음이 멈춘다. → 시끄러운 소음을 멈춤으로써, 안전벨트 매는 행동이 증가한다.

③ 정적 강화와 부적 강화의 공통점과 차이점
■ 공통점: 정적 강화나 부적 강화 모두 특정한 행동을 증가시키는 목적을 가지는 것은 공통적이다.
■ 차이점: 정적 강화는 정적 강화물을 제시함으로써 특정 행동을 증가시키는 것이고, 부적 강화는 부적 강화물을 제거함으로써 특정 행동의 빈도를 증가시킨다는 데 차이가 있다.

(3) 처벌(Shaffer, 1993)
■ 벌은 어떤 행동을 했을 때 혐오스러운 결과를 주거나 정적 강화물을 제거함으로써 특정 행동의 빈도를 줄이는 것으로서 행동 수정의 한 방법이다.
■ 부적 강화와 무엇이 다른가? 부적이든 정적이든 일단 '강화'는 무조건 행동빈도를 증가시키는 것을 의미한다. 행동빈도를 증가시키는 수단이 혐오스러운 자극을 '제거'하는 것일 때 이를 부적 강화라 한다.
■ 그러나 '처벌'은 그것이 정적이든 부적이든 행동빈도를 감소시키는 것을 의미한다.

① 정적 처벌
- 특정 행동 뒤에 부정적이거나 혐오스러운 자극을 제시하여 해당 행동의 빈도를 감소시키려는 것이다.
예) 철수가 동생과 싸웠다. → 엄마가 철수의 손바닥을 때렸다. → 그랬더니 철수가 동생이랑 덜 싸운다.

② 부적 처벌
- 특정 행동 뒤에 유쾌한 자극을 철회하여 해당 행동의 빈도를 감소시키는 것이다.
예) 정진이가 동생이랑 싸웠다. → 엄마가 저녁밥을 주지 않았다. → 그랬더니 정진이가 동생이랑 덜 싸운다.

(4) 소거
- 더 이상 강화를 받지 못해서 행동이나 반응이 사라지거나 약화되는 것이다.
- 행동빈도를 감소시키거나 제거하는 것을 목적으로 한다는 점에서는 처벌과 같다.
- 다만 처벌은 그러한 목적을 위해 좋은 자극을 제거하거나 혐오스러운 자극을 제시하는 방법을 사용하지만, 소거는 무언가를 제시하거나 철회하는 것이 아니라 아무런 강화도 주지 않는 방법을 사용한다.
예) 아이가 부모의 주의를 끌기 위해 심하게 운다. → 부모가 관심을 보이지 않고 내버려두면 처음에는 더 심하게 우는 듯하다가 점차 심하게 우는 행동이 약화되거나 사라진다.
예) 아이를 침대에 누이면 부모가 다시 방으로 와 자신을 달래줄 때까지 아이가 소리를 지른다. 그때마다 부모가 다시 방으로 들어와 아이를 달래준다면 이러한 아이의 행동은 계속되거나 증가할 것이다. 따라서 아이가 소리를 질러도 아이의 방으로 가서 달래주지 않고 무시해 보았다. 첫날 밤은 45분 동안이나 아이가 울며 비명을 질렀지만 다음 날 밤에는 아무 소리도 지르지 않았다.

(5) 강화물의 유형
① 일차적 강화물
- 다른 강화물과 연합하지 않은 보상 그 자체이다.
- 사람들이 귀중하다고 여기는 대상과 활동이 포함된다.
예) 음식, 물, 사탕, 성행위 등

② 이차적 강화물
- 다른 강화물과 함께 학습되어 강화물로 기능하는 것이다.

- 특징: 학습해야 한다. 가치를 내포한다.

예) 돈. 일천만 원짜리 수표 그 자체는 질 좋은 종이 한 장에 불과하지만 그것이 다른 보석과 연합할 때 가치 있는 것이 된다. 즉, 돈이 가치 있는 것은 그것이 다른 일차적 강화물과 연합하기 때문이다.

(6) 강화계획

- 강화계획은 조작적 행동이 습득되고 유지될 수 있도록 강화물을 제시하는 빈도와 간격의 조건을 나타내는 규칙이다.
- 연속적 강화계획(continuous reinforcement): 행동이 일어날 때마다 강화물을 제시한다. 초기단계에서 행동을 시작하게 하고 강화하는 데 유용하지만 강화가 중지되면 그 행동이 소거될 가능성이 있다.
- 간헐적 강화계획(intermittent reinforcement): 간헐적으로 강화물을 제시하는 것이다.
- 간헐적 강화계획에는 일정한 시간이 지난 다음에 발생한 행동만을 강화하는 간격 강화계획과 일정한 수의 반응을 한 다음에 한 번씩 강화해주는 비율 강화계획이 있으며, 아래와 같은 하위 4유형으로 나눈다.

① 고정간격 강화계획(FI: fixed interval reinforcement)
- 바로 이전의 강화로부터 계산하여 일정한 시간이 흐른 후의 반응에 대하여 강화하는 것이다. 특정한 시간간격을 정해놓고 시간마다 강화가 주어지는 것이다.
- 시간간격이 길수록 반응빈도는 낮아진다.

예) 공부하는 딸에게 한 시간에 한 번씩 규칙적으로 간식을 주는 것이다. 1시간 동안 6번의 강화를 줄 경우 10분마다 강화를 주는 것이다.

② 가변간격 강화계획(VI: variable interval reinforcement)
- 강화가 일정한 시간간격에 따라 일어나다가 강화 사이의 간격이 불규칙해지거나, 평균 시간이 지난 뒤의 행동에 강화를 주는 것이다.
- 강화 시행의 간격이 다르며, 평균적으로 확인할 수 있는 시간간격이 지난 후 강화한다. 예를 들어, 평균치가 5분이면 어떤 반응이 첫 번째 강화를 받기 위해서는 2분이 경과될 수도 있고, 두 번째까지는 15분이, 세 번째 강화에는 7분이 경과할 수 있다. 결국 평균은 5분에 한 번씩 강화가 주어지는 셈이 된다. 이 계획에서는 강화물이 제기된 후에도 반응이 계속 일어나는 경향이 있다.

예) 공부하는 딸에게 1시간 안에 아무 때나 간식을 주는 것이다. 1시간 동안 6번의 강화를 줄 경우 시간간격에 상관없이 6번을 주는 것이다.

③ 고정비율 강화계획(FI: fixed interval reinforcement)

어떤 특정한 행동이 일정한 수만큼 일어났을 때 강화를 주는 것이다. 예를 들어, 일정한 수만큼의 물건을 만들었을 때 특정한 액수의 보수를 지급하는 것이다.

　예) 책 한 권을 썼을 때마다 원고료를 주는 것이다. 과수원에서 한 바구니의 과일을 딸 때마다 보수로 5,000원씩 지급하는 것 등이다.

④ 가변비율 강화계획(VI: variable interval reinforcement)

- 강화를 받는 데 필요한 반응의 수가 어떤 정해진 평균치 범위 안에서 무작위로 변하는 것이다.
- 다음 강화가 언제 일어날지 예측할 수 없으므로 반응률은 높고 지속적이다.

　예) 카지노의 자동도박기계

- 간격: 시간이 기준
- 비율: 행동의 횟수가 기준이다.

〈강화계획〉

연속적 강화		– 행동이 일어날 때마다 강화물을 제시
간헐적 강화	1) 고정간격 강화계획	- 특정한 시간간격 정해놓고 기간이 경과한 후 강화를 주는 것 예) 1시간에 한 번씩 규칙적으로 간식 제공
	2) 가변간격 강화계획	- 평균적인 시간이 지난 뒤의 행동에 강화를 주는 것 예) 1시간 안에 아무 때나 간식을 주는 것
	3) 고정비율 강화계획	- 특정한 행동이 일정한 수만큼 일어났을 때 강화를 주는 것 예) 과일을 딸 때마다 5,000원의 보수를 지급함
	4) 가변비율 강화계획	- 평균 몇 번의 반응이 일어난 후 강화를 주는 것 - 다음 강화가 언제 일어날지 예측할 수 없음 예) 도박장의 슬롯머신

(7) 행동형성/행동조성(shaping)

- 기대하는 반응이나 행동을 학습할 수 있도록 목표로 삼는 바람직한 행동에 대해 강화하여 점진적으로 행동을 만들어가는 과정을 말한다.
- 원하는 행동에 접근할 때마다 강화가 주어진다.

(8) 타임아웃(격리; time out)

특정행동의 발생 빈도를 줄일 목적으로 이전의 강화를 철회하는 것으로서 부적 처벌의 원리를 이용한 것이다.

　예) 아이가 잘못을 했을 때 아이의 활동을 잠시 중단시키고 다른 자극이나 영향이 미치지 않는 장소로 격리시켜 조용하게 자신의 행동을 돌이켜보게 하는 것이다.

(9) 토큰경제(토큰강화; token economy)

여러 가지 바람직한 행동과 습관을 구체적으로 미리 정해놓고 그 행동을 했을 때 그에 상응하는 토큰을 줌으로써 체계적으로 강화하는 것이다.

(10) 체계적 둔감법(단계적 둔감법; systemic desensitization)

혐오스러운 대상이나 물체에 대해 조금씩 접근 빈도나 사고 빈도를 높여 혐오스러운 감정이나 공포의 반응을 조금씩 상쇄시켜 나가는 방법이다.

2. 스키너의 행동주의 이론 특징과 적용

1) 행동주의 이론의 특징

(1) 이론의 초점

- 내적인 동기와 욕구, 지각에 초점을 두기보다는 구체적으로 관찰할 수 있는 행동에 초점을 둔다.
- 인간의 행동이 학습되거나 학습에 의해 수정될 수 있다고 보기 때문에 학습이론이라고도 한다.
- 학습을 통하여 지식과 언어를 습득하고, 태도와 가치관을 형성하며 다양한 감정을 경험한다. 즉, 행동을 사회적 맥락에서 이해하는 것이다.

(2) 인간에 대한 관점

- 개인 내적 정신역동보다는 '관찰 가능한 객관적 행동'에 강조점을 둔다.
- 스키너(Skinner)는 대부분의 인간행동은 내적 충동보다는 외적 자극에 의해 동기화된다고 주장하였다.
- 인간은 보상과 처벌에 따라 유지되는 기계적 존재로, 모든 인간행동은 법칙적으로 결정되고 예측 가능하므로 통제할 수 있다. 행동에 따르는 강화와 벌은 인간행동 형성에 효과가 있다.
- 인간의 행동은 환경의 자극에 의해 동기화되며, 행동에 따르는 강화에 의해 전적으로 결정된다.
- 인간의 행동은 그 결과, 즉 보상과 처벌에 의해 유지되는 것이므로, 인간을 이해하기 위해서는 무의식, 의식 등의 경험적 실증이 불가능한 것을 연구하기보다는 "경험적 실증이 가능한 행동"을 연구하여야 한다고 주장하였다. 이러한 이유로 스키너는 인간의

인지적 기능을 전혀 고려하지 않았으며, 무의식이나 자아, 내면적 동기 등으로 인간행동을 설명하는 것을 거부하였다. 그의 이론에서 인간은 외부의 자극에 대해 반응하는 존재로 묘사되고 있다. 이러한 그의 입장을 행동주의라 한다.

- 이러한 스키너의 인간행동에 대한 기본가정을 ABC패러다임이라고 한다.
- 특정행동(behavior)은 선행사건, 선행요인(antecedents)과 뒤이어 일어나는 사건, 즉 결과(consequences)에 의해 일어난다. ABC패러다임이라고 한다(이성진, 2001; 권중돈·김동배, 2005).
- 선행요인A: 행동 이전에 일어나는 사건을 말한다. 이 사건은 일어날 행동의 단계를 설정한다.

예) 실직자였던 아버지가 일을 나가려고 한다.

- 행동B: 관찰 가능하고 측정 가능한 반응 혹은 행동이다. 때로 인지, 심리생리적 반응, 감정 등을 포함한다.

예) 아버지와의 분리를 원치 않는 아들이 구토 증세를 보인다.

- 결과C: 특정 행동의 직접적인 결과를 말한다. 결과를 가장 잘 설명하는 용어는 강화와 벌이다.

예) 아버지가 일을 나가지 못하고 아들 곁에 머문다.

⇨ 출생한 아이의 마음을 백지(tabula-rasa)로 본다.

- 부적응 행동은 '내면적 갈등의 산물이 아니라' 부적절한 반응을 하도록 학습되었거나 아니면 바람직한 반응을 하는 것을 전혀 학습하지 못했기 때문이라고 본다.
- 인간의 행동발달을 단계별로 구분하여 그 특성을 논의하는 것은 의미가 없다고 보고, 행동발달단계를 제시하지 않았다.

(3) 성격에 대한 관점

- 성격이란 각 개인이 지니고 있는 행동유형들의 집합이며, 한 개인의 행동과 그에 따르는 강화 사이의 관계유형이라고 본다.
- 자극-반응이라는 학습원칙은 누구에게나 동일하게 적용되지만, 각자의 유전적 배경과 독특한 환경적 조건이 개인 특유의 행동유형을 형성하므로 모든 사람의 행동발달 유형은 모두 다르다.
- 강화된 행동은 습관이 되고 이 습관이 성격의 일부가 된다는 것이다. 강화된 행동은 일반화와 자극에 대한 변별능력이 적절하게 발달한 결과로 건전한 성격을 형성한다.
- 행동주의적 학습이론은 인간의 성격과 행동을 형성하는 데 환경의 역할을 강조한다.
- 스키너는 성격의 발달이 조건반사가 이루어진 행동이 연속적으로 증가해가는 것이라고 간주하고, 성격을 이러한 행동패턴들의 집합으로 보았다.

2) 행동주의 관련 이론

(1) 조건형성(Shaffer, 1993)

- 조건형성은 유기체들이 자극 사이의 연합 또는 자극과 반응 사이의 연합을 학습하는 과정을 말한다.
- 인간의 행동은 크게 타고난 반사적 행동과 경험을 통해 습득된 행동으로 나눌 수 있다.
- 반사적으로 반응하는 행동들은, 예를 들어 갑자기 강한 빛에 노출되거나 눈에 강한 바람이 들어오면 눈을 깜빡거리게 되는 등 말 그대로 반사적으로 일어나는 행동이다. 그러나 종소리를 듣고 개가 자동으로 침을 흘린다거나 쥐가 상자 안에 있는 지렛대를 자동으로 누른다거나 하지는 않으므로, 이러한 행동은 그 자체로 타고난 반사행동이라고 할 수는 없을 것이다.
- 파블로프는 개에게 침을 반사적으로 흘리게 하는 음식이라는 자극을, 침과 원래는 아무 상관없었던 종소리와 연합시킴으로써 나중에는 개가 종소리만 듣고도 침을 흘리게 만들었다.
- 스키너는 쥐가 우연히 지렛대를 누를 때마다 음식이라는 강화물을 제공함으로써, 원래는 쥐가 신경도 쓰지 않았던 지렛대를 누르는 행동을 강화시켰다.
- 타고난 반사적 행동이 아니라 경험 혹은 훈련을 통해 행동을 형성하는 과정을 조건형성이라 하며, 이는 주로 자극과 자극이나 행동과 반응 간의 관계로 구성된다.
- 파블로프는 자극과 자극의 결합을 통한 조건형성을 강조했고, 스키너는 행동과 그에 따른 반응 간의 관계를 통한 조건형성을 강조했다.

(2) 왓슨의 행동주의

왓슨은 파블로프의 고전적 조건형성을 사람에 대해 적용한 실험으로 유명하다.

① 실험의 요지

처음엔 전혀 쥐를 두려워하지 않았던 11개월 된 앨버트가 쥐를 만질 때마다 커다란 굉음을 들려주자 나중에는 쥐를 경계하게 되더라는 것이다. 쥐만 보여도 공포를 느끼게 된 앨버트는 마치 파블로프에 의해 조건화되어 종소리만 듣고도 침을 흘리는 개와 비슷하다.

왓슨은 인간의 의식을 전면적으로 부정하는 극단적인 행동주의를 주장했는데, 왓슨행동

주의의 특징은,

-   의식은 존재와 기능을 무시하고 순전히 행동만을 다루어야 한다고 보았다.
-   인간의 행동을 이해하기 위해서는 동물을 실험 대상으로 할 수도 있다고 보았다.
-   인간의 행동은 자극과 반응으로 이루어지며 행동의 궁극적 요소는 반사라고 보았다.

인간을 지나치게 행동적으로만 해석하고, 인간을 환경 자극에 단순히 반응하는 수동적이고 기계적인 존재로 간주하는 그의 이러한 극단적인 입장은 오히려 그의 행동주의를 단명하게 만든 이유가 되었다.

② 왓슨의 고전적 조건형성(공포조건 형성 및 탈조건화)

-   왓슨은 파블로프의 고전적 조건형성을 바탕으로 어린 아동에 대한 연구를 시작하였으며, 인간발달의 문제에 학습원리를 적용시킨 최초의 심리학자였다.
-   왓슨은 앨버트(Albert)라는 11개월 된 아이를 대상으로 그가 흰쥐에 대해 공포를 갖도록 조건형성이 이루어질 수 있는가를 알아보고자 했다. 앨버트는 실험을 시작할 처음에는 흰쥐를 전혀 두려워하지도 않을뿐더러 만지기까지 했다. 흰쥐를 놓아두었을 때도 마찬가지였다.
-   그러나 그다음에 아이가 흰쥐를 만지려고 할 때마다 아이 뒤에서 망치로 쇠막대기를 두드려 커다란 소리를 내었다. 큰 소리를 듣자 앨버트는 무서워하고 움츠러들었다.
-   그 후 앨버트에게 흰쥐를 보여 주었더니 겁을 내어 울고, 흰쥐뿐만 아니라 흰 토끼, 개, 모피외투, 목화 그리고 산타크로스의 마스크까지도 무서워하였다. 즉, 앨버트는 희고 부드러운 털이 있는 모든 대상에 대해 공포를 일으켰다.
-   이렇게 하여 왓슨은 실험을 시작할 때 공포를 일으키는 대상이 아니었던 여러 가지 대상에도 공포를 일으키는 반응을 통해 조건화의 일반화가 일어났다는 것을 보여 주었다. 그리고 보면 '자라 보고 놀란 가슴 솥뚜껑 보고 놀란다'는 우리나라 속담은 조건화의 일반화의 의미가 담겨 있는 속담이라 할 수 있다.
-   앨버트의 실험이 보여주듯이, 아이들은 학교생활이나 일상생활에서 고전적 조건형성 과정을 활용하여 불안, 공포 등의 정서적 반응을 학습한다. 이렇게 고전적 조건형성을 통하여 습득된 부적응 행동을 교정하는 방법으로 소거, 역조건화, 체계적 둔감법 등을 들 수 있다.
-   앨버트의 실험에서 세 가지 방법을 적용해보면 다음과 같다.
-   소거법: 흰쥐에 대한 공포증을 갖게 된 앨버트에게 흰쥐를 계속 제시하면서도 철봉을 때리지 않으면 앨버트의 흰쥐 공포증은 점차 사라지게 된다.
-   역조건화: 앨버트가 좋아하는 음식을 먹는 동안 흰쥐를 제시하고 이 과정을 자주 반복하게 되면 나중에는 앨버트가 흰쥐를 보고도 공포반응을 보이지 않게 된다.
-   체계적 둔감법: 먼저 앨버트에게 흰쥐가 그려진 그림책을 보여 주고, 이때 공포 반응을

보이지 않으면 비디오를 통하여 흰쥐를 보여 준 다음, 나중에는 실물 흰쥐를 보여 주어 흰쥐에 대한 앨버트의 두려운 감정을 체계적으로 둔화시켜 나간다.

※ 체계적 둔감법(단계적 둔감법): 혐오스러운 대상이나 물체에 대해 조금씩 접근 빈도나 사고 빈도를 높여 혐오스러운 감정이나 공포의 반응을 조금씩 상쇄시켜 나가는 방법이다.

■ 왓슨은 순수한 행동주의적 관점(관찰 가능한 행동)을 반영하였는데, 이는 인간행동을 결정짓는 데 있어서 유전과 의식주의(mentalism)의 역할을 전적으로 거부하고, 환경이 아동의 발달을 형성하는 거대한 힘을 갖고 있다고 주장하는 것이다. 즉, 왓슨은 아동에게 선천적으로 타고난 특질이 없으며, 그들의 성장·발달은 양육환경과 그들의 생활에서 중요한 위치를 차지하는 부모를 비롯한 주변 사람들의 양육방식과 태도에 달려 있다고 하였다.

예) 예를 들어, 만일 12명의 건강한 아이들을 내가 키울 수 있다면 나는 그들 중 한 아이를 택하여 내가 원하는 유형의 인간(의사, 변호사, 거지, 도둑 등)으로 훈련시킬 수 있다고 한다.

(3) 왓슨의 이론

■ 행동주의란 인간행동을 예견하고 통제하는 것에 목적을 둔 자연과학이라고 정의한다.
■ 행동이란 적절한 자극을 선택함으로써 형성될 수 있다고 강조한다.
■ 정신병리란 본능이나 해결되지 않은 오이디푸스적인 내적 갈등이라기보다는 조건화된 학습의 결과라고 생각한다.
■ 자신의 행동주의적 입장이 아이들의 환경을 조절하는 기회를 제공한다고 한다.

(4) 손다이크의 이론

① 손다이크의 도구적 조건형성

■ 도구적 조건형성 실험인 지렛대 실험은 굶주린 고양이를 미로로 만들어진 상자(문제상자; puzzle box)에 넣고 지렛대를 눌러야만 미로를 빠져나와 먹이를 얻어먹을 수 있도록 만든 실험이다.
■ 어떤 동물이 배고픔으로 인하여 음식물을 찾는 일차적인 자극을 받다가 우연히 지렛대를 눌렀을 때 제공되는 음식물이라는 결과가 배고픈 동물에게 만족감을 가져옴으로써 결국은 결과(음식물 제공) 자체가 자극-반응의 관계를 강하게 하는 도구(instrument)가 된다.

〈E.L. 손다이크〉

② 손다이크의 조작적 실험

■ 손다이크의 조작적 실험은 문제상자에 갇혀 있는 굶주린 고양이가 그 상자 안에서 나

와 먹이를 먹기 위해 상자에 장치된 일련의 빗장을 어떻게 작동시키는지를 관찰하는 것이다.

- 굶주린 고양이들은 먹이를 얻기 위해서는 지렛대를 눌러야 한다는 사실을 학습하게 됨으로써 미로 속에서 즉각적으로 행동하는 것을 볼 수 있었다. 즉, 자신이 취한 행동의 결과에 대한 보상인 먹이는 고양이가 지렛대를 누르는 행동의 원인이 되어 그 행동을 하도록 만들고 있는 것이다.
- 이런 과정에서 고양이는 거듭된 연습과 시행착오의 결과 문제상자로부터 탈출하는 시간이 단축되고 있음을 알게 되었다.
- 이와 같이 특정 행동에 따르는 결과가 다음 행동의 원인이 되며 행동은 결과, 즉, 보상과 벌에 의해 유지 또는 통제된다는 것을 효과의 법칙(law of effect)이라고 한다.
- 손다이크의 학습이론은 시행과 착오과정을 거듭하면서 학습되기 때문에 시행착오 학습(trial and error learning)이라고 부르며, 또한 고양이의 행동을 보상을 얻기 위한 도구적 행동으로 간주하므로 도구적 조건형성(도구적 조건화)이라고도 한다.
- 스키너는 이러한 실험이 동물만이 아닌 인간에게도 적용 가능하다고 봄으로써 도구적 조건형성을 토대로 조작적 조건형성 원리를 활용하였다.

③ 행동이란
- 인간이 행하는 그 어떤 것을 의미한다고 한다.
- 관찰 가능한 행동 그 이상의 의식을 강조하는 것을 피하고 자료수집에서 내성을 거부한다. 그리고 인간의 내부활동은 단지 행동을 통해서만 식별할 수 있다고 하였다.
- 인간의 내적인 반응과의 관련성에 관심을 가진다. 매우 고도로 정교한 기술 습득과 문제해결을 설명하기 위해서는 사고(생각)에 의한 학습이 중요하다는 개념을 제안한다.
- 사고를 고려하지 않는 것은 지나치게 행동주의에 몰두하는 것이라고 한다.
- 자극과 반응의 사이의 강한 관계는 어떤 보상으로도 되는 것이 아니며, 단지 보상은 자극-반응관계를 강하게 하거나 약하게 하는 데 영향을 주는 결과의 역할을 강조하였다.

3) 행동주의 이론 평가 및 사회복지실천 적용

(1) 평가

① 행동주의 이론의 의의
- 행동주의 학습이론의 범위를 상당히 넓혔으며 과학적 실험연구를 통하여 인간행동의 발달과 관련된 구체적이고 명확하면서도 유용한 지식을 제공한다.
- 정적 강화, 강화계획, 행동조정 등과 같은 일련의 뛰어난 연구는 사회생활에서 실용적 가치와 효과성이 입증되고 있으며, 다양한 분양에서 활용되고 있다.

- 치료기법의 효과성을 중시하고 발전시킨다.
- 치료기법에 대한 정밀한 측정을 강조한다.
- 비교적 짧은 시간 내에 개입의 효과를 기대할 수 있다.

② 행동주의 이론에 대한 비판
- 행동에 환경의 결정력을 지나치게 강조하고 행동에 영향을 미치는 인간의 내적·정신적 특성은 배제한다.
- 인간을 조작이 가능한 대상으로 취급하여 인간의 자유와 존엄성을 무시할 수 있다.
- 동물실험의 결과를 그대로 인간에게 적용 → 인간은 동물과 다르므로 인간행동을 동물과 동일하게 다룰 수 없으며, 이는 인본주의 입장에서 지나치게 비인간적이라는 비판을 받는다.
- 인간의 모든 행동이 조작을 통해서 변화될 수 있다고 간주 → 인간을 지나치게 단순화·객관화·과학화한다.
- 실제 상황에서가 아니라 주로 실험 상황에서 쉽게 적용되는 문제와 관련된 연구가 이루어진 점이다.
- 클라이언트가 직면하는 수많은 문제들은 실제 생활에서 발생하기 때문에 실험실이나 치료실 내에서 발생하는 행동변화를 실제 상황으로까지 일반화하기가 어렵다는 점이다.
- 행동주의에서의 처벌원칙은 인간 서비스의 측면에서 보면 다소 비인간적인 면을 정당화시킨다는 점이다.
- 스키너는 개인에게 초점을 두면서도 개인적인 차이에 대해서는 큰 관심을 두지 않고 오직 행동의 일반적인 법칙에만 관심을 둔다.

(2) 행동주의 이론의 사회복지실천 적용
- 사회복지실천에 있어 원조의 초점을 인간의 정신 내적 갈등에서 외적 행동으로 이동시켰다.
- 인간의 신체적·심리적 발달에 있어서 환경의 중요성에 대한 강조는 사회복지실천의 큰 토대를 이룬다.
- 행동수정과 행동치료의 고전적 조건화와 조작적 조건화의 원리에 따라 개입기법을 적용하여 클라이언트의 행동수정과 행동치료를 가능하게 했으며 다양한 개입방법을 제시하였다.

3. 반두라의 사회학습이론

▶ 반두라의 생애

반두라(Albert Bandura)는 1925년 캐나다의 앨버타(Alberta) 지방에서 태어났다. 그는 어린 시절 아주 조그만 시골마을에서 성장하였으며, 고등학교를 졸업한 후 브리티시컬럼비아 대학교에서 심리학을 전공하였다. 아이오와 대학교 대학원 심리학과에 입학하여 석사학위와 박사학위를 취득하였으며, 여기에서 사회학습이론의 선구자 중 한 사람인 시어즈(Robert Sears)와 함께 연구하였다.

아이오와 대학교에서 반두라는 임상심리학에 흥미를 가졌으며, 초기 연구의 초점은 심리치료 과정, 가족상황에서의 아동의 공격성 등에 있었다. 특히 그는 아동이 사회적 상황에서 모방을 통해 받은 것을 학습한다고 주장하여 모방학습의 이해에 관심을 고조시켰다. 반두라는 1953년 스탠퍼드 대학교 심리학과 교수로 임용되었다. 그는 1972년 미국심리학회로부터 우수과학자상을 받았으며, 1973년에는 미국심리학회 회장으로 선출되었다.

반두라의 가장 유명한 저서로는 『사회학습이론』(1977)이 있으며, 그는 여기에서 사회학습 분야에서의 이론적·실험적 연구를 통합하고자 하였다. 그의 대표적인 저서로는 『청소년의 공격성』(1959), 『사회학습과 성격발달』(1963), 『행동수정의 원칙』(1969), 『공격성: 사회학습의 분석』(1971) 등이 있다(Bandura, 1988).

1) 사회학습이론의 개념과 특징

(1) 반두라 이론의 개념

행동주의 학파의 학자이면서도 이와는 달리 사회적 상황에서 타인들의 행동을 단순히 관찰(observation)만 하여도 그들의 행동을 학습할 수 있다고 보았다. 다시 말해, 반두라는 사회학습 개념은 대부분의 학습이 다른 사람의 행동을 관찰하고 모방한 결과 일어난다는 인식에서 비롯되고 있다.

그러나 반두라의 사회학습도 이 이론적 토대는 강화이론에 두고 있어서, 아동이 자신의 행동에 대해서 직접적 강화를 받지 않더라도 다른 아동이 보상이나 벌을 받는 것을 관찰함으로써 간접적으로 강화를 받기 때문에 보상받는 행동은 학습하게 되고, 벌 받는 행동은 학습하지 않게 된다는 설명이 된다. 이렇게 반두라의 사회학습 이론은 관찰을 통해 이루어지는 학습이라 하여 관찰학습이라 하며, 직접적이 아니라 대리적으로 이루어진다 하여 대리학습(vicarious learning)이라고도 부른다.

반두라 이론에서는 사회적 상황에 처한 사람들은 그저 단순히 많은 타인들 중에서 자기에게 의미 있게 의식되는 사람들의 행동을 관찰함으로써, 스키너의 이론적 설명에서 보다 더 빨리, 더 많은 행동을 학습할 수 있다는 특징을 가지고 있다.

이러한 학습의 과정은 인지적인 것으로 스키너의 주장과는 달리 관찰학습에는 내적인 인지적 변수가 포함된다. 즉, 인간의 의식에 의해 좌우된다는 것이다.

(2) 인간에 대한 관점

- 인간의 행동 또는 성격의 결정요인으로 사회적 요소를 중요하게 생각하며, 대부분의 학습은 다른 사람의 행동을 관찰하고 모방한 결과로 이루어진다고 본다.
- 스키너와 다른 점은 인간이 스스로 자신의 인지적 능력을 활용하여 사려 깊고 창조적인 사고를 함으로써 합리적 행동을 계획할 수 있는 능력이 있다고 하는, 즉 인지적 능력을 중시한 점이다.

(3) 사회학습이론의 특성

- 반두라는 인간의 행동은 발달단계나 고유한 특성에 의해서보다는 자신이 처해 있는 상황과 그 상황에 대한 해석에 의해 결정된다고 본다.
- 그 결과 확고한 도덕적 원칙을 지니고 있는 사람이라 할지라도 자기 멸시를 회피할 수 있는 여러 가지 이유를 붙이면서 상황에 따라 도덕적 원칙에 크게 벗어날 수 있다.

① 학습이론(스키너의 행동주의 이론)
- 아동의 도덕성 발달은 보상과 처벌에 의해 이루어진다.
- 보상은 행동의 반복 가능성을 증가시키는 반면, 처벌은 반복 가능성을 감소시킨다.

② 사회학습이론(반두라, Bandura, 1977)
- 아동은 타인의 행동을 관찰한 결과로써 도덕적 행동을 학습한다.
- 부모들이 도덕적 규칙과 조정의 모델이 되며 아동은 궁극적으로 그것들을 내면화한다.
- 내면화가 이루어지면 아동은 어떤 생물이 도덕적이고 어떤 행동이 금지된 것인가를 결정한다.

③ 사회화

㉠ 자기효능감
- 인간이란 감정, 사고, 행동을 통제할 수 있는 자기 반영적인 능력을 지니고 있기 때문에 개인의 행동은 자기 강화와 외적인 영향요인에 의해서 결정된다고 보았다.
- 자기효능감이란 자신이 바라는 목적을 이루기 위해 어떤 특정 행동을 성공적으로 수

행할 수 있다는 신념이다.

ⓒ 공격성(Bandura & Walters, 1963)
- 사회학습이론에서는 가족관계에서 발생하는 폭력의 학습에 대해서도 설명하고 있다.
- 아동들의 공격성은 공격적인 모델을 관찰하고 그 모델이 언제 강화를 받는지를 학습된다. 이런 관점에서 가족 구성원 간에 일어나는 신체적 공격은 자녀에게 공격적 행동의 모델을 제공할 뿐 아니라 가족 내에서 그런 행동이 당연히 일어날 수 있다는 정당성을 제공해준다.
예) 폭력적인 아버지 밑에서 자란 아들은 논쟁이나 좌절이 있을 때 폭력을 사용하는 행동을 배우며, 폭력적인 아버지 밑에서 자란 딸은 폭력을 더 잘 수용하여 결혼 후에 발생하는 배우자 폭력에 훨씬 수용적인 반응을 보인다.

ⓒ 학습된 무기력
- 사람들은 자신의 노력에도 불구하고 그들이 억제할 수 없는 사건에 직면하여 자신의 반응으로 미래의 결과를 통제하지 못할 것이라는 예측, 즉, 반응과 결과가 일치하지 않을 것이라는 기대에서 무기력이 발생한다.
- 사람들은 자신이 직면한 사건을 극복하는 노력이 지속적으로 성공하지 못할 때 무기력을 배운다는 면에서 이 이론은 사회학습 이론의 확장된 적용이라고 할 수 있다.
- 학습된 무기력에 대한 셀리그먼의 이론은 우울증이나 인종 차별주의, 여성 차별주의를 설명해주는 데에도 활용된다.

ⓒ 친사회적 행동
- 친사회적 행동(prosocial behavior)이란 도움 주기, 나누어 갖기와 같이 사람들 사이의 우호관계를 촉진시키거나, 유치하는 행동 등의 긍정적인 사회적 행동을 의미한다. 이러한 행동은 외부적 보상 없이 다른 사람을 돕는 행위이다.
- 사회학습 이론가들은 적당한 모델들의 노출에 의해 친사회적 행동이 쉽게 영향을 받을 수 있다는 것을 보여줌으로써 이 분야에서 선구적 역할을 해왔으며, 이 외에도 많은 실험에서 모델이 어려움 속에 있는 사람을 돕는 행동, 협동심, 그리고 다른 사람들의 감정에 대한 그들의 관심 등에도 영향을 준다는 것을 보여 주었다. 그러나 이 분야에서의 발견은 무엇보다도 부모의 행동이 자녀들의 이타성과 밀접한 관련이 있다는 연구가 압도적이다. 즉, 부모가 다른 사람에 대해 친사회적인 방식으로 행동할 경우 아동의 친사회적 행동은 더욱 확실해진다는 것이다.

④ 성격발달
- 인간의 습관은 대부분 다른 사람들을 관찰하고 모방함으로써 배우는 것이며, 이러한

사회학습의 경험이 성격을 형성태라고 본다.

■ 아이들은 어른이 수행하는 도덕적 가치를 포함하여 모든 행동을 관찰하고 모방함으로써 가족과 지역사회의 생활방식으로 사회화한다.

■ 모방 외에도 유전적 소질이나 보상과 별도 성격에 영향을 미친다고 보았다. 인간의 행동은 많은 부분 자기 강화에 따라 결정되며, 자기 효율성도 성격발달에 중요한 영향을 미친다.

2) 주요개념

(1) 모델링·모방(modeling)(Bandura & Walters, 1963)

■ 모델링은 다른 사람의 행동을 관찰한 후 그 행동을 학습하여 따라하는 것을 의미한다.

■ 관찰학습이라고도 하는데 이는 어떤 사람의 특정 행동을 관찰만 해도 행동할 수 있기 때문이다.

■ 반두라는 모델링의 긍정적·부정적 효과에 대한 연구를 통해 모델링 행동은 그 결과가 어떻게 되느냐에 따라 관찰자에게 영향을 미친다고 밝혔다.

■ 모델링은 관찰자와 모델이 유사하거나, 관찰자보다 지위나 신분이 높을 때 더 많이 모방하는 경향이 있다. 모델링의 효과 혹은 모델링의 정도는 다음의 조건에서도 영향을 받을 수 있다.

- 모델과 관찰자와의 유사설: 모델이 관찰자와 유사할 때 관찰자는 모델을 더 모방한다.
- 모델의 수: 여러 모델이 행동할 때 관찰자는 모델을 더 모방한다.

■ 모방은 새로운 반응들은 학습될 수 있고, 현존하는 반응의 특징들은 직접적인 강화를 받지 않고도 다른 사람의 행동을 관찰하거나 반응결과를 통해서 변화될 수 있다. 이것은 학습을 위해서는 실질적인 행동을 반드시 수행하지 않아도 되며, 반응을 위해서 즉각적인 보상이 꼭 필요하지 않다는 의미이다.

■ 모방학습을 효과적으로 사용하기 위한 원칙

① 바람직한 행동은 가능한 한 여러 사람이 여러 번 시범을 보인다.

② 모방의 내용은 쉽고 간단한 것에서 시작하여 점차로 복잡하고 어려운 것으로 옮겨간다.

③ 각 단계에서 말로써 설명해주거나 지도해주는 것이 필요하다.

④ 가르치는 내용에 따라서 보여 주는 것이 효과적이다.

⑤ 단계마다 잘하면 칭찬을 해주어야 한다.

(2) 인지(cognition)

- 학습된 반응을 수행할 의지는 인지의 통제 아래 있기 때문에, 사회적 학습은 인지적 학습이라고 할 수 있다.
- 인간은 심상, 사고, 계획 등을 할 수 있는 생각하고 인식하는 존재이므로, 장래를 계획하고 내적 표준에 근거해 자신의 행동을 조정하며 자신의 행동 결과를 예측할 수 있다.
- 반두라는 인간을 강화를 적용함으로써 이끄는 기계에 지나지 않는 것으로 보지 않고 심상이나 사고, 계획들을 잘 사용하는 생각하고 인식하는 존재로 본다. 즉, 인간은 장래를 계획하고, 내적 표준들에 의하여 자신의 행동을 조성하며 자신의 행동의 결과들을 예상할 수 있다. 따라서, 학습된 반응을 수행할 수 있는 의지는 인지적 통제하에 있는 것이다.

(3) 자기조정 · 규제(self-regulation)

- 자기 자신의 행동에 영향력을 행사할 수 있는 개인의 능력을 의미한다.
- 수행과정, 판단과정, 자기반응과정으로 구성된다.
- 많은 인간행동은 자기 강화에 의해 조정된다. 인간행동은 외부환경이 보상하고 처벌하기 때문이 아니라 스스로 정한 내적 표준에 따라 조정되는 것이다.
- 자기 행동의 적절성에 대한 판단기준은 타인들의 성과와 비교함으로써, 그리고 자기 자신의 과거의 행동과 현재의 행동성과를 비교함으로써 합리적인 기준을 찾는다.
- 성과를 평가하는 개인적 기준에 따라 좌우되며 또한 자기 평가적 반응에 관계된다.
- 수행된 행동은 여러 보조적 과정들을 포함하는 판단과정을 통해 자기 반응을 낳는다.

(4) 자기강화와 자기효율성

① 자기강화(또는 자아강화; self-reinforcement)
- 자신이 통제할 수 있는 보상을 자기 자신에게 줌으로써 자기 행동을 개선 또는 유지하는 과정이다.
- 각 개인이 수행 또는 성취의 기준을 설정하고 자신의 기대를 달성하거나 초과하거나 혹은 수준에 못 미치는 경우 자신에게 보상이나 처벌을 내린다는 개념이다.

② 자기효율성(자기효능감; self-efficacy, Bandura, 1977)
- 바람직한 효과를 산출하는 행동을 성공적으로 수행할 수 있다는 개인의 믿음을 말하며, 자신이 행동해야 할지 여부와 얼마나 오래 수행할 수 있을지를 결정하는 근거가 되기도 한다.
- 자기효능감이라고 부르기도 한다. 자기효율성은 인간의 사고, 동기, 행위에 있어서 중요한 역할을 한다.

(5) 상호결정론

■ 반두라는 인간의 성격이란 개인적·행동적·환경적인 요소들 간의 시속적인 상호작용에 의하여 발달한다고 하였으며 이를 상호결정론이라고 하였다.

■ 환경의 조절로 인간의 행동을 변화 또는 수정할 수 있고, 환경을 적절히 조절하면 학습도 의도한 대로 조절이 가능하지만 인간의 합리성도 중요한 변수로 작용한다.

■ 행동의 내적 및 외적 결정요인이 있지만, 행동은 내적 요인이나 외적 요인 두 가지의 단순한 조합에 의해 결정되지 않는다는 것이다. 이를 상호결정론이라 한다.

■ 어떤 개인이 자신이 무엇을 할 수 있다는 신념은 어떤 특별한 행동을 수행하는 것에 영향을 주고, 그 행동은 환경에 영향을 준다. 환경은 다시 그 사람의 기대를 변화시키는 역할을 한다. 그러므로 환경(B), 인간(P), 행동(B) 세 가지 요소는 서로에게 영향을 주며 상호 의존적이다.

예) 텔레비전 프로그램 중 폭력물을 좋아하는 남자아이(개인변인)는 주로 폭력물을 보면서 저녁시간을 보낼 것이다. 이 남자아이는 시청하는 동안(행동변인) 새로운 공격행동을 배울 뿐만 아니라, 공격행동이 원하는 것을 얻을 수 있는 좋은 방법이라는 것도 학습하게 된다. 이 경우 남자아이는 개인변인(폭력물을 좋아함) 때문에 새로운 공격습관 및 기대를 학습할 수 있는 환경을 선택하거나 조성한다. 그리고 그 환경에서 학습한 기대(개인적 변인)에 따라 이 남자아이는 폭력물에서 보았던 공격행동을 실행할 수 있다. 또한 공격행동 후 강화받으면 소년은 공격성을 표출하는 안정된 경향을 지니게 된다.

－이와 같이 발달이란 개인, 행동, 환경 요소가 상호 인과적으로 영향을 주기 때문에 반두라는 한 가지 요소만을 중요시해서는 안 된다는 것이다.

－이것을 그림으로 나타내면 다음과 같다.

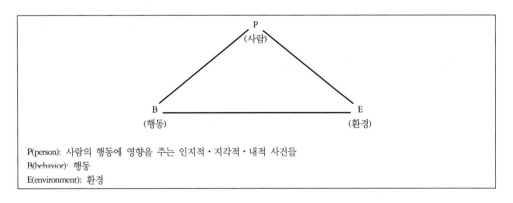

P(person): 사람의 행동에 영향을 주는 인지적·지각적·내적 사건들
B(behavior): 행동
E(environment): 환경

(6) 관찰학습(observational learning)

■ 관찰학습이란 직접적인 보상 없이 인간이 단순한 환경적 자극에 대한 반응을 통하여

행동을 학습하는 것이 아니라 타인들의 행동을 관찰함으로써 학습한다는 것이다.

■ 반두라는 대부분의 행동은 외적 강화 없이도 다른 사람을 관찰하고, 그 관찰한 사람을 본보기로 삼아 행동을 수행함으로써 학습된다고 하였다. 예를 들면, 아이들이 부모를 흉내 낸 소꿉놀이를 할 때, 이들은 종종 새로운 행동의 긴 계열을 즉각적으로 재현하게 된다. 그들은 단지 관찰만으로 새로운 행동의 큰 부분들을 순식간에 획득하는 것이다. 즉, 사람들은 다른 사람이 이때 행동을 보여 주는 대상을 모델이라고 하는데, 이러한 행동은 기계적으로 타인의 행동을 모방하는 것이 아니고, 여러 모델이나 사례로부터 선택한 것들을 종합해서 새로운 행동을 만드는 것이다. 때문에 관찰은 우리에게 많은 정보를 제공해준다. 그러면 관찰학습을 구성하는 '과정'들은 정확히 무엇인가, 반두라는 이 관찰학습을 네 개의 단계를 가진 과정으로 설명하고 있다.

− 모든 인간의 삶은 학습과정으로 평생 무엇인가 배우면서 살아가게 된다. 반두라는 행동을 학습하는 것이 자신의 직접적 경험에서뿐만 아니라 '관찰학습'을 통해서도 이루어진다고 보았다.

− 관찰학습(observational learning)은 직접적인 보상 없이 유용한 모델(model: 행동을 보여 주는 대상)이 하는 행동을 따라 함으로써 학습이 되는 것으로 이것은 수동적인 행동의 모방만을 의미하는 것이 아니며, 학습된 행동을 모두 수행하는 것도 아니다. 즉, 학습(learning)과 수행(performance)을 구분하여 생각해야 한다.

→ 인간은 욕구가 발생할 때에만 그 욕구를 충족시키게 된다. 다시 말하면, 그럴 만한 이유가 있을 때에만 행동으로 옮긴다.

예) 샘(우물)을 알고 있어도 갈증이 나야 마신다.

− 반두라는 직접적 학습보다 오히려 관찰을 통한 대리적 학습을 더 강조하였다.

예) 텔레비전에서 가수들이 춤을 추고 있는 모습을 보던 아이가 나중에 혼자서 춤을 추는 모습을 재현하는 경우나 운전을 배우는 경우, 우리는 운전강사의 시범과 더불어 언어적 묘사에 의해 알아야 할 것을 대부분 배운다. 만약 전적으로 우리 자신의 행동에 의해서만 운전을 배우게 된다면 많은 사고와 더불어 끔찍한 일들이 일어나게 될 것이다.

− 단순모방과 관찰학습은 구별된다. 단순모방(imitation)은 다른 사람의 행위를 단순히 흉내 내는 것을 말하며, 관찰학습(observational learning)은 모방이 포함될 수도 있고, 포함되지 않을 수도 있다.

예) 차를 운전하다가 앞에 가던 차가 길에 패인 구덩이에 빠지는 것을 보는 경우, 대체로 구덩이를 피해서 가게 된다. 이 경우 관찰해서 학습은 했지만, 관찰한 것을 모방하지는 않았다.

− 관찰학습은 시행착오학습의 지루한 과정을 거칠 필요 없이 전적으로 관찰만을 통해 새로운 행동을 즉시 획득하기 때문에 무시행 학습(no-trial learning)이라고도 한다.

-관찰학습은 다음과 같은 네 가지 과정을 거치면서 이루어진다.
■ 관찰학습의 과정

주의집중과정 → 보존과정 → 운동재생과정 → 동기화과정

① 주의집중과정(attentional process, 이성진 외, 1990)
■ 관찰학습의 첫 단계로 모방할 행동에서 특징에 관심을 기울이고 정확하게 지각하기 위해 노력한다.
■ 무엇을 선택적으로 관찰할 것인지 결정하는 단계로 아동이 사회적 모델로 선택할 가능성이 높은 대상은 일반적으로 다정하게 보살펴주는 사람 또는 유능하고 강력한 힘을 가진 사람이다.
■ 관찰학습의 첫 단계는 주의집중과정으로 모델을 관찰하는 것만으로는 불충분하다. 사람은 모델링을 하는 과정에서 관련된 자극에 주의를 기울이고 관찰된 행동을 배우는 데 중요하지 않은 것은 걸러낸다.

② 보존(유지)과정-기억, 파지(retention process)
■ 모방한 행동을 상징적인 형태로 기억 속에 담는 것을 말한다. 이때 행동의 특징을 회상할 수 있는 능력은 관찰학습에서 매우 중요하다.
■ 일단 어떤 행동을 관찰하면 이를 다시 어떤 형태로든 기억 속에 통합시키는데, 반두라는 모방된 행동이 심상형태와 언어적 표상형태로 저장된다고 보았다.
■ 주위의 모델로부터 받은 내용과 인상을 자신의 내면에 오랫동안 기억하는 것을 말한다.
예) 관찰했던 행동을 기억하려 할 때 우리는 일련의 언어적 지시와 행동의 심상 두 가지를 기억하게 되는 것이다.
■ 이를 보존과정, 보유과정, 파지(把持)과정 등으로도 부른다.
-흔히 모델을 관찰한 후 어느 정도의 시간이 지난 다음에 그 모델을 모방하기 때문에 모델의 행동을 상징적인 형태로 기억하는 어떤 방식을 가져야만 한다. 만일 모델에 주의를 기울이고 경험을 하였다고 해도, 경험한 것을 기억하고 유지할 수 없다면 그것은 일시적 효과만 있을 뿐 지속적 행위를 만들어낼 수 없기 때문이다.
-반두라는 모델행동을 기억하여 다음 행동으로 전환하도록 하는 수단으로 다음과 같은 두 가지 내적 표성체계(internal representational system)를 제시하였다.
■ 심상(imagery)에 의한 표상 체계이다. 심상이 형성되면 이 심상이 모델에 관한 정보를 지속적이면서 쉽게 꺼낼 수 있는 출처가 되는 것이다. 즉, 인상 깊었던 활동은 우리의 심상에 기억되어 많은 시간이 흘러도 그 내용을 오래 기억하고 있다.
예) 작년 여름에 해수욕장에서 있었던 인상 깊은 활동들은 심상에 기억되기 때문에 많은

시간이 지난 후에도 그 내용을 오래도록 기억한다.
- 언어(language)에 의한 표상 체계이다. 모델의 행동들이 언어로 부호화되면 이 언어적 단서들이 후에 필요할 때 상기하는 데 도움이 된다.

예) 사람들은 모델이 행한 일련의 행동을 나중에 수행하기 위하여 마음속으로 하나하나 말로 암송하고 또 예행연습을 할 수 있다.

- 아이들은 자신이 관찰한 행동을 어의적으로나 시각적인 상상력을 통하여 기억한다. 어린아이들은 제스처나 소리를 즉각적으로 모방하고 나이가 든 아이들은 이후의 회상과 재생산을 위하여 모델로부터 얻은 상징을 더욱 잘 저장할 수 있다. → 상징적인 대상물을 저장하고 회상하는 능력에 있어서 언어발달이 중요함을 인식한다.

③ 운동재생과정(생산과정, motor reproduction process)
- 행동적 재현과정, 생산과정 등으로도 부른다.
- 모델을 모방하기 위해 심상 및 언어로 저장된 상징표상을 적절한 행동으로 전환시키는 과정이다.
- 모델행동의 상징적 표상을 주의 깊게 형성하고 기억하고 연습을 하여도 정확한 행동 수행을 못할 수도 있다. 행동을 정확하게 재생하려면 필요한 운동 기술을 갖추어야 한다.
→ 즉, 필요한 기술을 소지한 학습자는 연습 없이도 실수하지 않고 모방할 수 있으나, 한두 가지 반응만 결핍되어도 관찰자는 모델을 흉내 낼 수 없다는 것이다.
→ 때문에, 이러한 신체적 능력과 기술에는 신체적인 성장과 연습이 수반 또는 선행되어야 한다.

예) 한 소년이 아버지가 톱을 사용하는 것을 지켜볼 수는 있으나 소년은 자신의 신체적 힘과 민첩성이 부족하기 때문에 제대로 모방할 수가 없다. 관찰을 통해서는 단지 새로운 반응 패턴(예: 어떻게 나무를 올려 세우고, 어디에 톱을 대는지 등)은 알 수 있게 되지만, 새로운 신체적 능력(예: 힘으로 나무를 자르는 것)은 얻지 못한다.

- 생산과정은 모델을 모방하기 위해 심상 및 언어로 기호화된 표상을 외형적인 행동으로 전환하는 단계이다. 이때 전제조건은 신체적인 능력이다.
- 이 과정은 반응 선택단계와 계속적인 접근단계로 구분된다. 반응 선택단계는 행동 유형을 분석하고 인지적으로 조직화하고 수행할 수 있는 기술이 있는지를 판단하는 것이며, 계속적인 접근단계는 행동을 재생하는 과정에서 자기가 관찰한 것과 타인이 준 피드백을 듣고 행동을 수정·조정하는 것을 말한다.
- 아이는 관찰된 행동을 재생산할 수 있는데 기억을 행동으로 전환하기 위해 운동동작의 실천을 위한 반복과 교정을 통하여 행동적인 실천 감각을 익히고 각 하위기술을 되풀이할 수 있는 반응 패턴으로 조직할 수 있는 능력이 필요하다고 설명한다.

④ 동기과정(motivational process)

■ 관찰한 것을 적절하게 수행하도록 동기유발을 시켜 행동을 통제하는 과정이다.

■ 관찰학습에서 강화가 꼭 필요한 것은 아니지만, 강화는 학습한 행동을 수행할 가능성을 높인다.

■ 행동을 학습한 후 그 행동을 수행할 여부를 결정하는 데 중요한 역할을 하는 것이 바로 강화이다. 이때 실제로 강화를 받아서 그 행동을 결정하는 것만은 아니다. 강화를 예상하는 것만으로도 동기화할 수 있다.

■ 동기과정은 관찰학습 과정의 결과를 유지하기 위해서 필요하다.

■ 반두라는 보상만 가지고는 지속적인 모방을 위한 동기를 만들어내는 데 충분하지 않다고 하였고, 행동을 수행할 수 있는 능력을 가지고 있다 하더라도 인센티브나 동기가 없이는 행동을 수행하지 않을 것이라고 하였다.

■ 아이는 단순히 결과를 경험하는 것이 아니라 예상되는 결과들을 소중히 한다. 그래서 결과들은 행동적 결과들을 예견하고 모델이 된 행동들을 선택하게 함으로써 아이가 행동하게 하여 아이의 행동을 규정하도록 돕는다. 그러므로 모델들을 통한 관찰학습은 긍정적인 자극이 주어질 때 동기화되고 행동으로 전환될 수가 있다.

－동기과정, 자기강화의 과정 등으로도 부른다.

－관찰한 것을 적절하게 수행하도록 동기유발시켜 행동을 통제하는 과정이다.

－관찰학습에서 강화가 꼭 필요한 것은 아니지만, 강화는 학습한 행동을 수행할 가능성을 높인다.

－사람은 하나의 모델을 관찰하여 새로운 지식이나 행동을 획득할 수는 있으나, 그 반응을 수행할 수도 있고 혹은 수행하지 않을 수도 있다.

→ 즉, 반두라는 아무리 사람이 모델행동에 주의를 기울이고 그것을 기억한다고 할지라도 또 아무리 행동을 수행할 수 있는 능력을 갖고 있다고 하더라도 충분한 자극(incentive)이나 동기가 없이는 행동을 수행하지 않을 것이라고 주장한다.

예) 한 남자아이가 텔레비전의 오락프로그램에서 한 개그맨이 즐겨 사용하는 유행어를 하는 것을 듣고서, 그러한 새로운 유행어를 배울 수 있으나 그 유행어를 실제에 그대로 표현하지 않을 수도 있다.

－따라서 반두라는 새로운 반응의 획득(학습)과 수행(실행)을 구별하였다. 이때 수행은 강화와 동기적 변이들에 의해 좌우된다.

－그러면 새롭게 획득된 유행어를 어떤 상황에서 실제로 표현을 하기도 하고 하지 않기도 하는가라고 할 때, 반두라는 세 가지 강화변인에 좌우되는 것으로 주장하고 있다.

■ 수행은 직접적 강화에 의해 영향을 받는다. 직접적 강화란 과거에 자신이 직접 다른 사람으로부터 어떤 강화를 받았느냐에 따라 수행 여부를 판단하는 것을 말한다.

예) 그 남자아이가 과거에 개그맨이 하는 유행어를 잘 표현해서 다른 사람으로부터 칭찬과 찬사를 받은 적이 있다면, 그는 개그맨의 유행어를 모방하려고 할 것이고, 그러한 행동에 다른 사람으로부터 비난과 질책을 받은 적이 있다면 개그맨의 유행어를 모방하는 것을 주저할 것이다.

- 수행은 대리적 강화에 의해 영향을 받는다. 대리적 강화란 바로 모델에게 발생하는 결과를 보고 수행여부를 판단하는 것을 말한다.

예) 한 남자아이는 개그맨이 유행어를 사용하여 모든 사람을 웃기고 많은 박수갈채를 받는 것을 본다면, 그는 개그맨의 유행어를 모방하려고 할 것이다. 또한 개그맨이 다른 사람으로부터 비난과 질책을 받는다면, 그는 개그맨의 유행어를 모방하는 것을 주저할 것이다.

- 수행은 자기강화(self-reinforcement)에 의해 영향을 받는다. 자기 강화란 자기 자신의 내적 기준들을 설정하고 거기에 따라 자기 스스로에게 보상과 벌을 주는 것을 말한다.

예) 평소에 본인이 직접 개그맨의 흉내를 잘 내어서 다른 사람으로부터 칭찬을 많이 받았거나, 개그맨이 다른 사람으로부터 칭찬을 받는 것을 관찰한 사람은 자기 스스로의 높은 내적 기준을 세우게 된다. 따라서 이 남자아이는 자신에게 보상을 줄 만하다고 여겨지면 그 행동은 수행하게 될 것이고, 그렇지 않으면 수행하지 않을 것이다.

〈스키너와 반두라의 차이점, 공통점〉

	Skinner(1971)	Bandura(1974)
행동의 결정요인	인간의 자기결정과 자유의 가능성을 완전히 배제(기계론적 환경결정론)	인간을 환경을 산출해내는 주체자(상호적 결정론)
합리적인 존재 여부	논의 자체를 거부	합리적 행동을 계획할 수 있는 능력이 있음
인간본성을 보는 시각	객관적인 자극-반응의 관계에서만 설명 가능	인간 내면의 주관적인 인지적 요소가 관여-인간에 대한 주관적·객관적 관점을 동시에 지님
공통점	- 인간의 행동을 불러일으키는 요인은 환경적 자극이라는 점에 동의 - 인간본성이 가변적 속성을 가지고 있다는 점 - 관찰 가능한 행동에 초점을 두고 있기 때문에 과학적 연구를 통하여 인간본성을 설명	

(7) 학습된 무기력

- 셀리그먼 등(Seligman et al.)이 발전시킨 학습된 무기력(learned helplessness) 이론은 사람들은 자신이 직면한 사건을 극복하는 노력이 지속적으로 성공하지 못할 때 무기력을 배운다는 면에서 사회학습이론의 확장된 적용이라고 할 수 있다.
- 이론의 핵심: 사람들은 자신의 노력에도 불구하고 그들이 통제할 수 없는 사건에 직면하여 자신의 반응으로 미래의 결과를 통제하지 못할 것이라는 예측, 즉 반응과 결과가 일치하지 않을 것이라는 기대에서 무기력이 발생한다는 것이다.
→ 통제할 수 없는 사건의 ex: 자연재해, 범죄, 폭력, 돌발적인 사고, 심각한 질병, 강간,

가까운 사람의 이별 또는 죽음, 상실, 학대, 방임 등이다.

－우울증, 인종차별주의, 여성차별주의 등을 설명해주는 데에 활용되고 있다.

3) 사회학습이론에 대한 평가와 사회복지실천 적용

(1) 평가

① 사회학습이론의 의의
- 모방학습의 중요성을 인식하게 해준다.
- 사회적 환경이 인간에게 얼마나 많은 영향을 미치는가에 대한 인식을 증진시킨다.
- 스키너와는 달리 관찰학습에서 행동에 영향을 줄 수 있는 인지적 요소의 중요성을 강조한다.
- 인간행동의 학습에서 단지 자극-반응이라는 유형을 넘어서서 복합적인 사회적 상호작용의 중요성 강조한다.

② 사회학습이론에 대한 비판
- 인간행동에서 외부환경의 중요성을 강조하면서 내적이고 자발적인 측면을 과소평가한다. 그러나 인간은 모델의 강화가 없이도 내적 흥미로부터 자발적으로 행동을 학습할 수 있는 존재이다.
- 관찰학습은 단순한 행동을 신속하고 쉽게 학습할 수 있다는 장점을 가지지만, 다양하고 복잡한 기능을 필요로 하는 행동의 학습을 설명하는 데는 한계가 있다.
- 인간행동의 발달에서 연령별로 다르게 나타나는 학습과 관련된 인지 수준을 고려하지 않는다.
- 행동주의 학자 ⇨ 인지가 행동의 원인이 될 수 없다고 주장하는 학자에 의해 비판한다.
- 정신역동이론 ⇨ 인간의 행동을 예견하지 못한다는 점에서 비판한다.
- 사회학습이론 ⇨ 단순한 행동적인 문제만 다루었다는 점에서 비판한다.

(2) 사회학습이론의 사회복지실천 적용

- 사회학습이론은 사회복지사가 클라이언트 및 모든 사람의 행동을 명확히 인지하고 이 행동이 서로 어떻게 연관되는지 파악하는 것을 가능하게 하였다.
- 사회학습이론은 어떤 행동이 있을 때와 없을 때 서로 어떻게 다른지 관찰하는 사정의 중요성을 강조한다.
- 임상모델링을 통해 관찰과 모방이 클라이언트의 문제행동을 제거하는 데 유용하다는 것이 입증되었다.
- 사회복지실천에서 모델링은 아이를 적절하게 치료하는 데에 사용할 수 있는데, 부모는

이를 관찰할 수 있다.

예) 가끔 문제행동을 보이는 5세 여자아이는 사회복지사가 우연히 떨어뜨린 연필을 주워서 사회복지사에게 돌려주었다. 이때 사회복지사는 아이의 선의에 대해, "연필을 주워 줘서 참 고맙다. 이 연필은 선생님한테 참 중요한 거란다. 많은 도움이 됐단다"라고 긍정적 강화를 준다면 부모는 이것을 관찰한 후 생활에서 적용한다.

■ 사회복지사는 모델링의 역할놀이를 통해서 통제에 어려움을 느끼는 클라이언트에게 어려운 통제 대상의 역할을 흉내 내도록 하여 새로운 방식을 학습할 수 있는 기회를 제공할 수 있다.

예) 아들을 통제하는 데 어려움이 있는 부모에게 아들의 행동을 흉내 내는 역할을 준다. 부모는 자신이 생각하는 아들의 행동방식대로 행동하라는 지시를 받는다. 이때 사회 복지사는 아들에게 이러한 부모의 행동을 보고 어떻게 말하는 것이 적절하고 효과적 인지 행동하게 한다. 아이의 행동은 부모에게 모델이 될 수 있다. 학습이론과 행동수 정치료가 사회복지에 출현하기 전까지 사회복지사들은 사회복지현장에서 부딪치면서 밝혀지는 학습과정을 전혀 고려하지 않았다. 학습이론과 행동수정치료는 사회복지사 들의 "지지적" 치료와 지지적 발언들이 클라이언트의 행동을 변화시키는 데 필수적으 로 있어야 하는 긍정적 강화라는 것을 인식하도록 하였다. 마찬가지로 지지적 발언을 하지 않거나 클라이언트의 자기파괴적 행동을 제한하는 것은 부정적인 강화를 통해 부적응 행동을 소거시키는 데 필수적인 것이다. 행동주의자들은 사회복지사가 클라이 언트의 어떤 행동을 변경해야 하고 생활의 어떤 면을 상이하게 처리해야 한다는 것을 보다 정확하게 규명하도록 하는 데 도움을 주었다.

제3부 인본주의 이론

제8장

인본주의 이론

1. 매슬로의 욕구이론

▶ 매슬로의 생애

매슬로(Abraham H. Maslow)는 1908년 뉴욕의 Brooklyn에서 태어나 1970년 심장마비로 사망하기까지 미국 심리학계의 인본주의 운동의 가장 주목받는 인물이었다. 러시아에서 이민 온 교육받지 못한 유대인 부모에게서 태어난 매슬로는 유대인 이웃이 전혀 없는 곳에서 불행하게 자랐다고 회고한다. 아버지의 권유로 법학공부를 시작하였으나 2주 만에 그만두고 1930년 위스콘신 대학교에서 심리학 학사를 받고, 1934년에 심리학 박사학위를 받았다.

매슬로가 위스콘신에서 심리학을 공부하기로 결심한 것은 존 왓슨(Jone Watson)의 행동주의에 결정적인 영향을 받아서였다. 한때 손다이크(Thorndike)의 연구조교로 일하기도 했으며, 1951년까지 Brooklyn 대학교에서 교수로 봉직했다.

매슬로의 학위논문은 행동주의에 토대를 둔 원숭이의 성적 특성과 지배특성에 관한 것이었다. 하지만 행동주의에 대한 열정은 첫딸 출생 후 아이가 보이는 복잡한 행동을 관찰하면서, 행동주의는 사람보다는 동물에게 더 적합하다고 믿게 되었다. 더불어 제2차 세계대전으로 인간의 편견, 증오 등을 경험하면서 매슬로는 인본주의 심리학으로 전환하게 되었다고 한다.

저서로는 유명한 『동기와 성격』(1970)이 있으며, 이 책에서 그는 인간욕구의 위계체계를 제안했다. 대표적인 저서로는 『인간심리학을 향해서』(1962), 『종교, 가치관 및 절정경험』(1964), 『과학심리학: 정찰대』(1956), 『인간본성의 깊은 이해』(1971) 등이 있다(Maslow, 1970).

1) 욕구체계의 이론적 특징

(1) 인본주의 이론(Maslow, Rogers)의 적용

① 심리학의 제1세력인 정신역동이론, 제2세력인 행동주의 이론에 반대하는 인간의 자유의지를 강조하는 제3세력의 심리학이다.

② 인간의 자아실현경향, 긍정적 측면에 초점을 둔다. 인본주의 이론은 무의식적 결정론에 근거한 정신분석이론과 환경결정론에 근거한 행동주의 이론의 입장에 반대한다. 매슬로(Abraham Maslow)는, 행동주의 이론은 인간이 관찰이 가능한 행동체계로만 취급하여 가치관, 감정, 희망, 창조성 등의 인간적 측면을 간과하고 있으며, 정신분석이론은 신경증적 병리적 행동에만 지나치게 관심을 가지고 건강한 성격의 발달을 경시하였다고 비판하였다.

(2) 욕구이론의 특징

① 기본 전제(Maslow, 1970)
- 각 개인은 통합된 전체로 간주되어야 한다.
- 인간의 본성은 본질적으로 선하며, 인간의 악하고 파괴적인 요소는 나쁜 환경으로부터 비롯된 것이다.
- 창조성이 인간의 잠재적 본성이다.
- 프로이트(Freud)식으로 정신질환자들을 연구하거나 행동주의식으로 동물을 연구하는 것을 비판하면서, 심리학의 연구과제는 심리학적으로 건강한 사람들의 특성을 발견하는 것이라고 주장했다. 그는 인간 잠재력에 관심을 가지고 행동주의자들처럼 '현실'에 집착하는 것이 아니라 인간이 펼칠 수 있는 '가능성'에 대해 연구했다.
- 모든 인간은 선천적으로 자아실현을 이루고자 하는 노력 혹은 경향이 있다.
- 소수의 사람만이 자아실현에 완전히 도달한다. 따라서 대부분의 사람은 자신의 욕구를 충족시키고자 하는 갈망을 항상 간직하고 있다.
- 매슬로는 연령에 따른 발달적 접근을 하지는 않았다. 자아실현에 대한 갈망은 거의 모든 연령대에서 발견할 수 있는 보편적인 과정이기 때문이다. 그러나 연령별로 조금씩 상향적인 경향을 보이는 것 같다.
- 매슬로는 자아실현을 선천적으로 타고난 욕구라고 보았지만, 어린 시절의 경험이 훗날 자아실현에 중요하다고 한다.
→ 만 2세가 된 아동이 적절한 사랑과 안전 그리고 존중을 받지 못하면 자아실현에의 성장은 매우 어려울 것이라면서 출생 후 2년 동안의 시기를 강조했다.

② 인간에 대한 관점(Gatchel & Mears, 1982)
- 모든 인간은 선천적으로 자기실현을 이루고자 하는 노력 혹은 경향이 있다.
- 자신에 대해 좀 더 알고 싶어 하고 자신의 능력을 최대로 개발하고자 하는 것이 인간의 본성이다.
- 인간의 본성은 선하며, 더불어 자기실현을 긍정적인 과정으로 갈망한다.

- 인간은 자신의 능력을 다른 사람에게 알리고 스스로를 개발하고 인격이 성숙하는 데서 기쁨을 느끼며 사회에 이익을 돌리는 존재이다.
- 소수의 사람만이 자기실현에 완전히 도달한다. 대부분의 사람은 자신의 욕구를 충족시키고자 하는 갈망을 항상 간직하고 있다.
- 자기실현의 욕구 외에 인간은 본능적 욕구를 가지고 태어나며 본능적 욕구들은 인간을 성장하게 하고 발달하게 하며 인간 자신을 실현시키고 성숙하게 하는 원동력이 된다.
- 본능적 욕구, 창조성도 모든 인간에게 잠재해 있기 때문에 특별한 자질이나 능력을 요구하지 않는다.
- 인간은 자유롭고 자율적이며 인간행동은 내면으로부터 나오지만 무의식적 동기의 산물이 아니다.
- 동물에 관한 연구는 복합적인 인간경험의 본질을 설명해주지 못한다.
- 인간행동을 연구하고 이해하기 위해서는 인간의 병리적인 측면보다는 건강한 사람의 행동과 지각에 대한 탐구이다.
- 사람은 능력 있는 존재이며 기본적인 욕구들이 충족되면 인간성을 성취하고 결국은 자아실현자가 된다.

(3) 욕구이론의 발달적 관점

① 연령을 따르지 않는 발달단계

- 매슬로는 연령에 따른 발달적 접근을 하지는 않았다. 자기실현에 대한 갈망은 거의 모든 연령대에서 발견할 수 있는 보편적인 과정이기 때문이다. 그러나 연령별로 조금씩 상향적인 경향을 보이는 것 같다.
- 유아의 경우 아마 생리적 욕구가 가장 강렬할 것이다. 점점 나이가 들면서 안전에 대한 욕구가 강해지고, 다음에는 소속과 애정에 대한 욕구가 강해지는 식의 특징을 갖는다.
- 중년의 경우 다양한 학습 경험이 있는 데다 소득 능력이 정점에 달하기 때문에, 자기실현의 욕구를 충족하는 데 더욱 집중할 수 있게 된다. 실업 상태이거나 질병이 장기화되거나 관계가 단절될 경우, 더 낮은 수준의 욕구를 강조하는 방향으로 선회하기도 한다.

② 자기실현

- 매슬로는 자기실현을 선천적으로 타고난 욕구라고 보았지만, 어린 시절의 경험이 훗날 자기실현에 중요하다고 한다.
- 만 2세가 된 아동이 적절한 사랑과 안전 그리고 존중을 받지 못하면 자기실현으로 성장하는 것은 매우 어려울 것이라면서 출생 후 2년 동안의 시기를 강조했다.

(4) 욕구이론의 주요개념

매슬로는 로저스나 다른 인본주의자들과 같이 인간을 자아실현을 위하여 노력하는 존재라고 규정하면서 태어날 때부터 두 가지 성향, 즉 생존적 경향(survival tendency)과 실현적 경향(actualizing tendency)을 갖고 있다고 보았다.

■ **생존적 경향**

- 기본적 욕구 혹은 결핍 욕구(deficit need)라고도 하며, 이는 인간의 생존을 단순히 생리적인 차원에서 유지하려는 경향이다.
- 여기에는 생리적 욕구, 안전 욕구, 소속과 사랑의 욕구, 존중의 욕구가 포함된다.
- 이러한 욕구가 충족된 후에 비로소 인간의 실현적 경향이 문제가 되며, 한 개인이 이러한 욕구를 충족시키지 못하면 신경증이 유발된다.

■ **실현적 경향**

- 메타욕구(meta need) 혹은 성장욕구(growth need)라고도 하며, 자신의 잠재능력, 기능, 재능을 발휘하려는 욕구로서 생존적 경향이 충족되었을 때 나타나는 것이다.
- 여기에는 자아실현욕구가 포함된다.

① 욕구단계이론에서 욕구의 특징
- 인간의 기본적인 욕구가 충족되지 않으면 생리적 또는 심리적인 역기능이 일어나고 그것은 직접적으로 혼란 상태를 야기한다.
- 욕구충족이 이루어지면 생리적 또는 심리적 역기능이나 혼란 상태는 회복된다.
- 기본적인 욕구의 계속적인 충족은 역기능과 혼란 상태를 예방하고 성숙과 건강의 상태를 수반한다.
- 욕구충족의 선택의 문제가 발생할 경우, 하나의 욕구를 충족하기 위해 다른 욕구의 충족을 유예하거나 희생하게 된다.
- 기본적인 욕구의 충족이 장기간 계속되면 그 욕구에 대한 요구는 감퇴하게 된다. 욕구위계에서 상위의 욕구는 인생의 나중에 나타난다. 즉, 생리적 욕구와 안전의 욕구는 유년기에, 소속과 존중의 욕구는 청년기에 나타나며, 자아실현 욕구는 인생의 중반에 접어들기까지는 나타나지 않는다.

② 욕구단계이론에서 동기의 작용(Schultz, 1990)

㉠ 결핍동기(욕구, d-need; deficit need)
- 삶을 유지하기 위해, 생명유지를 위해 꼭 필요한 동기이다.
- 욕구가 적절히 충족되지 못하여 불만이 생겼을 때 작용하는 동기로 인간은 결핍상태

가 발생하면 그러한 결핍상태를 극복하기 위해 목표지향적 활동을 하게 한다.

- 음식, 물, 쾌적한 온도, 신체의 안전, 애정, 존경의 욕구를 포함한다.
- 인간에게 있는 기본욕구와 매타욕구를 구분하는 동기화이론을 제시하고, 기본욕구는 결핍성의 욕구라고도 한다.
- 매타욕구는 성장욕구 또는 자아실현욕구라고도 하며 정의, 선, 미, 질서, 조화, 잠재능력과 재능을 발휘하려는 욕구들이다.
- 생리적 욕구에서 존중욕구의 단계를 알고 있다면, 각각의 욕망에 걸맞은 '맞춤형 서비스'가 가능하다.
→ 열흘 굶은 사람에게 명예를 지키라는 말은 공허한 수사에 지나지 않는다. 반면, 풍요와 관심 속에 자라난 엘리트에게 자존심의 상처는 목숨을 걸 만큼 중대한 문제가 될 수 있다.
- 그러나 매슬로의 이론이 이것뿐이라면, 콤플렉스의 원인을 충족되지 못한 욕구로 풀어보려는 여느 정신분석이론들과 별다를 바가 없다.
- 나아가 결핍 욕구의 최종 목표는 충족을 통해 욕구 자체를 없애는 데 있다. 하지만 궁극적으로 모든 욕망이 사라진 상태란 곧 죽음에 지나지 않는다. 따라서 결핍 욕구만을 추구하는 삶은 결국 허무로 끝날 수밖에 없다.

ⓛ 성장동기(b-need; being need, Engler, 1991)
- 삶을 창조하려는 동기이다.
- 오직 자기실현의 욕구에서만 작용하는 동기로 하위 4가지 욕구가 어느 정도 충족되어야 자기실현의 욕구에 도달할 수 있다.

ⓒ 형성되어 가는 것
- 인간은 결코 정적이지 않고 항상 무엇인가 다른 존재가 되려고 하는 과정 중에 있다.
- 형성되어 가는 과정을 자아실현의 과정으로 보았으며 이는 인간본성의 고유한 것으로 간주하였다.
- 형성되어 가는 것을 거부하는 사람은 성장하기를 거절하는 것이고, 스스로 인간실존의 가능성을 부정하는 것이다. 또한 이것은 인간의 실현 가능성에 대한 왜곡이며 비극이라고 한다.

ⓔ 잠재적 창조성
- 인간의 가장 보편적인 특질은 창조성이라는 사랑에 최초로 관심을 가졌다.
- 모든 사람은 태어날 때 창조성을 잠재적으로 가지고 있으나 문명화되면서 창조성을 잃게 되었다고 생각하였다.
- 창조성이란 누구에게나 잠재해 있는 것이기 때문에 특별한 자질이나 능력을 요구하지

않는다.

－매슬로의 위대함은 결핍 욕구를 넘어선 지점에서 비로소 빛을 발한다. 모든 결핍 욕구 가 채워졌다 해도 인간의 욕망은 사라지지 않는다. 오히려 자신을 옭아매던 결핍 욕구 에서 벗어난 순간, 인간은 비로소 진정한 자신을 실현하려고 하는 욕구에 휩싸인다. 이 를 매슬로는 자기 자신이 되려는 욕망 즉, 성장(존재) 욕구(b-need; being need)라고 부른다.

－이러한 성장 욕구가 충족되지 않을 때에 그 사람은 소외, 고민, 냉담, 냉소 등과 같은 상태가 되어서 병적인 상태가 될 수도 있다. 즉, 심리적인 건강을 유지하고 완전한 성장 을 이루기 위해서는 성장욕구를 만족시켜야 한다. 성장욕구는 채우면 채울수록 줄어들 기는커녕 오히려 더 강해진다.

예) 지존의 음악가는 모든 부와 명성을 얻은 후에도 더 완벽한 연주를 위한 노력을 포기 하지 않는다. "능력은 곧 욕구이기 때문이다." 또한 근육이 뛰어난 사람은 몸을 쓸 때 쾌감을 느끼는 것처럼, 사람은 누구나 자신이 완전히 기능할 때 최고의 행복을 느낀다 는 말이다. 이른바 자아실현이란 이런 상태를 말한다.

－사람들은 결핍욕구에 익숙해 있기 때문에 개인의 행동은 긴장을 감소하거나 당장의 부 족한 것을 채우려는 쪽으로 에너지를 투입하게 된다.

예) 사람이 외로우면 친구(동료)를 찾는 경우 등이다.

－결핍욕구를 만족시키면 긴장이 완화되지만 성장욕구를 만족시키려면 오히려 긴장이 증 가한다.

예) 즐거움을 맛보기 위하여 험한 산을 오름으로써 성장욕구를 만족시키려는 것은 위험과 신체적 어려움이 수반된다. 반면에 결핍욕구인 안전을 지키기 위해서는 그냥 계곡에 머물면서 산을 오를 때 부딪칠 수 있는 위험으로부터 자신을 보호하면 되는 것이다.

③ 자기실현 욕구를 충족한 사람의 특징(Maslow, 1970)
- 현실에 대해 정확하고 안전하게 지각한다(판단과 지각에 편견이 선입관을 갖지 않는다).
- 자신과 타인 및 사물 일반에 대해 불만 없이 있는 그대로 수용한다.
- 자발적이고, 솔직하고, 꾸밈이 없고 자연스럽다.
- 자기 밖의 문제들에 대해 집중하는 경향이 있다.
- 자신에 대하여 해롭게 여기거나 불편해하지 않으면서 혼자일 수 있다.
- 자율성을 좋아하기 때문에 물리적·사회적 환경에 구애받지 않는다.
- 신선한 안목과 감상을 가지고 삶의 기본적인 것들에 대해 가치와 의미를 찾는다.
- 절정경험을 한다(강렬하고 저항할 수 없는 황홀한 기쁨).
- 깊은 인간관계를 가지며 자기 자신을 사랑한다.
- 민주적 이상을 중요시하는 인격구조를 가지고 있어 누구에게나 조건 없이 우호적이며 모든 사람을 존중한다.

- 수단과 목적, 선과 악을 구별하여 윤리적이다.
- 독창적이며 창의적이다.
- 적개심이 없이 철학적이며, 유머감각을 가지고 있다.
- 자기실현 욕구를 충족한 사람은 자율적이기 때문에, 특정 방식으로 생각하고 행동하라는 문화적·사회적 압력에 쉽게 넘어가지 않는다.
- 창조적이다.
- 매슬로는 기본적으로 인본주의의 관점을 취하면서, 인간이 가진 생리적 욕구, 안정적 욕구, 소속과 사랑에 대한 의존욕구, 존중욕구, 자기실현욕구 등을 중심으로 하여 인간의 성격이론을 전개하였기 때문에 인간동기이론 혹은 욕구이론이라고 불린다.

2) 욕구체계의 개념과 단계

(1) 욕구체계의 개념

- 매슬로는 인간행동의 동기를 '욕구'라고 보았다.
- 매슬로는 인간행동의 동기가 되는 욕구체계를 제시했다.
- 가장 기본적인 욕구를 충족하고 나면 인간은 가장 최고의 욕구 수준에 도달할 때까지 계속해서 다음 단계의 욕구를 갈망한다.
- 인간의 욕구는 강한 것에서부터 약한 것으로, 위계를 가진 보편적이고 선천적인 동기에 의해 유발되며, 그 강도의 순서에 따라 계층적 단계로 배열된다.
- 생리적 욕구-안전의 욕구-소속과 애정의 욕구-자기 존중의 욕구-자기실현의 욕구이다.
- 제1형태의 욕구와 제2형태의 욕구
- 제1형태의 욕구: 결핍동기와 관련된 욕구들, 즉 삶을 유지하기 위해 필수적으로 필요한 기본적인 욕구들을 말하는 것으로, 음식, 물, 안전, 존중 등이 포함된다.
- 제2형태의 욕구: 성장 동기와 관련된 욕구로, 성장욕구, 자기실현욕구, 잠재력과 자기발휘의 욕구 등이 포함된다.
- 욕구위계 중 자아실현의 욕구는 제2형태의 욕구에 해당되며, 나머지 4가지 욕구는 결핍동기를 충족하기 위한 제1형태의 욕구에 해당된다.
- 일반적으로 위계서열이 낮은 욕구일수록 강도와 우선순위가 높으며, 단계별로 상위의 욕구가 차례로 나타나는 경향이 있지만, 단계적 배열에 예외가 있을 수 있다. 즉, 욕구서열이 일반성을 가지지만 이 서열이 절대적인 것은 아니다.
- 욕구단계 이론은 낮은 단계의 욕구가 어느 정도 충족되어야 더 높은 단계의 욕구를 의식하거나 동기가 부여된다고 가정한다. 그러나 상위 욕구가 출현하기 전에 하위 욕구가 100% 충족되어야 하는 것은 아니다.
- 욕구위계에서 상위 욕구일수록 충족비율이 상대적으로 낮다.

(2) 매슬로의 욕구체계의 단계(Maslow, 1970)

자기실현의 욕구	제2형태의 욕구 성장동기	
자기 존중의 욕구		
소속과 애정의 욕구	제1형태의 욕구 결핍동기	
안전의 욕구		
생리적 욕구		

- 그림과 같이 욕구체계는 위계가 있는 사다리로 생각해볼 수 있다. 즉, 사다리에 오를 때, 두 번째 단에 오르기 위해서는 첫 번째 단을 올라야 하며, 세 번째 단에 오르기 위해서는 두 번째 단을 올라야 한다.
- 가장 강한 욕구는 첫 번째 욕구로서 그것이 만족되어야만 두 번째 욕구로 올라갈 수 있다.
- 다섯 가지 욕구는 동시에 일어나는 것이 아니라, 어떤 특정한 순간에는 한 가지 욕구만이 강렬하게 나타나고 이 한 가지 욕구가 나타나기 위해서는 이전 단계의 욕구가 충족되어야 한다.

① 생리적인 욕구(the physiological needs)
- 생리적 욕구는 인간의 욕구 중에서 가장 기본적이고 강한 욕구이다.
예) 음식, 물, 공기, 수면, 배설, 성욕(性慾) 등이다.
- 이러한 기본적인 욕구가 충족되지 않으면 더 높은 단계의 욕구를 충족하려는 시도를 하지 않으려 한다.
→ 물론 우리가 배고픔이나 갈증을 참고 견딜 수는 있지만, 이런 생리적 욕구들이 계속적으로 충족되지 못한다면 우리는 더 높은 단계의 욕구로 나아가지 못할 것이다.
- 원시 사회의 사람들은 자아실현의 욕구에 많은 관심을 쏟지 못하였는데, 이들은 거의 생리적 욕구나 안전의 욕구들에 대하여 골몰하였기 때문이다. 늘 배고픈 사람은 음악을 감상하고 작곡한다거나 멋진 신세계를 건설하려 하지 않을 것이다. 이들은 먹는 것에 정신이 팔려 있기 때문이다. 금강산도 식후경이다.

② 안전에 대한 욕구(the safety needs)
- 안전 욕구는 일상생활에서 정신적·신체적 안전을 추구하는 욕구를 의미한다.
→ 즉, 물리적 위험으로부터 벗어나고자 하는 데서부터 출발하여 가정, 직업, 재산, 음식, 주

택 등을 잃게 되는 두려움으로부터 벗어나 안정감을 가
지고 보호받으며 살고 싶은 욕구이다.

예) 동물원에 처음 간 아이가 사자 우리 앞에서 '집에 가고
싶어' 하면서 엄마 치맛자락 뒤로 숨는 것이다.

예) 요즈음 '공무원'에 대한 인기가 높은 것이다.

예) 저축하고 사는 것이다.

– 일단 생리적 욕구가 만족되면 개인은 안전 욕구에 관심
을 갖게 된다.

→ 이러한 욕구가 생기는 주된 이유는 모든 개인이 확실하
고, 잘 정돈되고, 조직화되고, 예측할 수 있는 환경 내에서 생활하고 싶어 하기 때문이다.

– 아동기에는 이러한 안전 욕구가 성인에 대한 의존으로 나타나지만, 성인기에 있어서의
안전 욕구는 직업생활을 통하여 의식주를 해결할 수 있는 정도의 재정적 수입을 확보
하고, 이와 아울러 퇴직이나 실업, 질병 등에 대비하여 저축이나 보험에 가입하며, 종교
를 통하여 안전감을 획득하는 행동 등으로 표현된다.

– 이러한 안전 욕구는 사회가 실업위기, 전쟁, 범죄, 사회조직의 해체 그리고 자연적 재해
와 같은 상황에 직면하였을 때 특히 강하게 나타난다.

③ 소속과 애정에 대한 욕구(the belongingness and love needs)

– 소속감과 사랑(애정)의 욕구는 가정을 이루거나 친구를 사
귀는 등 어떤 집단에 소속되어 사랑(애정)을 주고받고 싶은
욕구이다.

→ 여기서의 사랑은 성(性)과 동의어가 아니다. 성숙한 사랑
이란 두 사람 사이의 건전한 사랑의 관계, 즉 상호존중,
칭찬, 신뢰 등을 포함한다.

– 인간은 본래 사회적 존재이기 때문에 다른 사람들과의 인
간관계를 맺고 싶어 하고, 어느 집단에 소속되고 싶고, 사
랑과 우정을 나누고 싶은 욕구를 지니고 있다.

– 결혼을 해서 가정을 이루는 것뿐 아니라 직장생활, 정당 활동, 동창회 활동, 취미활동
등 여러 가지 모임에 참여하는 것은 바로 이러한 욕구 때문이다. 이러한 욕구는 사회적
인 고독, 소외, 배타성을 경험할 때 특히 강하게 나타난다.

– 모든 개인은 사랑을 받고 수용되는 것을 통하여 자신이 가치 있는 존재라는 감정을 갖
게 되며, 사랑을 받지 못할 때 공허감, 무가치감, 적대감 등을 갖게 된다.

④ 자기 존중에 대한 욕구(the esteem needs)

- 존중(또는 자존감, 자기 존중, 존경) 욕구는 자기 존중과 다른 사람으로부터의 존경을 모두 포함하는 것이다.

→ 전자(자기 존중)는 능력, 신뢰감, 개인적 힘, 성취, 독립, 자유 등을 포함하는 것으로 자기 자신을 가치 있다고 생각하는 것이다.

→ 후자(다른 사람으로부터의 존경)는 명성, 인식, 수용, 평판 등을 포함하는 것으로 타인으로부터 좋은 평가를 받기 때문에 자신을 가치 있는 사람으로 간주하게 된다. 존중 욕구는 권력, 명예, 지위의 상승을 추구하게 만들며, 대체로 사람들은 후자에 대한 욕구가 강하다.

- 이러한 존중의 욕구가 충족되지 못할 경우 개인은 타인에 대하여 열등의식을 느끼고 자기 비하를 하고 삶에 대처하는 데 있어서 무력감을 경험하게 되며 자신이 무용지물이라는 인식을 갖게 된다.

- 매슬로는 참된 자기 존중은 자기 스스로의 능력, 자질과 노력을 통해 타인으로부터 인정과 존경을 받게 될 때 이루어진다고 보았다.

⑤ 자기실현의 욕구(또는 자아실현욕구, the need for self-actualization)

- 지금까지의 4가지 욕구가 충분히 만족되면 자아실현에 대한 욕구가 등장한다.

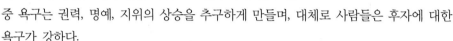

- 자아실현 욕구는 자신이 원하는 종류의 사람이 되고, 자기가 성취할 수 있는 모든 것을 성취하려는 욕구이다.

- 가장 높은 수준의 욕구로서, 이러한 자아실현은 자기 증진을 위한 개인적 갈망이며, 잠재적 능력을 실현하려는 욕망이다.

- 이러한 자아실현의 욕구는 사람에 따라서 다른 형태로 나타나게 되는데, 어떤 사람은 이상적인 어머니가 되고 싶은 소망의 형태로, 다른 사람은 운동으로 표현하는 형태로, 또 다른 사람은 화가가 되는 형태 등으로 다양하게 표현된다.

- 그러나 자아실현은 창조적이고 예술적인 노력의 형태를 띨 필요는 없다. 부모, 스포츠 선수, 학생 또는 교사, 그리고 열심히 일하는 근로자 모두는 각자가 최선을 다함으로써 그들의 잠재력을 실현하고 있는지도 모른다.

- 자아실현의 특별한 형태는 사람에 따라 크게 다르다. 개인차가 가장 심하게 나타나는 것은 매슬로의 욕구단계이론 중 이 부분이라고 할 수 있다.

- 매슬로는 건강하고 바람직한 성장과 자아실현은 외부로부터 형성되는 것이 아니라 타고난 잠재력과 흥미를 실현시킴으로써 이루어지는 것이라고 보았다.
- 인간은 자신의 잠재력에 맞는 일을 할 때 기쁨을 느끼고 그 일들을 남들보다 잘할 수 있다고 한다. 그러나 자신의 기쁨과 부모의 기쁨이 충돌할 경우 대부분의 아동은 안전에 대한 욕구나 소속감과 사랑에 대한 욕구를 충족하기 위해 부모의 기쁨 쪽을 따르게 된다. 이러한 과정을 계속하게 되면 성인이 된 이후 자아실현 욕구가 충족되지 않아 권태, 삶의 의욕 상실 등 병이 생길 수 있다.
- 자아실현을 위해서는 자기 인식이 필요하다. 즉, 사람은 누구나 인생의 목표를 가지려고 하고, 그 목표를 지향하기 위하여 어떤 일을 하고 있다는 느낌을 필요로 한다. 이것이 자기 충족 또는 자아실현의 필수적 요건이다.
- 비록 자아실현이 선천적으로 타고난 욕구이긴 하지만, 자아실현을 이룰 수 있느냐 없느냐 하는 것은 어린 시절의 경험에 상당량 달려 있으며, 어린 시절의 경험은 그 뒤의 발달을 촉진 혹은 저해하기도 한다.
- 아동이 사랑을 받고 있다는 것을 느끼는 것이 훗날 자아실현에 대단히 중요하다(Maslow는 출생 후 2년 동안이 중요하다고 함).
- 결국 인간이 원하는 것은 위의 5단계 중 어느 한 단계에 속한다고 할 수 없고, 육체의 평안을 통해서, 사랑을 통해서, 명예를 통해서 또는 자신의 잠재력 개발을 통해서 나름대로 행복을 추구하는 것이다. 그러나 매슬로는 인간의 욕구를 강도나 중요성에 따라 계층적으로 배열한 것이지 결코 행복 그 자체를 계층적으로 배열한 것은 아니다.

(3) 매슬로의 6단계 및 7단계 욕구(이효선 & Garz, 2012)

매슬로는 그의 말기 저작에서 5단계 외에 6단계와 7단계의 욕구 위계를 제시하였다.

① 6단계: 알고자 하는 욕구와 이해하고자 하는 욕구

지식을 습득하고 주변세계를 분석하여 나름대로 이해의 틀을 마련하고자 하는 것은 지적인 인간이 갖는 욕망이다. 지식의 추구는 고등동물에서 발견될 수 있는 것으로, 특히 인간은 호기심, 설명, 이해와 같은 인지적 충동을 가지고 있다.

② 7단계: 미적·정서적 욕구

사람들은 기본적으로 미적 욕구를 가지고 있어서 추한 것을 볼 때 아프고, 아름다운 환경에 처할 때 낫는 현상을 가진다. 인지적 욕구와 관련되는 7단계는 질서, 대칭, 체계, 구조 등에 관한 욕구가 이에 해당한다.

(4) 자아실현인의 특성(Maslow, 1970)

① **정확한 현실 인지:** 현실을 정확하게 인지하고 평온한 관계를 유지한다는 것은 자아실현이 보통 사람들보다 현실을 더욱 객관적으로 판단하고 인간이 만들어낸 갖가지 개념, 신념, 고정관념 등에 좌우되지 않고 정확하게 바라볼 줄 안다는 것이다.

② **본성, 타인 및 자신에 대한 수용:** 수용은 자기, 타자, 자연에 대한 폭넓은 수용을 가리킨다. 자아실현인은 자기의 약점과 장점, 각종 성향을 부끄럽게 생각하거나 죄책감을 가지지 않고 자신의 본성 그대로를 받아들이는 사람이다. 뿐만 아니라 이웃의 결점, 인류의 결점에도 관대하다.

③ **자발성, 순수성, 자연성:** 자아실현인이 삶의 모든 측면에서 가식이 없고, 솔직하며, 자연스럽고 자발적임을 말한다.

④ **자기 자신 이외의 문제에 중심:** 자아실현인이 자기중심이 아닌 자신 밖에 있는 문제나 일에 초점을 맞추는 것을 말한다. 그 문제는 자신만을 위한 것이 아니라 인류 전체와 단체적 삶에 대한 사명감 내지 책임감에서 나온 것이다.

⑤ **분리감 및 사생활에 대한 욕구:** 자아실현인은 보통사람들보다 고독과 프라이버시를 즐긴다. 자기 주위의 소란스러움에서 벗어나 정적인 상태를 만끽하며, 결코 과격한 행동을 하지 않고 바람직하지 못한 상태라도 존엄성을 유지한다. 그들은 다른 사람들을 필요로 하지는 않지만, 사람들과의 접촉을 피하지는 않는다. 그들의 행동과 감정은 상당히 자기중심적이고 자기 주도적이다. 그들은 스스로 결정할 수 있는 능력을 가지고 있어 스스로 결정을 내리며, 자신의 동기와 행동준칙을 실행한다. 자기실현인은 타인에게 의존하거나 매달리지 않으며, 개인적인 생활과 고독을 더 좋아하기 때문에 사회적으로 어려움을 겪는 경우도 있다.

⑥ **자율성:** 자아실현인은 자율적인 성향을 띠고 있을 뿐 아니라 물질적·사회적 환경으로부터 비교적 독립적인 태도를 보이고 있다. 이 같은 독립심은 어려운 시기나 좌절 상황에 직면하더라도 비교적 안정감을 갖게 하며, 혼란스러운 상황에서도 상대적으로 평온을 유지하면서 내적 성장과 자기 계발을 도모한다.

⑦ **계속적인 신선한 감상력:** 자아실현인은 고정관념의 틀에서 벗어나 경이, 기쁨, 황홀감을 가지고 삶을 신선하고 순수하게 계속해서 감상할 수 있는 능력을 가지고 있다. 그들은 일몰, 교향악, 좋아하는 음식, 배우자의 웃음 등과 같은 경험들도 마치 새로운 것처럼 신선하게 감상하는 능력을 가지고 있다. 자아실현인은 삶의 경험들을 싫증내거나 지루해하지 않으며, 그러한 일들을 당연한 것으로 여기지 않고 계속적으로 감사해한다.

⑧ **신비로운 경험:** 이것은 절정경험(peak experience)이라고도 하는 것으로, 한없이 전개되는 비전, 전에 느껴보지 못한 유능감, 절정감, 경이감, 시공의 상실감 등을 체험케 한다. 이러한 경험은 삶이 변화되고 강화되도록 하기 때문에 중요하고 가치 있다. 이러한 경

험은 성취의 순간에 느껴지는 것으로 사랑, 부모로서의 체험, 심미적 인식, 자연 감상, 운동 등 정도의 차이는 있지만 여러 가지 활동을 통해 나타날 수 있다.

⑨ **공동체감(사회적 관심):** 매슬로는 공동체감 때문에 자아실현인들이 인류를 돕고자 하는 진정한 욕구를 가지고 있다고 보았다. 모든 사람을 한 가족의 성원으로 간주하고 형제애를 보여 주며, 사회의 잘못됨에 대해 분노를 표시하지만 자신도 그 사회의 일원이라는 생각을 가지고 문제를 해결하려는 마음을 가진다.

⑩ **대인관계:** 자아실현인은 다른 사람들보다 더 깊고 의미 있는 대인관계를 유지한다. 따라서 실제로 맺는 대인관계의 수는 많지 않을 수 있다. 이들의 대인관계의 성격은 차별적인 것이 아니라 융합적이며 사랑이 깊고 이기적인 경계를 벗어나 있으며, 대체로 차별 없이 모든 사람에게 친절을 베풀려는 경향이 있다.

⑪ **민주적 성격 구조:** 자아실현인은 모든 사람을 존중할 줄 아는 민주적 성격의 소유자로 권위주의적 사람들과 다르다. 그들은 계급, 교육 정도, 종교, 문화, 인종, 피부색, 정치이념, 연령 등에 관계없이 상대로부터 배울 점이 있다고 판단하며 기꺼이 배우고자 하며 겸손한 자세를 가지고 있다.

⑫ **수단과 목적 및 선과 악의 구별:** 자아실현인은 옳고 그름과 선악, 목적과 수단을 구별할 줄 알아 이에 대해서 보통 사람이 겪는 혼란, 불일치, 갈등이 적다. 그들은 윤리적이어서 강한 도덕적 기준을 가지고 있으며, 옳고 그름에 대한 관념은 관습적인 것에서 벗어날 수 있도록 한다.

⑬ **철학적이며 적개심이 없는 유머감각:** 자아실현인의 유머감각은 타인에게 상처를 입혀서 웃기는 적대적인 유머가 아니며, 타인의 열등감을 비웃거나 음란한 농담 같은 유머와도 다르다. 이들의 유머는 웃음보다는 은근한 미소를 자아내는 유머이다.

⑭ **창조성:** 창조성은 자아실현인의 공통된 특성으로 창조성 여부에 따라 자아실현 여부를 알 수 있다. 창조성은 반드시 시, 미술, 음악, 과학 등에서 나타날 수 있는 비범한 재능이나 천재성이 아니라 자연적이고 비제도적인 것을 의미한다.

⑮ **문화적 동화에의 저항:** 자아실현인은 무조건 문화에 동화하는 것을 거부하면서도 제도적인 것과 조화를 이루어 나가는 사람이다. 권위에 대한 무조건적인 반항적 태도를 보이지 않으며, 인습을 고집하지 않는다. 또한 현실적인 입장에서 참을성 있게 대처해가며, 문화에 대한 비판력을 가지고 자유롭게 의사를 결정하는 주체적인 면을 보여 준다.

(5) 자아실현인의 한계(Maslow, 1970)

① 매슬로는 자아실현인을 완벽한 인간으로 보지 않는다. 그는 완벽한 인간은 없으며 완벽에 가까운 인간들이 있을 뿐이라고 한다. 자아실현인은 오히려 현실 속에서 분노할 줄 알고 다른 사람으로부터 배우고자 하는 겸허한 자세를 가진 사람이라고 설명하였다.

② 자아실현인이라 할지라도 많은 인간적 약점이 있다. 그들은 바보스럽고, 허영심이 있으며, 부주의한 경향이 있다. 지루하고 완고하며 성마른 면도 있다. 허무함, 긍지, 편협, 가족, 친구, 자녀로부터 자유롭지 못하며 때로는 아주 냉혹하다.

③ 자아실현인은 강할 뿐 아니라 다른 사람의 의견에 좌우되지 않으며, 관심사에 집중하면 다른 일에는 방심하거나 유머가 없고 일상적인 예절을 잊어버린다.

④ 자아실현인의 친절함은 동정심으로 결혼하거나 불행한 사람들과 부적절하게 가까워지는 실수를 낳기도 하였다. 자아실현인은 죄의식, 불안, 슬픔, 자책, 내적 갈등으로부터 완전히 자유롭지 않았다. 즉, 자아실현인이라고 해도 결코 완벽한 인간은 아닌 것이다.

⑤ 원리적으로는 대부분의 사람들이 자아실현을 할 수 있고 실제로 자아실현을 열망하고 있기는 하지만 실제적으로 자아실현은 좀처럼 현실화되지 못한다.

→ 매슬로는 성인인구의 1% 미만의 사람들만 자아실현을 이룬 사람들이라고 추정하면서, 자아실현은 완전한 성숙을 의미하므로 성숙의 과정에 있는 청년들이 그들의 현실에서 자아실현 했다고 말할 수 없다고 단정하고 있다.

(6) 자아실현을 못하는 이유

① 스스로 자신의 능력을 의심하고 두려워하여 자아실현을 할 수 있는 기회를 스스로에게 기회를 주지 못하기 때문이다. 즉, 자신의 잠재력을 모르고 있기 때문이다.

② 사회환경, 즉, 사회의 경직된 도덕적 관념이나 규범 등의 방해이다. 자아실현은 좋은 조건하에서 가능하므로 잠재력을 최대로 발휘할 수 있는 촉진적 사회가 필요하다.

③ 안전의 욕구가 가져다주는 강한 부정적인 영향에 의해서 자아실현을 하지 못하기도 한다. 즉, 인간발달의 과정에서는 위험을 무릅쓰고 실수도 하면서 자신의 잠재력을 최대한 발휘하겠다는 지속적인 의지가 요구되지만, 두려움이나 걱정 때문에 안전의 욕구로 되돌아가려는 경향을 띠게 된다는 것이다.

3) 욕구체계 이론에 대한 평가와 사회복지실천

(1) 평가

매슬로의 이론은 인본주의 이론의 기틀을 마련하는 데 크게 공헌했다. 그는 정신역동이론이나 행동주의 이론과는 달리 인간본성에 대한 낙관적인 태도를 보였으며, 동물연구의 부적절성을 지적하였고, 인간의 전인성과 잠재적 창조성을 강조하여 인간행동 연구의 새로운 장을 형성하였다. 이러한 학문적인 공헌에도 불구하고 매슬로의 이론은 몇 가지 측면에서 비판을 받고 있다.

첫째, 매슬로의 이론은 연구방법에서 비판을 받고 있다. 자아실현에 관한 정보를 수집하는 방법에서 자료를 이끌어내기 위한 표본이 모집단에 비해 너무 적기 때문에 일반화하기에 어려움이 있으며, 실험 자료의 해석과 전기적 자료의 분석의 방법을 명시하지 않았다는 것이다. 또한 그의 이론은 관찰하거나 검증될 수 없는 부분이 많고, 과학적인 방법론이 취약하다는 것이다.

둘째, 매슬로의 이론에서 사용되고 있는 성장욕구, 메타병리, 절정경험, 자아실현 등과 같은 개념들은 명료성이 부족하고 모호한 점이 많다는 것이다. 또한 자아실현의 욕구가 학습된 것이 아니라 선천적인 것으로 보기에는 어려움이 있다.

셋째, 매슬로의 이론은 건전하고 창조적인 인간을 너무 강조한 나머지 인간행동에서 내적인 측면과 환경에 의한 영향을 무시하고 있다. 또한 인간욕구의 우선순위가 사람에 따라 다양성을 보일 수 있기 때문에 욕구의 단계가 순서적으로 일어난다고 볼 수는 없다.

매슬로에 따르면 자기에 관한 고유성을 획득하는 경향을 가진 사람들은 자신이나 타인을 잘 수용하고 자발적이며 강력한 문제해결 능력을 소유하고 있으며 자율적으로 기능하고 자신의 환경을 인정할 줄 안다.

각 개인의 성격의 차이성이란, 각 개인이 잠재적으로 가지고 있는 자아실현을 얼마나 성취하느냐에 따라서 달라진다고 하였다.

매슬로가 제시하고 있는 인간행동에 대한 욕구 이론은 인본주의적 원리에 기반을 두고 있다. 욕구는 낮은 계층으로부터 상위 계층으로 단계에 있는 욕구가 충족되기 위해서는 그 이전의 단계에 있는 욕구가 충족되어야 한다고 설명하고 있다.

인간욕구에 관한 준거 틀은 사회복지사들에게 의미하는 바가 크다. 노숙자 가정들이나 개인들에게 서비스를 제공하기 어려운 경우의 예를 보아서 알 수 있듯이, 사람들은 기본적인 생리적 욕구가 채워져야 다른 욕구를 채우기 위한 에너지를 발견할 수 있기 때문에 매슬로의 이론은 설득력이 있다.

하지만 매슬로의 욕구 이론은 인간행동을 설명함에 있어서 나름대로의 제한성을 지니고 있다.

① 매슬로 이론의 의의
- 인본주의 이론의 기틀을 마련한다.
- 정신역동이론이나 행동주의 이론과는 달리 인간본성에 대한 낙관적인 태도를 보인다.
- 동물연구의 부적절성을 지적하고 인간의 전인성과 잠재적 창조성을 강조하여 인간행동 연구의 새로운 장을 형성한다.
- 성장을 지향하는 인간의 노력과 인간 자체가 존엄하고 가치가 있다는 가정은 사회복지의 가치와 일치한다.
- 정신분석이론이나 행동주의 이론은 비정상적이거나 일탈적인 인간행동에 초점을 두고 있는 반면 인본주의 이론은 긍정적이고 성장 지향적인 인간의 본질에 초점을 둔다.

② 매슬로 이론에 대한 비판
- 자기실현 관련 자료를 수집할 때 사용한 표본이 모집단에 비해 너무 작아 일반화가 어렵다.
- 실험자료의 해석과 전기적 자료의 분석방법을 명시하지 않다.
- 관찰하거나 검증될 수 없는 부분이 많고 과학적인 방법론이 취약하다.
- 성장욕구, 메타병리, 절정경험, 자기실현 등과 같은 개념들은 명료성이 부족하고 모호한 점이 많다.
- 자기실현의 욕구를 학습된 것이 아니라 선천적인 것으로 보기에는 어려움이 있다.
- 건전하고 창조적인 인간을 너무 강조한 나머지 인간행동에서 내적인 측면과 환경에 의한 영향을 무시한다.
- 인간욕구의 우선순위가 사람에 따라 다양성을 보일 수 있기 때문에 욕구의 단계가 순서적으로 일어난다고 보기 어렵다.

③ 프로이트, 스키너, 매슬로 비교

㉠ 인간관 비교
- 프로이트: 인간을 본능과 갈등의 존재로 보고 행동을 통제하는 무의식과 비합리성을 강조한다.
- 스키너: 인간을 외부 자극에 수동적인 반응체로 보면서 학습을 강조한다.
- 매슬로: 인간은 근본적으로 선하고 자율적이며, 그와 관련한 환경 조건이 적당하다면 무한한 잠재능력을 실현해 나갈 수 있는 존재라고 본다.

㉡ 방법론 비교
- 프로이트: 신경증 환자들을 연구했다.
- 스키너: 동물실험
- 매슬로: 심리적으로 건강한 사람들을 연구
- 정신분석이론의 신경증 환자 연구에 대한 매슬로의 비판
- 매슬로는 이상심리와 열등감에 사로잡힌 인간, 혼란된 인간들만을 대상으로 하는 심리학은 이미 불구의 심리학이며, 심리학은 정상인의 가치와 실존을 대상으로 이루어져야 한다고 주장한다.
- 심리적으로 건강하지 못한 사람을 연구대상으로 할 경우 인간본성의 부정적인 면을 강조할 수 있다고 비판한다.
- 행동주의 이론의 동물실험 연구에 대한 매슬로의 비판
- 인간은 동물 이상의 특별한 존재이므로 인간의 행동과 동물의 행동 사이에는 근본적 차이가 있다.

―그러므로 동물연구를 바탕으로 이것을 인간에게 적용하는 것은 부적절하다.

(2) 욕구이론의 사회복지실천 적용(최옥채 외, 2011)

- 인간본성에 대한 매슬로의 긍정적인 관점은 인간을 이해하는 데 있어 인간을 전체로 다루고, 환경과 상호작용하는 존재로 보며, 자신의 경험에 관한 해석과 이해를 존중하고, 클라이언트 중심의 개입을 가능하게 하며 사회복지실천의 기본적 원칙에 잘 부응한다.
- 욕구단계이론은 사회복지사가 클라이언트의 욕구를 평가하는 데 유용한 지침이 될 수 있다.
- 사회복지사는 우선 클라이언트의 기본욕구가 충족되도록 원조해야 한다. 클라이언트의 기본욕구가 충족되고 나면, 더 높은 단계의 욕구를 다룰 수 있게 된다.

2. 로저스의 현상학이론

▶ 로저스의 생애

로저스(Carl Ransom Rogers)는 1902년 일리노이 주 오크 파크(Oak Park)에서 5남 1녀 중 4째로 태어났다. 그의 가정은 경제적으로 안정적이었으나 종교적으로는 엄격했고 가족 외에는 가까운 친구가 없어 외로운 청소년기를 보냈다.

1919년 위스콘신 대학교에 입학한 로저스는 교회활동에 열정적이었고, 세계기독학생연합회 참석을 위해 6개월간 중국에 머무르기도 했다. 로저스는 이때 자신이 심리적 독립을 성취했다고 생각하였다. 1931년 컬럼비아 대학교에서 임상심리학으로 박사학위를 받은 로저스는 1940년 오하이오 주립대학교의 심리학과 교수로 초빙되었고, 이후 1945~1957년까지 시카고 대학교에서 심리학 교수와 상담소의 책임을 맡아 일했다.

시카고 대학교 시절 『내담자 중심 요법(Client Centered Therapy)』을 출간했으며, 『카운슬링과 심리치료(Counseling and Psychotherapy)』에서 비지시적인 카운슬링의 개념을 소개하였다. 비지시적 카운슬링 개념은 이후 클라이언트 중심의 치료로 개념화되었다. 1964년에 교수직을 떠나 연구소에서 일하였으며, 1987년 작고하였다.

주요 저서로는 『상담과 심리치료』(1942), 『클라이언트중심치료』(1951), 『심리요법과 성격변화』(1954), 『심리학: 과학의 연구』(1959), 『인간형성에 관하여』(1961), 『존재방식』(1980) 등이 있다(ALLEN, 2000).

▶ 현상학

현상학(phenomenology)은 **개인의 주관적 경험, 감정, 그리고 세계와 자기 자신에 대한 개인적 견해 및 사적 개념(private concept)을 연구**하는 것이다. 현상학은 주로 우리가 왜 각자가 경험을 하고 그것을 세계와 연관시키는가를 밝히려 하며, 칼 로저스는 이러한 현상학 대변자 중의 한 사람이다. 그는 **사람이 어떻게 행동하는가는 그가 세계를 어떻게 지각하느냐에 달려 있다**고 생각한다. 즉, 행동이란 개인이 세계를 지각하고 해석한 직접적인 사건의 결과로 생긴다. 로저스의 성격이론은 흔히 **자기이론**이라고도 불리는바, 그 이유는 로저스는 행동을 가장 잘 이해하기 위해서는 개인 자신의 내적 준거체계가 필요하다고 보기 때문이다(ALLEN, 2000).

1) 현상학이론의 특징

(1) 현상학이론의 개념(권중돈·김동배, 2005)

- 현상학이론 혹은 자기이론은, 각 개인에게 '현상이 나타나는 방식'과, 그리고 각 개인이 그 현상을 어떻게 '경험하고 느끼는지'에 대해 관심을 둔다.
- 대표적인 현상학이론가 혹은 자기이론가는 칼 로저스이다. 그는 클라이언트 중심 치료의 선구자이며, 이를 최근에는 인간중심치료라고 부르기도 한다.
- 로저스는 "인간은 단순히 기계적인 특성의 존재가 아니요, 무의식적 욕망의 포로도 아니다. 인간은 자신을 창조하는 과정 중에 있으며 생의 의미를 창조하며 주관적 자유를 실천해가는 존재"라고 했으며, 인간의 성격유형은 본래 타고난다는 관점을 근본적으로 부정한다. 로저스의 이론은 현상학이론, 자기이론, 실현이론 등으로 불린다.

(2) 현상학이론의 인간관

- 인간은 본래 특정한 성격유형을 갖고 태어나는 것이 아니라, 다양한 주관적인 경험들을 통해 성격이 형성되는 것으로 본다.
- 미리 정해진 성격발달 패턴은 없다. 그보다는 삶의 경험에 따라 각 개인의 성격이 달라질 수 있다.
- 성격발달에서 광범위한 선택과 가능성을 인정하고, 각 사람이 갖는 성격의 독특성을 강조한다.
- 각 사람은 자신의 경험을 독특하게 구성하는 틀을 갖고 있다. 따라서 각 사람은 다른

사람과 구별되는 독특한 성격을 갖게 되는 것이다.
- 현상학이론은 인간의 성장과 자기실현을 강조하는 등 인간에 대해 매우 긍정적으로 접근한다.
- 프로이트가 인간의 본질을 '약하다' 혹은 '부도덕하다'고 본 것과는 달리 로저스는 천성적으로 선하다고 보았다.
- 로저스는 만약 인간이 다른 사람의 영향에서 자유로울 수 있다면 그것은 자아실현의 동기가 있기 때문이며, 좀 더 사회적이고 협력적이며 창의적이고 자기지향적인 인간이 될 수 있다고 보았다.
- 인간은 그 자신이 경험의 산물이기도 하면서 동시에 이러한 경험을 받아들인 방법에 따른 산물이기도 하다. 따라서 삶은 성장하고 발전하는 기회의 총체이다.
- 로저스는 인간이 통합된 유기체로서 행동하기 때문에 전체론적 관점에서 접근해야 한다고 보았다.
- 로저스는 인간의 의식과 자기 인식이 성격을 설명한다고 보았으며, 특히 자기(self)를 중요시하였다(Rogers, 1980).
- 로저스는 인간의 행동이 무의식적인 어떤 힘에 의해 야기되는 것이 아니라, 그가 세계를 어떻게 지각하느냐에 달려 있다고 믿었다. 따라서 인간의 행동을 가장 잘 이해하기 위해서는 개인의 내적 준거 틀(internal frame of reference)에 대한 이해가 필요하다고 보았다(최옥채 외, 2011).
- 인간은 본래 특정한 성격유형을 갖고 태어나는 것이 아니라 다양한 주관적인 경험들을 통해서 성격이 형성되는 것으로 본다. 미리 정해진 성격발달 패턴은 없다. 그보다는 삶의 경험에 따라 각 개인의 성격이 달라질 수 있다.
- 성격발달에서 광범위한 선택과 가능성을 인정하고, 각 사람이 갖는 성격의 독특성을 강조한다. 각 사람은 자신의 경험을 독특하게 구성하는 틀을 갖고 있다. 따라서 각 사람은 다른 사람과 구별되는 독특한 성격을 갖게 되는 것이다.
- 현상학이론은 인간의 성장과 자기실현을 강조하는 등 인간에 대해 매우 긍정적으로 접근한다. 프로이트가 인간의 본질을 '악하다' 혹은 '부도덕하다'고 본 것과는 달리 로저스는 천성적으로 선하다고 보았다.
- 로저스는 만약 인간이 다른 사람의 영향에서 자유로울 수 있다면 그것은 자아실현의 동기가 있기 때문이며, 좀 더 사회적이고 협력적이며 창의적이고 자기 지향적인 인간이 될 수 있다고 보았다.
① 인간은 기본적으로 자유로우며 자신의 행동에 책임을 지고 유목적이며 합리적이고 건설적인, 긍정적인 방향으로 지속적으로 성장해 나가는 미래 지향적 존재이다.
② 선천적 잠재력을 발휘할 수 있는 존경과 신뢰의 풍토가 조성된다며 인간은 무한한 성

장과 발전이 가능하다.

③ 인간은 선천적으로 타고난 성장가능성을 실현하는 과정에서 자신의 인생목표와 행동방향을 스스로 결정하고 이러한 결정에 따르는 책임을 수용하는 자유로운 존재이다.

④ 인간의 합리성은 자아실현의 경향이 강해지고 인간이 더욱 자유로워질 때 강하게 표출되고 자아실현 경향을 자기 충족, 성숙의 방향을 지향하는 모든 동기를 포함하는 각 개인의 진보적인 추진력-인간은 합리적 존재이다.

⑤ 자아는 항상 더 원대한 전체성으로 이동해간다고 하였고, 인간의 발달은 유아의 미분화된 현상학적 장에서 출발하여 자아개념의 발달로 그 장이 자아와 환경으로 분화되고 각 개인이 자아일치성을 계속 추구하는 데서 발달의 최고점-인간의 전체성과 통합성을 향해 발전해 가는 존재로 보고 있다.

(3) 기본가정(Greene & Ephross, 1991; 권중돈 · 김동배, 2005; 최옥채 외 공저, 2011).

① 인간은 믿을 수 있으며 능력이 있고, 자기이해와 자아실현을 위한 잠재력을 가지고 이런 능력의 발현을 통하여 점진적으로 되어가는 존재이다.

② 인간행동은 각 개인의 주관적 경험 또는 내적 준거체계에 따라 달라진다.

③ 궁극적 목표는 자아실현이다.

④ 치료적 관계나 다른 관계에서 신뢰와 존경의 분위기가 조성된다면 인간은 긍정적 방향으로 성장, 발달할 것이다.

⑤ 진정한 관심, 수용, 감정 이입적 이해 등을 포함한 원조자의 긍정적 태도는 효과적 원조관계의 필수적 조건이다.

⑥ 내담자의 주관적 경험을 존중하고 자유와 개인적 책임성 및 자율성을 고양하고 선택권을 부여함으로써 내담자의 성장을 촉진시킬 수 있다.

⑦ 치료자는 권위적인 인물이 아니다. 치료자는 존경과 긍정적 관심을 통하여 내담자의 긍정적 성장을 고양하여야 할 사람이다.

⑧ 내담자는 자아인식을 할 수 있는 능력이 있고 더욱 적절한 행동을 할 수 있는 능력을 가지고 있다. 모든 사람과 마찬가지로 내담자는 부적응적 상태에서 심리적으로 건강한 상태로 옮겨갈 수 있는 성향을 가지고 있다.

⑨ 치료자는 원조관계에서 나타나는 현재 행동에 초점을 두어야 한다. 원조관계에서는 내담자가 자신의 세계를 다루는 방법을 강조하여야 한다.

⑩ 원조관계의 목적은 진정한 자아에 대한 인식을 획득하고 내담자가 더욱 독립적이고 통합된 상태로 변화하게 하는 것이다.

(4) 성격발달

① 자기실현의 동기는 로저스를 비롯한 클라이언트 중심 이론가에게서 성격발달을 추진하는 힘은 '자기실현의 동기'이다. 이것은 인간의 능력을 최적으로 발달시키고자 하는 힘이다. 성장하면서 형성하기 시작한 '자기 개념'은 자신의 경험을 어떻게 지각하느냐에 달려 있다.

② 자기 자신의 경험의 지각은 다른 사람이 가치를 부여하는 '긍정적인 관심에 대한 욕구'에 영향을 받는다.

③ 긍정적인 관심을 추구하는 욕구를 성취하거나 실패함으로써 '자기 인정'을 만들어 나간다. 이것은 다른 사람에게서 받은 관심을 자기 자신의 지각에 기초하여 학습한 자기의식이다.

④ 무조건적인 긍정적 관심은 어떤 개인에 대하여 조건 없이 있는 그대로 그 사람을 수용하거나 존경하는 것을 의미하며, 어떤 경우에서든지 주어지는 완전하고 진실한 사랑과 존중을 의미한다.

⑤ 부적응과 방어기제는 자신의 자기 개념과 실제 경험이 일치하지 않을 때 그 사람은 긴장, 불안, 내적인 혼란을 느낀다. 이러한 부적응에 대해, 사람마다 다양한 방어기제를 사용한다. 즉, 자신의 자기 개념과 상충하는 경험을 부정하거나 그 경험을 왜곡하거나 합리화하여 자신의 자기 개념과 일치하는 것으로 지각한다. 방어기제를 사용해도 이러한 부적응을 좁힐 수 없으면 이에 직면해야 한다. 이것은 원치 않는 감정, 즉, 불안, 긴장, 우울, 죄책감, 수치심을 유발한다.

(5) 충분히 기능하는 사람(fully functioning person)의 특성(Schultz, 1990)

자신의 잠재력을 인식하고 능력과 재질을 발휘하여 자신에 대한 완벽한 이해와 경험을 풍부히 하는 방향으로 이동해 나가는 사람이다.

① 경험에 대하여 개방적이다: 감정에 민감하되 충분하게 합리적으로 자신의 감정을 인식하며 사리 판단을 하여 상황에 적절하게 반응한다. 방어기제의 사용 없이 자신을 개방할 수 있다(↔방어적인 삶).

② 실존적인 삶을 사는 사람이다: 실존적인 삶이란 인간이 존재의 매 순간을 충분히 만끽하며 사는 것을 뜻한다(↔전에 부모로부터 습득한 방식대로 삶).

③ 유기체적인 신뢰가 있다: 대부분 사람들의 의사결정은 외적 영향력의 출처에 의해 좌우되지만 완전히 기능하는 사람은 자신의 유기체적 경험을 통하여 자신이 해야 할 것과 하지 말아야 할 것을 결정한다. 옳다고 느껴질 때 그렇게 행동한다(↔유기체의 불신).

④ 경험적 자유를 지니고 있다: 자신의 인생에서 많은 선택을 하며 실제로 자신이 원하는 것은 어떤 것이든지 실제로 행할 수 있다(↔조작되는 느낌, 자유롭게 선택할 수 없음).

⑤ 창조성을 지니고 있다: 훌륭한 삶을 사는 사람은 창조적인 사람이며, 자신의 욕구를 만족시키며, 사회 속에서 살아가고 있지만 사회에 얽매여서 살아가지는 않는다. 남들로부터의 인정에 별 관심이 없기 때문에 자기 자신이 존재하는 모든 영역에서 창의적인 소신과 삶으로 스스로를 표현한다(↔일상적이고 틀에 박힌).

2) 현상학이론의 주요개념과 성격발달

(1) 주요개념

가. 자기·자기개념(Rogers, 1980)

① 'I'와 'me': 미드(Mead)는 자기를 'I'와 'me'로 구분하여 그 형성과정을 설명
- 'I'는 프로이트의 원초아(id)와 매우 유사한 개념으로 개인의 통제되지 않은 욕구를 포함한다. 'me'의 개념은 프로이트의 초자아(superego)에 유사하며 미드의 또 다른 개념인 일반화된 타인(the generalized other)에 해당한다. 일반화된 타인이란 개인이 그의 환경에 존재하는 사람들로부터 받아들여 내면화시킨 것을 말한다.
- 'me'의 세 가지 기본요소이다. 'me'는 다음과 같은 세 가지 기본요소로 구성되며 이러한 요소들은 사람이 자기 개념을 획득하는 기반이 된다.
   ■ 자신에 대한 타인들의 태도를 이해하는 것이다.
   ■ 다양한 활동이나 상황에 대한 타인들의 태도를 이해하는 것이다.
   ■ 이와 같은 두 가지 사고에 입각해서 자신의 행동을 수정하고 조절해 나가는 것이다. 아동은 이 세 가지 요소를 모방, 놀이 그리고 게임을 통해 획득하며 일반화된 타인의 개념을 형성하게 된다.
   ■ 로저스가 말하는 자기는 주체로서의 나(I)와 객체로서의 나(me)의 특징을 지각하여 구성한 것이다.
   ■ 자기는 주체로서의 나(I)와 객체로서의 나(me)와 다른 사람과 여러 생활 측면에서의 관계를 지각한 것이다.
   ■ 이러한 '나'의 지각 내용에 가치를 부여한 것으로 조직적이고 일관성 있는 개념적 형태이다.
   ■ 자기는 반드시 의식되는 것은 아니지만 의식이 가능한 것이다.
- 로저스의 성격이론에서 핵심적인 구조적 개념이다.
- 개인은 외적 대상을 지각하고 경험하면서 그것에 의미를 부여하는 존재임을 강조한다.
- 자기 혹은 자기개념은 조직화되고 일관된 지각의 패턴을 나타낸다.
- 개인은 행동을 통제하는 어떤 자기를 가지고 있는 것이 아니라 현상학적 장의 일부로서 조직화된 일련의 지각인 자기를 가진다.
- 자기로서 알려진 경험과 지각의 패턴은 일반적으로 자각이 가능하다.

② 자기개념은 현재 자신이 어떤 존재인가에 대한 개인의 개념으로, 자기 자신에 대한 자기상(self image)

■ 로저스는 자기개념은 현재 자신의 모습에 대한 인식, 즉, 현실적 자기(real self)와 앞으로 자신이 어떤 존재가 되어야 하며 어떤 존재가 되기를 원하고 있는지에 대한 인식, 즉, 이상적 자기(ideal self)로 구성되어 있다고 본다.

- 현실적 자기: 현실세계 속에서 경험하는 자기로서 부모, 교사, 친구 등 중요한 타인들의 반응에 의해 개인이 실제로 경험하는 자기의 모습을 의미한다.

- 이상적 자기: 개인 자신이 생각하고 지향하는 자기상(self image)으로서 '바람직한 자기'를 의미한다. 이상적인 자기는 인간이 소유하고 싶은 자기 개념이자 그렇게 되고 싶은 상태를 말한다.

③ 자기와 경험 간의 불일치

■ 자기와 경험의 불일치란, 자신에 대한 자기 개념과 자신이 경험하는 것 사이에 존재하는 불일치를 말한다.

■ 이상적 자기와 현실적 자기가 일치할 때 일관성 있는 자기가 되는 것이며 이것이 통합된 전체로서의 자기이다. 그리고 통합된 전체로서의 자기를 완벽히 이루고 있는 사람은 완전히 기능하고 있는 사람이다.

- 로저스는 자기 구조와 주관적 경험이 일치될 경우에는 적응적이고 건강한 성격을 갖게 되는 반면, 이들 간에 불일치가 심할 경우에는 부적응적이고 병적인 성격을 갖게 된다고 보았다.

예) 어떤 사람은 자신을 외향적이고 매력적이며 사교적이라고 받아들이지만 다른 사람과 함께 있을 때는 일반적으로 소외감을 느낀다. 이러한 불일치가 존재할 때 인간은 긴장, 불합리한 혼동, 그리고 불안을 느낀다.

④ 심리적인 부적응

■ 심리적인 부적응은 자신에게 중요한 경험을 부인하거나 왜곡할 때 나타난다.

■ 심리적인 부적응에 처한 인간은 자기와 경험 간의 불일치를 경험한다.

⑤ 자기와 경험 간의 일치

■ 자기와 경험의 일치란, 자기에 대한 개념과 자기가 경험하는 것이 일치하는 것을 말한다.

⑥ 긍정적 관심에 대한 욕구

■ 긍정적인 관심에 대한 욕구는 다른 사람에게 가치 있는 존재로 인정받고 자존감을 얻으려는 욕구이다.

⑦ 자기 인정에 대한 욕구
- 자기 인정에 대한 욕구는 자신에게 가치를 부여하려는 욕구다.

⑧ 가치조건
- 어떤 경험이 유기체를 고양시키는지에 무관하게 타인에게 부여받은 가치 때문에 자기 자신에게 긍정적이든 부정적이든 간에 가치를 두는 것이다.
- 인간은 자신의 행동이 어떤 조건에 따라 판단되면서 그 조건에서 자신의 가치를 느꼈을 때, 가치조건을 알게 된다.
- 사람은 자신의 가치를 떨어뜨리는 행동은 하지 않는다. 어떤 행동이 긍정적이라고 하여 그것이 곧 만족한 결과로 이어지거나, 어떤 행동이 부정적이라고 하여 불만족스러운 결과를 갖게 되는 것은 아니다.

나. 현상학적 장(現象學的 場; phenomenal field, 권중돈·김동배, 2005)
- 현상학적 장이란 경험적 세계 또는 주관적 경험의 세계를 말한다. 특정 순간에 개인이 지각하고 경험하는 모든 것을 의미한다.
- 로저스는 동일한 현상이라도 개인에 따라 다르게 지각하고 경험하기 때문에 이 세상에는 개인적 현실(individual reality), 즉, 현상학적 장만이 존재한다고 보고 있다.
- 로저스는 현재 행동을 결정하는 것은 과거 그 자체가 아니라 과거에 대한 각 개인의 현재의 해석이라고 할 정도로 현재의 현상학적 장을 중시하였다. 따라서 인간의 행동이나 성격은 '현재-미래'의 틀 속에서 연구되어야 한다는 입장이다.
- 로저스는 이 현상학적 장은 경험 주체인 유기체로서의 개인의 주관적 현실이며, 이것이 개인의 행동에 결정적인 영향을 미친다고 본다.
- 같은 현상이라도 사람마다 그것을 경험하고 느끼는 방식에는 차이가 있기 때문에, 로저스는 인간을 이해하려면 사람들이 자신의 경험들을 어떻게 주관적으로 느끼고 경험하느냐를 이해해야 한다고 본다.
- 인간 행위를 객관적 현실이 결정하는 것이 아니라 우리 자신이 현실을 보는 방식에 따라 우리의 행동이 영향을 받는다는 것이다.
- 과거의 사건 그 자체가 아니라, 과거 경험에 관해 현재 어떻게 해석하는지의 여부가 바로 현재의 행동을 결정한다.
- 따라서 어떤 사람을 이해하기 위해서는 그가 현실을 어떻게 체험하고 있는지를, 즉 그의 현상학적 장을 알아야 한다.
- 인간의 행동은 객관적 상황의 차이가 아니라 그것을 받아들이는 주관적인 경험의 방식에 따라 다르다는 것을 이해하기 위해 다음 예를 읽어 보자.
예) 철수, 영호 그리고 현지가 길을 가는데 큰 개가 접근한다. 철수는 그 개를 '두려운 대상'으로 지각했고, 영호는 대수롭지 않게 생각했고, 현지는 큰 개를 멋지다고 생각했다. 철수는 벌벌 떨며 영호 뒤로 숨었고, 영호는 그런 철수를 "왜 그래?" 하고 밀치며 그냥 앞으로 갔고, 현지는 큰 개에게 다가가 쓰다듬으려고 손을 내밀었다.

큰 개가 다가오는 객관적 현실 자체가 세 사람의 행동에 영향을 미쳤다기보다, 동일한 현실을 지각하는 세 사람 각자의 주관적 방식의 차이가 결국 행동의 차이에 영향을 미쳤다.

이때, '큰 개'라는 경험에 대해 이들 각자가 느끼는 방식이나 주관적 경험을 현상학적 장이라고 할 수 있다. '각자의 주관적 경험방식이 다르니 행동이 다르다'는 말과 '각자의 현상학적 장이 다르니 행동이 다르다'는 말은 같은 말이라고 보면 된다.

- 현상학적 접근 방법 → 주관적 경험, 주관적 해석 중요시 → 개인의 지각에 따라 행동이 달라짐 → 내적 준거 틀 확인 필요

다. 자기실현 경향성

- 인간의 본질을 긍정적으로 본 로저스는 모든 행동은 자기실현 경향성(self-actualizing tendency)이라 부르는 단 하나의 동기로 활력화하고 방향 지어진다고 가정하고 있다.
- 자기실현 경향성이란 개인을 유지시키거나 향상시키는 방향으로 모든 능력을 개발하려는 유기체의 선천적 경향성이며 삶의 최우선적인 동기로서, 타고난 본질(유전적 특질)이 허용하는 한도 내에서 최선의 자기(self)가 되게(becoming) 하는 것이다. 즉, 자신을 실현하고 유지하고 향상시키는 경향성이며, 로저스 이론체계에서의 유일한 동기구조이다.
- 로저스는 자기실현 경향성의 구체적 실례를 들지는 않았지만 개인의 삶을 풍부하고 만족스럽게 만들려는 많은 행동에서 찾아볼 수 있다고 하였다.

예) 아동의 걷기 연습이나 운동선수의 연습 등

- 인간은 자기 발달을 지향하는 이러한 움직임이 비록 고통이나 투쟁이 수반된다 해도 자신을 실현시키거나 능력을 증진시키려는 목표하에 참아내며 모든 행동을 하는 것이다.
- 인간은 자기를 실현하는 과정에서 유기체적 평가과정(organismic valuing process)을 겪는다.
- 인간은 자신을 유지하고 향상시키는 방향으로 자신이 지닌 모든 능력을 개발하려는 강한 성향을 가지고 있다.
- 유기체는 자기실현 경향성을 타고나는데 이는 개인이 가진 모든 생리적·심리적 욕구와 연관된다. 즉, 자기실현 경향성은 유기체를 유지하는 데 기여한다.
- 유기체를 유지하는 것 이상으로 유기체의 성장이나 향상을 촉진하고 지지하는 것이 자기실현 경향성이다.
- 인간의 다양한 욕구와 동기는 자신을 유지하고 잠재능력을 개발하려는 자기실현의 일부일 뿐이다. 인간은 생물적 잠재능력을 성취하는 것뿐만 아니라 심리적인 잠재능력도

실현해야 하는 존재이다.

- 자기실현 경향은 복잡성이나 자기충족, 성숙을 지향하는 인간의 모든 노력을 포함하여 인생의 진보적인 추진력을 나타내는 것이다. 좀 더 능력 있는 사람이 되는 과정이다.
- 실현화는 유기체가 단순한 실체에서 복잡한 실체로 성장해 나가고 의존성에서 독립성으로 고정성과 경직성에서 유연성과 유통성으로 변화하고자 하며, 자유롭게 표현하고자 하는 유기체의 경향성을 포함한다.
- 자기실현은 자기유지, 자기향상, 자기실현이 모두 포함된다. 성장 잠재력, 성장 지향성이 있다.
- 실현화 경향성은 유기체는 하나의 기본적 경향성과 추구를 가지고 있는데 그것은 경험하는 유기체를 실현하고 유지하고 향상시키는 것, 실현화는 유기체가 단순한 실체에서 복잡한 실체로 성장해 나가고 의존성에서 독립성으로 고정성과 경직성에서 유연성과 유통성으로 변화하고자 하며, 자유롭게 표현하고자 하는 유기체의 경향성을 포함한다.
- 자기실현 경향성은 인간은 자아를 유지하고 향상시키고, 실현화시킬 경향성에 의해 동기화되어 있다. 자기실현 경향성은 모든 생리적·심리적 욕구를 포함하는 유기체 실현화 경향성의 부분이다.
- 가치의 조건화는 "경험은 나에게 최고의 권위이다"라고 말한 것처럼 우리 각자는 경험을 통해 가치를 형성하는 것이 중요하다. 부모로부터 긍정적 자기존중을 받기 위해 자기가 하는 경험에 폐쇄적이 되어 실현화 경향성을 방해하게 된다.

라. 유기체

- 유기체, 즉 전체로서의 개인은 모든 경험의 소재이다.
- 경험은 어떤 주어진 순간의 유기체 내에서 진행되는 잠재적으로 자각에 이용될 수 있는 모든 것을 포함한다.
- 이러한 경험의 전체가 현상학적 장을 구성한다.
- 유기체적 평가과정(또는 유기체적 가치화과정)
- 유기체 자신이 원하는 무엇인가를 충족시켜 주는 방향으로 진행하고 있다고 판단되는 경험들을 긍정적으로 평가하는 경향을 말한다. 본래의 자신, 즉 유기체로서 갖고 있는 욕구가 원하는 대로 사물을 평가하는 자유로움을 의미하기도 한다.
- 로저스는 유기체적 평가과정을 통해 인간이 자기실현의 경향에 얼마나 공헌했느냐에 따라 모든 생활의 경험들이 평가된다고 보고 있다.
→ 자기실현의 경향에 이바지하는 경험들은 바람직한 것으로 평가되고 긍정적인 가치가 부여되는 반면에, 자기실현을 방해하는 경험들은 바람직하지 못한 것으로 평가되고 부정적인 가치가 부여된다.
→ 즉, 자기실현을 경험하게 해주는 것에는 접근하지만 그 반대의 경우에는 회피하는 것

을 말한다. 이러한 인식이 바람직한 경험을 반복적으로 추구하게 되는 원동력이 된다.

예) 신생아는 태어나면서 무엇이 좋게 느껴지고 무엇이 나쁘게 느껴지는지를 구별할 줄 안다. 이것은 의식적이 아니라 유기체의 본능으로 아는 것이다. 하지만 어른이 되면 대부분이 이 유기체적인 평가과정과 고리가 끊어지게 되어 우리의 가치 평가에서 불분명하고 불안하게 되는 것이다.

마. 완전히 기능하는 사람

■ 훌륭한 삶이란 어떤 목적이 아닌 방향으로, 유기체가 어떤 방향으로든 자유롭게 움직일 수 있는 내적 자유가 있을 때, 그가 선택하는 방향으로 움직이는 과정이다.

■ '완전히 기능하는 사람'은 자기의 잠재력을 인식하고 능력과 자질을 발휘하며 자신에 대해 완벽히 이해하고 경험을 풍부하게 하는 방향으로 나가는 사람을 일컫는다.

■ 완전히 기능한다는 것은 자기실현을 위한 노력으로서 진정한 자기 자신이 된다는 의미이다.

■ 완전히, 충분하게 기능하는 사람은 경험에 대해 개방적이고, 실존적인 삶을 살며, 자신의 유기체에 대해 신뢰한다. 또한 창조성이 있으며, 자기가 선택한 인생을 자유스럽게 살아가는 특징을 보인다.

바. 긍정적 관심에 대한 욕구(이근홍, 2006)

- 모든 인간은 중요한 사람들로부터 따뜻함, 존경, 사랑 그리고 수용을 얻고 싶은 기본적인 욕구를 가지고 있다.

- 긍정적 관심에 대한 욕구는 타고난 것이며, 발달하는 과정에서 인간은 중요한 타인들을 기쁘게 하면서 자신의 내적 경험을 무시하게 된다. 즉, 자기 자신에게 '덜 맞추고', 타인의 평가에 '더 맞추어' 행동하게 된다.

- 특히, 아동의 경우 긍정적인 관심에 대한 욕구를 만족시키기 위해서 자신의 유기체적 평가과정을 희생하면서까지 상대의 판단에 맞추려는 경우가 있다.

예) 부모가 자녀에게 '말을 잘 듣는 어린이'처럼 행동을 해야 사랑과 애정을 받을 수 있다는 입장을 취하면, 그 아이는 자신의 유기체적 평가과정에 따라서 하기보다는 부모의 '말 잘 듣는 아이'라는 이미지에 따라서 자신을 평가한다.

- 따라서 아동은 어떤 경험이 자기 개념을 보존시키고 증진시키는 정도에 의해서가 아니라 부모로부터 긍정적인 관심을 받는 방향으로 행동을 나타낸다.

→ 즉, 아동은 타인으로부터 긍정적인 관심을 얻기 위하여 자신이 경험한 어떤 가치를 부정하고 타인이 생각하는 가치에 따라서 그 경험을 지각하게 된다.

- 이러한 현상은 어린 시절에 자연스럽게 발달하며 어린 시절의 긍정적인 관심에 관한 강한 욕구는 중요한 사람들이 자기에 대해서 가지는 기대와 태도에 많은 영향을 받는다.

① 조건적인 긍정적 관심(또는 조건부 가치, 가치의 조건들)

- 중요한 타인들이 어떤 개인에게 긍정적인 관심을 무조건 제공하는 것이 아니라 어떤 조건하에서만 제공하게 될 때 이를 조건적인 긍정적 관심(conditional positive regard) 또는 가치의 조건들(conditions of worth)이라고 한다.
- 조건적인 긍정적 관심 또는 가치의 조건은 실현화 과정을 왜곡시킨다는 이유 때문에 인간이 자유롭고 효율성을 갖는 것의 방해요소가 된다.
- → 즉, 조건적인 긍정적 관심이 그 사람의 가치부여과정을 지배하게 될 때 그 사람은 자신의 잠재력과의 접촉을 상실하며 자기 소외를 경험하게 된다.
- → 따라서 사람은 자기를 실현할 필요가 있음에도 불구하고 타인으로부터 사랑을 받기 위하여 자기를 희생시켜야 하는 모순에 처한다.
- 특히, 아동에게 조건적인 긍정적 관심이 지속되면 그것이 아동에게 내면화되어 규범과 기준이 되며, 심지어는 자신의 행위를 제한시키고 현실을 왜곡하기도 한다.
- → 즉, 자신의 유기체적 평가과정에서 긍정적으로 판단된 행동이라도 그것이 부모의 인정을 받지 못하는 가치 없는 것이라면 아동은 이를 회피하게 된다. 부모로부터 긍정적 관심을 받지 못하는 자기 자신을 존중할 수 없기 때문이다. 이것은 결국 유기체의 경험과 자기를 일치하지 않게 만들고, 아동은 실제 자기와 괴리가 큰 이상적 자기 개념을 추구하게 된다. 이런 불일치는 긍정적 자기 존중을 잃지 않을까 하는 위협으로 느껴지고 불안과 두려움을 야기하게 된다.
- 따라서 인간이 성숙하기 위해서는 이러한 자기와 경험 사이의 부조화를 피하고, 자기 경험과 일치하는 방향으로 자기를 이룩하고, 자신이 자기 행동의 통제자로서 통일된 유기체적 평가과정을 회복해야 한다.

② 무조건적인 긍정적 관심

- 로저스는 건강한 성격의 발달을 위해 누구나 다 사랑받고 존중되어야 한다고 하면서 '무조건적인 긍정적 관심'을 강조하였다.
- 무조건적인 긍정적 관심(unconditional positive regard)이란 조건 없이 있는 그대로 어떤 사람을 수용하거나 존경하는 것을 의미하며, 어떤 경우에서든 주어지는 것들이 완전하고 진실한 사랑과 존경이어야 함을 의미한다.
- 이것은 아이에 대한 부모의 양육에 있어서 부모가 항상 아이가 행하는 것은 어떤 것이거나 용서하고 수용한다는 것을 의미하는 것이 아니라, 아이를 그 존재 자체로서 귀중한 한 인간으로서 평가받고 사랑받는 분위기를 제공한다는 것을 의미한다.
- 아이가 부모로부터 한 인간으로서 존중해주는 무조건적인 긍정적 관심을 받을 때 그 아이는 자신을 가치 있는 존재로 판단하며, 자신의 욕구와 자기 개념에 따라 행동하게 되므로 '완전히 기능하는 사람'으로 진보할 수 있다.

사. 훌륭한 삶의 성격: 완전히 기능하는 사람

- 로저스는 훌륭한 삶이란 존재하는 상태가 아니라 과정이며 어떤 목적지가 아니라 방향이라고 하였다.

→ 즉, 훌륭한 삶이란 고정된 상태가 아니므로 흔히 이야기하는 덕행, 만족 또는 행복의 상태가 아니라 하나의 과정이며 방향을 말한다. 따라서 만족 또는 행복 등은 자아실현을 추구하는 과정에서 얻어지는 부산물로 간주된다.

→ 훌륭한 삶(good life)을 사는 사람은 그 사회의 문화체계에 구속되거나 수동적으로 동조하는 것이 아니라 자신의 삶과 관련된 모든 영역에서 독창적 창작물을 만들어내고 창의적 삶을 통하여 자신의 욕구를 만족시킴으로써 삶의 희열을 경험할 수 있다.

→ '방향'이란 유기체가 어떠한 방향으로든지 자유롭게 움직일 수 있는 내적 자유가 있을 때 그가 선택하는 방향으로 움직이는 과정이다.

- 로저스가 말하는 완전히 기능하는 사람(the fully functioning person)이란 자신의 잠재력을 인식하고 능력과 자질을 발휘하여 자신에 대한 완벽한 이해와 경험을 풍부히 하는 방향으로 이동해 나가는 개인을 의미한다.

→ 즉, 로저스가 말하는 완전히 기능하는 사람의 실제적 의미는 계속 성장하고 충족하는 방향으로 건설적 이동을 할 수 있는 사람(자아실현을 위해서 노력하는 사람)이며, 완전히 기능함에 있어 가장 중요한 요인은 어릴 때 중요한 타자로부터 받은 긍정적 관심과 조건 없는 사랑과 수용이다.

- 완전히 기능하는 사람(또는 훌륭한 삶을 사는 사람)은 공통적으로 다음과 같은 다섯 가지의 중요한 성격 특성을 가지고 있다.

① 경험에 대한 개방성(openness to experience)을 지니고 있다

완전히 기능하는 사람은 가치의 조건에 아무런 제재를 받지 않고 모든 감정과 태도를 자유로이 경험할 수 있으며, 위협을 받는 것이 전혀 없기 때문에 방어해야만 하는 것도 전혀 없다.

완전히 기능하는 사람에게는 어떠한 내적 경험이나 감정도 위협이 될 수 없다. 그는 모든 것에 대해 진정으로 개방한다. 따라서 공포, 실망, 고통의 느낌에 개방적이며 용기, 애정, 경외의 느낌에도 개방적이다.

② 실존적인 삶(existential living)을 살아간다

매 순간을 충분히 만끽하면서 충실히 살아간다. 이러한 사람은 다음 순간에 무엇이 될지와 무엇을 할 것인지가 이 순간에서 비롯되며 나 또는 다른 사람에 의해 미리 예측될 수 없음을 깨닫는다. 즉, 실존적인 삶을 산다.

③ 유기체(자기 자신)에 대해 신뢰하는(organismic trusting) 사람이다

실존적 상황에서 가장 만족스러운 행동에 도달하는 방법으로 자신을 신뢰한다. 완전히 기능하는 사람은 자기의 유기체적 경험을 그가 해야 할 것과 하지 말아야 할 것을 결정하는 기준으로 삼기 때문에 현재 상황에서 욕구를 최대한 만족시키는 행동이 나온다.

④ 경험적 자유(experiential freedom)를 지니고 있다

경험적 자유는 사람이 자신의 행동과 그 결과에 책임을 지는 것은 자신뿐이라는 의미를 내포하고 있다. 사람이 심리적으로 건강할수록 선택이나 행동에 자유로움을 경험한다고 로저스는 확신한다.

⑤ 창조성(creativity)을 지니고 있다

모든 상황에서 독창적 사고력과 창조적 삶으로 스스로를 표현하며 사회문화적 구속에 동조하거나 수동적으로 적응하지 않는다.

(2) 현상학이론의 성격 발달

① 자기실현의 동기

- 로저스의 현상학이론에서는 성격발달 그 자체에 특별한 주의를 기울이지 않았기 때문에 발달단계에 대한 구체적인 시기를 언급하지는 않았다.
- 로저스를 비롯한 클라이언트 중심 이론가에게서 성격발달을 추진하는 힘은 '자기실현의 동기'이다. 이것은 인간의 능력을 최적으로 발달시키고자 하는 힘이다. 성장하면서 형성하기 시작한 '자기 개념'은 자신의 경험을 어떻게 지각하느냐에 달려 있다.
- 자기 자신의 경험의 지각은 다른 사람이 가치를 부여하는 '긍정적인 관심에 대한 욕구'에 영향을 받는다.
- 긍정적인 관심을 추구하는 욕구를 성취하거나 실패함으로써 '자기 인정'을 만들어 나간다. 이것은 다른 사람에게서 받은 관심을 자기 자신의 지각에 기초하여 학습한 자기의식이다.

② 무조건적인 긍정적 존중

- 인간은 누구나 다 사랑받고 존중되어야 하며 무조건적인 긍정적 존중이 중요하다. 건강하게 성격을 발달하려면 무조건적인 긍정적 관심이 가장 중요하다. 무조건적인 긍정적 관심과 존경은 자기 및 자신이 체험한 것이 일치함을 느끼게 하며 개인으로 하여금 완전히 기능하는 사람으로 진보하게 하며, 자아구조가 더욱 심화되어 간다. 그러나 무조건적인 긍정적 관심은 훈육의 결여, 사회적 제약의 철회가 아니라 한 개인을 있는 그대로 수용하고 존중하는 것을 의미한다.

- 자신의 자기 개념과 실제 경험이 일치하지 않을 때 그 사람은 긴장, 불안, 내적인 혼란을 느낀다.
- 이러한 부적응에 대해, 사람마다 다양한 방어기제를 사용한다. 즉, 자신의 자기 개념과 상충하는 경험을 부정하거나, 그 경험을 왜곡하거나 합리화하여 자신의 자기 개념과 일치하는 것으로 지각한다.
- 방어기제를 사용해도 이러한 부적응을 좁힐 수 없으면 이에 직면해야 한다. 이것은 원치 않는 감정, 즉 불안, 긴장, 우울, 죄책감, 수치심을 유발한다.

3) 현상학이론에 대한 평가와 사회복지실천 적용

(1) 평가

로저스는 당시의 심리치료 분야의 주류였던 정신분석과 지시적인 상담에 회의를 느끼면서 클라이언트를 위한 독특한 관점을 개발시켜야 함을 인식하여 클라이언트 중심의 비지시적 치료방법을 개발하였다.

성격발달에 관한 로저스의 이론은 현상학적 자기에 초점을 두고 있다. 현상학적 자기란 각 사람이 자기만의 고유한 방법으로 인식하는 자기에 관한 이미지이다. 잘 적응하는 사람은 자신이 어떻게 진실하게 행동하고 생각하며 경험하는지에 대하여 정확하게 인식하는 사람이다. 반면에 부적응적인 사람이란 자기 이미지와 현실 사이에 부조화를 이루어서 결국은 심한 불안 상태가 되어 버리는 사람이다.

로저스는 유아는 내적 평가중심을 지니고 있어서 자신이 원하는 것을 평가하는 것이 자유롭기 때문에 자신의 감정이나 느낌에 있어서 유아의 유기체적 가치과정이나 신뢰가 융통성이 있고 개방되어 있다. 아이가 발달해감에 따라서 외부세계로부터 오는 평가를 받아들이게 되고 점차로 유기체적 가치부여과정이 변형되어 간다. 이러한 외부로부터의 평가과정은 그 개인의 자아실현이나 성장발달에 영향을 끼치는데, 특히, 타인으로부터의 부정적인 평가는 부정이나 왜곡과 같은 심리적인 방어기제를 발전시켜서 결국은 정신 병리를 발생시키기도 한다. 반면에 무조건적인 긍정적 관심을 주고받는다면 그 개인은 완전히 기능하는 사람으로 발전하고 건강한 자아구조가 발달하게 된다.

이러한 로저스의 이론은 이론보다는 치료기법에 관하여 영향을 많이 끼쳤으며, 치료적 관계의 구성요소로서 비위협적인 환경, 비심판적 태도, 공감과 진실성, 무조건적·긍정적 관심, 문제해결자로서의 클라이언트에 중요성을 두고 있다는 점이 장점이라고 할 수 있다. 반면에 다음과 같은 한계점도 있다.

첫째, 클라이언트가 자신의 문제를 해결하는 방식에 초점을 두지 않고 문제에 대한 클라이언트 자신의 인식과 이해를 증가시키려는 통찰 지향적 접근이기 때문에 대안 제시가 어렵고 개입의 효과성을 파악하기가 어렵다.

둘째, 치료자는 비지시적이어야 하기 때문에 상담의 주제를 제시하거나 어떤 제안을 하지 않고, 또한 해석도 하지 않아야 하는 반면에 클라이언트가 면접의 방향을 잡아야 할 책임이 있다. 그러나 치료자는 클라이언트가 제시하는 어떤 주제에 대해서는 관심을 보이다가 어떤 주제에 대해서 이야기할 때는 관심을 덜 나타내는 등 비언어적 의사소통을 통하여 교묘하게 클라이언트를 유도하는 경우가 있다.

셋째, 성격발달에 관한 자료를 제공해주지 못하고 있으며, 우울증, 슬픔, 수치심과 같은 정서적인 문제가 왜 생기는지에 대하여 설명하지 못하고 야뇨증, 지나친 음주, 공격적인 행동, 폭력행동 등과 같은 문제행동이 왜 생기는지에 대해서도 설명하지 못하고 있다.

넷째, 치료자는 클라이언트에게 진실되어야 한다는 점을 강조하고 있지만 현실적으로는 클라이언트에 대한 자신의 진실한 감정을 표현한다는 것이 힘든 작업이다.

다섯째, 클라이언트는 긍정적이거나 부정적인 결과로부터 자유로운 치료환경 내에서 반복적으로 자신의 관심사를 얘기하기 때문에 클라이언트의 문제가 감소하고 결국은 긍정적인 변화가 발생한다. 이러한 현상은 오히려 환경을 중요시하는 학습이론적인 관점에서 해석될 수 있는 부분이다.

① 현상학이론의 의의
- 이론보다는 심리치료와 상담영역에 많은 영향을 미친다. 특히 클라이언트중심치료는 정서적 장애를 가진 사람들의 치료에 유용한 것으로 평가되어 그동안 폭넓게 적용된다. 치료적 관계의 구성요소로서 비위협적인 환경, 비심판적 태도, 공감과 진실성, 무조건적 긍정적 관심, 문제해결자로서의 클라이언트를 강조한다.
- 인간본성의 긍정적인 측면과 자기 개념의 중요성을 강조한다.
- 개인 존재의 고유성, 개인의 잠재력과 내적인 욕구의 중요성을 강조한다.
- 개인의 자기 개념이나 잠재력을 극대화할 수 있는 개인의 능력에 초점을 둔다. 로저스 이론의 장점은 로저스의 이론은 이론보다는 치료기법에 관하여 영향을 많이 끼쳤으며, 치료적 관계의 구성요소로서 비위협적인 환경, 비심판적 태도, 공감과 진실성, 무조건적 긍정적 관심, 문제해결자로서의 클라이언트에 중요성을 두고 있다는 점이다.
- 클라이언트 중심의 비지시적 치료방법을 개발하였다(자기 self에 관한 것에 초점을 두기 때문에 현상학적이론 또는 자기실현이론이라고 불린다).
- 성격발달에 관한 로저스의 이론은 현상학적 자기에 초점을 두고 있다. 현상학적 자기는 각 사람이 자기만의 고유한 방법으로 인식하는 자기에 관한 이미지이다. 잘 적응하는 사람은 자신이 어떻게 진실하게 행동하고, 생각하며 경험하는지에 대하여 정확하게 인식하는 사람, 부적응적인 사람은 자기 이미지와 현실 사이에 부조화를 이루어서 결국은 심한 불안 상태가 되어 버리는 사람이다.
- 로저스는 인간이 자기 개념과 경험 사이에 불일치가 생기면 긴장, 불안, 내적 갈등을

경험하게 되며 이러한 상태가 심해지면 정신 병리의 원인이 된다고 하였다.

■ 문제에 직면하는 클라이언트를 위해서 치료자가 공감, 무조건적 관심, 진실성을 보일 때, 클라이언트는 자기 개념과 경험 사이의 불일치를 탐색하기 시작하고 과거에 부정하고 억압해왔던 감정들을 경험하여 자기 개념을 재조직화하게 되고, 또 치료자는 클라이언트에게 논의할 주제를 제시하거나 충고나 해석, 제안을 하지 않고, 허용적이며 비위협적인 분위기를 만들고 비지시적인 태도를 나타냄으로써 클라이언트가 스스로 문제에 대한 인식을 하고 문제해결을 위하여 자신의 역량과 창조성을 발휘할 수 있도록 해야 한다.

② 현상학이론에 대한 비판

■ 클라이언트의 말을 비판 없이 그대로 받아들이는 순진한 현상학을 취했다는 비판을 받는다.

■ 긍정적 관심과 공감적 이해에 기초해 클라이언트들의 말을 들으면서 이루어진 임상경험들에 토대를 두고 있으므로 클라이언트와 관련된 자료들이 과연 신뢰도와 타당도를 갖고 있는지 의문시된다.

■ 기본적인 인간본성에 대한 선한 측면을 너무 강조하여 인간의 악한 면과 부적응적인 인간에 대한 설명이 부족하다.

■ 인간의 무의식적 과정에 별다른 관심을 보이지 않는다.

■ 학습을 통한 인간행동의 발달을 무시하고 있다.

■ 인간에게는 적절한 발전을 지향하게 하는 확고한 기제가 있다고 주장하였으나 이러한 기제에 대한 명백한 증거가 없다.

■ 유기체적 경험, 자기 개념, 환전한 기능 등은 개념이 모호하고 너무 포괄적이어서 이해하기가 어렵다.

■ 클라이언트가 자신의 문제를 해결하는 방식에 초점을 두지 않고 문제에 대한 클라이언트 자신의 인식과 이해를 증가시키려는 통찰 지향적인 접근을 취하고, 이는 대안 제시가 어렵고 개입의 효과성을 파악하기 어려움을 의미한다.

■ 성격발달에 관한 자료를 제공해주지 못하고 있으며 정서문제나 행동문제가 왜 발생하는지에 대해 설명하지 못한다. 우울증, 슬픔, 수치심과 같은 정서적인 문제가 왜 생기는지에 대하여 설명하지 못하고 야뇨증, 지나친 음주, 공격적인 행동, 폭력행동 등과 같은 문제행동이 왜 생기는지에 대해서도 설명하지 못하고 있다.

■ 클라이언트에 대한 치료자의 진실성을 강조하지만, 치료자가 클라이언트에 대한 자신의 진실한 감정을 표현하는 것은 현실적으로 힘든 작업이다.

■ 치료자는 비지시적이어야 하기 때문에 상담의 주제를 제시하거나 어떤 제안을 하지 않고, 또한 해석도 하지 않아야 하는 반면에 클라이언트가 면접의 방향을 잡아야 할

책임이 있다. 그러나 치료자는 클라이언트가 제시하는 어떤 주제에 대해서는 관심을 보이다가 어떤 주제에 대해서 이야기할 때는 관심을 덜 나타내는 등 비언어적인 의사소통을 통하여 교묘하게 클라이언트를 유도하는 경우가 있다.

- 클라이언트는 긍정적이거나 부정적인 결과로부터 자유로운 치료환경 내에서 반복적으로 자신의 관심사를 얘기하기 때문에 클라이언트의 문제가 감소하고 결국은 긍정적인 변화가 발생한다. 이러한 현상은 오히려 환경을 중요시하는 학습 이론적인 관점에서 해석될 수 있는 부분이다.

(2) 현상학이론과 사회복지실천

- 개인의 존엄성과 가치, 자기결정권, 사회적 책임과 상호성을 강조하는 것은 사회복지실천 철학과 맥을 같이하는 원칙이다.
- 따뜻하게 관심을 갖는 치료적 관계를 통해서, 인간은 자기를 이해하고 성장할 수 있으며, 거기에 필요한 자원은 인간 스스로 갖고 있다고 가정한다. 이 점은 사회복지실천에 중요한 의미를 부여한다. 진실성, 일관성, 클라이언트에 대한 무조건적인 긍정적 관심, 클라이언트의 세계관에 공감해야 한다는 치료적 관계 원칙은 사회복지실천에 기여하고 있다.
- 또한 현상학적 이론에서는 사회적 책임과 상호성을 강조하는데, 이것 역시 사회복지실천 가치에 해당된다.
- 인본주의 이론가 중에서 로저스는 사회복지실천에 가장 큰 영향을 끼친 사람이다.
- 로저스의 접근 이론을 인간 중심 접근이라고 한다. 이 접근법에서는 개인이 더욱 큰 독립성과 통합성을 달성하는 것에 치료목표를 둔다. 즉, 단순히 문제를 해결하는 것이 아니라 클라이언트의 성장과정을 도움으로써 그들이 현재 대처하고 있고 미래에 대처하게 될 문제들을 잘 극복해 나갈 수 있도록 돕는 것이다. 로저스는 클라이언트와 진실한 관계를 맺는 것이 치료에 있어서 핵심적인 요소라고 하였고 치료자 자신이 클라이언트와의 촉진적인 관계를 형성할 수 있는 자질을 갖추고 있는지 이러한 자기평가는 인본주의적 입장에 서서 사회복지실천을 행하는 사회복지사들에게 매우 유용한 지침이 될 수가 있다.

3. 엘리스의 합리적 · 정서적 행동치료이론

1) 인지장애와 인지치료

(1) 인지장애

- 유아기 아동들에게 중요한 문제는 감각 및 지각의 발달에 관한 것이다. 아동이 적절한 반응을 보이지 못할 경우에는 아동에 대한 정확한 진단과 치료, 어머니에 대한 정서적 지지치료를 제공해야 할 것이다.

- 인지발달이 적절히 이루어지지 못한 아이의 경우 인지발달의 장애를 보일 수 있다. 주로 전조작기 아동들에게서 나타나는 인지장애는 지능이 평균보다 훨씬 낮고 이 때문에 적응기능에 결함이 나타나는 상태로 대부분 18세 이전에 발생한다. 따라서 이 시기의 아동들에게는 유치원이나 보육시설에서 적절한 인지교육을 할 필요가 있다.

- 부모나 교사는 자신들의 위치에서 가치기준을 교육해서는 안 된다. 강압적인 교육은 아동에게 죄책감을 느끼게 하고 이것은 등교거부증이나 학교공포증 등의 공포증으로 나타나기 쉽다. 공포증의 경우 아동과 부모에 대한 상담을 실시하여 아동의 정서적 안정을 지원해야 할 것이다.

(2) 인지치료

- 인지치료는 잘못된 사고를 바꾸는 것이다.

- "인지 혹은 인지과정을 바꿈으로써 현존하는 혹은 앞으로 예상되는 인지왜곡을 수정하기 위한 시도에 대한 접근"이다.

- 인지적 개념은 치료변화를 위한 세 가지 기본적인 메커니즘으로 구분하는데, 즉 합리적인 분석, 논리적 · 경험적 사정, 반복 또는 실천이 그것이다.

- 합리적인 분석은 비확증과 재개념화의 과정이고, 논리적 · 경험적 사정은 클라이언트의 인지를 확인하거나 논박하는 증거의 체계적인 분석에 초점을 두는 것이다. 왜곡된 생각을 찾아내고 현실적으로 평가해서 수정한 후 생활 속에 적용하고 반복하는 것이 치료과정이다.

- 인지치료의 대표적인 기법으로서 엘리스의 합리적 정서치료가 있다. 합리적 정서치료는 비확증과 합리적인 호소에 의존한다. 인간의 비합리적인 사고가 정서장애의 주요요인이 되며 이러한 비합리적 사고는 논박을 통해 합리적인 사고로 교정함으로써 정서장애를 제거하여 효과를 볼 수 있다고 주장한다.

- 비합리적 사고에는 당위적 사고와 단정적이며 일반화된 사고가 있으며, 이러한 사고들은 부모와 사회 등의 환경에 의해 학습되어 자기 독백에 의해 강화된다. 그러므로 치료과정

에서는 일단 반복되는 자신의 비합리적인 자기 독백을 알아내어 그것을 논박하고 합리적인 말로 대체, 반복학습함으로써 정서적 장애를 소거, 최소화하려고 한다.

2) Aron Beck · REBT · 엘리스의 인지치료이론

(1) Aron Beck의 인지치료이론

가. 정의

- 중간믿음에 기인한 자동적 사고는 개인의 정보처리과정에서 인지상의 오류와 왜곡을 유발하여 역기능적 행동을 발생시킨다.
- 이런 Ct에게 비교적 인식되기 쉬운 자동적 사고에 초점을 맞춰 스스로 자동적 사고를 식별하고 수정할 수 있도록 돕고 점차로 역기능적 사고의 기저에 잠재된 신념체계로 초점을 확대한다.
- Beck의 인지치료는 초기에는 주로 우울증의 치료에 적용되어 오다가 최근에는 불안장애, 성격문제 등의 다양한 정신장애의 치료로 확대 적용되고 있다.
- 인지치료는 개인이 가지고 있는 자신과 세계에 대한 지각이 정서적·행동적 문제를 만든다는 전제를 가지고 인지적 왜곡을 수정하여 정서, 행동상의 문제를 해결하고자 하는 매우 적극적이고, 직접적이며, 시간-제한적이고, 구조화된 접근방법이다.

나. 주요개념

① 자동적 사고
- 길거리에서 누군가 나를 쳐다보는데 순간 나를 무시한다고 하는 불쾌한 감정을 유발하는 것이다.
- 특별한 자극에 의해 유발된 개인화된 생각으로 노력, 선택 없이 자발적으로 일어나는 사고이다.
- 이 사고는 심사숙고하거나 합리적으로 판단하여 내리는 것이 아니라 자동적으로 그 상황에서 튀어나오는 생각-부정적일 때 문제가 된다.

② 스키마(schema, 도식): 인지의 구조
- 개인은 자신의 인지구조에 따라 특정 자극에만 선택적으로 주의를 기울여 반응하게 되는 인지구조이다.
- 도식(예: 개는 무섭다)은 특정 대상에 대한 이전 경험(예: 개에 물린 경험), 타인이 겪는 경험의 관찰(예: 타인이 개에게 물리는 것을 관찰) 등으로 형성된다.
- 사람의 경험과 행동을 조정하는 역할을 하며 신념과 규칙들은 스키마의 내용에 해당하는 것으로서, 결과적으로 사람의 사고, 감정 및 행동의 내용을 결정짓는 역할을 한다.

■ 핵심믿음: 아주 근원적이고 깊은 수준의 믿음으로 흔히 그들조차도 인식하지 못한다. 사람들은 이러한 믿음을 당연한 것으로 여기고 절대적인 진리로 받아들인다. 핵심믿음은 가장 근원적인 수준의 믿음으로 모든 영역에 영향을 미치고 경직되어 있으며 지나치게 일반화되어 있다.

■ 중간믿음: 핵심믿음과 자동적 사고 사이에 존재하고 이는 태도나 규칙, 가정들로 구성되어 있어 핵심믿음에 의해 영향을 받고 자동적 사고에 영향을 미친다.

③ 인지 모델

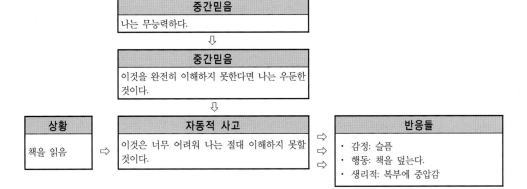

④ 인지상의 왜곡

Ellis가 비합리적인 신념이 문제의 핵심이라고 가정한 것에 비해 Beck은 자신과 세계에 관한 개인의 정보처리 과정에 나타나는 오류와 왜곡을 문제의 핵심으로 가정하였다. 다시 말하면, 심리사회적인 문제를 가지고 있는 개인은 다음과 같은 정보처리에 오류가 있어 자신의 생각이 잘못된 것이라는 증거가 있음에도 불구하고 자신의 생각이 옳다고 믿는다.

㉠ 이분법적 사고(흑백논리): 모든 경험을 양단 중 하나로 평가하는 것이다. 예) A학점을 고대하던 학생이 B학점을 받자 그 자신을 완전한 실패자로 느낀다. 즉, A학점의 이수라는 성공과 그렇지 못한 나머지 경우는 모두 실패라는 극단적 사고 유형이다.

㉡ 과도한 일반화: 사소한 사건에 기초하여 그것과 관련되지 않은 상황까지 광범위하게 적용하는 것을 말한다. 예) 남편이 회사에서 너무 바빠 미처 전화하지 못했다는 말 한마디에 "이제 그의 사랑이 식었어"라고 결론 내리는 경우이다.

㉢ 선택적 추론: 결론을 지지할 만한 증거도 없고 오히려 반대 증거가 있음에도 불구하고 특정 결론을 내려 버리는 것이다. 예) 전 과목의 시험에서 한 과목을 제외한 나머지는 모두 우수한 성적을 얻은 학생이 좋지 않은 점수를 받은 한 과목에만 골몰하여 낙심한다. 즉, 상황 안에서 작은 부분을 차지하는 부정적 측면에 치중하여 나머지 긍정적 측면을 간과하는 경향을 의미한다.

ⓡ 긍정적 측면의 격하: 예) 친구들로부터 긍정적 피드백을 믿지 않으면서 친구들이 단지 듣기 좋도록 그러한 말을 하는 것뿐이라는 식으로 생각한다. 이 경우 개인은 긍정적 경험을 그럴 만한 가치가 있는 것이 아니라는 식으로 격하시킨다.

ⓜ 독심(mind reading): 뚜렷한 증거도 없이 타인들이 자신에게 부정적으로 군다고 생각한다. 예) 상대방이 정중하게 대함에도 불구하고 "저 사람이 나를 바보로 생각한다는 걸 알 수 있어"라고 짐작한다.

ⓗ 예언하기(fortune telling): 미래의 사건을 혼자 예측하면서 이것이 마치 기정사실인 것처럼 반응을 보인다. 예) "그는 곧 나를 떠날 거야. 난 그걸 알 수 있어"라고 생각하면서 정말 그러한 일이 일어난 양 행동한다.

ⓢ 비극화(catastrophizing): 일어날 수 있는 부정적 사건을 올바르게 바라보지 않고 참을 수 없는 대이변이나 비극으로 여긴다. 예) "어머나, 내가 만일 기절하면 어쩌나!" 이때 기절이라는 것은 유쾌하지 않기는 하지만 매우 위험한 것은 아니라는 고려는 두지 않는다.

ⓞ 최소화: 긍정적 특징이나 경험들을 인정하기는 하지만 대수롭지 않은 것으로 치부한다. 예) "물론 전 제 일을 잘 하고 있죠. 그런데 그게 무슨 상관인가요? 제 부모님은 저를 존중해주지 않는데요."

ⓩ 정서적 추론: 자신이 느끼는 정서를 실제의 사실로서 해석하는 경향을 말한다. 즉, 정서상의 반작용(reaction)은 항상 실제 상황을 반영하고 있다고 생각하는 경향이다. 예) "죄책감을 느낍니다. 그래서 난 나쁜 사람입니다."

ⓒ '~해야만 해'라는 명령식의 진술: 동기를 제공하거나 행동을 제어하기 위해 이러한 식의 언급을 사용하는 경우이다. 이러한 명령조의 진술은 개인의 죄책감, 압박감, 혹은 원망 등을 야기할 수 있다.

ⓚ 라벨링: 구체적 사건이나 행위를 언급하기보다는 자신에게 총체적이고도 부정적인 라벨을 부여하는 것을 의미한다. 이는 과도한 일반화의 극단적인 형태이다. 예) "내가 이번에 그 기회를 놓치고 말았어"보다 "난 실패자야"라는 식으로 생각한다.

ⓣ 개인화: 부정적 사건을 정당한 근거 없이 자신의 책임으로 돌리는 경향이다. 예) 자신의 클라이언트가 다시 이전의 폭력 남편에게로 돌아간 것에 대해 자신의 책임이라고 생각하는 사회복지사.

이러한 왜곡들이 때로는 일부 기능적 역할을 하기도 하지만, 대개의 경우 부정적 영향을 미치며 역기능적 행동을 발생시킨다. Beck은 이런 왜곡의 일부는 부적응적 사고를 야기하며 개인의 자신의 인생 경험을 헤쳐 나가는 능력을 방해하고 내적 조화를 깸으로써 개인에게 고통을 주는 부적절한 정서적 반작용을 유발한다고 했다.

다. 치료방법

① 인지치료의 목표는 클라이언트가 보다 건설적이고 목표 지향적인 활동에 참여하면서, 자신의 능력에 대한 부정적이고 파괴적인 추론을 변화시키는 것이다.

② 치료 초기에는 비교적 인식되기 쉬운 자동적 사고에 초점을 두어 스스로 자동적 사고를 식별하고 평가하여 수정할 수 있도록 돕는다.

③ 엘리스의 합리적 정서적 행동치료(Rational Emotive Behavior Therapy)는 역기능적 사고의 기저에 잠재되어 있는 신념체계에 치료의 초점이 옮겨진다.

■ 인간을 스스로 사고, 정서, 행동을 변화시킬 능력이 있는 성장 지향적인 존재로 보면서 인간의 사고, 행동, 감정이 매우 밀접하게 상호작용한다고 보았다. 그는 인간의 문제가 외부적인 사건에 의해 만들어지는 것이 아니라 인간 스스로 만들어낸 잘못된 혹은 비합리적인 신념에 의해 야기된다는 독특한 개념을 만들었다.

■ 비합리적인 신념과 자기 언어(self-talk) 간 상호 영향으로 비합리적 사고를 하게 되는 것이 문제의 핵심이라 보았기에 논박을 통해 이 사고와 신념을 변화시키는 ABCDE 치료를 했다.

(2) REBT의 비합리적 정서치료 이론

가. 정의

① 인지는 인간정서의 가장 중요한 핵심요소이다. 어떤 사건이나 타인이 우리로 하여금 기분이 좋다거나 기분이 나쁘다고 만드는 것이 아니라, 우리 스스로 인지적으로 그렇게 인식하므로 그렇게 느끼는 것이다.

② 역기능적 사고는 정서 장애의 중요한 결정요인이다. 역기능적 정서 상태나 정신병리의 많은 부분들은 역기능적 사고과정의 결과이다. 이러한 역기능적 사고는 과장, 과잉일반화, 과잉단순화, 잘못된 유추, 그리고 절대적 관념 등으로 나타난다.

③ REBT의 기본 개념이 우리가 사고하는 것을 느끼는 것이기 때문에 REBT는 사고의 분석부터 시작한다. 만약 우리가 지닌 고통이 불합리한 사고의 산물이라면 그 고통을 가장 잘 정복하는 길은 이 사고를 변화시키는 것이다.

④ 비합리적 사고와 정신병리를 유도하는 원인적 요인들은 유전적이고, 환경적 영향을 포함하는 중다요소로 되어 있다. Ellis는 인간이 선천적으로 불합리하게 생각하는 경향이 있음을 지적하고 있다.

⑤ 행동에 대한 과거의 영향보다 현재에 초점을 맞춘다.

⑥ 신념은 변화한다고 믿는다. 적극적이고 지속적인 노력에 의해 불합리한 신념이 변화될 수 있다.

나. 주요개념

① 자기 언어(self-talk): 합리정서치료는 모든 정서적 문제의 주요 원인이 그 상황에 대해 스스로 말하는 자기 언어(self-talk)에 달려 있다고 전제한다.

② 합리적 신념: 합리적 신념은 우리의 행동을 합리적이고 효과적으로 통제하는 것으로 객관적 현실에 근거하여 다른 사람과의 불필요한 갈등을 피하고, 편안한 감정을 느낄 수 있도록 하는 사고이다.

③ 비합리적 신념: 우리의 안정된 삶을 방해하고 많은 정서적·사회적 문제를 야기한다.

예) 항상 남으로부터 사랑과 인정을 받아야 하고 자신은 언제나 성공적이어야 하며 어떤 위험과 위협도 있어서는 안 된다는 식의 신념들-당위적 사고이다.

④ 성격형성: 사람들은 어떤 사건이 일어나면 자동적으로 익숙한 자기 언어(self-talk)를 보이게 되고 이것이 반복되면서 태도, 가치, 신념을 형성하게 되어 자아개념에 영향을 주고 그 개인의 전반적인 감정과 행동을 결정하게 되는데 이것이 성격이다.

⑤ 합리적 사고와 비합리적 사고: Ellis는 생각이 정서와 행동을 유도한다고 강조하였다. 합리적 생각은 적절한 정서와 적응적인 행동을 초래하고 비합리적인 생각은 부적절한 정서와 부적응적인 행동을 초래한다고 믿었다.

	합리적 사고	비합리적 사고
논리성	논리적으로 모순이 없다.	논리적으로 모순이 많다.
현실성	경험적 현실과 일치한다.	경험적 현실과 일치하지 않는다.
실용성	삶의 목적 달성에 도움이 된다.	삶의 목적 달성에 방해가 된다.
융통성	융통성이 있고 경직되어 있지 않다.	절대적/극단적/경직되어 있다.
파급효과	적절한 정서와 적응적 행동에 영향을 준다.	부적절한 정서와 부적응적 행동을 유도한다.

다. 치료방법

치료는 클라이언트가 비합리적이고 부적절한 자기 언어를 인식하고 보다 합리적이고 긍정적인 자기 언어로 대체하도록 돕는 것이다.

(3) 엘리스의 ABCDE이론

가. 정의

① 비확증과 합리적 호소에 의존한다.

② 인간의 비합리적인 사고가 정서장애의 주요인이 되며 이러한 비합리적 사고는 논박을 통해 합리적인 사로고 교정함으로써 정서장애를 제거하여 효과를 볼 수 있다고 주장한다.

③ 비합리적 사고에는 당위적 사고("반드시 ~해야만 한다")와 단정적이며 일반화된 사고 ("~이다")가 있으며, 이러한 사고들은 부모와 사회 등의 환경에 의해 학습되어 자기 독백(self-talk)에 의해 강화된다.

④ 그러므로 치료과정에서는 일단 반복되는 자신의 비합리적인 자기 독백을 알아내어 그것을 논박하고 합리적인 말로 대체, 반복학습함으로써 정서적 장애를 소거, 최소화하려고 한다.

나. 주요개념

① A(Activating Event, 선행사건): 내담자가 노출되었던 문제 장면 또는 선행사건, 인간의 정서를 유발하는 어떤 사건이나 현상 또는 행위를 의미한다. 예) 낙방, 실직, 중요한 타자와의 결별

② B(Belief System, 신념체계): 문제 장면에 대한 내담자의 신념, 어떤 사건이나 행위 등과 같은 환경적 자극에 대해서 각 개인이 갖게 되는 태도이다.

③ C(Consequence, 결과): 선행사건 때문이라고 내담자가 보고하는 정서적·행동적 결과, 선행사건에 대한 해석에 따라 느끼게 되는 정서적인 결과이다. 예) 비합리적인 사고의 결과 느끼는 불안, 원망, 비관, 죄책감 등

④ D(Dispute, 논박): 비합리적인 신념이나 사고, 상념에 대해 도전해보고 그 생각이 사리에 맞고 합리적인지 다시 생각하도록 하기 위한 치료자의 논박이다.

⑤ E(Effect, 효과): 비합리적 신념을 직면, 철저하게 논박함으로써 합리적인 신념을 갖게 된 다음에 느끼게 되는 자기 수용적인 태도와 긍정적인 감정의 결과이다.

3) 인지치료이론의 평가와 사회복지실천에의 적용

(1) 긍정적 측면

① 인간의 인지 혹은 신념이 부적응의 원인이라고 전제하면서 실천과정에서 이에 대한 통찰의 중요성을 주장한다.

② 다양한 문제에 적용할 수 있고 클라이언트 스스로의 삶에 대한 책임을 강조하며 교육을 통한 능동적인 변화방법을 제시하였다는 점에서 기여한다.

(2) 부정적 측면

① 자신의 인지구조와 불합리한 신념을 분석하는 것은 지적 수준이 낮거나 현실감이 없는 클라이언트 혹은 사고가 지나치게 경직되어 있는 클라이언트에게는 효과를 기대할 수 없다.

② 치료방법이 매우 지시적이고 교육적이므로 치료자의 가치와 철학을 클라이언트에게 강요할 수 있어 치료자는 가치중립적이어야 한다는 전문적 윤리원칙과 갈등을 초래할 수 있다.

③ 인지와 신념에 대한 강조는 자칫 사건 자체의 중요성을 간과할 수 있다. 즉, 빈곤, 박

탈, 학대, 차별 등의 사회적 사건이 인간의 행동에 영향을 미칠 수 있다는 점을 간과할 수 있다.

④ 인지와 신념의 영향력에 한계가 있다. 예를 들어, 신체적인 질병, 유전적 영향까지 인지와 신념으로 설명할 수는 없다는 것이다.

(3) 사회복지실천에의 적용

가. 엘리스의 심리적 건강과 증상에 대한 관점

- 정서장애 → 비합리적인 사고의 산물
- 선행사건 → 신념체계 → 결과 → 논박 → 효과
- 선행사건 ⇨ 정서적 혼란을 야기하는 사건
- 신념체계 ⇨ 개인이 지니고 있는 태도나 사고방식
- 결과 ⇨ 불안, 원망, 비판, 죄의식 등과 같은 정서적 결과
- 논박 ⇨ 비합리적 사고나 신념에 대한 도전
- 효과 ⇨ 합리적인 신념으로 대치(자기 수용적인 태도와 긍정적인 감정의 결과)

나. 치료목표

- 비합리적이고 자기 패배적인 신념을 극소화시키고 삶에 대하여 보다 현실적이고 합리적인 가치관을 형성한다.
- → 자기 관심, 사회적 관심, 자기 지향, 관용, 융통성, 불확실성의 수용, 창조적 추구, 과학적 사고, 자기 수용, 모험시도, 장기적 쾌락, 반이상주의, 정서적 장애에 대한 자기 책임의 수용

다. 치료자의 역할과 실무원칙

- ct에게 치료방법을 설명하여 치료과정으로 끌어들인다.
- ct의 문제점, 특히 비합리적 신념체계에 대한 진단과 평가를 실시하고 비합리적 신념체계의 구체적 내용을 밝힌다.
- ct가 지적 통찰과 정서적 통찰을 얻을 수 있도록 논박한다.

라. 치료적 기법

① 인지적 기법
ct의 비합리적 신념체계, 특히 당위적이고 요구적인 신념체계를 인식하게 하고 합리적인 사고방식을 갖도록 원조한다.

② 정서적 기법

ct가 자신을 정직하게 표현하도록 하고, 정서직 모험을 경험할 수 있도록 자신을 개방시키기 위하여 사용되는 정서적 기법이다.

③ 행동적 기법

ct에게 어떤 행동을 하게 하여 그의 비합리적인 신념체계를 변화시키고, 이 변화된 신념체계를 통해 정서적 장애에서 벗어나게 하여, 역기능적 증상에서 벗어나 보다 생산적인 행동을 할 수 있도록 원조하는 기법이다.

마. 인지이론이 사회복지실천에 미친 영향

① 인지이론에서는 개인과 환경의 상호작용을 강조한다. 특히, 인간의 환경에 대한 도식은 동화와 조절을 거치면서 사회적으로 적절한 기능을 수행하도록 돕는다. 이는 사회복지실천의 '상황 속의 인간(person-in-situation)'에 대한 개입과 맥을 같이한다. 사회복지사들은 인간의 사회적 기능을 증진시키기 위해서 인간과 환경의 상호작용을 이해하고 평가해야 한다. 이런 측면에서 인지이론은 개인이 환경 속의 다른 사람의 행동이나 사건, 상황에 어떤 의미를 부여하고 있는가에 접근할 수 있는 이론적 틀을 제시하고 있다. 이뿐만 아니라 동화와 조절은 단순히 인간의 환경에 대한 적응뿐 아니라 인간의 욕구에 환경이 적절히 반응하도록 변화될 수 있음을 보여 주고 있어 인간과 환경의 이중 초점이 필요한 사회복지실천에 매우 시사하는 바가 크다고 할 수 있다.

② 인지이론에서 인지는 현실을 해석하여 정서와 행동에 영향을 주는 매개요인으로 작용한다. 즉, 인간은 환경을 주관적으로 이해하고 개인적 인지를 구성하는데 이것이 그 개인에게 있어 '현실'이 된다. 사회복지실천은 '클라이언트가 있는 곳에서 출발'해야 하는데 이는 사회복지사들이 문제를 클라이언트가 보는 관점으로 이해하고 클라이언트가 구성한 현실에 사회복지사가 개입하여야 한다는 것을 의미한다. 따라서 인지이론은 사회복지실천영역에서 일반화된 과학적 지식과 척도만큼 클라이언트가 지각한 현실이 중요하다는 근거를 제공하고 있다.

③ 매우 위축되고 박탈된 집단이 모든 문제를 자신의 탓으로 돌리며 사회적 영향을 전혀 고려하지 못할 경우, "자신들이 부족하고 잘못되어 문제가 일어난다"는 인지와 신념을 변화시키는 권한부여(empowerment) 접근의 근거가 되었다는 점에서 사회복지실천에 중요한 함의를 갖는디.

사회체계와 인간행동

제9장

사회체계이론

1. 사회체계

1) 체계의 개념과 속성

- 사회사업실천이 효과적으로 이루어지기 위해서는 인간행동에 대한 이해가 필수적이며, 이를 위해서는 인간의 행동이 일어나는 맥락, 즉 사회환경에 대한 이해가 있어야 한다.
- 사회사업실천의 기초로서 인간행동에 관한 이해에 도움을 줄 수 있는 이론은, 개인과 환경의 상호관계의 본질을 조명해줄 수 있는 것이어야 하는데, 현재 사회사업실천에서는 체계이론과 생태학적 이론의 관점을 가장 적합한 것으로 받아들이고 있다.
- 체계이론 또는 사회체계이론은 사회를 하나의 체계(system)로 개념화하는 이론으로 이론적인 뿌리는 사회학의 구조기능주의 이론에 두고 있다.
- 구조기능주의 이론이 정태적이며 보수적인 경향을 띠는 것과 마찬가지로 체계이론도 정태적이며 보수적인 경향을 갖고 있다.
- 체계이론은 지나치게 추상성이 높고 측정하기가 어렵다는 약점을 가지고 있다. 하지만 체계이론은 사회사업을 인간행동에 대한 단선적 인과관계 관점을 가진 의료적 모델에서 인간과 환경 간의 상호작용에 초점을 둔 다원론적 관점으로 전환시켰다는 점에서 기여한 바가 크다.

(1) 체계의 개념(Anderson & Carter, 1999)

- 체계란 상호의존적이고 상호작용하는 각각의 부분들의 전제로 부분들 사이의 관계를 맺고 있는 일련의 단위들이다.
- 상호관계를 맺고 있는 구성단위들의 집합체이지만 구성단위들의 단순 집합이 아니라 구성단위 간의 상호작용 또는 관계양상을 포함하는 하나의 전제 또는 단위를 의미한다.
- 어느 정도의 독립성과 자기경계를 유지하면서 다른 대상이나 부분 및 요소들과 상호의존, 상호관련, 상호작용하는 전체(whole), 집합(set) 혹은 실체(entity)라고 할 수 있다.

(2) 체계의 속성(Martin & O'conner, 1989)

- 조직화: 체계의 부분 혹은 요소는 서로 관계가 있고 연결되어 있다.
- 상호인과성: 상호의존성을 의미하는 것으로서 체계의 한 부분에서 일어난 사건은 직접적 혹은 간접적으로 모든 부분에 영향을 미친다.
- 공간성: 모든 체계는 눈에 보이지 않는 테두리인 경계를 가지고 있기 때문에 물리적 공간을 가지며, 다른 체계와는 구분된다.
- 경계: 다른 체계와 구분해주는 눈에 보이지 않는 테두리로서 체계와 환경을 구분한다.
- 지속성: 시간의 흐름에 따라 체계가 발달하고 구성요소들의 역할이 분화되는 역동적 특성을 지나지만 전체로서의 체계는 비교적 안정된 구조를 유지하게 된다.
- 체계의 특징을 중심으로 한 기본적 속성으로는 전체성(집합성), 상호관련성, 목적추구성, 환경적응성(개방성), 계층성(연속성)이 있다.
- 체계이론은 체계가 성장과 변화를 거쳐 안정성을 유지해가는 방법, 즉 체계들 간의 상호작용을 분석하고 설명하는 이론이다.
- 체계적 관점 혹은 체계이론이라고 하면 일반체계이론을 지칭하지만, 구체적으로 분류해보면, 일반체계이론, 사회체계이론, 생태체계이론 혹은 생태체계적 관점으로 나눈다.
- 체계의 속성은 조직화(부분 간에 서로 연결되어 있음), 상호연관성, 공간성(경계에 의해 물리적 공간 점유), 경계(구분), 항상성을 지닌다.

2) 사회체계의 구조와 기능(Parsons, 1978)

- 파슨스(T. Parsons)에 의하면 모든 사회체계는 다음 두 축을 중심으로 구조적으로 분화되며 안정 상태를 유지한다.
- 수직적 축: 외적차원-내적차원
- 수평적 축: 도구차원-완성차원
- 파슨스는 이 두 축으로 사회체계가 안정 상태를 유지하기 위해 성공적으로 해결해야 할 기능을 적응, 목표달성, 통합, 형태유지의 4가지로 제시하였다.

(1) 사회체계의 개념

사회체계모형은 상호작용하는 단위들로 구성되어 있어서 각 단위는 그 자체의 부분들을 가지고 있으며 각 단위는 보다 큰 전체의 부분이 되고 있다. 사회체계는 특수한 종류의 체계이다. 이것은 상호작용하고 서로 행동에 영향을 주는 사람들이 집단으로 구성되어 있다는 점에서 원자나 분자의 체계와 다르다. 이 범위 안에는 가족, 조직, 지역사회, 문화들이 포함되며, 모든 형태의 공동생활에 타당하게 적용된다. 체계들은 개인에서 문화와 사회에 이르는 모든 수준에 존재함으로써 사회체계의 기본단위를 어디에 두느냐에 따라 관점이 달라진다.

거시적 기능주의자들은 전체 체계인 사회를 가장 중요한 관점으로 본다. 개인들의 행동은 사회체계에 의해 결정되는 것으로, 사회적 변동을 강조한다. 반대로 사회적 행동주의자나 사회적 상호작용주의자들은 체계의 최소 단위를 개인행동에서 출발하는 것으로 보고, 개인들의 누적된 행위들이 사회체계를 결정한다고 미시적인 견해를 가졌으며 임상적, 또는 사회적 치료를 강조하였다.

사회체계적 관점은 이 두 양극 중의 한 입장이 아니다. 사회적 실체는 그것이 크든 작든, 복잡하든 단순하든, 하나의 부분임과 동시에 하나의 전체라는 것이다. 케슬러는 이를 홀론의 개념으로 설명하였다. 홀론 개념은 초점체계의 지정을 필요로 하며 관련된 환경(상위체계)과 초점체계의 성분들(하위체계)에 관심을 갖게 한다. 예를 들면 가족이 초점체계가 될 때 성분인 가족성원들은 물론, 지역사회, 직장, 다른 가족과 같은 환경도 중요시해야 한다. 가족성원들 간의 상호작용만 강조하는 것은 사회의 부분으로서 가족의 기능을 무시하는 것이 된다. 하나의 행동은 하나의 홀론이 결정하는 것이 아니라 여러 다른 규모의 홀론, 즉 모든 체계의 하위체계의 상호작용 및 상호 인과관계가 결정한다.

인간행동을 이해하는 중요한 개념으로 사회체계적 관점은 특정 시점에서의 사건의 본질과 중요성에 대해 거시적·미시적 입장 모두를 관찰하는 것이다.

- 체계이론은 체계가 성장과 변화를 거쳐 안정성을 유지해 가는 방법, 즉 체계들 간의 상호작용을 분석하고 설명하는 이론이다.
- 체계적 관점 혹은 체계이론이라고 하면 일반체계이론을 지칭하지만, 구체적으로 분류해보면 일반체계이론, 사회체계이론, 생태체계이론(혹은 생태체계적 관점)으로 나눈다.

(2) 사회체계의 기능(Parsons, 1978)

① 적응기능

- 체계가 외부환경으로부터 자원을 얻어 이를 분배하고 보존하는 활동이다. 예) 경제제도
- 체계는 환경으로부터 자원을 얻어 그 자원을 활용할 능력을 갖추어야 존재할 수 있는데, 체계가 과업산출을 달성하기 위한 수단으로 상위체계를 변화시켜야 한다.
- 적응이란 가능한 한 유익한 적합성을 이루기 위해서 인간과 환경이 서로에게 영향을 미치고 반응하는 것을 말한다.
- 적합성이란 인간의 적응욕구와 환경자원이 부합되는 정도를 말하며, 이것은 전 생애를 거쳐 성취된다. 인간과 환경 사이의 상호교류에서 서로에게 유익한 효과를 가져올 때는 적합성이 이뤄지며, 어느 한쪽의 희생을 기반으로 생존과 발달이 이루어진 경우에는 부적합성이 초래된다.

② 목표달성기능
- 체계는 목표를 설정하고 목표들의 우선순위를 정하며, 구성 부분들을 동원하여 그 목표를 달성할 능력을 갖추어야 체계로서 존재할 수 있다. 예) 정부

③ 통합기능
- 체계가 내부적으로 부분들의 상호작용을 조정하고 유지하는 기능을 의미한다. 예) 법
- 체계는 부분들의 활동을 조정하고 효과적으로 작업관계를 성립할 수 있는 능력을 갖추어야 한다.
- 통합문제도 완성적 차원의 문제고, 체계 자체의 욕구라는 점에서 내적 차원으로 분류된다.

④ 형태유지기능
- 체계 내에서 발생하는 긴장을 다루는 기능이다. 예) 종교
- 체계 자체에서 발생하는 변화와 함께 계속 변하는 상위체계에서 체계 자체의 기본 틀을 유지해야 한다. 이는 도구적 차원의 문제이자 내적 차원의 문제다.

⑤ 체계의 기능적 요건
- 모든 체계 안정 상태를 유지하기 위하여 이 네 가지 기능 수행을 해야 한다(파슨스).
- 흔히 영어 두문자(頭文字)를 따서 AGIL이라고 부르기도 한다.
 - 첫째, 적응기능(Adaptation): 체계가 외부환경으로부터 자원을 얻어 분배 또는 보존하는 활동이다.
 - 둘째, 목표달성(Goal attainment): 체계가 내부적으로 목표의 우선순위를 정하고 그 목표달성을 위해 상위체계인 외부환경과 교류하면서 체계 내부의 구성부분들을 동원하는 기술이다.
 - 셋째, 통합기능(Integration): 체계가 내부적으로 부분들의 상호작용을 조정하고 유지하는 활동이다.
 - 넷째, 형태 유지(Latent pattern maintenance & tension management): 체계 내에 발생하는 긴장을 다루는 활동, 체계가 목표달성과 통합을 성취하도록 하는 데 매우 중요한 기능수행을 한다.

(3) 인간관
- 인간은 신체·심리·사회적 부분으로 분리된 존재가 아니라 통합된 전체로 기능한다. 이러한 전체의 기능수준은 신체, 심리, 사회라는 각 부분의 기능 정도를 단순히 합한 것 이상의 것이며, 한 영역의 변화는 전체 인간의 사회적 기능에 영향을 미친다고 보

고 있다.

- 인간본성에 대한 또 다른 관점은 환경 속의 인간관이라 할 수 있다. 사회체계이론에서 하나의 통합된 총체인 인간은 외부 체계와의 끊임없이 상호작용하며 상호 의존하는 존재로 보고 있다. 즉, 인간은 자신의 욕구에 맞게 환경을 수정할 수 있을 뿐만 아니라 환경의 요구에 맞게 자신의 행동을 수정할 수 있는 능력을 지니고 있다.
- 인간행동이 환경과의 끊임없는 역동적 상호작용의 산물이라고 체계이론에서는 이해한다. 따라서 한 개인의 문제는 한 개인에게 원인이 있는 것이 아니라 그를 둘러싸고 있는 사회체계와의 역기능적 상호작용에 그 원인이 있다고 할 수 있다.

(4) 기본가정

- 체계는 어떤 형태의 규칙적 상호작용이나 상호의존성에 의해 통합된 조직이다. 한 체계의 요소들은 상호 간에 상호작용하고 영향을 미친다.
- 체계는 자체의 경계를 초월하여 외부 환경과도 지속적인 에너지 교환을 함으로써 생존이 가능해지고, 내적 기능에 있어서의 변화와 발달이 이루어진다. 그리고 이러한 한 체계의 변화는 체계 자체의 변화에 머무르는 것이 아니라 환경의 변화를 야기시킨다.
- 체계는 비교적 안정된 구조를 지니고 있다. 체계는 부분들 간의 지속적인 관계를 맺음으로써 비교적 안정된 상호작용 유형을 지니고 있다. 체계의 각 성원들이 분화된 역할을 담당함으로써 체계는 독특한 특성을 지니게 된다.
- 체계는 다양한 수준에 걸쳐 존재한다. 체계는 인간의 정신기능을 만들어내는 뇌세포 사이의 행동체계에서부터 가족체계성원들 간의 상호작용유형에 이르기까지 그 수준이 매우 다양하다.

3) 각 체계의 특징

구분	특징	공통점
일반 체계 이론	-체계를 구성하는 요소들의 속성과 이들 간의 상호작용의 속성을 이해하고, 복잡한 체계의 관계속성 또는 체계 내부에서 이루어지는 상호작용의 특성을 설명하는 이론 -이론적·추상적·분석적 측면이 강함 -체계, 경계, 항상성, 안정 상태 등	-다양한 체계에 관심을 갖고 있고 인간과 환경 사이의 상호작용을 강조 -체계를 하나의 전체로 바라보고 체계 안에서 발생하는 스트레스와 이에 대응하는 인간의 균형에 관심
사회 체계 이론	-일반체계이론의 관점을 적용하여 사회체계를 설명하는 이론 -인간행동에 영향을 미치는 다양한 체계 수준, 즉 개인, 가족과 조직을 포함하는 소집단, 지역사회와 같은 더 복잡하고 넓은 사회체계를 설명하는 데 관심을 둠 -사회복지실천에의 적용: 4체계이론과 6체계이론	

생태 체계 이론	− 일반체계이론+생태학 이론 − 인간과 환경 사이의 상호보완성을 설명하는 이론 − 일반체계이론의 주요 개념들을 그대로 받아들이면서, 일반체계이론이 가지는 한 계점을 극복하기 위해 생태적 관점을 도입 − 사회복지실천에의 적용: 저메인과 기터만의 생활모델	

- 사회체계이론은 인간행동에 영향을 미치는 다양한 체계수준인 개인, 가족과 조직을 포함하는 소집단, 지역사회와 같은 더 넓은 사회체계에 관점을 둔다.
- 생태체계이론은 유기체가 환경 속에서 어떻게 역학적 평형을 유지하고 성장하는지에 관심을 둔다.
- 세 가지 이론 모두 다양한 체계에 관심을 갖고 있고 인간과 환경 사이의 상호작용을 강조하고 있다. 체계를 하나의 전체로 바라보고 체계 안에서 발생하는 스트레스와 이에 대응하는 인간의 균형에 관심을 두고 있다는 것이 체계이론들의 공통점이라 할 수 있다.

(1) 일반체계이론(Greene & Ephross, 1991a)

- 생물학자인 베르탈란피(L. Bertalanffy)가 1940년대에 처음 제시하여 1960년대부터 주목을 받게 된 이론이다.
- 체계를 구성하는 요소들의 속성과 이들 간의 상호작용의 속성을 이해하고, 복잡한 체계의 관계 속성 또는 체계 내부에서 이루어지는 상호작용의 특성을 파악하기 위해서 개발되었다.
- 일반체계이론은 현상을 설명하고 예측하고 통제할 수 있는 이론적 모형을 제시해주는 기능을 하는데, 현실을 관찰하고 구성요소들 간의 관련성을 파악하여 조직화할 수 있는 방법을 제시해 적용된다.

(2) 사회체계이론(Greene & Ephross, 1991a)

- 일반체계이론을 사회복지실천에 적용하여 체계 간 상호작용 등을 설명하려 한 것이 사회체계 이론인데, 일반체계이론은 추상적이고 실천적 적응에 어려움이 있기 때문에 인간사회의 심리적·사회적 구조와의 관계를 설명하는 사회체계이론이 발달하였다.
- 사회체계이론의 개념은 인간행동에 영향을 미치는 다양한 체계 수준을 설명하는 이론이다.
− 모든 조직 수준과 인간결사체 등 사회체계에 체계론적 관점을 적용한 이론이다.
− 인간행동에 영향을 미치는 다양한 체계 수준, 즉 개인, 가족과 조직을 포함하는 소집단, 지역사회와 같은 더 복잡하고 넓은 사회체계를 설명하는 이론이다.

- 사람들이 공동의 장소와 문화를 공유하고 서로 상호작용하는 사회도 하나의 체계이기 때문에 체계의 속성을 갖고 있으며, 따라서 체계이론으로 설명이 가능하다.
- 일반체계이론이 '체계'라는 추상적 개념으로 설명하는 반면, 사회체계이론은 가족, 조직, 지역사회, 문화 등 구체적인 사회체계를 다룬다.

(3) 생태체계이론(Greene & Ephross, 1991b)

- 생태체계이론은 생태적 관점과 체계적 관점이 통합된 것이다.
- 일반체계이론의 주요 개념들을 그대로 받아들이면서, 그 이론이 가지는 한계점을 극복하기 위해 생태학적 관점을 도입한 통합적 이론이다.
- 유기체들이 어떻게 상호 적응상태를 이루고, 그들이 어떻게 상호 적응해 가는가에 초점을 두며, 인간과 인간의 주변환경 간의 상호작용, 상호의존성 또는 역동적 교류와 적응을 설명한다.
- 인간과 환경 사이의 상호보완성을 설명하는 데 관심을 두며, 환경과 인간을 하나의 총체로 간주한다.

(4) 체계이론들의 상호 비교

- 일반체계이론은 유기체와 환경 간의 체계적인 상호작용에 대해 전체성, 상호성, 개방성 등의 개념으로 분석한다.
- 사회체계이론은 인간행동에 영향을 미치는 다양한 체계수준인 개인, 가족과 조직을 포함하는 소집단, 지역사회와 같은 더 넓은 사회체계에 관점을 둔다.
- 생태체계이론은 유기체가 환경 속에서 어떻게 역학적 평형을 유지하고 성장하는지에 관심을 둔다.
- 공통점: 세 가지 이론 모두 다양한 체계에 관심을 갖고 있고 인간과 환경 사이의 상호작용을 강조하고 있다. 체계를 하나의 전체로 바라보고 체계 안에서 발생하는 스트레스와 이에 대응하는 인간의 균형에 관심을 두고 있다는 것이 체계이론들의 공통점이라 할 수 있다.

2. 일반체계

1) 일반체계이론의 특징

- 오스트리아 출신 생물학자 베르탈란피(L. Bertalanffy)에 의해 1940년대에 처음으로 제시

된 이후 1960년대부터 주목을 받게 된 이론이다.
- 체계를 구성하는 요소들의 속성과 이들 간의 상호작용, 즉 복잡한 체계의 관계 속성 또는 체계 내부에서 이루어지는 상호작용의 특성을 파악하기 위한 이론이다.
- 개인과 환경은 어느 한쪽이 다른 한쪽에 일방적인 영향을 끼치는 것이 아니라 양자가 모두 원인인 동시에 결과인 상호적 원인 관계로 형성된 전체로 파악하는 순환적 원인론을 따른다.

(1) 개념

- 개인과 사회의 문제를 원인-결과의 관계, 직선적 원인론으로 해석하기보다는 상호 연결된 전체로 파악한다. 개인과 환경은 어느 한쪽이 다른 한쪽에 일방적인 영향을 끼치는 것이 아니라 양자가 모두 원인인 동시에 상호적 원인 관계로 형성된 전체로 파악하는 순환적 원인론을 따른다.
- 모든 체계가 유사한 관계 속성을 지니고 있다는 인식에 기초하기 때문에, 체계의 구성요소들 간의 관련성을 파악하여 조직화할 수 있는 방법을 제시해주며, 모든 형태의 인간연합체에 적용될 수 있다.

(2) 인간관

- 인간을 통합된 하나의 체계로 간주하는 전체적 인간관을 가진다.
- 인간은 신체, 심리, 사회적 부분으로 분리된 존재가 아닌 통합된 전체로 기능하는 존재이다.
- '환경 속의 인간' 관점을 취한다. 인간은 외부 체계와 끊임없이 상호작용하며, 상호의존하는 존재이기에 자신의 욕구에 맞게 환경을 수정하고, 환경의 요구에 맞게 행동을 수정할 수 있는 능력을 지닌 존재로 보는 것이다. 인간은 외부체계와 끊임없이 상호작용하며 상호의존하는 존재이다.
- 인간의 행동은 집단, 가족, 또는 다른 사회적 단위를 포함하는 전체적인 사회적 상황의 결과이다. 한 개인의 부적응적 행동의 원인은 그를 둘러싸고 있는 사회체계와의 역기능적 상호작용에 있는 것이다.

(3) 기본 과정

- 체계의 구성단위들은 상호의존적이며 상호 영향을 주고받기 때문에 체계의 어느 한 부분의 변화는 전체로서의 체계, 그리고 그 체계를 구성하는 요소들에 영향을 준다.
- 비총합성: 전체는 각 부분의 합보다 크다.

- 체계는 한 단위 혹은 전체를 형성하는 상호 관련이 있는 성원들로 구성된다.
- 체계 조직의 한계는 임의로 또는 이미 확정된 경계와 성원들이 결정한다.
- 체계의 환경은 체계경계선 외부의 것으로 규정된다.
- 홀론: 모든 체계는 다른 체계의 하위체계이면서 동시에 상위체계일 수 있다.
- 체계에서 한 성원의 변화는 전체에 영향을 미친다. 즉, 상호의존과 상호작용이 있다.
- 체계 내・외부의 변화로 체계가 구조적으로 불균형해질 경우, 체계는 균형 상태를 회복하려고 시도한다.

2) 주요개념

(1) 경계(boundary, Kuhn & Beam, 1982; Chess & Norlin, 1988)

- 체계를 외부환경으로부터 구분해주는 눈에 보이지 않는 선 혹은 테두리이다.
- 체계는 체계 내부의 관계를 특징짓고 체계에 특정 정체감을 제공하며, 체계 내부로의 에너지 흐름과 외부로의 에너지 유출을 규제한다. 주위환경과의 내적・외적 교환을 통제하는 기능을 한다.
- 가시적 경계와 비가시적 경계로 다시 구분해볼 수 있다.
- 가시적 경계: 물리적인 체계의 경계. 예) 건물의 벽과 문(안과 밖을 구분)
- 비가시적 경계: 정서적・심리적인 체계의 경계. 예) 가족규칙(다른 가족과 구분)
- 가시적인 경계도 물론 중요하지만 비가시적인 경계도 매우 중요한 역할을 하는데 이러한 경계가 구성원 간의 감정교류, 친밀감, 공동 활동을 더 크게 좌우하게 되기 때문이다.
- 체계를 둘러싸고 있는 경계의 속성에 따라 개방체계와 폐쇄체계로 구분할 수 있다.
- 건전한 체계는 반투과성의 경계를 가지며 이 경계를 유지한다.
- 반투과성 경계는 체계가 성장하고 발달하기 위해 적절한 수준에서 개방적이어야 함을 의미한다. 건전한 체계는 반투과성 경계를 잘 유지한다.
- 사회체계의 경계는 눈으로 보거나 만질 수 없고, 즉 사회체계의 경계는 사회적 구조, 물리적 구조가 아니므로 경계를 유지하는 행동을 통해서만 드러난다.
- 사회체계의 경계는 두 가지 주요 기능을 가진다. 첫째는 그 체계의 정체성을 규정해주며, 둘째는 주위환경과의 내적・외적 교환을 통제하는 한편, 부분적인 침투가 가능하며, 에너지와 정보의 전달이 가능하다.

(2) 공유 영역(interface)

서로 다른 두 개의 체계가 공통의 이익이나 관심을 추구하기 위해 함께 공존하는 곳으로 체계 간의 교류가 일어나는 곳이다(경계는 체계의 정체성을 유지하기 필요하므로 공유 영역과 다르다). 예를 들어 결혼을 하여 가족을 이루면 출생했던 원가족과의 교류에서 공유영역이 만들어진다. 즉, 두 체계 간에 심리적으로 합의된 관계유형이 바로 공유영역인 것이다. 이러한 공유영역은 사람들 사이의 접촉과 관계를 통해 만들어진다(예: 직장동료, 종교집단, 정치집단, 친구와 이웃, 치료자와 내담자, 가족원 사이 등). 공유영역은 자기 자신으로서뿐 아니라 한 체계 혹은 하위체계의 성원이거나 혹은 어떤 집단의 이익을 대변하는 사람으로서 기능하기 때문에 매우 복잡한 상호작용을 나타낸다. 따라서 공유영역이란 두 체계의 상호작용뿐 아니라 상호 간의 미치는 영향까지 고려하는 개념이다.

(3) 개방체계(열린 체계; open system)

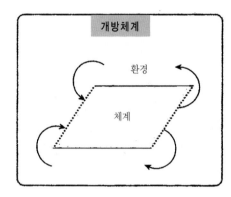 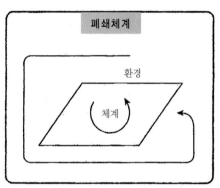

- 개방체계는 반투과성의 경계를 갖고 있는 체계이다.
- 체계의 성장 및 발달에 필요한 정보나 에너지를 외부로부터 자유롭게 받아들임으로써 체계 자체의 기능을 유지 혹은 발전시킬 수 있다.
- 경계가 상대적으로 느슨해 에너지, 정보, 자원을 다른 체계들과 교환한다.

(4) 폐쇄체계(닫힌 체계; closed system, Compton & Galaway, 1989)

- 폐쇄체계는 다른 체계와 상호작용하지 않아 고립되어 있는 체계이다.
- 다른 체계로부터 정보나 에너지의 투입도 없고 다른 체계에 산출을 하지도 않는다.
- 폐쇄체계를 구성하고 있는 부분들은 시간이 지남에 따라 구성원들 사이의 구별이 거의 없어지게 되며 점차 동일성을 띠게 된다.
- 따라서 체계 내의 조직 구성 및 그 기능이 쇠퇴하게 된다.
- 이러한 상태를 엔트로피(entropy) 상태라 하는데, 엔트로피 상태가 지속되면 체계는 소멸된다.
- 체계가 폐쇄적이면 시간이 지나면서 모든 요소가 비슷해지기 시작하여 결과적으로 조직과 효과적인 기능이 상실되는 엔트로피(entropy) 속성이 나타나게 된다. 사회체계가

건전하게 성장하고 발달하려면 상호작용하는 다른 체계들의 투입이 어느 정도 개방적이어야 하며 나름대로 경계를 유지하는 방법을 가지고 있어야 한다.

■ 사회조직에서 폐쇄체계의 예로는 정신과의 보호병동, 교도소 등이 있다.

(5) 위계, 대상체계, 상위체계, 하위체계(Chess & Norlin, 1988)

■ 위계란(hierarchy): 권력과 통제권에 기반을 둔 체계의 서열을 말한다.

■ 대상체계(subject system): 분석 대상이 되는 체계이다. 예) 가족의 갈등이 관심사라면 이 가족이 대상체계이다.

■ 상위체계(super system): 대상체계 외부에 있으면서 그 체계에 기능적으로 영향을 미치는 사회단위이다. 예) 가족이 다니는 교회는 대상체계의 상위체계이다.

■ 하위체계(subsystem): 2차적·종속적인 체계로 큰 체계 속에 있는 더 작은 체계를 말한다. 대상체계 내부에 있으면서 내부의 다른 하위체계들과 상호작용하면서 체계를 구성한다. 예) 가족의 하위체계에는 부부체계, 부모자녀체계, 형제체계 등이 있다.

■ 체계는 상호 간의 포괄범위에 따라 구분할 수도 있다. 체계는 그 내부에 부분(구성요소)을 포함하고 있는 전체이면서 동시에 그 자신이 그보다 큰 어떤 체계의 부분이 된다. 여기서 어떤 특정 체계의 내부에 있는 부분을 하위체계(subsystem)라 하고, 그 특정 체계를 포괄하는 보다 큰 체계를 상위체계(suprasystem)라 한다. 그리고 현재 관심을 가지고 있는 그 특정 체계를 대상체계(subject system)라 한다.

■ 홀론(holon)=하나의 체계는 보다 큰 상위체계의 부분임과 동시에 다른 하위체계에 대해서 그 자체가 상위체계가 되는 것을 말한다.

(6) 홀론(holon)

■ 하나의 체계는 상위체계에 속한 하위체계이면서 동시에 다른 것의 상위체계가 된다는 개념이다.

■ 중간체계가 갖고 있는 이중적인 성격을 나타내주는 말이다. 예) 가족은 부부체계의 상위체계이지만, 지역사회의 하위체계다.

(7) 에너지

■ 사회체계에 정확하게 들어맞지 않는 물리학 용어라는 이견이 있으나, 체계의 상호작용을 이해하는 데 적절하게 사용되는 용어이다.

■ 사회체계에서의 에너지의 의미는 변화를 일으킬 수 있는 행동역량, 행동력, 변화야기력 또는 힘을 말한다. 바꾸어 말하면 행동할 수 있는 체계의 능력, 즉, 체계 자체를 유

지하고 변화시킬 수 있는 힘을 의미한다.

- 모든 인간의 내부에는 에너지가 있듯이 가족, 집단, 지역사회에도 사회적 에너지가 있다. 인간이 자신을 유지하고 발전하기 위해 에너지가 필요한 것처럼, 각 체계들은 자체를 유지하고 발전하기 위해 에너지가 필요하다. 이러한 에너지는 내적으로 산출되기도 하지만 외부로부터 유입되기도 한다.
- 에너지 개념의 종류로는 엔트로피, 역엔트로피, 시너지 등이 있다.

(8) 엔트로피(entropy)

- 엔트로피는 체계구성요소들 간의 상호작용이 감소함에 따라 유용한 에너지가 감소하거나 소멸하는 상태를 말한다. 체계가 서서히 무질서와 혼돈의 상태를 향해 나아가는 것 또는 체계 내에 유용하지 않은 에너지의 정도를 나타낸다(예, 부부관계 불안정 → 부모와 자녀 간의 불안 ⇒ 자녀 일탈). 역기능적 행동의 증가가 엔트로피 상태이다. 개방체계에서는 나타나지 않고, 주로 폐쇄체계에서 존재한다.
- 에너지를 되는 대로 분배해서 에너지의 이용가능성이 적어지게 되고 그 체계는 더욱 무질서해져서 조직된 작업을 할 수 있는 능력은 더욱 적어진다.
- 외부체계와 교류가 차단되어 외부의 에너지 투입이 이루어지지 않는다. 폐쇄체계에서 일어나는 현상이다.

(9) 역엔트로피(negentropy)

- 엔트로피의 반대말로 체계가 성장하고 발달하는 방향으로 진행하는 과정으로서 넥엔트로피라고도 한다.
- 체계 외부로부터 에너지를 가져옴으로써 이용 불가능한 에너지가 감소되는 것이다. 체계가 열려 있을 때, 체계는 자기가 쓰는 것보다 많은 에너지를 유입할 수 있다. 그런 후 체계는 정교하게 세분화되면서 더욱 심화된 복잡성으로 향한다.
- 체계 내에 질서, 분화, 형태가 있는 상태를 말하는데 이는 부정적 의미가 아니라 체계 외부로부터 에너지를 유입함으로써 체계 내부에 유용하지 않은 에너지가 감소되는 것을 말한다.
- 역엔트로피가 증가되면 체계 내 질서와 법칙 유지, 정보의 필요성 높아진다(예: 부부갈등으로 엔트로피 증가 → 상담실(외부자원) 통해 상담치료 ⇒ 부부관계 회복. 따라서 외부 도움으로 가족 내 역기능적 관계가 개선되고 가족원 간 긴장이 감소되는데 바로 이때가 넥엔트로피 상태인 것). 개방적이고 생동적인 체계에서 존재한다.

(10) 시너지(synergy)

- 체계 구성요소들 간의 상호작용이 증가하면서 체계 내에 유용한 에너지가 증가하는 것을 말한다.
- 개방적이고 살아 있는 체계에 적합하다(예: 부부갈등 → 외부 상담 통해 개선 ⇒ 가족 전체의 분위기 긍정적 바뀜, 예전에 없던 가족모임, 행사 등에 적극 참여, 자녀들의 성숙 등 긍정적 변화 ← 시너지 효과).

(11) 균형(equilibrium)

- ⇨ 폐쇄체계의 고정된 구조로 주위 환경과 수직적 상호작용을 하지 않으며 수평적 상호작용을 할 때 폐쇄체계에 내부 균형이 나타난다.
- 균형, 항상성, 안정 상태는 경계의 개방성에서 상이한 정도를 반영하는 개념이다.
- 개방성이 낮은 폐쇄체계는 내부구조에서의 수평적 상호작용만 일어나며 이것이 잘 조화될 때 균형 상태에 도달하지만, 이것은 주위환경이나 상위체계와는 관련이 없는 내부적 균형이다. 반면에, 개방성이 높은 개방체계에서는 균형이 항상성이나 안정 상태의 성격을 갖는다. → 즉, 외부와의 교류나 체계의 구조 변화가 거의 없는 고정된 평형상태를 말한다. 예) 폐쇄적인 관료조직
- 시소(평형은 이룰 수 있지만 운동은 불가능; 바람이나 외부방해물로부터 보호 필요)

(12) 항상성(homeostasis)

- 체계가 균형을 위협받았을 때 이를 회복하고자 하는 체계의 경향이다. 비교적 안정적이며 지속적인 균형 상태를 유지하기 위한 체계의 속성이다.
- 항상성은 환경과 지속적인 상호교환을 하는 체계에 존재하는데, 그 결과는 안정적이지만 정적인 균형이 아니라 역동적인 균형으로 나타난다.
- 항상성은 개방체계의 속성이며, 항상성 상태에서 체계의 구조는 크게 달라지지 않는다.
- ⇨ 개방된 체계를 전제로 한다. 체계가 균형을 위협받았을 때 이를 회복하려는 경향성을 말한다. 안정적이지만 정적인 균형이 아니라 역동적인 균형으로 나타난다.
- 예) 부부가 심각한 갈등을 반복하면서 지내오다가 자녀가 아프게 되면 자녀를 치료하는 동안 잠시 덮어두었다가 자녀가 퇴원하여 집에 오면 예전과 같이 갈등상태에 돌입하게 되는 경우다.
- 예) 갑자기 추운 곳에 나갔을 때 자동적으로 턱이나 몸이 떨리는 것은 몸에 열을 냄으로써 정상체온을 유지하기 위한 작용이 일어나는 경우. 이러한 자동적 경향이 항상성이다.
- 예) 자동온도조절장치(일정한 범위 안에서만 변화)

(13) 안정 상태(steady state, Laszlo, 1972)

■ 안정 상태는 부분들 간의 관계를 유지시키고 쇠퇴해서 붕괴하지 않도록 에너지가 계속적으로 사용되는 상태를 뜻한다.

■ 안정 상태는 환경과의 교환뿐 아니라 변화하는 여건에 적응하기 위해 구조를 변경시킬 수 있는 개방체계에 존재한다.

■ 환경과의 상호작용 과정에서 새로운 에너지를 받아들여 체계의 내부구조를 변경시키면서 얻어지는 균형 상태를 의미한다. 이는 모든 살아 있는 체계의 기본적인 속성이다. 건전한 개방체계는 현상유지만 지향하거나 욕구 완화에만 집착하지 않고 긴장이나 갈등을 성장의 전제조건인 건전한 자극으로 간주한다.

－안정 상태는 균형이나 항상성에 비해 더욱 개방적이고 역동적이다.

→ 즉, 항상성이 체계의 일관성을 유지하기 위해 일정한 범위 내에서만 변화하려고 하는데 비해서, 안정 상태는 체계 자체를 변화시키는 노력을 통해 외부자극을 받아들인다. 이러한 변화의 원리를 형태변형성(morphogenesis)이라고 한다. 예) 자녀가 성인이 되었을 때 가족의 의사결정구조 자체를 바꾸는 경우

(14) 투입-전환-산출-환류(피드백, Chess & Norlin, 1988)

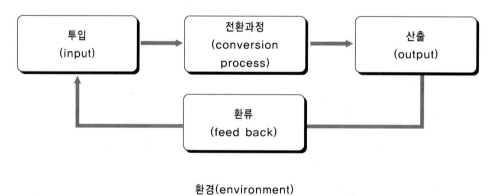

환경(environment)

〈체계의 기본 구조〉

특정 체계에 에너지나 자원이 유입되는 것을 투입(input)이라 하며, 이 에너지나 자원을 활용하여 특정체계가 만들어내는 결과물을 산출(output)이라 하고, 산출을 얻어내기 위해 투입을 활용하는 과정을 전환(conversion or throughput)이라 한다. 투입은 과업 관련 투입과 유지 관련 투입으로 구분할 수 있고, 산출은 과업 관련 산출과 유지 관련 산출, 그리고 소모로 구분할 수 있으며, 전환은 구조와 상호작용으로 구성된다.

① 투입(input)

환경에서 체계로 자원, 에너지, 정보 등이 유입되는 것을 말한다. 과업 관련 투입과 유지 관련 투입이라는 두 형태가 있다.

- 과업 관련 투입: 대상체계가 관심을 갖는 욕구, 문제 혹은 기회로 인해 발생하는 것이다. 예) 사회복지실천에서 클라이언트의 문제
- 유지 관련 투입: 욕구를 충족하거나 문제를 다루거나 기회를 모색하거나 이용하는 데 필요한 자원이다. 예) 사회복지사나 기관이 갖고 있는 실천기술이나 자원

② 전환(conversion)

투입된 자원, 에너지, 정보 등을 가지고 체계 내에서 산출해내기 위해 처리하는 과정을 말한다. 구조와 상호작용으로 구성된다.

- 구조: 체계의 투입이 산출이 되는 과정에서 나타나는 일종의 순서로, 구조에 포함되는 것은 역할, 공식적인 행정적 준비, 가치, 시간, 예산, 계획안, 공간, 다른 체계들과의 유대 등이다.
- 상호작용: 실제행동 그 자체로서 체계 내에서 일어나는 상호작용을 수평적이라 하며, 경계를 넘어 두 체계 간에 발생하는 상호작용을 수직적이라 한다. 예) 가족 내에서 부모 자녀 혹은 형제관계에서 이루어지는 상호작용은 수평적 상호작용이고, 자녀와 학교교사 또는 부모와 직장상사 간의 접촉은 수직적 상호작용에 해당한다.

③ 산출(output)

투입된 자원을 전환과정을 통해 내놓은 결과물을 말한다. 산출은 피드백 과정을 통해서 다시 체계로 투입된다. 과업산출, 유지산출, 소모로 나눈다.

- 과업산출: 과업 관련 투입(클라이언트의 문제해결)으로 처리된 결과이다. 예) 사회복지실천에서 원조를 요청한 클라이언트 문제를 종결한 결과
- 유지산출: 유지 관련 투입(기관 접촉에서 얻은 대인관계 지식과 기술)의 결과이다. 예) 클라이언트가 사회복지기관과 접촉해서 습득한 대인관계에 관한 지식과 기술
- 소모(사회복지사의 탈진): 과업산출과 유지산출을 낳는 데 자원이 비효과적·비효율적 혹은 부적절하게 사용된 경우를 의미한다. 예) 사회복지사의 소진(burnout) 혹은 프로그램 포기

④ 피드백(還流; feedback)

일종의 순환으로서, 체계의 에너지 전환과정에 의해 만들어진 산출이 피드백을 통해 다시 체계 내부로 투입되는 것을 말한다. 즉, 산출의 결과를 다음의 새로운 투입에 전달 내지 반영하는 것으로 체계가 변화의 기반으로서 정보를 수용하고 활용하는 과정을 의미한다. 피드백의 종류에는 긍정적 피드백과 부정적 피드백이 있다. 두 피드백의 차이는 내용의 차이가

아니라 체계가 상호작용하는 방향과 관련이 있다. 환류는 정보의 투입에 반응하는 행동을 가져오며, 새로운 정보에 자신의 행동결과를 포함시켜, 그것에 의하여 다음의 행동을 수정하는 의사소통의 조직망을 의미한다.

- 순환적 성격, 체계의 작동을 점검하고 적응적 행동이 필요한지를 판단하여 이를 수정하는 능력이다.
- 사회체계에서 이뤄지는 피드백의 종류로는 긍정적 피드백과 부정적 피드백이 있는데 두 피드백의 차이는 내용의 차이가 아닌 체계가 상호작용하는 방향과 관련 있다.

㉠ **긍정적 피드백(positive feedback):** 체계의 존재와 성장에 적합하게 실행한 것에 관한 정보를 얻는 것이다. 체계가 목표와 관련하여 적절하게 행동하고 있으며 그러한 행동이 더욱 요청된다는 의미를 전달한다. 한편 체계가 한쪽 방향으로 계속 이탈되어 가는 것을 의미하기도 한다.

예) 부부 사이의 싸움이 심각해져서 그 어느 배우자도 결과를 통제할 수 없는 상태에 도달한 경우

예) 전에는 벼락치기로 시험을 공부하던 철수가 이번에는 시험 3주 전부터 열심히 했다. 그랬더니 성적이 10등이나 올랐다. 이때 10등이 오른 것은 3주 전부터 열심히 공부한 것에 대해 '잘하고 있으니 계속 그렇게 하라'는 형태의 정적 환류다.

예) 자녀의 담임선생님으로부터 자녀가 학급에서 다른 학생들의 귀감이 되고 있다는 전화를 받았다. 이는 자녀가 목표와 조화를 이루는 방향으로 '잘 행동하고 있으니 계속 그렇게 하라'는 정적 환류이다.

예) 신규 사업에 대한 기획안이 통과되어 정부기금을 받게 되었다. 이는 지원받을 만한 계획을 '잘 세웠으니 계속 그렇게 하라'는 정적 환류를 받은 것이다.

㉡ **부정적 피드백(negative feedback):** 체계가 제 방향을 찾고 실수를 수정하여 항상성 상태로 돌아갈 수 있게 하는 환류이다. 체계가 목표를 성취하기 어려운 방식으로 행동하고 있다는 정보를 주어서 목표와 조화를 이루도록 행동을 수정하게 한다.

예) 자녀의 담임선생님으로부터 자녀가 요즘 지각을 자주 한다는 이야기를 들었다. 이는 자녀의 행동에 '수정이 필요하다'는 부적 환류이다.

예) 슈퍼바이저가 사회복지사에게 기관의 중요한 서식을 잘못 기재한 것에 대해 지적했다. 이는 잘못 기재한 것에 대해 '수정이 필요하다'는 부적 환류이다.

예) 청소년 자녀가 연락도 없이 밤 12시 넘어 귀가한 뒤, 부모님께 크게 야단맞았다. 이는 '그 같은 행동을 계속 하지 않도록 하라'는 부적 환류이다.

→ 그러나 만약 부모님께 크게 야단맞을수록 오히려 청소년 자녀의 귀가시간이 더 늦어진다면, 이는 부모의 야단이 자녀로 하여금 늦게 귀가하는 행위를 더 하게 하여 정적 환류가 될 수 있다.

ⓒ 과업 피드백: 체계와 관련하여 외부적이며, 대상체계와 상위체계 간의 관계에 영향을 미치며, 체계로 하여금 목표달성의 기능을 수행하도록 돕는다.

② 유지 피드백: 체계와 관련하여 내부적이며, 체계 내부의 상태에 영향을 미친다. 이런 측면에서 유지 피드백은 체계가 통합의 기능을 수행하도록 돕는다.

환류는 체계에 투입이 발생하면 체계는 그에 대응하여 일정한 행동을 하게 되는데, 이 행동의 결과(즉, 산출)를 다시 체계에 투입으로 전환시키는 것을 피드백이라 한다. 즉, 피드백은 산출을 새로운 정보로 다시 투입시키는 과정인 것이다.

환류(feedback)는 정보의 투입에 대한 반응으로 행동하며 연속적인 행동을 수정하도록 그 행동의 결과를 새로운 정보로 포함시키는 것을 뜻한다. 사회체계는 목표와 관련된 환류를 외부 환경으로부터 받아들이기 때문에 목적 지향적이 된다. 부정적 환류는 체계가 목표를 성취하기 어려운 방식으로 행동하고 있다는 정보를 주어 목표와 조화를 이루도록 행동을 수정하게 하며, 긍정적인 환류는 지금의 적절한 행동을 더욱 요청한다는 의미를 전달한다. 체계는 환류로서 목표를 달성하기 위한 노력을 보다 더 효과적으로 조정할 수 있다.

(15) 동등결과성

- 각각 다른 체계들이 초기에는 각각 다른 상태였다고 하더라도 투입이 같은 경우에는 비슷한 안정 상태에 도달할 것이라는 의미다.
- 여러 가지 다른 방법으로 동일한 결과를 얻을 수 있기 때문에 단지 한 가지 사고에만 집착하지 않는 것이 중요함을 시사한다.

예) 사회복지사는 한 가족을 위해 다양한 곳에서 필요한 자원을 얻을 수 있다. 생계급여, 주거수당, 식품권, 보조금, 개인적인 후원 등이 있을 수 있으며, 그중 가능한 대안을 선택한다.

(16) 다중결과성

- 처음의 조건과 수단이 비슷하다고 할지라도 다른 결과가 야기된다는 체계이론의 기본 가정이다.

(1/) 평형상태

- 체계가 고정된 구조를 가지고 주위환경과 수직적인 상호작용을 하기보다 체계 내에서 수평적인 상호작용을 하면서 거의 교류를 하지 않는 상태이다.
- 주로 폐쇄체계에서 나타나며 체계의 구조 변화가 거의 없는 고정된 균형 상태이다.

(18) 공유영역(Barker, 1999)

- 서로 다른 체계들이 접촉 또는 의사소통하는 지점 이하 한 체계가 다른 체계와 공유하는 경계 부분을 가리킨다.
- 경계는 체계의 정체성을 유지하기 위해 필요한 반면, 공유영역은 서로 다른 두 체계가 공통의 이익이나 관심을 추구하기 위해 필요하다.

(19) 관계

- 둘 이상의 사람이나 체계 사이의 상호 정서적 교류, 역동적 상호작용, 감정, 인지, 행동의 관련성을 뜻한다.

(20) 긴장(stress, Compton & Galaway, 1989)

- 긴장은 흔히 부정적인 의미로 인식되지만 체계이론에서는 긴장을 긍정적인 것일 수도 있고 부정적일 수도 있는 것으로 간주한다.
- 긴장은 체계가 환경과 상호작용하면서 불가피하게 나타나는 자연스러운 현상이다. 긴장은 잘 처리되면 체계의 성장에 도움을 줄 수 있다.

(21) 호혜성

- 호혜성(reciprocity)이란 한 체계에서 일부가 변화하면, 그 변화가 모든 다른 부분과 상호작용하여 나머지 부분들도 변화하게 된다는 개념이다.
- → 이 개념은 체계 내 일부 구성요소들 간의 상호작용은 나머지 구성요소들 간의 상호작용에 영향을 미치게 되고, 또한 그러한 변화된 상호작용을 통해 결과적으로 처음의 일부 구성요소들 간의 상호작용에도 영향을 미치게 된다는 것이다.
- 호혜성의 원리에 따라 체계 내 부분들은 시간이 흐르면서 여러 가지 방식으로 상호작용을 하게 되는데 이와 관련된 개념이 다중종결성(multifinality)과 동등종결성(equifinality)이다.
- 다중종결성: 체계를 구성하는 요소들의 상호작용 성격에 따라 유사한 조건이라도 각기 다른 결과를 초래하는 경우이다.
- 예) 가장의 갑작스러운 실직으로 충격을 받은 두 가정의 경우, 한 가정은 실직을 계기로 가족이 힘을 합해 위기를 성공적으로 극복하지만, 다른 가정은 이 일로 인해 가족관계가 악화되어 이혼이라는 결과를 초래하기도 한다.
- 동등종결성: 서로 다른 조건이었지만 유사한 결과를 초래하는 경우이다.
- 예) 주위에 이혼한 가정들이 있다고 할 때, 이는 이혼이라는 결과적 상태는 유사하지만 그

이혼에 이르게 된 원인이나 배경은 성격 차이, 경제적 문제, 혹은 부당한 대우 따위로 상이할 수 있다.

3) 체계이론과 사회복지실천

(1) 사회체계이론의 의의

사회체계이론 혹은 사회체계관점은 특정개입 방법이나 기술을 제시해주는 실천모델이 아니라 문제 현상을 사정하고 평가하는 이론적 준거 틀로서 인식되고 있다. 이 준거 틀은 기존의 다양한 전통적 방법론들을 통합적으로 적용할 수 있는 관점이라 할 수 있다. 다시 말해 기존의 실천모델을 적용하기 전에 문제를 정확히 파악하여 문제해결을 위해 어떤 모델이 가장 적합할 것인지 판단하고 선택할 수 있게 도와준다.

- 사회체계이론은 과거의 어떠한 실천모델보다 넓은 관점과 관심 영역을 포괄하며 문제에 대한 총체적인 이해를 가능하게 해준다. 문제 사정 시 문제와 관련된 많은 체계들을 접촉하여 정보를 얻어내므로 개인으로부터 나오는 정보에만 의지하던 과거보다 훨씬 다양하고 객관적인 정보를 획득할 수 있다.

- 사회체계이론은 개인, 집단, 공동체를 포함한 다양한 크기의 사회체계에 적용되는 이론으로서 특정 대상에 국한하지 않는다. 개입을 위한 실천 모델을 활용하는 데 있어 한 가지 모델에 치우치지 않고 다양한 모델을 활용한다. 따라서 클라이언트를 돕기 위해 다양한 수준의 사람, 체계와 일할 수 있으며, 다양한 실천 모델을 적용할 수 있도록 해준다.

- 사회체계이론 사정의 도구로도 직접적인 유용성이 있는데 생태도와 가계도, 사회적 관계망지도는 사회체계이론을 대표하는 사정도구이다. 사회체계이론은 대상체계의 속성과 체계들 사이의 상호연관성을 평가함에 있어 각 체계 간의 일관성과 상호성, 갈등의 정도와 상태를 규명할 수 있는 개념들을 제공한다. 개입계획을 세울 때 의도적인 변화를 일으키기 위해 체계의 어느 부분에 개입하고 어떤 내용의 전략을 취해야 하는지 대상에 대한 예측력을 갖게 해준다.

- 사회체계이론은 문제를 총체성 속에서 이해하도록 하기 때문에 개입을 할 때에도 어느 한 부분에 치중하지 않고 전체 체계를 변화시키는 전략을 세우도록 해준다. 사회체계이론을 활용하는 사회복지사들은 클라이언트의 문제에 개입할 때 클라이언트 자신뿐 아니라 전체 환경을 대상으로 접근하기 때문에 개입과정에 포함되었던 주변 제계들에 대해서 개입 후에도 클라이언트를 위한 지지체계로 활용할 수 있다.

(2) 사회체계이론의 활용

- 모든 체계가 유사한 관계 속성을 지니고 있다는 인식에 기초해 있는 일반체계이론의 등장으로 원조전문직에서는 이전의 기계적이고 환원적인 사고에서 벗어날 수 있었다.
- 개인과 사회의 문제는 원인-결과의 관계로 해석되기보다는 상호 연결된 전체로 파악된다.
- 즉, 개인과 환경은 어느 한쪽이 다른 한쪽에 일방적인 영향을 끼치는 것이 아니라 양자가 모두 원인인 동시에 결과인 상호적 원인 관계로 형성된 전체로 파악된다. 따라서 문제 사정과 개입체계를 명확하게 해준다.
- 체계적 관점은 사회복지실천의 목적과 잘 부합된다고 할 수 있는데, 문제의 파악 및 개입의 초점을 개인 또는 환경의 어느 한 곳에 두기보다는 상호작용하며 영향을 주고받는 전체에 두기 때문이다.
- 핀커스와 미나한은 일반체계이론을 사회복지실천에 응용하여 4체계이론을 소개하였다. 복지사가 실천과정에서 다루게 되는 대상을 클라이언트체계, 변화매개체계, 표적체계 및 행동체계인 4체계로 분류하였다.
- 콤튼과 갤러웨이는 4체계에 전문가체계와 문제인식체계를 덧붙여서 6체계이론을 제시하였다.
- 사회체계의 활용에서 사회복지실천의 초점은 사람들과 사회환경에 존재하는 체계들 사이의 상호작용이다. 사람들은 그들의 욕구를 충족하고 생활과업에 대처하는 데 필요한 물질적·정서적·사회적 서비스의 기회를 획득하기 위해서 체계들에 의존한다.

(3) 핀커스와 미나한의 3체계

① 비공식적 또는 자연체계: 가족, 친구, 이웃, 우편배달부, 동료 사회복지사 등
② 공식체계: 지역사회의 집단들, 회원제 조직들, 노조 등
③ 사회체계: 병원, 학교, 경찰서, 직장, 사회보장 프로그램 등

(4) 핀커스와 미나한의 4체계

- 클라이언트체계, 변화매개체계, 표적체계, 행동체계 -

① 클라이언트체계(client system)

클라이언트체계란 서비스나 도움이 필요한 사람들로서 변화매개인과 계약이 이루어졌을 때 클라이언트가 된다. 계약이란 변화 노력의 목표나 목적을 분명히 하여 변화 활동에 사용되는 방법을 확실하게 하는 것을 의미한다. 또한 계약은 체계 구성원 모두와 이루어질 수 있고 일부와도 이루어질 수 있다.

② 변화매개체계(change agent system)

사회복지사 및 사회복지사를 조직하는 기관이나 조직이 변화매개체계이다. 좀 더 엄밀히 얘기하면 사회복지사를 변화매개인이라고 볼 수 있고, 사회복지사를 고용하는 공공기관, 민간기관 또는 이윤추구기관들을 변화매개체계라고 볼 수 있다. 변화매개인이란 계획적인 변화를 목적으로 특수하게 고용된 '돕는 사람', 즉, 사회복지사를 의미한다.

③ 표적체계(target system)

변화매개인이 목표로 한 것을 달성하기 위해 영향을 주거나 변화를 시키는 것이 필요한 사람들을 표적체계라 한다. 표적체계는 클라이언트체계와 중복되기도 한다.

④ 행동체계(action system)

변화매개인들이 변화 노력을 달성하기 위해 서로 상호작용하는 사람들을 행동체계라 한다. 즉, 사회복지사가 변화 노력을 완수하고 달성하기 위해 상대하는 사람들로서 이웃, 가족, 전문가들이 이에 해당한다. 변화 노력 과정에서 변화매개인은 단계에 따라 여러 다른 유형의 행동체계와 일할 수 있다.

이와 같은 체계들이 항상 필요한 자원, 서비스, 기회를 제공하지는 않는다. 그 이유는 다음과 같다.
① 필요한 원조체계가 생활 속에 존재하지 않거나 존재한다고 해도 적절한 도움을 제공하지 못하기 때문이다.
② 사람들이 원조체계의 존재를 모르거나 도움을 요청하는 것을 주저하기 때문이다.
③ 원조체계의 정책이 수혜자들에게 새로운 문제를 일으킬 수 있기 때문이다.

체계적 관점을 활용하는 사회복지사는 클라이언트가 환경과 상호작용하면서 어떤 문제가 어디에서 발생하는지를 정확히 파악하려고 한다. 사회복지사의 개입목적은 사람들로 하여금 생활과업을 효과적으로 수행하고 스트레스를 완화시켜 적응할 수 있도록 돕는 데 있다.

이와 같은 사회체계에 대한 분석은 사회복지사들로 하여금 자신의 클라이언트가 어떤 사회체계와 관련하여 문제를 겪고 있으며, 그러한 문제를 해결하기 위하여 사회복지사는 어떤 역할을 수행할 것인지에 대한 체계적 지침을 제공해준다.

3. 생태체계

1) 인간발달의 영역과 생태학적 이론

(1) 인간발달의 영역

- 생태체계이론은 일반체계이론(체계적 관점)과 생태학이론(생태적 관점)이 결합된 것이다.
- 생태적 관점은 환경과 유기체가 역동적인 평형상태를 유지하면서 성장하는 과정에 관심을 두는데, 이것을 인간행동에 적용하면 인간과 주변환경 간의 상호작용, 상호의존성, 역동적 교류와 적응에 초점이 주어진다.

- 브론펜브레너(U. Bronfenbrenner)는 인간발달과정을 분석하는 가운데 체계론적 관점을 확대하여 '생태적 체계'라는 용어를 사용하였는데, 그 이론을 생태학적 이론 혹은 생태학적 모델이라고 한다.

저메인과 기터맨(C. B. Germain & A. Gitterman)이 생활모델이라는 실천모델에 생태체계모델을 도입하면서 사회복지실천에 자리 잡게 되었다.

① 생태
- 생태(生態; a mode of life)란 생물과 환경과의 관계에 있어서 생활상태를 말하는데, 개인이나 유기체가 경험하거나 혹은 개인과 직접·간접으로 연결되어 있는 환경적 상황을 의미한다. 생태학은 생물학의 한 분과로서 생물과 환경 사이의 상호작용을 연구하는 학문이다.

② 인간관(Germain, 1991)
- Bronfenbrenner(1979)는 생태학적 이론을 '활동적이고 성장하는 인간과 환경 간의 일생을 통하여 이루어지는 진보적이고, 상호적인 적응과정을 과학적으로 연구'하는 것이라고 규정하고 있다. 생태학적 이론에서는 유기체를 환경과 분리할 수 없으며 상호작용하는 체계라고 보기 때문에 개인과 환경을 이분화하는 것을 방지할 수 있으며, 양자 간의 상호작용에 초점을 둘 수 있게 해준다.
- 생태학적 이론은 환경과 인간을 하나의 총체로 간주함으로써 사회복지전문직에서 이 이론은 클라이언트의 정신내적 생활과 환경적 조건을 개선하는 데 목적을 두고 실시하는 서비스, 즉 직접적 서비스와 간접적 서비스를 통합할 수 있는 방법을 발견할 수

있게 되었다.

- 생태학적 이론에서는 인간 본성에 대한 유전적 결정론, 정신적 결정론, 환경적 결정론 모두를 배격한다. 그 대신에 인간을 환경적 요구에 적응하고 때로는 환경을 자신의 요구에 맞게 수정 또는 변화시킴으로써 발달해가고 만족스러운 삶을 영위하는 존재라고 본다.
- 생태학적 이론에서는 인간에 대해 낙관론적 관점을 지니고 있다. 생태학적 이론에서는 인간이 환경적 자원과 사회적 지지를 자율적으로 이용할 수 있으며, 환경 속에서 효과적으로 기능할 수 있는 능력을 지니고 있다고 본다. 한편 생태학적 이론에서는 인간을 사회문화적 존재로 보고 있다.
- 생태학적 이론에서는 인간은 생활환경 속에서 타인과 가치 있는 사회적 관계를 맺고, 존경과 관심을 주고받음으로써 자아를 발달시키고 사회적 역할기대를 적절히 이행하고, 일생 동안 타인과 상호의존성을 유지할 수 있어야만 생존을 보장받고 삶의 적절성을 확보할 수 있게 된다. 이를 위하여 학습과 사회화가 필요하다.

③ 기본가정

- 인간과 환경은 상호교류한다. 상호교류의 개념은 상호작용과 다르다. 상호작용은 개인과 환경이라는 두 가지 요인이 상호간에 영향을 미치지만, 각기 독립적인 정체감을 유지한다. 이와는 반대로 상호교류는 개인과 환경이 상호영향을 미치며, 개인과 환경이 하나의 단위, 관계 그리고 체계로 융합되는 것이다.
- 상호교류적 관점은 과정을 강조한다. 인간행동에 대한 과정적 접근방법은 단일한 반응, 행동 또는 경험을 파악하는 것이 아니라 시간에 따른 사건의 흐름에 관심을 둔다. 서로 다른 개인은 동일한 환경에 대해 다르게 반응하며, 동일한 환경이라도 시간에 따라 동일한 사람과 다른 방식으로 상호작용한다.
- 유기체들의 상호적응 상태, 인간과 환경의 상호교류와 상호의존성. 개인-환경 간의 적합성과 적응을 설명하는 통합적 과정이다.

④ 의의

- 인간이 접하는 환경에 관심을 두었고, 인간과 환경은 서로 분리되어 있는 것이 아니라 지속적인 상호교류 안에서 존재하는 하나의 체계로 본다.
- 사회복지전문지에서 생태학적 이론을 실천에 적용함으로써 클라이언트의 정신 내적 생활과 환경적 조건을 개선하는 데 목적을 두고 실시하는 서비스, 즉 직접적 서비스와 간접적 서비스를 통합할 수 있는 방법을 발견하게 되었다.

(2) 브론펜브레너

브론펜브레너는 러시아의 모스크바에서 출생하여 6세 때 미국으로 이주하였다. 1942년 미시간 대학교에서 발달심리학으로 박사학위를 받고 코넬 대학교의 교수로 재직하였다.

그는 아동기에 대한 이해가 사회문화적 맥락에서 이해되어야 한다는 관점을 강조하면서, 인간에 대한 이해는 인위적인 실험실 연구가 아닌 인간을 둘러싼 실제 삶의 맥락 내에서 연구되어야 한다고 주장했다. 브론펜브레너는 활동적이며 성장하는 인간이 환경이 어떻게 관계되어 있는지를 이해하는 방법으로 인간발달의 생태학을 생각하였다. 그는 유아의 발달이 이루어지는 주변 세계와 더 넓은 세계와의 관계를 이해하려고 하였고 유아들의 주변 세계에 대한 해석과 그 해석들이 어떻게 변화하는지에 초점을 두었다.

브론펜브레너는 인간발달과정을 분석하는 가운데 체계론적 관점을 확대하여 '생태적 체계'라는 용어를 사용하였고, 인간을 둘러싸고 있는 생태학적 환경을 가장 가까운 것에서부터 가장 먼 것에 이르기까지 네 개의 구조체계로 구분하였으며, 이후 시간체계를 추가하였다.

브론펜브레너의 이론을 생태학적 이론 혹은 생태학적 모델이라고 한다.

(3) 생태적 체계의 구성

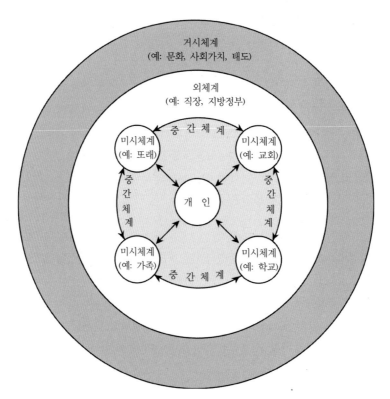

〈체계적 관점에서의 환경체계 수준〉

① 미시체계(micro system)=개인, '소속체계'

- 개인 혹은 인간이 속한 가장 인접한 수준의 환경으로 직접적인 사회적·물리적 환경이다. 이는 친밀한 사회환경 안에서 겪게 되는 상황과 직접 접촉하는 물리적 환경 내에서 겪게 되는 상황이다.
- 개인의 특성과 성장 시기에 따라 달라진다. 대부분 미시체계는 성장과정에서 경험하게 된다.
- 인간은 넓은 의미에서 생리적·심리적·사회적 체계의 한 형태며, 이러한 체계들 모두는 상호작용한다.
- 인간과 직접적이고 대면적인 상호작용을 함으로써 인간에게 영향력을 미치며, 미시체계 내에서 아동과 부모, 또래, 교사와 같은 요인들 간에는 직접적인 상호작용이 이루어진다.
- 개인의 특성과 성장 시기에 따라 미시체계는 달라진다. 예를 들어, 어릴 때는 가족이 미시체계이지만 청소년기에는 더 큰 영향을 미치는 또래집단이 미시체계가 될 수 있다.
예) 부모, 친구, 학교, 지역사회, 매체, 종교단체, 집근처 놀이터의 시설물, 집, 가족, 동아리, 운동팀, 형제, 자매, 학교 선생님, 교회나 다른 사회집단에서 만나는 사람들, 이웃 사람 등이다.
- 건강한 미시체계는 상호호혜성에 기반을 두고 있다. 예를 들어 부모 자녀 간에 서로의 의견을 요청하고 받아주는 존중하는 의사소통관계가 아닌 의사소통 패턴에서 호혜성이 무너지면 미시체계의 질이 떨어진다. 미시체계가 효과적으로 기능하면 다른 체계에서도 성공할 기회가 많아진다.

② 중간체계(meso system)=가족, 집단

- 두 가지 이상의 미시체계들 간의 관계 혹은 특정한 시점에서 미시체계들 간의 상호작용을 의미한다.
- 개인은 각 미시체계와 관련되어 각각의 역할을 수행하는 데 미시체계 간의 연결이 제대로 이루어지지 못하면 어려움을 겪는다.
- 학교와 가정 간의 관계, 형제간의 관계, 가정과 또래 집단과의 관계와 같이 소집단이나 가족과 같은 개인을 둘러싸고 있는 두 가지 이상의 환경에서 일어나는 과정과 연결성, 즉 상호작용 중에 있는 여러 개의 미시체계를 말한다.
- 각각의 미시체계에서 존재하고 있는 발달을 촉진하거나 저해하는 특징과 그러한 미시체계 환경에서 일어나는 과정들이 서로 상호작용하면서 만들어내는 상승효과에 초점을 맞추는 것이다.
- 사람들이 서로 다른 환경에서 서로 다른 역할을 수행한다는 견해가 중간체계 개념에 포함되어 있다. 예를 들어 가정에서 딸, 또래집단에서 친구, 학교에서 친구, 운동장에

서 운동선수, 집장에선 일꾼, 친밀한 관계에서 사랑하는 연인들은 다른 사람들이 아버지 또는 어머니, 선생님, 코치, 직장상사, 연인 등의 대응적 역할을 수행하고 있음을 암시한다.

- 중간체계의 풍부함은 그들이 공유하거나 공유하지 않는 연결점과 가치관의 수 및 질에 따라 달라지는데 12세 아동의 연결점은 가족, 친구, 캠프 등 여러 미시체계로 구성될 수 있다. 18세 청소년의 경우 동일한 미시체계일지라도 이러한 미시체계의 질과 상대적 중요성이 달라지는데 이를테면 여자친구 혹은 남자친구가 중요시되는 반면 캠프에는 관심이 없어진다.
- 중간체계에 대한 분석은 가장 인접한 체계들 간의 상호작용효과는 보다 넓은 환경이 주는 효과보다 강력할 수 있다는 것이다.
- 가족·학교가 상호 호혜적이고 효과적인 의사소통 체계를 갖고 있으면 학생들의 성적은 높아지고 주도성과 독립성을 나타낼 것이다. 가족·학교 상호작용의 영향력이 사회경제적 지위나 인종보다 더 큰 것으로 입증되었다.

③ 거시체계(macro system)=제도, 조직, 지역사회, 문화

- 개인이 속한 사회의 이념이나 제도의 일반적인 형태 혹은 개인에게 영향을 미치는 환경요소거시체계는 미시체계, 중간체계, 외체계에 포함된 요소뿐만 아니라 개인이 살고 있는 문화적 환경과 대중이 갖는 사회적 관심, 유행, 돈의 향방, 직접적 선호도와 같은 생활양식의 변화까지도 포함되어 있다.
- 개인의 생활에 직접적으로 개입하지는 않지만 간접적으로도 강한 영향력을 발휘하며, 하위체계에 대한 지지기반과 가치 준거 틀을 제공한다.
- 사회 구조적인 맥락을 포함하고 있기 때문에 비록 간접적이긴 하지만 강력한 영향력을 행사한다.
- 거시체계는 세대 차이나 성 차와 같은 의미로, 같은 거시체계의 영향을 경험했던 사람들의 사회적 성격에 녹여 있다.
- 거시체계가 다르면 개인과 개인 간에 집단과 집단 간에 이질적인 사고와 행동을 형성하고 서로 이해할 수 없는 문화적 차이가 생겨난다는 점에서, 인간의 삶과 밀접한 관련을 맺고 있는 것이다.
- 개별 미시체계는 사회환경 속에서 상호작용하는 거시체계의 영향을 지속적으로 받는다.
- 사회복지실천에서 거시적 접근은 사회 전반을 개선하고 바꾸는 일에 참여하는 것이다.
- 사회습관과 유행으로 스스로의 가치관을 만들어낸다. 무엇이 유행이고 어떤 유행이 지났는지 등을 기사로 통해 보여 주며, 의학지식의 확산은 건강습관에 영향을 주고 해로운 기호식품을 구별해 흡연 등을 사회적·법률적으로 규제해주며, 에이즈 예방이나 피임을 위한 콘돔 권장 등으로 거시체계는 그 구성원들에게 영향을 준다.

예) 정치, 경제, 사회, 법, 문화, 관습 종교, 정책과 같은 광범위한 사회적 맥락을 의미한다. 여성권이 운동, 세세개혁, 민주화 등은 사회의 근본적인 변화 가능성을 보여 주는 예라고 할 수 있다.

④ 외체계(exo system)

■ **개인이 직접 참여하여** 개인과 직접 상호작용하지는 않으나 미시체계에 영향을 주는 사회적 환경으로 **그 개인의 발달에 영향을 주는 환경체계를 말한다.** 즉, 두 가지 이상의 환경 사이에서 일어나는 과정과 연결성으로서 이 중에 최소한 한 가지 체계는 마치 **자녀에게 있어 부모의 직장**과 같이 그 개인을 직접 둘러싸고 있지 않은 체계이다.

■ 개인은 외체계에 직접 참여하지는 않지만 이러한 환경들은 인간의 행동에 여러 가지 영향을 미친다. 가령 어머니의 취업 여부에 따라 아동의 생활패턴이 달라지는 것도 외체계의 영향이라고 할 수 있다.

→ 부모의 근무조건, 직장에서의 역할, 책임감의 정도, 의사결정 과정에의 참여와 같은 부모의 직업 환경(외체계 요인)은 자녀양육에도 강력한 영향력을 갖는다. 부모 수입의 많고 적음이 자녀들의 문제행동 발생 가능성에 영향을 미칠 것이다.

−직접적이고 사적인 방법으로 개인과 관련을 맺는 미시체계와 중간체계와는 달리, 외체계는 대부분 비개인적이고 간접적이며 일방적인 방향으로 개인에게 영향을 준다. 맞벌이 부부의 경우 갑작스럽게 직장상사가 바뀌어 근무조건에 변화가 생긴 것은 아이가 가야 할 장소나 할 일, 시간적 리듬, 생활영역을 달리하게 함으로써 아이에게 전혀 다른 영향을 준다.

−외체계는 가만히 있는 것이 아니라서 늘 변하고, 외체계의 그런 변화는 필연적으로 미시체계와 중간체계의 변화를 불러오기 때문에 개인에게 영향을 주어, 아주 의미 있는 환경체계가 되는 것이다.

→ 이렇게 외체계는 특정 개인에 대해 전혀 알지 못하고, 개인 역시 그 외체계를 모르는 경우가 많지만 개인의 삶에 영향을 준다. 이러한 이유에서 클라이언트의 외체계 분석은 사회복지실천 과정에서 필요한 절차이다.

−외체계에 대한 분석은 클라이언트에게 문제가 생기기 전에 이를 예방할 조건을 찾게 할 뿐 아니라, 그것을 예방할 수 있는 중재 요건을 발견하는 데에도 유용하다.

예) 부모의 직장, 대중매체, 정부기관, 교통통신시설, 문화시설 등이다.

⑤ 시간체계

■ 개인의 전 생애에 걸쳐 일어나는 변화와 역사적인 환경을 포함하는 체계이다.

■ 어떤 시대에 출생하여 성장했는지에 따라서 개인은 발달과 삶에 큰 영향을 받는다. 부모, 가족, 친구, 학교 등 개인을 둘러싼 미시체계에서부터 문화, 관습, 이념 등의 거시체

계에 이르기까지 모든 생태체계는 개인에게 영향을 미치며, 이러한 생태환경은 과거, 현재, 미래의 시간체계의 변화 속성에 작용한다.

(4) 체계의 상호작용에 대한 이해

- 모든 체계는 사회환경 내에서 상호작용한다. 사회환경은 주변 조건이나 상황, 인간의 상호작용이며, 생존과 번성을 위해 환경과 효과적으로 상호작용하는 것이 필요함을 강조한다.
- 미시체계는 사회환경 내의 다양한 중범위체계와 역동적으로 쌍방으로 상호작용한다.
  예) 가출한 아이는 가족 전체에 영향을 미칠 수 있다. 역으로, 그 아이는 자신의 존재를 무시하며 자신의 행동을 비난하는 가족의 영향으로 가출을 결심했을 수도 있다.
- 개별 미시체계는 사회환경 속에서 상호작용하는 거시체계에서 지속적으로 많은 영향을 받는다.
- 사회복지실천 고유의 중요한 측면은 바로 개별 클라이언트체계에 미치는 거시체계의 영향을 사정하는 것이다. 이러한 실천에 대한 주요한 이론적 관점은 조직이론과 지역사회이론이 있다.
- 사회환경에 미치는 사회적 힘의 영향력도 중요시해야 한다. 정치적인 힘, 경제적인 힘, 환경의 힘, 사상의 힘이 있다.
- 인간행동들을 이해하기 위해서는 사회환경 내의 다중적인 상호작용을 볼 수 있어야 하며 동시에 개인의 정상적인 삶에 지속적으로 작용하는 생리적·심리적·사회적 체계의 영향력을 이해해야 한다.
- 사회복지사는 두 가지 상호작용 측면, 즉 개인의 정상적인 주요 사건과, 둘째 체계들이 어떻게 영향을 주고받는지 이해해야 한다. 사회환경 속에서 다양하게 상호작용하는 체계들이다.

2) 생태체계이론

생태체계이론, 생태체계관점, 생태체계적 관점, 생태체계적 모델은 다 같은 뜻으로 이해해도 된다. 이 이론 및 관점은 다양한 사회복지 영역에 포괄적으로 적용될 수 있지만 어느 하나의 개입기법을 가지는 다른 모델과는 좀 성격이 다르다. 이것은 문제를 가진 개인과 환경에 대한 개입에 있어 다양한 기술과 기법을 필요로 하는 사회복지사에게 통합적 접근을 가능하게 하는 데 유용성을 지닌다.

(1) 생태체계이론의 개념

- 생태체계이론은 생태적 관점과 체계적 관점이 통합된 것이다.
- 유기체들이 어떻게 상호 적응상태를 이루고, 어떻게 상호 적응해 가는지에 초점을 두며, 인간과 주변환경 간의 상호교류, 상호의존성 또는 역동적 교류와 적응을 설명하는 통합적 관점이다.

(2) 생태체계이론의 특징

- 생태학에서 강조하는 자연환경의 영향과 체계이론에서 강조하는 환경의 체계수준이 함께 고려된 통합적 관점으로, 일반체계이론의 주요 개념들을 그대로 받아들이면서 그 이론이 가지는 한계점을 극복하기 위해 생태적 관점이 도입되었다.
- 일반체계이론의 주요개념들을 그대로 받아들이면서 그 이론이 가지는 한계점을 극복하기 위해 생태적 관점이 도입되었다.
- 생태체계관점은 환경 속의 인간이라는 사회복지실천의 기본 관점을 반영하고 있다. 이 관점은 단순한 인과관계를 규명하는 것이 아니라 인간과 환경 간의 복잡한 상호보완성을 설명하는 데 관심을 둔다.
- '환경 속의 인간'을 설명하는 데 있어 개인-환경 간에 적합성, 개인과 환경 간의 상호교류, 적응을 지지하거나 또는 방해하는 요소 등을 중요하게 여긴다.

(3) 인간과 환경에 대한 관점

① 환경 속의 인간

- 생태체계관점은 인간을 매우 복잡한 존재로 본다. 인간은 사고, 감정, 행동을 가진 생물학적·심리학적·영적·사회적·문화적 존재로서 환경을 구성할 뿐 아니라 환경에 의해 영향을 받는 상호교환적인 위치에 있다.
- 생태학적 관점에서의 인간관은 한마디로 '환경 속의 인간'이라는 전체적 인간관을 가지고 있다.
- 인간은 환경에 반응할 뿐만 아니라 스스로 환경을 창조해내는 주인이기도 하다.

② 인간과 환경 간 상호교류(Lazarus, 1980)

- 환경과 인간을 하나의 총체로 간주한다.
- 인간은 환경과 지속적으로 상호적응하면서 발달한다. 인간이 환경에 영향을 주는 것과 같이 사회적·물리적 환경 역시 인간에게 영향을 준다. 즉, 인간과 환경 모두는 변화할 수 있다는 것을 강조한다.
- 인간과 환경은 지속적인 상호작용과 상호교류를 통하여 서로에게 영향을 미치고, 서로

를 형성하며, 상호적응하는 호혜적 관계를 유지한다고 본다.

③ 진보적 변화로서의 인간발달
- 인간의 발달은 진보적인 것으로 본다.
- 개인과 다른 인간체계들이 내·외부적인 힘들에 반응해서 어떻게 변화하고 안정을 이루는가를 설명한다.

(4) 행동 및 부적응에 대한 관점
- 인간의 현재 행동은 인간과 환경 모두의 상호이익을 찾는 과정에서 나타나는 것으로 본다. 모든 개인과 사회체계가 자원과 욕구의 상호이익을 달성할 수 있는 균형점에서, 인간은 행동의 동기가 유발되어 행동이라는 실체로 나타난다.
- 생태체계관점에 의하면 부적응이란 존재하지 않는다. 모든 인간행동은 내적인 욕구와 환경적인 욕구 사이의 조화를 찾기 위한 적응 과정으로 보고 있기 때문에, 어떤 행동도 부적응 행동으로 규정할 수 없다. 그러므로 부적응적인 결과 혹은 수용되기 어려운 행동이 나타난다고 할지라도, 적어도 그 환경 안에서는 적응적인 것이며, 모든 행동은 그 상황 안에서는 의미가 있는 것으로 본다.

(5) 변화에 대한 관점
- 변화에 대해 매우 개방적이다.
- 클라이언트의 문제행동은 환경과의 상호작용에서 비롯된다. 특히 클라이언트의 내적 욕구와 환경자원 간의 불일치에서 비롯된다고 보고 있으므로, 변화를 위한 다양한 가능성이 존재하는 것으로 본다.
- 클라이언트가 가진 어떠한 문제도 클라이언트 자신의 책임으로 보지 않고 클라이언트를 둘러싸고 있는 환경과의 상호작용의 산물로서 본다.

(6) 생태학적 관점에서의 위기이론
① 개인은 주요한 재앙적 사건의 영향을 받는다.
② 인간과 환경 분야의 다양한 전문가들은 다학문적 접근이 필요하다.

(7) 미시개념의 또래
가. 의미
① 또래관계는 상호 합의의 기반 위에서 성립하는 것이므로 그들 사이에서는 서로 주고

받는 것이 많다.

② 또래의 나이에 따른 등급으로 형식화되어 있다.

③ 또래의 형태는 연령에 따른 생리적·심리적 성숙도에 따라 다르지만, 공통되는 점은 자발적으로 형성되는 데 있다.

나. 또래의 기능

① 지원과 안정감의 제공: 부모를 대신해서 그들을 지원해줄 대상을 필요로 한다.

② 사회적 지위의 제공: 또래는 구성원들에게 사회적 지위를 제공한다.

③ 자기존중감의 근원: 또래의 구성원인 청소년들이 구성원이 아닌 청소년들보다 더 높은 자기 존중감을 갖는다.

④ 모델링과 행동 표준의 근원: 또래는 청소년의 의사결정에 영향을 주고 행동 모델의 기능을 한다.

⑤ 역할수행의 기회와 피드백의 제공: 청소년들이 서로 다른 역할을 시험해보고 성인기에 필요한 기술을 연습할 수 있도록 돕는다.

(8) 미시개념 학교

가. 학교의 어원과 발달

① 학교는 종교를 위한 교육, 문학을 중심으로 하는 실용적 요청에 따른 교육의 기관으로서 발달하였다.

② 비조직적인 교육으로부터 학교라는 조직적인 교육의 형태가 독립하게 된 데에는 그 사회에 있어서 문화의 발달, 특히 문자의 성립이 중요한 계기가 되었다.

③ 학교는 가정과의 긴밀한 협력에 의해 자녀들이 건전하게 성정할 수 있도록 한다.

나. 학교로 인해서 기대되는 효과

① 학부모와 지역주민의 지역사회화에 대한 긍정적인 인식

② 자녀교육에 긍정적인 영향으로 특기적성교육 활성화

③ 가정과 지역사회와의 거리감 해소, 공동체적 공감대 형성

④ 평생교육을 통한 삶의 질 향상, 미래지향적인 안목과 자아신장의 계기

⑤ 단위학교 자율책임경영제 정착

(9) 주요개념

① 환경
- 생태학적 이론에서 환경은 사회적 환경과 물리적 환경, 그리고 문화적 환경뿐 아니라

공간과 시간적 리듬까지 포함한다. 그리고 환경과 관련하여 생활영역과 거주환경도 주요한 개념이다.

- 거주환경은 개인의 문화적 맥락 내에 존재하는 물리적 및 사회적 환경과 관련된 개념이다.
- 생활영역은 지역사회 성원들이 차지하고 있는 직접적 환경이나 지위들을 말한다. Bronfenbrenner는 생태학적 생활영역을 특별한 개인적 특성을 지닌 개인의 발달을 촉진 또는 방해하는 환경 내의 영역이라고 하였다.

② 사회환경
- 인간을 둘러싼 조건, 상황, 대인적 상호작용 등을 포함한다.
- 개인은 생존과 성장을 위해 환경과 효과적으로 상호작용해야 한다.
- 사회나 문화에서 형성하는 물리적 환경, 예를 들어 사람들이 사는 주택의 형태나 직업의 종류, 법이나 사회규범 등을 포함한다.
- 가족, 친구, 직장, 집단, 정부 같이 개인이 접촉하는 체계들을 포함한다. 보건이나 주택, 복지, 교육제도 등의 사회제도도 사회환경의 또 다른 측면이다.

③ 상호교류
- 인간이 환경 속의 다른 사람들과 의사소통하고 관계 맺는 것을 말한다.
- 상호교류는 무엇인가를 전달하고 교환하는 것이기 때문에 활동적이며 역동적이다.
- 상호교류에는 긍정적인 상호교류와 부정적인 상호교류가 있다.
- 긍정적인 상호교류의 예: 내가 매우 사랑하는 사람도 나를 사랑한다는 사실을 아는 것, 일을 끝내고 급여를 받는 것이다.
- 부정적인 상호교류의 예: 15년간 일하던 직장에서 해고당한 것, 키우는 개가 밤새 짖어 이웃이 경찰에 신고한 것 등이다.

④ 유기체
- 유기체(organism)는 개별적이고 통제적이며 살아 있는 체계로 에너지와 정보를 필요로 한다.
- 가족, 집단, 조직, 사회는 인간유기체로 구성된 체계의 예라고 할 수 있으며, 인간유기체는 그들의 환경과 상호작용하면서 인간생태체계를 구성한다.

⑤ 에너지
인간과 환경 사이에 적극적으로 개입하는 자연발생적 힘으로 투입이나 산출의 형태를 띤다.

⑥ 공유영역

체계이론에서 말하는 공유영역과 유사한 개념으로 개인과 환경이 상호작용하는 지점을 말한다.

⑦ 적응(adaptiveness)

■ 적응이란 주변환경의 조건에 맞추어 조절하는 능력을 의미한다.

■ 개인과 환경 사이에서 일어나는 상호교환의 적합성으로서, 적합성의 수준은 환경이 개인의 전반적인 안녕 상태를 지지하고 개인이 좀 더 높은 수준의 유능성을 갖고 행동할 수 있도록 하는 경우 더 높아진다.

■ 한 개인이 효과적으로 기능하기 위해서는 새로운 조건과 환경에 따라 변하고 조절하는 적응력이 필요하다. 사회복지사는 흔히 새로운 결혼상대자나 새 직장, 새로운 이웃에 적응하는 과정에서 사람들을 돕는다.

■ 인간과 환경 간의 활발한 상호교환을 포함한 인간-환경이라는 하나의 단위 내에서 이루어지는 과정을 의미한다. 인간은 자신의 욕구에 적합하도록 환경을 변화시키고 이러한 환경의 변화에 적응할 수 있어야 한다. 인간은 끊임없이 창조하고 재구조화하며 환경이 인간에게 어떤 영향을 미친다고 해도 환경에 적응해 나간다.

■ 적응은 대개 노력이라는 형태의 에너지가 필요하며, 사회복지사는 사람들이 가장 생산적으로 이러한 에너지를 사용하도록 돕는다.

■ 인간은 끊임없이 창조하고, 재구조화하며, 환경이 인간에게 어떤 영향을 미친다고 해도 환경에 적응해 나간다. 이와 같이 적응은 인간의 내적 영향력과 생태적 환경의 영향력에 의해 이루어지는 상호의존적인 과정인 것이다.

■ 생태학적 이론에서는 개인의 정신병리를 개인적 욕구와 대처능력이 환경적 자원이나 지지와 일치되지 못한 것으로 본다. 이와 같이 생태학적 이론에서는 병리를 이해함에 있어서 스트레스를 일으키고 성공적 적응을 방해하는 환경적 요인을 중시하고 있다.

■ 생태체계의 관점에 의하면 부적응으로 보이는 것조차 환경 안에서 적응적인 것이며 상황 안에서 의미가 있는 것으로 본다. 갱이나 노숙자의 자기보호 등이다.

⑧ 적합성(goodness of fit, Germain & A. Gitterman, 1995)

■ 적합성이란 인간의 적응 욕구와 환경자원이 부합되는 정도이며, 개인적 욕구와 사회적 요구 사이의 조화와 균형 정도를 의미한다.

■ 인간과 환경 간에 부적응적 교류가 계속되면 인간발달과 건강, 사회적 기능은 손상되고 부적합성이 야기되지만 적응적인 상호교류가 계속되면 인간은 성장하고 발달하며 적합성이 높아진다.

■ 개인과 환경 사이의 상호작용이 성공적이고 적응적일 때, 즉 주요 타인, 사회적 조직,

그리고 정치경제적 구조와 정책, 그리고 물리적 환경이 개인의 성장, 발달 그리고 물리적 및 정서적 안녕을 지지할 때 적합성이 이루어진다.

⑨ 스트레스(stress)

■ 개인과 환경 사이의 상호교류에서 나타나는 불균형에 의해 야기되는 생리·심리·사회적 상태를 말한다.

■ 스트레스는 개인이 지각한 요구와 이러한 요구를 충족시킬 수 있는 자원을 활용할 수 있는 능력 사이의 불균형에서 발생한다.

■ 스트레스는 반드시 문제가 되는 것은 아니다. 어떤 스트레스는 개인의 성장과 발전을 도모하는 하나의 동기로 작용할 수 있다.

■ 스트레스를 경험함으로써 자연적으로 발생하게 되는 대처기술은 문제를 극복하고 정서적 고통을 통제하기 위하여 개인이 수행하는 행동이다. 대처능력을 갖추기 위해서는 내적 자원과 외적 자원이 필요하다. 내적 자원에는 자존감과 문제해결 기술이 포함된다. 외적 자원에는 가족, 사회적 관계망, 그리고 조직의 지원이 포함된다.

⑩ 대처기술(coping skills, Greene, 1991a)

■ 사람들의 생활문제를 완화시키는 적응전략의 하나로, 스트레스를 경험할 때 자연적으로 발생하게 되는 것으로, 정서적 고통을 통제하기 위하여 개인이 수행하는 행동이다.

■ 대처란 적응의 한 형태로 문제를 극복하기 위해 노력하는 것을 의미한다.

■ 스트레스를 경험할 때 자연적으로 발생하게 되는 것으로, 정서적 고통을 통제하기 위해서 개인이 수행하는 행동이다.

■ 대처 능력을 갖추기 위해서는 내적 자원(자존감과 문제해결 기술)과 외적 자원(가족, 사회적 관계망, 조직의 지원)이 필요하다.

⑪ 유능성(competence, Maluccio, 1979)

■ 사람들의 생활문제를 완화시키는 또 다른 적응전략의 하나로, 개인이 환경과 효과적으로 상호작용할 수 있는 능력을 말한다. 따라서 유능성의 개념 속에는 확고한 결정을 내리고, 자신의 판단을 신뢰하고, 자기 확신을 갖고, 환경에 바람직한 영향을 미칠 수 있는 능력이 포함되어 있다.

■ 유능성은 환경과 성공적인 상호작용을 경험하는 데서 형성되는 것으로 일생에 걸쳐 확대될 수 있는 능력이다.

■ 사람들의 생활문제를 완화시키는 적응전략 중 하나이다.

■ 생태학적 이론에서는 타인과 관계를 맺고 긍정적인 자아정체감과 자존감을 형성할 수 있는 인간의 능력은 일생에 걸쳐 확대된다고 보고 있다.

⑫ 관계와 역할
- 관계는 인간관계를 형성하거나 타인과 연결될 수 있는 능력이다.
- 역할은 특정 사회적 지위를 갖고 있는 개인이 타인에게 어떻게 행동해야 하는지에 대한 기대뿐만 아니라 타인이 그 사람에게 어떻게 행동해야 하는지에 대한 기대까지도 포함하고 있다.
- 즉, 역할은 일련의 기대되는 행동유형일 뿐만 아니라 상호적 요구와 의미의 유형이다.

⑬ 상호의존
- 생태체계적 개념의 상호의존은 한 개인이 다른 사람이나 집단에 서로 의존하고 의지하는 것을 말한다.
- 개인은 다른 사람들이 없다면 존재할 수 없다. 고도의 산업사회에서 인간은 생존하기 위해 서로 필요한 상호의존관계에 있다.

⑭ 거주환경(Germain & A. Gitterman, 1995)
- 개인의 문화적 맥락 내에 존재하는 물리적 및 사회적 환경이며, 개인의 문화적 맥락 내에 존재하는 물리적 및 사회적 환경과 관계된 개념이다.

⑮ 적소
- 특정의 집단이 공동체의 사회적 구조에서 차지하는 직접적 환경이나 지위들이다.
- 특정 집단이 한 적소의 수용한계를 초과하면 선택의 압력이 작용한다.
- 체계는 경쟁관계에 있는 성원들 중 각 적소에 가장 적합한 것들을 선택한다.
- 마케팅 전략에서 '틈새'를 공략한다고 할 때 바로 이 틈새에 해당되는 용어가 적소를 의미한다.

3) 생태체계이론의 사회복지실천 적용

사회복지실천은 인간과 그 주변환경을 다루는 전문직이다. 기존의 많은 사회복지이론들은 환경 내 인간의 개념에 대한 충분한 설명을 제시하지 못하였다.

사회복지가 오랫동안 '환경 속의 인간'에 관심을 가져왔음에도 불구하고 대부분의 직접적인 실천은 개인, 집단, 가족을 중심으로 이루어져 왔고, 인간과 사회환경, 문화와의 상호관계에 내해서는 소홀히 해왔다.

그러나 생태체계관점이 사회복지 분야에 도입됨으로써 사회복지실천은 인간과 환경의 개념에 대한 이해의 폭이 넓어졌다.

(1) 생태체계관점의 의의

- 사회복지실천의 중요한 이론적 준거 틀을 제시할 뿐 아니라 인간과 환경과의 관계를 이해하기 위한 구체적인 방법을 제공하였다.
- 클라이언트의 정신 내적 생활과 환경 간의 상호교류, 이러한 교류에 영향을 미치는 힘에 대한 폭넓고 포괄적인 실천지식을 제공해주고 있다.
- 사회복지사가 클라이언트 체계의 자원을 발견하며, 클라이언트 체계의 역량을 강화하는 개념적 도구로서 활용되기도 한다.
- 클라이언트는 사회복지사와의 상호작용과 긍정적 생활경험을 통해 성장할 수 있다고 보며, 원조과정은 회복과 역량 강화의 과정이라는 신념을 통해 사회복지전문직의 인본주의적 철학을 뒷받침해준다.
- 클라이언트가 속한 환경 내의 타인들과 상호작용하는 방식, 특히 클라이언트가 진보적 힘을 최대한 발휘하는 것을 방해하는 생활상의 문제에 관심을 가지게 하였다.
- 생태체계이론은 개인, 가족, 지역사회 그리고 더 큰 체계에 어려움을 유발하는 상황을 좀 더 적응적 상황으로 재구조화한다.
- 생태체계이론은 아동·청소년복지, 정신건강문제, 학교사회사업, 실질노숙자 문제를 비롯한 여러 사회복지 영역에 포괄적으로 적용될 수 있다.
- 생태체계이론은 어느 하나의 개입기법을 가지는 모델이 아니며, 문제를 가진 개인과 그 환경에 대한 개입에 있어 다양한 기술과 기법을 필요로 하는 사회복지사에게 통합적 접근을 가능하게 함으로써 그 유용성이 더욱 크다.
- 생태체계적 관점이 사회복지실천에 적용된 생활모델에서는 유기체로서의 한 사람이 그를 둘러싸고 있는 환경과 어떻게 적응관계를 유지하게 되는가에 주요 관심을 두면서 개인이 겪는 고통이나 스트레스의 원인을 단지 심리적인 과정이나 외부환경으로만 돌리는 이분법적인 사고를 배제하고 그것을 환경과 개인 간의 상호교환의 산물로서 볼 것을 강조한다.
- 사회복지실천과정 중 사정도구로서의 직접적 유용성이 있다. 개인이나 가족을 포함하는 클라이언트 체계가 외부환경 체계들과 어떻게 관련되어 있는지를 그림으로 나타내는 생태도를 활용하게 되었다.
- 생태학적 이론에서는 다양한 체계수준에서 이루어지는 개인들 간의 관련성을 강조한다.
- 생태학적 이론에서는 더 큰 규모의 체계가 지니는 적응성을 중시한다. 클라이언트 개인을 원조할 경우라고 할지라도 생태학적 이론에서는 클라이언트가 속해 있는 체계 내부 및 체계들 사이에서의 생활의 질을 고려하지 않고서는 클라이언트를 이해할 수 없다고 본다.
- 생태학적 이론에서는 사회적 관계망을 개인의 생활공간에서 중요한 변인으로 보기 때

문에 가족, 집단, 조직 및 지역사회의 기능을 이해할 필요가 있다고 본다.

■ 생태학적 이론에서는 환경과 상호작용하는 개인을 개입의 기본단위로 보고 있지만 개인뿐만 아니라 가족, 지역사회 또는 전체사회에 개입할 필요성이 있다는 것을 인정하고 있다. 생태학적 이론에서는 클라이언트의 대처능력을 강화하고 환경을 개선하는 데 목적을 두며, 이를 통하여 클라이언트와 환경 사이에 보다 높은 수준의 적합성이 이루어질 수 있도록 원조하고자 한다.

(2) 사회복지실천에서의 영향

■ 대상의 직간접적인 실천(정신내적 생활과 환경조건의 개선과 같은 것)의 통합이 가능하게 되었으며 생활Model의 토대가 되었다.

■ 생태체계이론은 오랫동안 사회복지실천에 많은 유용한 도움을 주어 왔다. 체계적 관점은 특정 개입방법이나 기술을 제시해주는 실천 모델이 아니라 문제 현상을 사정하고 평가하는 이론적 준거 틀로서 인식되고 있다. 이 준거 틀은 기존의 다양한 전통적 방법론들을 통합적으로 적용할 수 있는 관점이라고 할 수 있다.

■ 기존의 실천 모델을 적용하기 전에 문제를 정확히 파악하여 문제해결을 위해 어떤 모델이 가장 적합할 것인지 판단하고 선택할 수 있게 도와준다.

(3) 생태체계이론이 사회복지실천에 제공한 유용성

① 생태체계이론은 과거의 어떠한 실천 모델보다 넓은 관점과 관심 영역을 포괄하며 문제에 대한 총체적인 이해를 가능하게 해준다. 문제를 사정할 때 문제와 관련된 많은 체계들을 접촉하여 정보를 얻어내므로 개인으로부터 나오는 정보에만 의지하던 과거의 방법보다 훨씬 다양하고 객관적인 정보를 획득할 수 있다.

② 생태체계이론은 개인, 집단, 공동체를 포함한 다양한 수준의 사회체계에 적용되는 이론으로서 특정 대상에 국한하지 않는다. 즉, 개입을 위한 실천 모델을 활용함에 있어 어느 한 가지 모델에 치우치지 않고 보다 다양한 모델을 절충적으로 선택하고 활용할 수 있다. 따라서 사회복지사들은 클라이언트를 돕기 위해 다양한 수준의 사람 혹은 체계와 일할 수 있으며, 또한 그들에게 다양한 실천 모델을 적용할 수 있도록 해준다.

③ 생태체계이론은 사정(assessment)의 도구로도 직접적인 유용성이 있다. 4체계 분석과 활용, 생태도와 가계도, 그리고 사회적 관계망 지노는 사회복시실천에서 체계직 관점을 대표하는 사정도구이다. 생태체계이론은 대상체계의 속성과 체계들 사이의 상호 연관성을 평가함에 있어 각 체계 간의 일관성과 상호성, 갈등의 정도와 상태를 규명할 수 있는 개념들을 제공한다. 또한 사정 부분에서 개입계획을 세울 때 의도적인 변화를 일으키기 위해서는 체계의 어느 부분에 개입해야 하는지, 어떤 내용의 전략을 취해야 하

는지에 대해 상당한 예측력을 갖게 해준다.

④ 생태체계이론은 문제를 총체성(wholeness) 속에서 이해하도록 하기 때문에 개입을 할 때에도 어느 한 부분에 치중하지 않고 전체 체계를 변화시키는 전략을 세우도록 해준다. 그렇기 때문에 개입이 종료되어도 이미 발생한 체계의 변화는 체계 자체의 적응기능에 의해 지속되는 특성이 있어서 그 효과가 지속된다고 할 수 있다. 생태체계이론을 활용하는 사회복지사들은 클라이언트의 문제에 개입할 때 클라이언트 자신뿐 아니라 전체 환경을 대상으로 접근하기 때문에 개입과정에 포함되었던 주변 체계들에 대해서 개입 후에도 클라이언트를 위한 지지체계로 활용할 수 있다.

제10장

가족 · 집단체계

1. 가족체계

1) 가족구조의 다양성

(1) 가족의 정의

- 오늘날 가족의 형태는 잡동사니와 다름없이 다양하다. 바커는 가족을 '서로에 대한 의무를 가지고 함께 거주하는 사람으로 구성된 일차 집단'이라고 정의하였다.
- 가족은 자녀를 두었거나 자녀가 없는 양부모 형태일 수도 있고, 한부모가족일 수도 있으며, 혼합가족이나 계부모가족 혹은 이들 외의 다른 형태일 수도 있다.
- 가족은 결혼에 의해 출발하며 이것은 부부와 그들의 자녀로 구성되지만, 여기에 다른 근친자가 포함될 수 있으며, 가족 구성원은 법적 유대, 경제적 · 종교적, 그리고 그 외 다른 권리와 의무, 성적 권리와 금제, 애정, 존경, 경외 등 다양한 심리적 정감으로 결합되어 있다.
- 확대된 범위의 가족을 말하는 것으로서 가족을 결혼과 혈연으로 조성된 더 넓은 친족집단 구조에서 설명하고 있는 것이다.
- 머독(Murdock): 가족을 성관계가 허용되는 성인남녀와 자녀의 출산, 자녀의 사회화, 경제적 협조, 성적 욕구를 충족하는 기능을 가진 사회집단이다.
- 스트라우스(Strauss): 가족이란 결혼에 의해 출발하는 집단으로서 그 구성원으로서 부부와 자녀 그리고 근친자를 말한다.
- 바커는 가족을 '서로에 대한 의무를 가지고 함께 거주하는 사람으로 구성된 일차 집단'이라고 정의하였다.

(2) 가족의 특성

① 가족 구성원은 가족 내에서 상호의존 상태에 있는 다양한 위치를 가진다.
② 가족은 시간이 지나면서 반복되는 상호작용 패턴을 나타내는 적응과 균형을 추구하는 단위이다.

③ 가족은 가족성원의 내적 욕구와 요구를 모두 충족시켜야 하는 과업 수행단위이다.

(3) 가족 형태

① 핵가족
- 부부와 미혼인 직계자녀로 구성된 2세대 가족이다.
- 현대 산업사회의 사회경제적 구조에 가장 적합한 가족 형태로 간주된다.

② 확대가족
- 한 집에 여러 세대가 사는 가족이다.
- 핵가족이 종적 또는 횡적으로 연결되어 형성되며, 자녀가 결혼한 후에도 부모와 동거하는 가족 형태다.
- 전통적으로 우리나라에서는 가부장제도에 근거한 확대가족이 이상적인 형태였으나 핵가족의 증가에 따라 확대가족은 점점 감소하고 있다.
- 수정확대가족은 결혼한 자녀들이 노부모와 함께 거주하지는 않지만 가까이에서 생활하며 상호원조와 애정 관계를 유지하는 가족 형태이다.
- 핵가족과 확대가족이 현대화된 가족 형태, 전통가족의 형태는 두 세대 이상의 부부와 자녀로 이루어지는 확대가족의 형태이며, 현대 가족의 형태는 한 세대의 부부와 미혼의 자녀로 구성된 핵가족 형태를 나타내지만, 급속히 변화하는 현대사회에서는 기존의 가족관이 변화하여 결혼한 자녀들이 부모님과 같은 장소에서 생활하지 않고, 부모님 주위에서 한 가정을 이루며 생활하는 수정확대가족의 형태가 나타나 확산되는 추세에 있다.

③ 노인가족
- 산업화에 따른 사회구조와 가치관 변화로 핵가족화되면서 노인만으로 구성된 가족이 증가하고 있다.
- 노인이 자녀와 별거하려는 선호도는 점점 늘고 있어 앞으로 노인가족은 더 늘 것으로 전망된다.

④ 한부모가족(김정자, 1995)
- 점차 늘어나는 가족 형태로, 이혼과 배우자 사망이 주원인이다.
- 한부모가족의 적응은 자원에 좌우된다. 편모가족이 편부가족보다 일반적으로 경제적 문제를 더 많이 경험하며, 편모의 이전 직업경험과 경제적 자원은 적응에 큰 도움이 된다.
- 남겨진 한쪽 부모는 고립되고 과다한 역할로 갈등을 느끼며 경제적으로 어렵다.

- 자녀는 양부모가정의 자녀보다 정서적으로 불안정하며 성취도가 낮고, 성역할 동일시에 혼란스러워하고, 비행을 저지르는 경우가 많다는 문제점이 있다.

⑤ 재혼가족(계부모가족)
- 재혼으로 서로 다른 가족원이 함께 살게 된 일차 집단을 말한다.
- 가족성원은 계모, 계부, 그리고 먼저 결혼에서 낳은 자녀들로 구성된다. 새롭게 자녀를 낳을 수도 있다.
- 결혼의 약 절반은 이혼한다는 사실을 고려하면 이러한 가족 형태는 매우 보편적이 되고 있다.
- 한쪽 혹은 양쪽의 배우자가 한 번 이상 결혼했거나 그때마다 자녀가 있을 경우는 아주 복잡해진다.

⑥ 혼합가족
- 인척이나 혹은 인척이 아닌 사람들이 함께 동거하면서 전통적인 가족 역할을 수행하는 형태의 가족을 말한다.
- 이들의 관계는 혈연이나 법적으로 아무런 관계가 없을 수도 있다. 혼합가족은 가족을 기능 측면에서 보는 개념이다.

⑦ 독신가족
- 미혼자녀가 부모와 동거하지 않고 따로 생활하는 경우를 의미한다.

⑧ 수정확대가족
- 전통가족의 형태는 두 세대 이상의 부부와 자녀로 이루어지는 확대가족의 형태이다.

(3) 가족의 기능

가족은 구성원들을 위해서나 더 큰 사회를 위해서 다양한 기능을 수행한다. 가족은 구성원들을 보호하고 그들 상호 간에 친밀한 관계를 유지하며(보호와 애정의 기능), 구성원들을 경제적으로 부양한다(경제적 기능). 가족은 자녀를 양육하고 사회화시키며, 성행위를 대외적으로 통제하고 종족을 보존한다(종족보존과 성행위의 규제). 또한 가족은 새로운 역할을 부여하며, 자녀를 교육시키고 종교적 활동을 수행하기도 한다.

전통사회	현대사회
경제공동체의 기능	- 생산기능의 상실 및 약화 - 소비기능의 유지
성행위와 출산통제의 기능	- 성과 출산통제 기능 약화 - 부부간의 성생활 기능 강화
자녀양육과 사회화의 기능	- 자녀양육 기능 강화 - 자녀양육 기능 국가와 공유 - 사회화 기능 왜곡
정서적 유대와 여가의 기능	정서적 유대와 여가 기능 강화
사회보장의 기능	- 기능 왜곡(핵가족 책임론) - 사회보장 기능 국가와 공유
지위계승(계급재생산)의 기능	지위계승 기능 강화
성역할 사회화의 기능	성차별적 사회화
가사노동	가사노동의 사회화·상품화·기계화

2) 가족체계의 역동성

- 가족 구성원 모두는 가족 내에서 다른 가족원에게 일어나는 영향을 받는다.
- 가족체계는 적응과 균형을 지속적으로 추구하고 있는데, 이를 가능하게 하는 가족체계의 보이지 않는 힘을 역동성이라고 일컫는다.

(1) 가족체계의 역동적 개념(Minuchin, 1974)

- 가족 구성원 모두는 가족 내에서 다른 가족원에게 일어나는 일의 영향을 받는다.
- 가족 구성원 각자와 전체로서의 가족은 가족을 둘러싼 다른 많은 환경체계에 영향을 받는다.
- 가족치료는 가족 구성원 간의 의사소통과 상호작용을 향상하고 변화를 위해 사회복지사 및 가족치료 전문가가 가족에게 개입하는 방법으로서 가족이 하나의 체계라는 개념에 근거한다.
- 가족문제에 대한 해결책을 찾는 데 있어 개입의 표적은 가족체계이다.
- 가족과 외부체계를 구분하는 경계는 엄격함과 침투성 정도에 따라 다양하다.
- 가족은 시간이 지나면서 반복되는 상호작용 패턴, 즉 적응과 균형을 추구하는 단위이다.
- 가족은 더 큰 사회체계의 요구와 가족 구성원의 요구를 모두 충족시켜야 한다. 이것이 가족의 과업이다.

(2) 가족체계의 핵심 개념

- 전체로서의 가족은 각 가족원의 개인적인 특성의 합보다 크다.
- 가족은 변화와 안정성의 균형을 맞추려고 노력한다.

- 한 가족 구성원의 변화는 가족성원 전체에 영향을 미친다.
- 가족성원의 행동은 순환적 인과관계로 가장 잘 설명된다.
- 가족은 더 큰 사회체계에 속하며 여러 하위체계를 포함한다.
- 가족은 기존의 규칙에 따라 움직인다.

(3) 가족의 경계(Greene, 1986)

가. 외부경계

① 폐쇄형 가족체계

가족 내에서 권위가 있는 사람이 이웃과 지역사회라는 더 넓은 공간과 떨어진 가족공간을 만들어낸다. 따라서 폐쇄형 가족체계의 특징은 외부와의 상호작용과 사람, 물건, 정보, 생각의 출입을 엄격히 제한하는 것이다.

잠긴 문, 대중매체에 대한 부모의 꼼꼼한 통제, 여행에 대한 감시와 통제, 낯선 사람에 대한 세밀한 조사, 출입금지, 높은 담장, 전화번호부에 등록되지 않은 전화 등은 폐쇄형 가족체계의 전형적인 모습이다.

② 개방형 가족체계

개방형 체계에서 구성원들의 행위를 제한하는 규칙은 집단의 합리과정에서 도출된다.

결론적으로 가족의 경계는 유동적이다. 가족의 영토는 더 큰 지역사회의 공간으로 확대되는 동시에 외부문화도 가족공간으로 유입되는 것이다. 개인은 다른 식구들에게 악영향을 주거나 가족규범을 위반하지 않는 범위 내에서 외부와의 왕래를 스스로 통제할 수 있다.

개방형 가족체계의 특징은 손님이 많은 집, 친구의 방문, 외부활동에의 참여, 외부집단에의 소속, 지역사회활동에의 참여, 대중매체에 대한 최소한의 검열과 정보교환의 자유 등이다.

③ 임의형 가족체계

이 부류에 속하는 가족 구성원은 각자 자신의 영역과 가족의 영역을 확보하면서 개발적인 패턴을 만들어 간다. 예로, 집안 내 사생활에서의 갈등이 공공장소에서도 표현될 수 있는 것이다.

임의형 가족체계는 가족경계선의 방어를 중요하지 않게 생각한다. 그래서 외부와의 교류에 제한이 없다. 실제로 임의형 가족은 집안 출입의 권리를 손님이나 제3자에게까지 확대하려는 경향이 있다.

나. 내부경계와 하위체계
- 모든 가족은 성, 관심사, 세대, 기능의 토대 위에 형성된 하위체계들 간의 공존을 위한 연계를 구축한다. 가족 구성원은 여러 개의 하위체계에 동시에 속해 있으면서 같은 하

위체계들에 공통적으로 속해 있는 다른 구성원들과 개별적인 관계들을 맺는다.

- 핵가족의 하위체계: 남편과 아내, 어머니와 딸, 형제자매, 아버지와 딸 등
- 확대가족의 하위체계: 할머니와 손녀, 삼촌과 조카, 장모와 사위 등
- 부부체계, 부모-자녀체계, 형제체계의 3가지 주요 하위체계의 안정적인 형성은 가족 전체의 건강과 안녕에 결정적인 작용을 한다. 최상의 가족기능을 위해 이 3가지 주요 하위체계의 경계선들이 명확하게 규정되어야 한다.
- 부부체계, 부모-자녀체계, 형제체계들은 관련된 가족규범에 따라 상대적으로 완성된다. 예로, 어떤 어머니는 막내가 심부름을 하지 않은 것을 꾸짖을 때 첫째가 끼어들지 못하게 함으로써 부모-자녀체계의 영역을 확실하게 규정한다.
- 문화적 맥락도 가족의 하위체계들의 역할을 규정하는 요소이다. 전통적인 인디언 부족들은 50대 중반이 되거나 손자를 보기 전까지는 성인으로서의 역할을 할 수 없다고 생각해 왔다. 이런 이유로 조부모가 자녀양육의 책임을 맡았고, 부모-자녀체계라는 하위체계의 의미는 부모와 자식관계보다는 조부모와 손자를 포함하는 넓은 개념이다.
- 가족 하위체계 간 경계선 명확성은 가족기능을 평가하는 데 유용한 기준이다. 미누친 (Minuchin)은 모든 가족이 내부 경계선의 기능에 있어, 양극단의 연속상의 어느 한 곳에 위치한다고 본다.
- 이탈성 강한 가족영역에 따른 책임성의 결여: 가족영역의 이탈성이 강한 가족은 구성원들의 개별적 차이들을 광범위하게 수용한다. 일치감, 애정, 소속감이 부족한 경향이 있다. 이 같은 가족의 구성원들은 서로 도움을 주고받기가 어렵다. 이러한 가족체계를 조직화하는 것은 불안정적이고 혼란스럽다. 가족의 지도원리가 매 순간 변하기 때문이다.
- 지나치게 강한 결속성에 따른 구속: 결속성이 강한 가족체계는 모든 구성원의 획일적인 감정과 생각을 강요하여 속박감을 준다. 이런 가족은 구성원들에게 가족 전체에 대한 희생을 요구한다. 그래서 구성원들의 자립적인 탐구, 활동, 문제해결을 지원하지 못한다.
- 가족생활주기란 가족이 변해가는 과정, 즉, 사람이 가족생활에서 경험하는 결혼, 출산, 육아, 노후의 각 단계에 걸친 시간적 연속의 과정을 말한다.

3) 가족생활과 인간행동

(1) 가족생활주기의 6단계

각 단계는 다른 사람과의 친밀관계에서 겪는 정서적인 과도기적 경험과 개인 위치의 변화에 초점을 두고 있다.

① 독립: 원가족에서 분리하는 경험으로 결혼 이전의 성인과 관련이 있다. 이 단계에서는, 개인의 정체감을 확립하고 새로운 대인관계를 발전시키게 된다.

② 결혼: 결혼하여 두 사람이 생활의 기쁨과 책임을 재편하는 시기이다.

③ 출산: 자녀를 낳아 아이들의 욕구를 충족시키는 것과 관련된다.

④ 양육: 청소년기 자녀를 둔 시기로, 자녀가 어렸을 때와는 다른 상호작용, 즉 독립에 대한 욕구와 갈망을 다루는 것으로 이루어진다. 이 단계는 또한 부부간의 관계에 다시 초점을 맞추고 늙어 가는 부모로서의 역할을 강조한다.

⑤ 분리: 자녀들을 새로운 관계로 떠나보내는 것이다. 중년의 문제에 보다 집중하고, 자신의 부모가 점차 나이 들어 사회에서 기능하지 못하게 되는 것에 대처하는 것이 주된 과제이다.

⑥ 노화: 노화에 적응하고 죽음의 불가피성을 명확히 하는 시기이다.

(2) 가족과 인간행동

■ 가족치료이론가들은 가족 내에서 일어나는 반복적 상호작용유형이 각 개인의 성격과 행동을 결정하는 요인이 된다고 보고 있다. 구조적 가족치료이론의 창시자인 Minuchin 은 가족체계 내에 존재하는 경계선의 침투성 정도가 개인의 성격 발달과 행동에 많은 영향을 미친다고 보고 있다.

■ 만약 가족성원 사이의 경계선이 명확하고 적절한 침투성을 허용하는 경우에는 가족성원 개개인은 자율성과 자아정체감을 확립하고, 자신의 행동에 대해 책임을 질 수 있게 된다.

■ 경계선이 경직되어 있고 타인의 관여를 허용하지 않는 경우에는 집단 소속감의 발달이 이루어지지 않으며, 적절한 정서적 반응을 학습할 수 없다.

■ 대인관계기술이 매우 제약되며, 타인에 대한 보호기능이 결여된 성격이 형성될 가능성이 높다. 이에 반하여 경계선의 침투성이 너무 강한 경우에는 서로의 생활에 지나치게 관여하는 관계로 개인적 정체감이나 자율성의 형성은 어려워지며, 만약 독자적 행동을 할 경우에는 이를 배신행위로 규정하여 행동적 제약을 가한다.

■ 한 개인의 변화는 타인의 행동에 즉각적인 영향을 미치며, 타인의 안녕을 위하여 희생을 감수하는 성격적 특성이 형성될 가능성이 높다.

■ 가족체계의 역기능과 정신장애 또한 밀접한 관련성이 있는 것으로 알려지고 있다. 정신분열증 가족에 대한 연구에 의하면 가족성원 중의 한 명이 가족의 역기능적 상호작용 유형에 개인적 차원에서 적응하고, 가족체계의 와해를 방지할 목적으로 정신분열증을 일으키는 것으로 보고 있다.

■ 체계적 가족치료이론에서는 개인의 증상은 가족의 역기능적 상호작용 유형에 대한 은유로 보고 있다.

(3) 사회복지실천에서 사회체계 이론이 활용되는 대표적인 방법

① 생태도

개인이나 가족을 포함하는 클라이언트 체계가 외부환경 체계들과 어떻게 관련되어 있는 지를 그림으로 나타내는 것이다. 가족체계 사정에 많이 활용한다. 클라이언트 체계와 외부 체계 혹은 외부자원과 관련성은 주위에 얼마나 다양한 체계들이 존재하는지의 구조적인 면 뿐 아니라 그 외부체계들이 어떻게 작용하는지의 기능적인 면을 파악한다. 가족 내에 결속, 자원의 흐름, 자원의 유용성을 이해함으로써 사회체계적 시각에서 가족의 상태를 전체적으로 조망하도록 돕고, 체계들 간의 원활한 관계하에 어떻게 변화시켜야 할지를 결정하도록 도와준다.

② 가계도

가족체계를 사정하는 방법으로 2~3세대 이상에 걸친 가족성원에 관한 정보와 그들 간의 관계를 도표로 나타낸 것이다. 가족에 관한 정보를 도식화함으로써 복잡한 가족유형의 형태 쉽게 파악하고, 현재의 클라이언트의 문제가 가족맥락과 어떻게 관련되는지, 문제가 가족 안에서 과거로부터 현재까지 어떻게 발전되어 왔는지 파악한다. 가계도 사용목적은 복잡한 가족 내 유형들이 어떻게 세대를 걸쳐 전달되며 죽음, 질병, 성공, 실패 등의 과거 사건들이 현재의 가족 유형과 가족 내 2인관계 혹은 삼각관계에 어떻게 영향을 주고 있는지 보여 주는 데 있다.

③ 사회적 관계망

1970년대부터 관심을 받았다. 사회적 관계망과 사회적 지지망은 혼용되고 있으나 두 개념은 동일하지 않다. 사회적 관계망은 긍정적 의미와 부정적 의미 모두 사용될 수 있는 중립적 개념인 반면 사회적 지지망은 주로 긍정적인 관계를 시사하는 경우에 사용된다. 사회적 관계망은 단순한 사람들의 집합이 아닌 구성원들 간의 연결이 개인의 행동에 영향을 미치는 하나의 관계체계이며, 현실생활에서 관심과 유대의 결과로서 가족의 생활공간에서 발생하는 친족, 친구, 이웃, 자조집단 등을 포함하는 개념으로 이해한다. 인간과 환경 간의 상호작용의 과정에서 인간이 환경에 적응하고 또한 사회자원을 활용한다는 측면에서 의미가 있다.

2. 집단체계의 개념과 역동성

1) 집단의 개념과 작용

(1) 집단의 개념(Chess & Norlin, 1988)

- 집단(group)이란, 두 사람 이상이 공동목적이나 관심을 가지고 모여서 서로 인지하고, 감정을 공유하며, 집단기능을 위해 규범을 만들고, 행동을 위한 목표를 수립하며 응집력을 발전시키는 사회적 조직형태이다.
- 집단이란 서로 동일한 집단에 소속하고 있다는 집단의식이 있고, 공동의 목적이나 관심사가 있으며, 이들 목적을 성취함에 있어서 상호의존적이며, 의사소통, 인지, 그리고 반응을 통하여 상호작용하며, 단일한 행동을 할 수 있는 능력이 있는 2인 이상의 사회적 집합체라고 정의할 수 있다.
- 유뱅크(E. Eubank, 1932): 정신적인 상호작용을 통하여 관계를 맺고 있는 둘 또는 그 이상의 개인을 말하며 이들의 상호관계는 타인과 맺고 있는 관계와 구분되기 때문에 이들은 불가분의 관계에 있는 총체이다.
- 베일스(R. F. Bales, 1950): 소집단이란 1대1로 대면하는 회합 속에서 상호작용하는 사람으로서 이러한 모임에서 각자는 서로를 구분해서 인지함으로써 개인적인 반응을 각자에게 보일 수 있다.
- 머튼(R. Merton, 1957): 상대방과 유형화된 방식으로 상호작용하고 스스로 집단성원으로서의 소속감을 느끼며 타인에 의해서 집단성원으로 간주되는 사람의 집합이다. 즉, 상호작용유형, 집단성원으로서의 의식 그리고 집단정체감이 있어야만 집단이라 할 수 있다.
- 배스(B. M. Bass, 1960): 집단이란 구성원 개인에게 어떠한 보상을 주는 개개인의 집합체이다.
- 소집단은 20명 이하의 성원으로 구성되는 집단으로 정의하는 것이 바람직하다.

(2) 집단의 특성

① 집단은 대면적 접촉의 특징을 가지므로 대개 조직보다 규모가 작다.
② 구성원 간의 역할분담은 최소한에 그치며 비공식적인 경향을 띤다.
③ 집단구성원은 공통된 집단정체성을 가지며 집단을 하나의 실체로 인식한다.
④ 집단은 구성원에게 중요한 사회화 및 사회통제기능을 수행한다.
⑤ 집단구성원 간의 상호작용은 구성원의 내적 혹은 자연적 상태를 토대로 이루어지며 정서적 특성이 강하다.

(3) 집단의 성립 요건

- 대체로 집단이란 서로 동일한 집단에 소속하고 있다는 집단의식이 있고, 공동의 목적이나 관심사가 있으며, 이들 목적을 성취함에 있어서 상호의존적이며 의사소통, 인지, 그리고 반응을 통하여 상호작용하며, 단일한 행동을 할 수 있는 능력이 있는 2인 이상의 사회적 집합체라고 정의할 수 있다.

(4) 집단의 상호작용

- 집단 내에서 이루어지는 사회적 상호작용은 힘의 역동적인 교환행동이다.
- 집단과정에 참여한 사람들은 접촉을 통하여 참여자의 사고, 감정, 행동, 태도를 변화시키는 결과를 낳는다.
- 집단은 대체로 공식성의 정도에 따라 구분된다.
- 일차 집단과 이차 집단: 일차 집단은 혈연과 지연을 바탕으로 자연발생적으로 형성된 집단, 이차 집단은 목적 달성을 위해 인위적으로 만들어진 집단이다.
- 상호작용은 개인적으로 과업을 수행할 때와 집단으로 과업을 수행할 때를 비교하면 집단과업일 경우 개인의 동기가 더 강화되고 집단을 통한 개인의 태도나 행동변화는 훨씬 더 용이하다. 또한 집단은 구성원들의 행동 어떤 방식으로 하도록 함으로써 제재를 가하는 사회적 통제를 한다. 집단에서 사회통제의 중요한 부분은 갈등과 갈등의 관리이다.
- 집단 내에서 이루어지는 사회적 상호작용은 힘의 역동적인 교환행동이다. 집단과정에 참여한 사람들은 접촉을 통하여 참여자의 사고, 감정, 행동 그리고 태도를 변화시키는 결과를 낳는다. 이러한 상호작용의 유형으로는 다음과 같다.
① 기둥형: 지도자가 중심적 위치를 차지하고 성원과 지도자 양자 간의 의사소통이 활발히 이루어지는 유형이다.
② 순번형: 성원들이 돌아가면서 이야기하는 유형이다.
③ 뜨거운 자리형: 다른 성원들이 지켜보는 가운데 지도자와 한 성원만이 의사소통을 하는 유형이다.
④ 자유부동형: 성원들이 자유롭게 이야기할 수 있는 유형이다.

(5) 집단결속력

- 집단에는 집단 내에 남아 있도록 하는 구심력과 집단으로부터 벗어나도록 만드는 원심력이 존재하는데, 이 모든 힘의 결과를 집단결속력이라고 한다.
- 결속력이 강한 경우는 성원들이 함께 있으려 하고 집단에 소속되려는 경향이 강한 반

면, 결속력이 약해지는 경우에는 집단에 더 이상 소속되기를 원하지 않는다.

(6) 집단의 목적

■ 집단의 목적은 그 집단에 관여한 모든 사람의 기대가 융합된 것으로 집단의 존립 이유, 기대, 희망 등을 포함하여 하나일 수도 있고 복합적일 수도 있으며, 여러 개의 하위목표를 가질 수도 있다.
■ 전체집단의 목적은 성원의 개인적 목적, 기관의 서비스 목적, 그리고 집단사회복지사의 목적이 통합되어 전체집단이 공동으로 추구하여 나타나는 집단활동의 바람직한 결과를 의미한다.

2) 집단의 구조적 요소(장인협 외 4인, 1990)

집단의 치료적 특성과 집단의 영향을 판단하는 데 있어 다음 요소들을 중요하게 고려해야 할 요소들이다.

(1) 응집

■ 집단에서 응집은 중심역할을 하기 때문에 지도자는 이런 긍정적인 힘을 반드시 독려해야 한다.
■ "누가 참석하고 참석하지 않았는지 보세요……." '우리', '우리를', '우리의' 등을 언급하면서 참석자들을 하나로 하기에 따른 행위로 응집력을 독려한다.

(2) 규범구조

지도자는 첫 모임에서 규범적인 '지침'을 포함하는 명시적인 계약을 맺으면서 집단의 치료적 환경을 만들고 일종의 '작업하는 집단'으로 단계를 시작한다.
치료적 행동을 촉진시키기 위한 기준은 다음과 같다.
■ 문제를 해결하는 데 합의에 의해 결정하는 방법을 사용한다.
■ '나' 입장에서 말하여 감정과 발언을 개별화한다. 예) '나'는 이렇게 (생각해)(느껴)(원해)…….
■ 집단과제나 임무에 초점을 맞춘다.
■ 개인이나 집단의 힘, 발전에 대해 광범위한 초점을 갖는다.
■ 다른 사람 앞에서 그 사람을 '이야깃거리'로 만들지 않는다.
■ 의사소통에 장애가 되거나 집단이 하는 일에 방해가 되는 문제가 발생할 경우 '하던 일을 멈추는 것'에 동의한다.

(3) 하위집단 구조

■ 하위집단은 집단에 다양한 영향을 주면서 필연적으로 출현하는데, 집단기능을 유용하게 하거나 집단과정에 묻히기도 한다.
■ 부정적인 하위집단은 집단에서 충성과 배제의 이슈를 불러일으키기도 하며, 지도자의 권위에 도전하거나 같은 하위집단에 속한 성원들만 단편적으로 의사소통하기도 한다.

(4) 지도력 구조

■ 집단에서 지도자는 집단목적, 개인의 목표, 집단을 유지하는 일련의 행동을 한다.
■ 장기적으로 볼 때 지도자 역할은 다음과 같다.
- 지도자는 집단 지도력과 그와 관련된 행동들을 모든 성원에게 분배해야 한다.
- 집단 지도자가 해야 할 중요한 역할은 집단이 수행하는 일에 계속 중점을 두면서 동시에 지도자의 역할을 중심 위치에서 서서히 주변으로 약화시켜 나가는 것이다.
- 집단 지도자는 성원이 스스로 집단 방향을 설정할 수 있을 때까지 충분한 책임을 유지해야 한다.

3) 집단역동성

(1) 정의

■ 집단성원의 상호작용에 의한 효과와 힘으로, 집단과정에서 만들어진 힘이다.
■ 집단의 기능과 발달을 좌우하여 집단성원의 변화에 영향을 미친다.
■ 집단역동성의 구성요소: 집단규범, 지위와 역할, 집단응집력, 집단의사소통과 상호작용, 집단문화, 피드백이다.
■ 집단성원의 내적 역동성과 외적 역동성이 전체집단체계의 역동성을 좌우한다.

(2) 집단역동성에 영향을 미치는 요인
① 집단성원 내적 역동성에 영향을 미치는 요인
- 집단의 긍정적인 분위기이다.
- 활발한 의사소통과 참여이다.
- 성취목적에 대한 분명한 기준이다.
- 집단 내 활동의 적절한 통제이다.
- 성원으로서의 공통된 소속감과 동일시한다.
- 목적을 위한 구체적인 행동 제시: 과업성취역할과 사회정서적 역할, 개인적 역할을 담당한다.

-상호적인 인간관계의 조화-동질성과 이질성-집단의 크기

② 집단의 외적 역동성에 영향을 미치는 요인
-집단의 사회적 위치-다른 집단과의 경쟁-집단기능에 대한 외부의 기대-집단의 목적
-외부환경의 사회적 규범이다.

③ 노든(Northen)의 7가지 집단 역동성 요소
-의사소통을 기본으로 사회적 상호작용은 개인의 태도와 행동을 바꾼다.
-모든 집단에는 목적이 있다.
-집단 내에서 의사소통하면서 의견과 사실뿐 아니라 긍정적·부정적 감정을 표현한다.
-구성원 간에 서로 알게 되고 긍정적·부정적 감정을 표현한다.
-집단규범은 사회적 상호작용의 산물이며 가치에 관한 구성원들의 합의이다.
-집단 내에서의 갈등은 건설적인 힘으로 상호작용하는 데에 자극과 토대가 된다.
-집단응집력이 강할수록 구성원에게 미치는 영향력은 크다.

3. 집단체계의 유형과 발달

1) 집단구성원의 역할(Bales, 1970)

(1) 과업역할

- 문제해결 및 과업달성과 관계된 기발한 아이디어나 해결책을 제안하는 역할을 한다.
- 문제해결에 필요한 정보를 제공하거나 집단의 다른 성원에게 정보를 요청하고 사실을 파악하는 데 열중하는 역할을 한다.
- 하위집단의 활동을 조정하는 역할을 한다.
- 집단의 진행사항에 관심을 가지며 집단을 평가하는 역할을 한다.
- 집단이 과업에서 너무 벗어난 경우 집단이 제 방향을 찾아 잘 유지해 나갈 수 있도록 하는 역할을 한다.
- 집단이 과업을 수행하는 과정에서 어떤 일이 일어나고 있는지 기록하는 역할을 한다.
- 좌석배치, 문서배포, 장비입수 등을 원조하면서 집단의 진행을 돕는 역할을 한다.
- 그 외에도 집단의 과업달성을 위한 다양한 역할들이 포함될 수 있다.

(2) 사회정서적 역할

- 사회정서적 역할은 '집단형성 및 유지역할'이라고도 불리며, 집단의 과업달성이 아니

라 집단 내의 대인관계 및 심리적인 측면에 초점을 두는 역할을 말한다.
- 다른 성원을 칭찬하고 격려하고 수용하는 등 긍정적인 의사소통을 주도하는 역할을 한다.
- 집단 성원의 의견 차이를 중재하고, 갈등을 중재하는 역할을 한다.
- 의사소통을 원활하게 하려는 노력에 앞장서는 역할을 한다.
- 집단의 역동성에 대해 지적하며 변화를 요청하는 역할을 한다.
- 집단성원들이 웃을 수 있는 상황을 유도하여 성원들이 긴장을 완화할 수 있도록 돕는 역할을 한다.
- 개별 발언자에게 주어지는 시간을 적절히 조절하여 의사소통을 개방하는 역할을 한다.
- 적절하다고 판단될 때 감정을 잘 표현하거나 원활한 감정표현을 돕는 역할을 한다.
- 집단이 성취해야 할 기준이나 규범을 제안하는 역할을 한다.
- 그 외에도 집단의 원활한 상호작용을 돕는 다양한 역할들이 포함될 수 있다.

(3) 개인적 역할

■ 개인적 역할은 집단의 과업달성이나 대인관계에는 관심이 없고 오직 개인적인 문제에만 관심이 있는 자기중심적인 역할을 말한다.
- 다른 성원을 공격하고 배척하며 질투한다.
- 집단논의를 방해하고 자신의 열등감을 보상하기 위해 자신의 업적을 과잉 선전하며 인정받으려는 데만 관심이 있다.
- 권위적이고 의사소통을 독점하려고 한다.
- 집단의 목적이나 과업과는 관계없는 개인적인 어려움과 감정을 토로한다.
- 적절하지 못한 유머나 냉소 등으로 집단의 생산성을 떨어뜨린다.
- 집단의 과업달성과 원활한 상호작용을 방해하는 다양한 자기중심적이고 개인적 역할이 있을 수 있다.

2) 집단유형

집단의 유형은 집단의 크기, 성원 간의 상호작용과 정서적 결속정도, 집단구성방법, 집단이 성취하고자 하는 목적에 따라 분류할 수 있다. 쿨리(Cooley, 1909)는 전통적 집단분류방법, 집단의 구성방법에 따른 분류방법, 집단목적에 따른 분류방법에 따라 집단의 유형을 분류하였다.

전통적 분류에서 1차 집단(primary group)은 직접적인 상호작용을 하면서 관계를 맺고 있는 소규모의 집단을 말한다. 이 집단에 속하는 대표적 집단으로는 가족, 친구, 또래집단 등이 있다. 2차 집단(secondary group)은 정서적 결속이 미약하고 특별한 목적성취를 위하여 상호작용하는 집단을 말한다.

집단 구성방법에 따른 분류에서 자연발생적 집단(natural group)은 자연 발생적으로 일어난 사건, 대인관계상의 매력 또는 구성원의 욕구 등에 근거하여 자연 발생적으로 구성된 집단이다.

집단의 목적과 활동에 따라 유형을 분류해보면, 첫째, 파슨스(Parsons)의 이론에서 도입된 양분법으로 수단적 집단 대 표현적 집단이 있다. 둘째, 치료집단과 과업집단으로 구분한다. 치료집단은 집단성원의 교육, 성장, 행동변화 또는 사회화에 대한 욕구를 충족시키기 위해 구성된 집단이며 과업집단은 의무사항의 이해, 조직 또는 집단의 과업성취를 위해 구성된 집단을 의미한다(Toseland and Rivas, 1984). 수단적 집단은 집단의 목표달성이나 과업성취를 주목적으로 하는 집단을 말하며, 표현적 집단은 성원의 상호작용을 통한 정서적 만족을 주목적으로 하는 집단을 말한다. 치료집단의 4가지 주요 목적은 집단성원의 교육, 성장, 행동변화, 사회화이다.

과업집단은 조직과 기관의 조직문제에 대한 해결책 모색, 새로운 아이디어의 개발, 의사결정 등에 주로 활용되고 있으며, 1차적인 목적은 조직적 욕구의 해결, 성원의 욕구 충족이다. 조직의 욕구 해결을 수행하는 집단으로는 위원회, 행정집단, 협의체가 속하며, 성원의 욕구충족의 목적을 수행하는 집단으로는 팀, 치료회의, 사회행동집단이 속한다.

〈Toseland & Rivas(1984)의 유형〉

	치료집단	과업집단
목표	구성원의 사회정서적 욕구에 만족을 증가시키려는 광범위한 목표이다.	과업의 달성을 위해서, 성과물을 산출해내기 위해서 또는 명령을 수행하는 것이다.
의사소통	공개적으로 이루어지고 성원들이 적극적으로 상호작용할 수 있도록 격려한다.	특정 과업에 관한 논의에 집중되어 있다.
역할부여	역할들은 상호작용의 결과에 따라서 끌어낼 수도 있다.	역할들은 각 성원에게 할당될 수도 있다.
과정	집단에 따라 유연하거나 형식적이다.	보통 형식적인 일정과 규칙들이 있다.
공개여부	자기 공개성은 매우 높고, 집행과정은 집단 내에서만 이루어진다.	자기 공개성이 낮고 진행과정은 은밀할 수도 있고 대중에 공개적일 수도 있다.
성공의 척도	성원들의 치료목표가 성공적으로 충족되었는지 여부에 근거한다.	구성원들이 그 과업이나 명령을 달성했는가, 또는 성과물을 산출했는가에 근거한다.

(1) 치료집단

■ 성원의 사회정서적 욕구에 대한 만족을 증가시키려는 광범위한 목표가 있다.
■ 치료집단에서는 의사소통이 공개적으로 이루어지고 성원들이 적극적으로 상호작용할 수 있도록 격려한다.
■ 치료집단에서 하는 역할들은 상호작용의 결과에 따라서 끌어낼 수도 있다.
■ 치료집단에서의 과정은 집단에 따라 유연하거나 형식적이다.
■ 치료집단에서 자기 공개성은 매우 높고, 진행과정은 집단 내에서만 이루어지며 집단과

정의 성공은 성원들의 치료목표가 성공적으로 충족되었는가에 근거한다.

▸ 치료집단의 유형

토슬랜드와 리바스는 치료집단을 다음과 같이 분류하였다.

① 지지집단: 장차 일어날 인생의 사건에 좀 더 효과적으로 적응하기 위한 대처기술을 부흥시킴으로써 성원들이 삶의 위기에 대처할 수 있도록 돕는 집단들이다. 예) 이혼의 영향에 대해 토론하기 위한 취학아동모임이나 암의 영향과 그것에 어떻게 대처할 것인가에 대해 논의하는 암환자 등

② 교육집단: 성원들이 그들 자신과 사회에 대해 배우는 것이 주요 목적인 집단들이다. 예) 사춘기의 성별집단 등

③ 성장집단: 능력과 자의식을 넓히고 개인적인 변화들을 이끌어낼 수 있는 기회들을 성원들에게 제공하면서 자아향상을 강조하는 집단들이다. 성장집단은 사회정서적인 병리를 치료한다기보다는 사회정서적인 건강을 증진시키는 데 중점을 둔다. 예) 부부를 위한 결혼생활 향상집단 등

④ 치료집단: 성원들 스스로 자신의 행동을 바꾸고 개인적 문제들을 완화하거나 거기에 대처하고, 혹은 사회적 외상이나 건강상의 외상 이후에 스스로 원상복귀시킬 수 있도록 돕는 집단들, 치료집단에서는 지지를 강조함과 동시에 치료와 회복에 중점을 둔다. 예) 마약중독자 치료집단 등

⑤ 사회화집단: 발달단계에 따라 어떤 역할이나 환경에서부터 다른 것으로 전환하는 향상된 대임관계나 사회기술을 통해 촉진시키기 위한 집단들, 이런 집단들은 종종 프로그램 활동, 구조화된 실천, 역할기법, 그리고 이와 비슷한 것 등을 사용한다. 예) 이전에 공공시설에 수용되었던 사람들을 위한 사교클럽 등

(2) 과업진단

- 과업의 달성을 위해서, 성과물을 산출해내기 위해서 또는 명령을 수행하기 위해서 만들어진다.
- 과업집단에서의 의사소통은 특징 과업에 관한 논의에 집중되어 있다.
- 과업집단에서 하는 역할들은 각 성원에게 할당될 수도 있다.
- 과업집단에는 보통 형식적인 일정과 규칙들이 있다.
- 과업집단은 자기 공개성이 낮고, 진행과정은 은밀할 수도 있고 대중에 공개적일 수도 있으며, 집단의 성공은 성원들이 그 과업이나 명령을 달성했는가, 또는 성과물을 산출했는가에 근거한다. 예) 위원회, 협의회, 자문회의 등

(3) 자조집단

■ 자조집단은 마약이나 암 또는 비만과 같은 핵심적인 공동 관심사가 있다는 점에서 과업집단과 구분되지만 치료집단과는 유사하다.
■ 사회복지사는 자조집단을 형성하는 데 도움을 줄 수도 있지만 이 집단은 집단의 성원으로서 같은 이슈를 놓고 애쓰고 있는 비전문가들이 이끌어간다는 점에서 치료집단과 구분된다. 자조집단에서 사회복지사는 직접 개입하지 않고 간접적인 도움을 제공한다.
■ 자조집단이 강조하는 것은 대인 간의 지지와, 개개인에게 다시 한번 자신의 삶을 책임질 수 있는 환경을 만들어 주는 것이다.

(4) 개방집단과 폐쇄집단

■ 개방집단: 계속해서 새로운 성원에게 집단을 열어 둔다. 무제한으로 구성원을 받을 수 있다.
■ 폐쇄집단: 일단 집단이 진행되고 있으며 어떠한 성원도 받아들이지 않는다. 구성원 수가 어떤 한계로 제한되어 있다.

(5) 사회적 관계에 기초한 집단유형

① 퇴니스의 사회적 관계의 두 가지 기본적 유형
■ 공동사회: 실재적·자연적인 감정, 충동, 욕망의 통일된 인간의지와 같은 본질의지에 의해 형성된다.
■ 이익사회: 이념적·인위적 감정, 충동, 욕망의 통일된 인간 의지인 선택의지에 의해 형성된다. 사회가 점차 산업화·정보화되어 감에 따라, 인간 삶은 원초집단인 공동사회에서 점차 이익관계 혹은 이기적 인간관계인 이익사회로 변화되어 간다.

② 쿨리의 집단에 따른 사회적 관계 유형
■ 일차 집단: 인간본질의 온상으로서 가정이나 어린 시절 또래집단 같은 범주이다. 자연적으로 형성된 집단으로, 소규모, 대면적, 개인의 성격 형성에 절대적 영향을 미치는 집단이다.
■ 이차 집단: 인위적으로 형성된 집단이다.

3) 집단 발달단계

집단발달의 각 단계를 파악함으로써 각 단계에서 다루어야 할 독특한 행동을 예측할 수 있고 집단에서 발생하는 행동의 중요성을 인지할 수 있다.

갈랜드 등의 5단계 모델을 통해 각 단계의 특성을 이해하고 지도자는 집단발달과 목적을 달성하도록 규범적 행동을 북돋을 수 있는 적합한 개입방법을 사용할 수 있다.

〈갈랜드 등의 5단계 모델〉

1단계	시작·친밀 전 단계: 접근과 회피행동	집단에 속하기를 주저. 초기는 지도자 중심 의사소통
2단계	권력과 통제의 갈등단계: 변화의 시간	관계의 틀을 구성하려고 노력. 타 성원과의 관계에서 서열에 신경 씀
3단계	친밀·응집단계: 친밀한 관계 발전	갈등은 사라지고 소속감 강화. 상호신뢰
4단계	분화·실행단계: 집단정체성 발달과 내적 준거 틀	집단응집력. 개인과 집단 욕구의 조화. 집단은 그 자체의 준거 틀 형성
5단계	종결·해산단계: 헤어짐의 시간	

(1) 1단계 → 시작·친밀 전 단계: 접근과 회피행동

- 책임지기, 타인과의 상호작용, 프로그램 활동과 사건에 대해 망설이는 것 등으로 집단에 속하기를 주저한다.
- 성원들은 또 다른 성원의 사회적 지위나 역할을 자신의 잣대로 규정하거나, 자기소개를 정형화하거나, 지적 토론에 집중하는 경향이 있다.
- 초기에는 대부분 지도자를 중심으로 의사소통을 한다.

(2) 2단계 → 권력과 통제의 갈등단계: 변화의 시간

- 이 단계의 준거 틀은 '변화'이다. 성원들은 상황을 이해하고 예상할 수 있게 되면서 관계의 틀을 구성하려고 노력한다.
- 집단에서의 투쟁을 거쳐, 성원들은 다른 성원과의 관계에서 '서열'에 신경을 쓰게 된다.
- 낮은 지위에 있는 성원에 대한 언어적 침해, 공격, 거부 등도 자주 나타나며, 하위집단에 속하지 못한 고립된 성원은 다음 모임에 참석하지 않을 수도 있다.

(3) 3단계 → 친밀·응집단계: 친밀한 관계 발전

- 갈등은 사라지고 성원 간에 개인적 소속감이 강해지며, 집단경험에 대해 중요하게 인식한다.
- 성원 각자의 독특성을 인지하기 시작하면서 상호 신뢰하기 시작한다.
- 3단계에서는 집단의 문화, 양식, 가치체계에 따라 집단의 '특성'이 나타난다. 개인의 관심이나 기질 또는 다른 긍정적 힘에 따라 분명하게 규범을 세운다.

(4) 4단계 → 분화·실행단계: 집단정체성 발달과 내적 준거 틀

- 4단계는 집단응집력과 조화로 표현된다.
- 집단 중심의 기능이 이뤄지며 개인과 집단의 욕구는 조화를 이룬다.
- 집단은 그 자체의 관습과 구조를 형성하는데, 즉 집단은 그 자체의 준거 틀을 형성한다.

(5) 5단계 → 종결·해산단계: 헤어짐의 시간

- 집단을 종료하는 시기에 지도자나 다른 성원에 대한 분노를 표출할 수 있으며, 이전에 잠잠했던 말싸움이 다시 등장하거나, 지도자에게 더욱 의존적이 될 수도 있다.
- 종결은 집단이 달성한 것을 평가하고 숙고하며 배운 것을 공고히 하는 시간이다.
- 집단에 대한 관심을 거두어들이고 외부에 에너지를 쏟기 시작하는 성원의 두려움, 희망, 미래, 다른 사람에 대한 관심 등을 이야기할 것이다.

(6) 집단과 사회복지실천과의 연관성

① 전통적인 사회복지실천방법론 중 사회목표모형과 치료모형 및 상호작용모형 등의 집단사회복지실천모형을 활용한 집단수준의 개입은 오늘날 사회복지현장에서 널리 활용되고 있다.
② 사회복지사들은 실천의 대상인 집단이 갖는 다양한 유형과 특정에 대한 이해와 클라이언트들이 당면한 문제점의 해결에 대한 충분한 지식과 기술을 갖추고 있어야 한다.

제11장

조직·지역·문화체계

1. 조직체계

1) 조직의 개념과 특성

(1) 조직의 일반적 정의

- 조직(organization)이란, 특정한 목표를 추구하기 위한 사회적 단위 또는 2인 이상의 집합체로서 어떠한 목적을 달성하기 위한 사회적 단위라고 정의할 수 있다.
- 조직은 특정한 목적을 달성하기 위해 의도적으로 설립된 체계로서 일정한 크기와 구조를 가지며, 구성원들은 업무에 의해서 상호 관련되어 있는 사회적 단위이다.
- 조직은 업무와 권력, 의사소통책임의 분담, 조직의 협동노력을 통제해서 목표를 지향하는 권력이 집중, 구성원의 교체라는 특징을 가지고 있다. 조직도 하나의 체계로 볼 수 있으므로, 조직이 그 자체로 유지되려면 체계유지에 필요한 기능으로 앞서 제시한 네 가지 기능, 즉 적응, 목적달성, 통합, 유형유지의 기능을 수행할 수 있어야 한다.
- 조직의 4요소: 사회적 실체, 목표 지향적, 계획된 구조와 통합적 활동체계, 외부환경과의 연관성이 있다(Daft, 1998).
- 어떤 조직이든지 다양한 환경 구성 요인들의 영향을 받으면서 생성, 유지·발전되며 그 반대로 환경 구성 요인에 영향을 주기도 한다.
- → 조직은 끊임없이 변화하는 환경과 상호작용을 유지하면서 부여된 목표를 달성해 가는 개방체계라고 할 수 있다.

(2) 조직의 학문적 정의

- 계속적이고 의도적인 특정한 종류의 활동체제(베버)
- 의식적으로 조정된 2인 이상의 활동 또는 협동의 체제(바너드)
- 하나의 사회체제 혹은 사회단위(파슨스)
- 권위에 의하여 등급별로 배열된 역할체(밀스)
- 공통적인 목적을 성취하기 위한 모든 인간단체의 방식(무니)

(3) 조직의 특성

① 조직의 특징
- 목표를 달성하기 위해 존재한다. 공동의 목표달성을 위해 인위적으로 편성된 수단이다.
- 2인 이상의 협동체이다. 여러 사람으로 구성된 실체로서 기능 수행을 위해 서로 협동한다.
- 사회적 단위이다. 단순한 구성원의 합과는 달리 사회적 실체라는 것이다.
- 조직은 인간행동에 중요한 영향을 미치는 체계로서 목표 지향적이며 계획된 구조와 통합적인 활동체계들로 구성된다. 외부환경과 연관이 있다.
- 조직은 많은 개인들로 이루어지고 있으며 이 양자는 상호작용을 통해 서로에게 많은 영향을 미친다.
- 조직은 계획적인 활동을 통해서 일정한 활동영역을 가지고 있는 관리구조이다.

② 사회체계로서의 조직
- 조직의 각 부분은 전체에 대해 무엇인가 기여하고 있으며 동시에 전체에게 무엇인가 받고 있다.
- 체계로서 조직이 존속하기 위해서는 만족해야 하는 특징의 요구를 충족시키려고 한다.
- 체계로서 조직은 스스로 행할 수 있는 능력이 있으며 조직구성원이 개별적으로 행동할 수 있는 능력도 있다.
- 조직체계의 욕구 중 가장 중요한 것은 목표달성이다.

③ 개방체계로서의 조직의 특성
- 조직은 목표를 지향하는 실체이다.
- 조직에는 공식적 구조가 있다.
- 조직은 관리 활동을 수행한다.
- 조직은 개방체계로서 그 환경과 상호작용한다.
- 투과성 조직: 조직구성원의 자격이 자발적이다. 경계유지 구조가 매우 약하다.

④ 관료제의 특성
- 과업의 전문화: 업무의 효율적 처리를 위해 전문인력이 분담된 일을 처리한다.
- 위계의 서열화: 권한과 책임의 정도에 따라 조직 내 지위가 서열화된다.
- 규칙과 절차에 따른 과업수행: 문서화된 규약과 절차에 따른 과업수행. 개인판단이 제한된다.
- 지위획득기회의 균등: 전문적인 자격과 능력이 지위 획득의 기준이 된다.
- 경력에 따른 보상: 업무수행의 경험과 훈련을 중시하고 신분을 보장한다.

2) 조직에 대한 이론과 관점

(1) 조직이론

① 고전적인 과학적 관리이론
- 공식적인 구조와 엄격한 직원 조직망이 효과적인 조직경영과 목표달성에 가장 중요하다고 강조한다.
- 모든 직원은 명확하게 규정한 직무와 이를 어떻게 수행해야 하는지 알아야 한다.
- 전통적인 관료주의는 고전적인 과학적 관리이론을 적용한 것이다.

② 인간관계이론
- 인간관계이론은 '조직기능의 비공식적이며 심리사회적인 부분의 역할'을 강조한다.
- 중요한 개념으로 직원의 근로의욕과 생산성, 만족, 동기, 지도력, 소집단 행동의 역동성을 포함한다.
- 이 이론에서는 실무자 집단이 매우 중요하다.
- 직원은 협동하고 집단의 결정과정에 참여한다. 고용주는 조직과 정책과 실무에서 직원 참여를 장려한다.

③ 구조모델
- 구조모델은 '조직에 있어서 구조와 과정 모두'를 강조한다.
- 이 모델은 조직의 합리적인 구조와 그 구조에 관여하는 사람들의 비합리적이며 불완전한 행동 모두에 초점을 둔다.
- 직원의 생산성을 최대한 활용하기 위해 의견을 신중하게 제안하고 모든 변수를 고려한다.

④ 체계이론
- 체계론적 접근에서는 조직을 상호작용과 균형 상태에서 기능하는 상호 관련된 부분들 또는 하위체계로 이루어진 사회체계로 해석한다.
- 체계이론은 관련된 하위체계 간의 상호작용을 강조한다. 환경의 중요성과 조직에 대한 다른 체계의 영향력을 강조한다.
- 비합리적인 상호작용을 무시하기보다는 예측과 지속적인 사정과 적응을 강조한다.

(2) 조직유형

① 사회적 기능에 따른 체계이론을 적용한 조직유형(파슨스)
- 생산조직: 경제활동을 담당한다. 예) 기업조직 등

- 정치조직: 사회의 목적을 달성한다. 예) 정당, 국회 등
- 통합조직: 사회의 질서유지를 담당한다. 예) 군대 등
- 잠재적 형태 유지조직: 사회화를 담당한다. 예) 학교, 교회 등

수행기능	수행조직	실례
적응기능	경제생산조직	회사, 공기업 등
목표달성 기능	정치조직	사회의 자원을 동원하여 사회의 목표 달성: 정부기관과 국회
통합기능	통합조직	사회의 갈등을 조정하고 사회의 일탈을 방지: 사법기관, 정신병원
유형유지 기능	유형유지 조직	문화와 가치를 보존하고 문화 형태의 전승이나 교육: 교회나 학교

② 조직활동 결과(수혜자)에 따른 조직 유형(블라우와 스콧)
- 호혜조직: 조직구성원이 모두 상호 이익을 얻는다. 예) 노동조합 등
- 기업조직: 조직의 소유자가 이익을 독점한다. 예) 기업체 등
- 봉사조직: 조직 이용자가 가장 많이 이익을 얻는다. 예) 학교, 병원 등
- 공익조직: 일반대중이 조직활동 대상이다. 예) 군대, 경찰 등

조직구분	수혜자	실례
호혜적 조직	조직 구성원 일반	정당, 노동조합, 전문 직업단체
사업조직	소유주나 관리자	사기업, 은행, 보험회사
서비스조직	조직과 접촉하는 고객 집단	사회사업기관, 병원, 학교
공익조직	일반대중 전체	정부기관, 군대, 경찰서, 소방서

③ 복종을 기준으로 한 조직 유형(에치오니)
- 강제조직: 조직구성원 의사와 상관없이 경제적으로 참여한다. 예) 교도소 등
- 자발조직: 자유롭게 가입하거나 탈퇴할 수 있다. 예) 종교단체, 전문직 단체 등
- 공리조직: 실리적인 목적을 위해 가입하거나 탈퇴할 수 있다. 예) 회사 등

조직	권력	관여	권력수단	특징	실례
강제적 조직	강제적	소외적	강제	대부분의 조직 구성원들이 소외감을 느낌	강제수용소, 포로수용소, 교도소
공리적 조직	보수적	타산적	보수	구성원들의 타산적 이해관계에 따라 관여	사기업, 경제 단체, 농민 단체
규범적 조직	규범적	도덕적	규범	조직에 대하여 높은 일체감	종교조직, 이데올로기적 정치 조직, 대학

④ 조직이 사용하는 통제 형식에 따른 조직 유형
- 강압조직: 위협과 처벌을 통제수단으로 사용해 소식구성원들을 통제한다. 예) 교도소 등
- 보상조직: 조직구성원들이 스스로 받을 혜택을 계산하게 하여 통제한다. 예) 회사 등
- 규범조직: 도덕적 개입과 사회적 수용을 통제수단으로 조직에 강한 의무를 느끼게 한다. 예) 종교단체

⑤ 구조에 따른 조직유형(Daft의 조직유형, 1998)

기계적구조 / 기능구조 / 사업구조 / 매트릭스구조 / 수평구조 / 네트워크조직 / 유기적 구조
　　①-----------②---------③-------------④-------------⑤-------------⑥-------------⑦
　　　　←수직성/안정성/능률성 ↑　　　　　　　　↑ 수평성/학습성/신축성 →

㉠ 기계적 구조(mechanistic structure): 고전적이고 전형적인 관료제조직(M. Weber)으로서 엄격한 분업과 계층제, 명확히 규정된 직무, 많은 규칙과 규정(높은 공식화와 표준화), 비정의성, 집권화, 분명한 명령복종체계, 좁은 통솔범위, 낮은 팀워크, 경직성, 내적 통제의 강화, 폐쇄체제 등이 특징이다.

㉡ 기능구조(functional structure): 조직의 전체업무를 공동기능별로 부서화한 조직으로 수평적 조정의 필요성이 낮을 때 효과적이다. 특정기능에 관련된 구성원들의 지식과 기술이 통합적으로 활용되어 전문성 제고와 규모의 경제 구현은 장점이나 이질적 기능 간 조정 곤란이 단점이다.

㉢ 사업구조(divisional structure): 산출물에 기반을 둔 조직구조로서 자기 완결적 조직단위이다. 각 사업부서들은 산출물별로 자율적으로 운영되며 각 부서는 자기 완결적 기능단위로서 그 안에서 기능 간 조정이 용이하다. 불확실한 환경이나 비정형적 기술, 부서 간 상호의존성, 외부지향적인 조직목표를 가진 경우에 유리하나, 규모의 불경제와 비효율성으로 인한 손실이 단점이다.

㉣ 매트릭스구조(matrix structure): 기능구조와 사업구조를 화학적(이중적)으로 결합한 이중적 권한구조를 가지는 조직구조로서 기능부서의 전문성과 사업부서(프로젝트구조)의 신속한 대응성을 결합한 조직이다. 조정 곤란이라는 기능구조의 단점과 비용 중복이라는 사업구조의 단점을 해소하려는 조직이다. 수직적으로는 기능부서의 권한이 흐르고, 수평적으로는 사업구조의 권한구조가 지배하는 입체적 조직이다.

㉤ 수평구조(horizontal structure): 구성원을 핵심업무과정 중심으로 조직화한 구조로 팀조직이 대표적이다. 수직적 계층과 부서 간 경계를 실질적으로 제거하여 개인을 팀 단위로 모아 의사소통과 조정을 용이하게 하고 고객에게 가치와 서비스를 신속히 제공하는 유기적 구조이다.

㉥ 네트워크조직(network structure): 조직의 자체기능은 핵심역량 위주로 합리화하고 여타 부수적인 기능은 외부기관들과 계약관계(contracting-out)를 통해 연계, 수행하는 유기적인 조직이다. IT기술의 확산으로 가능하게 된 조직으로 연계된 조직 간에는 수직적 계층구조가 존재하지 않으며 자율적으로 운영된다.

㉦ 유기적 구조(organic structure): 가장 유기적인 조직으로 학습조직이 대표적이다. 학습조직은 공동의 과업, 소수의 규칙과 절차(낮은 표준화), 비공식적이고 분권적인 의사결정, 구성원의 참여, 지속적인 실험(시행착오) 등이 특징이다.

(3) 체계 간 상호관계

- 개인, 가족 등은 미시적 체계이지만 지역사회와 조직은 거시적 체계이다. 이 두 체계는 사회와 소집단들의 중간매체로서 그 안에서 긴밀한 정서적 교류들이 일어난다.
- 지역사회는 주로 감정과 정서로 연결되어 있으며, 조직은 일반적으로 공식적 계약에 의해 형성되고 규칙에 의해 유지된다.
- 개인 등 미시체계와 조직체계, 지역사회체계는 상호 긴밀한 영향력을 행사하는 관계이다.

① 조직체계와 클라이언트체계의 관계

- 조직은 자원을 처리하고 클라이언트에게 배분하는 구조를 포함한다.
- 클라이언트는 조직 내에서 공식적인 역할이 없기 때문에 자신에게 제공되는 자원을 포함하여 대부분의 조직체계에 직접적인 영향력을 거의 행사하지 못한다.
- 그러나 유사한 관심사를 가진 클라이언트와 연대하거나, 기관 행정가에게 변화 압력을 행사하는 전략을 사용하거나, 대중매체에 문제를 알린다거나, 정책결정가나 정치가에게 대안을 제시하는 등의 방법으로 기관의 변화를 유도할 수 있다.

② 지역사회체계와 클라이언트체계의 관계

- 지역사회는 자원이나 직업, 사회적 지지체계로 사람들에게 필요한 것을 투입한다.
- 클라이언트는 커다란 지역사회의 구성단위 또는 하위체계이다.
- 이 커다란 거시체계의 통합 부분으로, 클라이언트는 지역사회에 영향을 미칠 수 있는 방법을 배운다.
- 지역사회는 미시체계와 거시체계를 연결하는 중간체계이기도 하다.

③ 조직체계와 지역사회체계의 관계

- 서비스를 제공하는 조직체계는 지역사회 성원이 활용할 수 있는 자원에 고유한 영향력을 행사하며, 마찬가지로 지역사회 문제와 욕구는 서비스의 특성과 분배에 영향을 준다.
- 예) 효과적으로 기능하는 기관은 지역사회에 필요하지 않은 서비스는 제공하지 않는다.

(4) 조직에 대한 관점

① 개방체계 관점

- '체계'란 상호작용하는 관련 부분과 외부환경의 집합으로서, 한 부분의 변화가 다른 부분의 변화를 자극하는 특성을 갖는다.
- 조직은 상호교환과 서로의 역학적 균형 상태에서 기능하는 상호 관련된 각 요소의 사회적 체계로서 작용한다.

- 그 구성단위에 의해 수행되는 기능의 전문성 증가와 함께 복잡하게 성장하는 경향이 있다.

② 행동주의 관점
- 조직에 대한 행동주의적 시각은 조직 내 사람의 행동과 선택에 중점을 두고 있다.
- 불확실한 상황, 목표 사이의 갈등, 불완전한 정보, 모호한 결과 등은 많은 조직, 특히 사회서비스 전달조직의 특징을 규정한다.

③ 경제적 관점
- 조직에 대한 경제적 시각은 최선의 결과를 얻기 위한 이성적인 결정에 중점을 둔다.
- 이러한 접근은 주어진 투자수준에서 효과를 최대화하는 비용-이익 분석의 구조뿐만 아니라 최저 비용으로 바람직한 결과를 산출해내는 비용-효율성 분석 구조를 사용한다.
- 조직 경제적 접근은 각 행동단계의 비용과 결과의 객관적 비교를 통해 자원의 대안적 사용에서 의사결정자가 가질 수 있는 선택에 중점을 두고 있다.

④ 문화적 관점
- 문화적 시각은 조직이 기본적 가설, 기대치, 관습에 지배되고 있으며, 이러한 것들은 오랜 시간을 두고 발전해온 것으로 서서히 인간의 감지의식에서 분리되어 나오는 것들이라고 본다.
- 조직에 대한 문화적 관점에서는 조직 관계자를 이해함에 있어 조직 관계자의 행동을 이해하기 위해 우선되어야 하는 일은 이들의 현재 활동과 사업처리 관습 등을 떠받치는 토대라 할 수 있는 가설 및 가치에 대해 인식하는 것이라고 강조한다.
- 이것은 구성원이 어떻게 의무감을 인식하고 처리하는가, 왜 그 집단이 현재의 행동습관을 유지하는가, 구성원은 자신과 타인에 대해서 무엇을 간주하고 바라고 있는가 등에 주목한다.

3) 조직체계와 사회복지실천

(1) 문제의 규정

- 어떤 조직 요소가 클라이언트에게 좋지 않은 영향을 미친다고 인식하기 시작하면서 조직은 변화하기 시작한다. 유용한 문제 규정은 다음의 특성을 갖는다.
  - 구체적이고 운용적이다.
  - 클라이언트 중심이다.
  - 문제가 구조적인지, 기술적인지, 직원과 관련된 것인지를 서술함으로써 문제를 밝힌다.
  - 문제와 해결을 혼동하지 않는다.

-문제가 왜 존재하는지를 제시함으로써 문제를 관계상황 내에 둔다.

-세분화한다.

-가능한 해결책을 제시한다.

(2) 기관에 대한 파악

- 초기 문제정의가 공식화되면 사회복지사는 그 기관들을 '파악'해야 한다.
- 여러 다른 집단과 개인이 문제를 어떻게 인식하고, 변화를 위한 제안에 어떻게 반응할지를 확인해야 한다.
- 변화노력에 관련되어야 하는 중요한 개인들, 변화에 대한 허가를 내릴 수 있는 의사결정자나, 변화를 지지하고 다른 주요 인물들에게 영향을 미칠 수 있는 행위 촉진자, 적극적 혹은 수동적으로 변화에 반대할 저항자들을 밝혀야 한다.

(3) 실현 가능한 해결책 제시

- 사회복지사는 기관의 저항을 줄이고 다양한 방법으로 제안된 해결책의 실현가능성을 높여야 한다.
- 예를 들어, 변화를 세분화하여 점진적으로 도입한다면 더욱 쉽게 받아들이게 된다.
- 잠재적인 해결책은 이미 드러난 문제에 직접적인 관련이 있고, 간단하며, 기관의 이념과 상치되지 않고, 만약의 경우 원상태로 되돌릴 수 있으며, 운영이 가능하고, 경제적일 때, 실현가능성도 증가한다.

(4) 변화전략 선택

사회복지사는 이 시점에서 두 가지 결정을 내려야 한다.

첫째, 그들은 개별적으로 개입해야 할지 혹은 집단으로 개입해야 할지를 결정해야 한다.

둘째, 그들은 협력적·중재적·갈등적 전략 중 어느 것을 사용할지 결정해야 한다.

① **협력적 전략:** 개방적 의사소통과 공동 행동으로 특징지어진다. 문제와 그 해결책에 관한 불일치가 별로 없고, 참여자의 상대적 권력이 동등하며 관계가 가까울 때 가장 잘 작용한다.

② **중재적 전략:** 협상, 설득, 정치, 공작 등의 방법을 사용한다. 사회복지사가 상황에 대한 불일치에도 불구하고 타협에 이르기를 원할 때 사용된다.

③ **갈등의 전략:** 적대적이고 강제력을 쓴다. 당사자 간의 기본적인 불일치가 있고, 기관은 다른 전략에 반응하지 않을 것이라고 사회복지사가 결정할 때만 사용된다. 이 전략은 일시적이다.

(5) 변화를 위한 기관과 구성원 준비

- 변화가 일어나기 위해서는 기관 구성원이 조직문제를 깨달아야 하고, 현상에 대해 불만이 있어야 하며, 문제를 고치는 현실적 선택이 존재한다는 희망을 가져야 한다.
- 기관 구성원이 준비됐을 때, 사회복지사는 그들의 제안을 공식화할 수 있다.
- 이때 구성원이 누구에게 제안을 하고, 어떻게 발표를 할지 결정한다.
- 과업을 분리하고 협상전략을 준비하기도 한다.
- 구성원의 계획을 바꾸도록 요청받을 수 있다는 것을 예상하고, 어떻게 해야 할지를 생각해야 한다.

(6) 전략의 모니터링, 평가, 수정

- 일단 제안이 수용된 후 사회복지사는 그들의 계획을 실행한다.
- 이 단계에서 직면하게 되는 시련 가운데에는 상사의 참여를 유지시키는 것이다.
- 과업집단의 구성원을 보충하는 것이다.
- 다른 조직 작업과의 연결을 유지하는 것이다.
- 발생하는 새로운 반대를 처리하는 것이다.
- 필요하다면 기관과 프로그램 구조를 바꾸는 것이다.
- 발견한 사실들의 일반화와 보급을 촉진하는 절차를 표준화하는 것 등이 있다.

2. 지역사회체계

1) 지역사회의 개념과 특성

지역사회란 지리적 조건에 의해 형성된 지역공동체로서, 일정한 지리적 영역을 공유하고 있는 사람들이 사회적 상호작용을 하면서 사회조직을 이루고, 문화를 공유하면서 지역공동 의식을 가지고 생활하는 공동체를 말한다.

(1) 지역사회의 다양한 개념

① 지리적 단위체로서의 지역사회

지역사회는 특정 지역이나 근린지역, 즉 주된 삶의 일상적 영역으로 준비된 접근을 가능케 하는 공간에서 생활하는 주민집단으로 정의된다.

② 유대 결속형 지역사회

유대 결속형 지역사회란 공동체적 유산을 함께 나누는 지역사회를 말한다. 공통의 유산이 종교, 민족, 문화, 국적, 또는 그 무엇이든 간에, 이러한 것들을 구성원에게 강한 정체감을 부여하고 또한 공통적 가치와 신념체계를 전달한다.

③ 사회계급: 권력공유관계

수입, 교육, 재산소유를 기초로 형성된 사회계급은 개인, 가족, 지역사회로 하여금 어떤 기회와 자원에 접근 가능한지를 가늠하는 다양한 수준들을 결정하는 변수이다.

도시주택개선사업계획을 포함하여 저소득 지역사회 구성원들이 고용, 교육, 주거, 보건의료서비스, 공공문화행사 등 광범위한 분야의 서비스 기회에 접근하거나 통제력을 행사하는 일은 거의 불가능하다.

상류계급 지역사회는 기회와 서비스의 접근이 용이하고 또한 통제력 행사도 대단히 쉽다.

④ 사회망

루빈과 루빈은 사회망을 '원조와 정보를 특정 쟁점으로 흐르게 하는 연결관계 유형'이라고 정의했다. 이러한 망은 가족과 친지, 친구, 직장동료, 교회공동체, 또는 관심사를 공유하는 사람들로 구성된다.

⑤ 이익추구형 지역사회

많은 지역사회는 지리적 공유가 아닌 관심의 공유로 정의된다. 이처럼 공간적 근접성 없이 형성된 지역사회는 이익의 공유, 공통된 욕구를 근간으로 조작된다.

⑥ 생활공간

생활공간과 생활세계라는 용어는 각 개인이 자신의 사회적·물리적 세계를 경험하고 구성하는 개별화된 방식을 기술하는 것으로 사용되어 왔다.

생태학적 용어에서 다루는 생활공간의 개념은 흔히 적소로 묘사되는데, 이는 개개인의 경험, 지각, 성격, 문화, 기회구조에 따라 형성되는 세계 내 위치의식을 의미한다.

(2) 지역사회의 구성(최옥재 외, 2011)

① 지리적 공간: 일정한 경계를 갖는 지역이다.
② 생활공간: 삶의 터선이다.
③ 지역사회 주민: 지역사회 내에서 생활하는 사람들이다.
④ 조직: 지역사회 내 하위공동 목표를 갖는 사람들의 집합이다.
⑤ 상호작용: 지역사회 주민들이 문화를 공유하는 과정이다.

(3) 체계로서의 지역사회

① 물리적 혹은 지리적 장소에 근거한 사회적인 조직형태를 뜻한다.
② 지역공동체가 추구하는 최상의 목적은 지역공동체 구성원들의 삶의 질을 향상하는 것으로, 같은 지역에 살거나 동일시된 사람들에 초점을 맞춘다.
③ 공통의 욕구, 공통 문제, 성장과 발전을 위한 기회가 있을 때 상호 의존한다.
④ 개인을 사회에, 그리고 사회를 개인에게 연결하는 중간단계이다. 따라서 지역사회는 전체 사회의 하위체계이다.

(4) 지역사회의 기능(Warren, 1970)

① 생산·분배·소비: 지역사회 구성원들은 상품과 서비스를 생산하고 분배하며 소비하는 과정에서 기능한다.
② 사회화: 사회화는 지역사회의 제도, 특히 가족과 사회가 구성원에게 지식, 사회의 가치, 행동패턴을 전수하는 과정이다.
③ 사회통제: 지역사회가 주민들에게 사회규범에 순응하도록 행동을 규제하는 기능이다.
④ 사회참여: 사회적 참여는 지역사회가 제공하는 제반 활동에 구성원들이 자발적으로 참여하는 것인데, 종교조직, 민간조직, 비공식 집단 등이 주도된다.
⑤ 상호원조: 구성원들은 개인적으로 자신의 욕구를 충족할 수 없는 상황에서 상부상조한다.

2) 지역사회의 유형

(1) 공동사회와 이익사회

① 공동사회
지역주민들이 서로 친밀하고 사적인 유대관계를 맺고 있는 곳으로, 주민들은 공통적인 가치와 신념, 상호의존, 존경 및 지위의 위계의식을 가진다.

② 이익사회
지역주민들이 공식적이고 전문적인 유대관계를 맺고 있는 곳으로, 공식적으로 구조화된 관계를 통해 관련을 맺고 있다.

(2) 지리적 지역사회와 기능적 지역사회

① 지리적 지역사회
- 일정한 지리적 영역 내에 살고 있는 모든 주민을 포함한다.
- 지역주민은 거리적으로 가까이 함께 살고 있다.

- 정치적·종교적·경제적 집단은 서로 분리되어 있는 동시에 중복되어 있다.

② 기능적 지역사회
- 동일한 관심을 가진 주민들로 구성된 공동체이다.
- 합의성, 일체감, 공동 생활양식 및 가치, 공동 노력이 강조된다.
- 정당, 교회, 전문적 단체 등이 속한다.

(3) 농촌사회와 도시사회

① 농촌사회
- 동질성, 안정성, 비이동성, 유대감, 협업 등이 특징인 지역사회이다.
- 자족적 생활권을 이룸과 동시에 각종 계와 같은 독자적인 사회조직과 관습을 지니고 그 자체가 하나의 사회적 통일을 이룬 곳으로 폐쇄적이고 고정적이며 전통적 관습에 대한 애착이 강한다.
- 농업 위주의 생활이 중심이 되며, 인구가 적고 공간이 넓으며 지역주민들 간 인간관계가 긴밀하다.
- 레드필드(Redfield)는 농촌사회의 환경적 특징을 고립, 정체성, 그리고 자연의존경제라고 표현했다.
- 뒤르켐(Durkheim)은 농촌사회에서는 '집단의 양심'이 있어 가치관·감정·신념이 모든 구성원에게 공통적이라고 보았다.

② 도시 지역사회
- 여러 이질적인 하위문화를 가진 지역사회들로 구성된다.
- 대도시일수록 규모가 적은 동질적 지역사회에 존재했던 친밀한 관계는 파괴되고 혈연적·지역적 유대가 감소화되면서 전통적 인간관계는 거의 쇠퇴해간다.
- 도시성: 도시에서 인간들이 영위하는 삶의 방식을 말한다.
- 도시인구의 이질성: 문화의 다양성과 인간관계의 단편화는 도시생활의 여러 국면을 단절적인 것으로 만든다.
- 도시인의 사회관계: 누구에게나 통용될 수 있는 표준화·세련화된 양식으로 이루어진다.

③ 사이버공동체의 삶의 특징
- 정보통신기술의 획기적인 발달은 산업사회를 지식-정보사회로 급속히 전환시키고 있다.
- 사이버 공간의 급팽창이라는 파도는 지역사회에 변화를 몰고 올 것이다.

(4) 지역사회와 사회복지실천과의 연관성

① 지역사회는 인간에게 지역사회 주민으로서의 독특한 기능을 수행한다.
② 지역사회 구성원 간에는 일체감을 가지게 된다.

3) 지역사회에 대한 이론과 모델

(1) 지역사회에 관한 이론적 관점

① 구조적 관점
- 사람들이 지역사회를 통해 지배적인 정부구조와 어떻게 연결하는가를 강조한다. 여기서 강조하는 세 가지 차원은 정치적 실제, 힘, 지리적 구성이다.
- 지역사회를 공간, 모수, 국가라는 총체와 그 지역사회 정체성과의 관계라는 측면에서 다룬다.
- 구조적인 관점에서 지역사회는 종종 개인과 국가 간의 중재자적인 구조를 의미한다. 뒤르켐은 지역사회를 개인과 국가로 대표되는 전체적인 사회의 고리, 즉 개인을 형성하고 사회화시키며 변형시키는 연결고리로 파악했다.
- 지역사회는 흔히 정치적 실체로 간주되며 지역, 도시, 읍·면, 근린지역 등으로 조직된다. 이러한 구조는 많은 정치적·사회적 기능을 수행하며, 핵심적 권력으로서의 국가와 개인을 중재한다.

② 인류생태적 관점
- 환경과 지역주민 간의 관계에 초점을 두면서, 지역사회 내의 분업이나 지역사회 내부와 지역사회 간의 상호의존성으로 어떻게 직업의 계층구조가 발생하는지 강조한다.
- 주요 개념인 경쟁, 격리, 통합은 사회복지사가 지역사회를 분석할 때 모든 지역주민을 공평하게 지지적으로 대할 수 있도록 돕는다.

③ 사회심리적 관점
- 의미, 정체성, 보시외적 관계, 소속감을 강조한다. 연대성, 유의미성, 안전성은 삶의 필수적인 요소이다.
- 지역사회 구성원들이 서로 어떻게 느끼고 상호작용하는가와 관련이 있다. 주민들이 자신을 얼마나 지역사회의 일부라고 느끼는지, 그 안에서 편안하게 느끼는지 등 사람들의 느낌이 중요하다.
- 퇴니스의 공동사회와 이익사회의 개념이 해당된다.

④ 사회체계 관점
- 지역사회 내의 다양한 사회체계들이 어떻게 상호작용하는가를 분석하는 것을 강조한다.
- 더 큰 지역사회 체계 속의 클라이언트를 이해하는 데 도움이 된다. 무엇보다 상호관련
  성을 중시한다.

(2) 지역사회모델(로스만)

모델	설명	실천가 역할
지역개발모델	지역사회의 변화가 지역사회 수준에서 다양한 사람들의 폭넓은 참여로 이루어짐. 민주적 절차와 합의, 자발적 협조, 토착적 지도력 개발, 자조 등을 강조한다.	조력자, 분석가, 조정자, 문제해결기술과 윤리적 가치를 교육하는 교사
사회계획모델	문제해결의 기술적 과정을 강조. 복잡한 산업사회에서 지역사회가 변화하기 위해 복잡한 변화과정을 지도할 고도로 훈련받은 숙달된 계획가가 필요하며 따라서 전문가의 역할을 중요시한다.	숙달된 계획가, 전문가
사회행동모델	주요 제도나 공공조직의 기본정책을 바꾸는 것. 힘과 자원의 재분배를 요구. 지역사회개발가가 통합된 지역사회를 기대하는 한편, 사회행동가는 행동목표인 지배계층과 대립한다.	사회행동가

① 지역사회개발모델
- 지역사회개발모델은 지역사회의 변화가 지역사회 수준에서 다양한 사람들의 폭넓은 참
  여로 이루어진다는 것이다. 이 모델은 문제를 발견하고 해결하는 데 있어서 다양한 계
  층의 사람들을 포함한다. 여기서 강조하는 것은 민주적 절차와 합의, 자발적 협조, 토착
  적인 지도력 개발, 자조 등이다.
- 실천가의 역할: 조력자, 분석가, 조정자, 문제해결 기술과 윤리적 가치를 교육하는 교사
  의 역할이다.

② 사회계획모델
- 사회계획모델은 문제해결의 기술적인 과정을 강조한다. 이 접근에서는, 복잡한 산업사
  회에서 지역사회가 변화하기 위해서, 복잡한 변화 과정을 지도할 고도로 훈련받은 숙달
  된 계획가가 필요하며, 따라서 전문가의 역할을 중요시한다.
- 실천가의 역할: 숙달된 계획가, 전문가

③ 사회행동모델
- 사회행동은 민주주의와 사회정의에 따라 자원과 처우를 향상하도록 지배계층에 압력을
  가하는 것으로, 소외된 집단을 조직하는 것이 중요하다.
- 사회행동 접근은 주요 제도나 공공조직의 기본 정책을 바꾸는 것으로, 흔히 힘과 자원
  의 재분배를 요구한다.

- 지역사회개발가가 통합된 지역사회를 기대하는 반면, 사회행동가는 행동 목표인 지배 계층과 대립한다.
- 실천가의 역할: 사회행동가

3. 문화체계

1) 문화의 개념(권육상 · 이명재, 2004)

(1) 정의

■ 문화의 지식, 신앙, 예술, 도덕, 법률, 관습 및 기타 사회구성원으로서의 인간에 의해 획득된 모든 능력과 관습의 복합 총체이다.

■ 인간이 자연상태에서 벗어나 일정한 목적 또는 생활 이상을 실현하려는 활동의 과정 및 그 과정에서 이룩한 물질적 · 정신적 소득의 총칭이다. 특히 학문, 예술, 종교, 도덕 등 인간의 내적 정신활동의 소산이다.

■ 문화는 개별 클라이언트에게 영향을 주는 주요 거시체계 중 하나이다.

■ 개별 미시체계가 살고 있는 사회의 관습이나 습관, 기술, 예술, 가치, 사상, 과학, 종교적 · 정치적 행동을 포괄한다.

■ 체계 간의 상호교류를 개념화할 수 있는 수단을 제공해주는 체계이론은 문화적 차이를 이해하는 데 유용하며, 문화 진보를 이해하고 서로 다른 문화체계 간의 상호교류를 평가하도록 한다.

■ 지식 · 신앙 · 예술 · 도덕 · 법률 · 관습 및 기타 사회구성원으로서의 인간에 의해 획득된 모든 능력과 관습의 복합 총체이다.

■ 문화의 학문 범위는 생물학, 사회학, 언어학, 심리학, 동물행동학 그리고 인류학 등이 포함된다.

■ 인간이 독특하게 문화를 지니고 있는 사회적 존재로서 문화 형태들은 변화되고 종합되며, 전파되고 소멸한다.

■ 인간은 문화적인 수단을 통하여 환경에 적응하면서 삶을 영위해야 하는데, 문화적 적응이란 인간이 삶을 영위하기 위하여 사고나 기술을 변화시켜 최선의 생활을 얻는 방법을 의미한다.

(2) 주요개념

문화마찰	사람들은 서로 다른 문화가 접촉하면 저마다 자기 문화의 규범으로 상대를 헤아리므로 서로 오해와 마찰이 생겨나는 일이 많다. 그러한 마찰과 갈등을 문화마찰이라 한다.
문화변용	외적 요인에 의한 문화변화의 하나이다. 독립된 문화를 지닌 둘 이상의 사회가 오랫동안에 걸친 직접적인 접촉에 의해 한쪽 또는 양쪽의 문화체계에 변화가 일어나는 현상이다.
문화상대주의	고전적인 문화진화주의에 대한 비판의 하나로 일어난다. 어떤 문화든 저마다 독자적인 발전을 이루어 왔으며, 이러한 문화에 대해 특정 입장에서 다른 문화의 우열을 결정하는 것은 올바르지 않다고 주장하는 견해이다. 이와 대조되는 견해는 자민족중심주의이다.

① 문화마찰: 서로 다른 문화가 접촉하면 사람들은 저마다 자기 문화의 규준으로 상대를 헤아리므로 서로 오해와 마찰이 생겨나는 일이 많다. 그러한 마찰과 갈등을 문화마찰이라고 한다.

② 문화변용(문화접변): 외적 요인에 의한 문화 변화의 하나이다. 독립된 문화를 지닌 둘 이상의 사회가 오랫동안에 걸친 직접적인 접촉에 의해 한쪽 또는 양쪽의 문화체계에 변화가 일어나는 현상을 말한다.

③ 문화변화: 사회와 문화체계가 변화하는 것을 말한다. 문화변화는 내부적 요인과 외부적 요인에 의해 일어난다.

④ 문화접촉: 둘 이상의 다른 문화가 서로 접촉하는 것을 말한다. 다른 문화를 지닌 사람들의 접촉에 의해서도 일어나고, 직접적인 인간의 접촉 없이 전파에 의해 일어날 수도 있다.

⑤ 문화상대주의: 고전적인 문화진화주의에 대한 비판의 하나로서, 어떤 문화든 저마다 독자적인 발전을 이루어 왔으며, 이러한 문화에 대하여 특정한 입장에서 다른 문화의 우열을 결정하는 것은 올바르지 않다고 주장하는 견해이다. 문화상대주의와 대조적인 견해는 자신이 소속하는 민족의 관점에서 다른 민족의 가치관·문화 일반의 일들을 받아들이는 자민족중심주의이다.

⑥ 문화사대주의: 다른 사회의 문화만을 동경, 숭상한 나머지 자기 문화를 업신여기거나 낮게 평가하는 태도를 말한다.

⑦ 문명: 한 개인이 행동에서 보이는 일정한 품위를 함축하며, 도시화된 국가수준의 사회에 대한 약호처럼 쓰인다.

⑧ 문화생태학: 인간과 환경 간 관계를 중시한 생태학을 바탕으로 문화를 환경에 대한 적응체계로 간주한다.

⑨ 문화지체: 물질적인 문화와 비물질적 정신문화 사이에 변화속도가 차이가 있고 이것이 간혹 사회문제를 야기하는데, 이를 문화지체라고 한다.

⑩ 하위문화: 한 사회집단이 특수한 부분 또는 영역에서 다른 것과는 구분이 될 만큼 특이하게 나타나는 생활양식을 하위문화라 한다.

⑪ 문화층: 개인이 접하는 문화의 여러 수준을 의미한다.

(3) 문화의 속성(최옥채 외, 2011)

① 보편성: 문화는 그것이 문화 사회이건 미개 사회이건 간에 모든 사회에 존재한다.
② 사회성: 사회적 동물로서 인간과 문화는 떼어놓을 수 없는 불가분의 관계에 있다.
③ 공유성: 우리는 다른 사람과 문화를 공유하고 있다.
④ 학습성: 문화는 태어난 후에 평생에 걸쳐 학습되는 것이다.
⑤ 체계성: 문화는 그 내용 하나하나가 별개로 떨어져 있는 것이 아니라 하나의 전체 또는 체계를 이루고 있다.
⑥ 축적성: 문화는 한 세대에서 다음 세대로 전승되는 축적성을 지닌다.

2) 문화의 유형

① 은둔문화: 외부에서 손쉽게 파악할 수 없는 감추어진 문화이다.
② 하위문화: 전체 문화의 일부분을 이루는 문화로, 한 사회집단 내에서 다른 것과 구분될 수 있도록 다르게 나타나는 생활양식이다. 예) 빈민지역에서 나타나는 특유의 생활양식인 빈곤문화는 빈민들의 하위문화에 해당된다.
③ 절반문화: 어느 한 문화가 완전한 의미의 독자적인 형태를 이루지 못하고 다른 문화에 의존하는 것이다. 한 민족이나 지역의 문화가 다른 문화나 지역의 문화에 의존하여 살아가는 것이다.
④ 주변문화: 문화의 중심으로부터 멀리 떨어져 문화영역의 경계선 지역에 위치하여 문화 특질을 적게 지니고 있는 것이다.
⑤ 민속문화: 어느 한 민족에서 오랫동안 일반 대중들에게 전승되어 온 전통적인 문화이다. 전승된 신앙, 풍습, 의례 등의 형태로 서민생활에 남아 있는 문화이다.

3) 문화의 특성과 기능

(1) 문화의 특성

- 인간의 생활양식으로 특정한 민족이나 사회가 지속적으로 간직해온 다양한 분야의 생활모습이며 인간의 생존에 필수적인 요소로서 사회구성원들에게 내면화되어 인간행동에 영향을 미치는 사회체계이다.
- 문화는 인간집단의 행동방식을 제시하고 구조화하며, 그 행동에 의미를 부여한다.
- 다른 사회의 구성원과 구별되는 공통적인 속성을 지닌다.
- 후천적으로 학습에 의해 획득되며, 사회화를 통해 개인의 일부가 된다.

- 상징적인 수단인 언어와 문자를 통해 세대 간에 전승되며 축적된다.
- 새로운 기술과 물리적 조건, 시대적 환경에 적합한 방식으로 끊임없이 수정되고 조절되며, 새로운 문화 특성이 추가되면서 문화는 변동한다. 문화마찰, 문화변용, 문화접촉, 문화진화 등의 용어는 이러한 변동성과 관련된다.
- 문화는 지식, 도덕, 제도 등 수많은 부분들이 긴밀한 관계를 유지하면서 전체적으로 체계를 이루고 있다.
- 모든 문화가 외형으로 드러나는 것 외에 속으로 품고 있는 의미가 따로 있다.
- 모든 사회에 공통적인 문화형태가 있다. 즉, 모든 사회에 존재하는 복잡한 체계의 언어, 부부와 자녀 사이에 관련된 가치나 규범이 포함된 가족체계, 혼인제도, 종교 등은 각 나라가 형성하고 있는 보편적인 유형들이다.
- 한편, 문화의 다양성은 인간사회의 문화형태가 매우 상이함을 일컫는다.
- 문화는 인간에게만 있는 것이고, 문화가 없는 인간은 생각할 수도 없다.
- 문화는 사회적 구성물인 정치, 경제, 사회, 역사 등이 상호작용한 결과물이다.
- 문화는 초개인적인 특성을 지닌다.

(2) 문화의 기능

① 사회화 기능: 인간이 어떻게 세상을 인식할 것인가를 가르쳐주는 지침을 통해 개인의 성격을 형성하고 변화시키며, 개인에게 다양한 생활양식을 내면화시켜 개인이 사회에 적응하면서 살아갈 수 있게 하는 사회화의 기능을 한다.
② 욕구충족 기능: 다양한 생활양식을 통해서 의식주와 같은 개인의 기본적 욕구를 충족시켜 주는 욕구충족의 기능을 한다.
③ 사회통제 기능: 규범이나 관습 등으로 개인의 행동에 대한 규제와 사회악의 제거를 통해 사회통제의 기능을 수행한다.
④ 사회존속 기능: 사회가 계속해서 존재할 수 있는 것은 사회가 문화를 학습하고 전승하여 새로운 구성원들에게 필요한 생활양식을 전승해주기 때문이다. 즉, 문화는 사회를 존속시켜 주는 기능을 한다.

(3) 특정 문화유형이 사회성원의 성격에 미치는 영향

- 라이스만의 사회적 성격
- 전통적 사회에는 전통지향적 성격이 나타난다.
- 초기 자본주의사회로 이동하면, 어린 시절 부모에 의해 성격화된 내적 확신과 양심에 따라 움직이는 내부지향형 성격이 나타난다.
- 후기 자본주의사회가 도래하면 타인의 의견이나 행동에 동조하고, 다수가 바라는 방향

으로 인기를 추구하는 타자지향형 성격이 지배적으로 나타난다.

(4) 현대문화의 성격

① 기계화된 인간

프랑크푸르트학파 학자들은 "현대인을 일컬어 원자화된 인간, 획일화된 인간, 무능자, 기계화·관료화된 인간" 등으로 묘사했다.

- ㉠ 원자화된 인간: 이질적이고 익명적인 사회에서 개인은 자신의 전문영역에만 종사하는 고립된 인간임을 의미한다.
- ㉡ 획일화된 인간: 외계(外界)의 사회로부터 자신이 다른 사람들과 구별됨이 없이, 획일적인 취급을 당하는 처지의 인간임을 말한다.
- ㉢ 무능자: 자신이 종사하는 분야를 한 걸음만 벗어나면 아무 일도 할 수 없는 존재임을 말한다.
- ㉣ 기계화·관료화된 인간: 자신이 재량이나 주체성은 없이 규정과 절차에 따라 기계적으로 움직이는 인감임을 뜻한다.

② 쉽게 얻고 쉽게 버리는 문화

- ㉠ 산업사회의 문화에서 특징적으로 나타나는 성격에 대해서 앨빈 토플러(Alvin Toffler)는 '임시성'으로 표현했다.
- ㉡ 산업사회의 성격의 특징은 필요할 때는 취하고 필요 없으면 쉽게 버린다.

③ 다원주의 성격

현대 산업사회의 가치관은 인간생활에 풍요로움과 편리함을 가져다주었으나 다른 한편으로는 편의주의, 이기주의로 인해 사회는 점점 각박해져 가고 있다.

④ 사이버문화 성격

- ㉠ 사이버(cyber): 조정·통제·안내를 뜻하는 그리스어인 'cybernets'에서 온 것이다.
- ㉡ 사이버문화: 인터넷을 위시한 첨단 정보통신기술의 발전에 의한 문화체계의 변화상을 총칭한다.
- ㉢ 현대사회는 사이버 문화가 우리 생활에 침투하여 의식을 변화시켜 가치관, 생활양식, 행동양식에까지 영향을 미치고 있다.

(5) 사회체계로서의 문화

① 문화는 클라이언트(개인)에게 영향을 주는 거시체계이다.
② 거시체계의 변화는 개인, 미시체계, 중간체계 및 외부체계에 영향을 미친다.

(6) 문화와 사회복지실천과의 연관성

① 문화의 공유는 규범, 제도적 의미, 아비투스(Habitus: 습관, Habit, 피에르 부르디외가 제 창한 사회학 개념: 취향, 행동양식), 생애사 등 다양한 양상으로 형성된다.
② 문화는 인간이 혼돈에서 질서를 창출해온 과정이요, 산물이다.

발달단계와 인간행동

제12장

태내기 · 영아기 · 걸음마기(유아기)

1. 태내기

1) 태아의 성장과 형성과정

(1) 생명체의 형성과정(임신)

① 수정: 성숙된 난자가 성숙된 정자와 결합하여 수정란이 되는 것을 말한다.
② 유전인자와 성의 결정
㉠ 유전인자: 핵산이라는 복잡한 분자로 구성된다.
㉡ 유전적 잠재성: 특정한 신체적 특성이나 행동을 결정짓는 데 작용하는 유전인자들을 알레르(allele)라 한다.
㉢ 태아의 성별: 수정 시에 X염색체를 가진 정자와 난자, 즉 X염색체끼리 결합되면 여성 (XX)이 되고, 정자와 Y염색체와 난자의 X염색체가 결합되면 남성(XY)이 된다.

(2) 모체의 변화

① 월경이 사라진다.
② 입덧이라고 하여 식욕이 없어지고 구토와 현기증이 난다.
③ 자궁이 커져서 방광을 누르게 되어, 임신부는 소변을 자주 본다.
④ 임신 5~6개월이 되면 태동을 느낀다.

(3) 태아의 성장

수정에서부터 출산에 이르는 태내기는 다음의 세 단계로 나누어진다.

〈태내기 태아의 발달〉

배란기	수정 후 약 15일간	수정란이 세포분열하면서 차츰 자궁 쪽으로 이동하고 수정 후 약 1주일이면 낭배를 형성하여 자궁벽에 착상되어 모체로부터 영양을 공급받게 된다.
배아기	수정 후 3주째에서 2개월 간	발달이 급속히 이루어지고 인간의 성장과정 중 성장률이 가장 높다. 여러 신체기관 형성된다. 순환계가 가장 먼저 발달된다.
태아기	수정 후 2개월 말부터 출산	배아기 때 발달한 기관들이 더욱 발달하고 그 기능을 시작한다.

① 배란기
- 수정 후 약 2주간(약 15일)을 배란기라고 한다.
- 수정란이 자궁에 착상하고 태반이 발달하는 시기
- 외부 충격의 방지와 적정 온도 유지를 위해 양수가 들어 있는 양막주머니가 형성되며, 태반도 형성된다.
- 이 시기에 외배엽, 중배엽, 내배엽이 각 기관으로 발달된다.
- ㉠ 외배엽: 피부의 표피, 손톱, 발톱, 머리카락, 신경계, 감각기관 등
- ㉡ 중배엽: 피부의 진피, 근육, 골격, 순환계, 배설기관 등
- ㉢ 내배엽: 소화기관, 기관지, 내장, 간, 췌장, 갑상선 등의 신체 내부기관
- 제일 먼저 순환계가 발달되며 35일경부터 소화기관이 분화되기 시작한다.

② 배아기
- 착상 후부터 임신 8주까지이다.
- 빠른 세포분열이 일어나며, 중요한 신체기관과 신경계가 형성되는 시기이다.
- 이 시기 발달을 방해하는 사건이 발생하면 영구적 손상을 입게 된다.

③ 태아기
- 임신 3개월부터 출생까지. 이 기간에 성장하는 유기체를 태아라 한다.
- 내적 생식기뿐 아니라 외부 생식기도 형성한다.
- 임신 1개월: 수정된 지 30시간 만에 세포분열을 시작한 수정란은 3~4일 후에 자궁에 들어가 자궁벽에 착상한다.
- 임신 2개월: 눈, 코, 입, 귀와 팔다리가 생기고, 내장기관과 신경계통이 생긴다.
- 임신 5개월: 한선이 발달하여 피부가 어른과 비슷해지고, 전신에 솜털이 돋고 손톱과 발톱, 머리털이 생긴다.
- 임신 7개월: 태아의 근육, 신경, 순환계의 조직이 거의 완성되어 조산을 하더라도 보육기(인큐베이터)에서 양육할 수 있다.
- 임신 9개월: 9개월에 태어나면 아기의 움직임이 확실하고, 근육에 자극을 주면 반응을 하고, 강한 자극에는 놀란다.

■ 임신 10개월: 출생할 준비를 다하여 태어난다.

(4) 태아의 성장과 형성과정(임신기간) 구분: 임신 중 태아의 발달단계

⇒ 임신단계는 9개월에 걸쳐 일어난다. 3개월씩 세 기간(임신 초기, 임신 중기, 임신 말기)으로 세분할 수 있다. 특히 임 신초기가 가장 중요한 것으로 지적된다.

① 제1단계: 임신 초기
■ 수정 후 임신 3개월이다(12주).
■ 배아기를 포함한다(약 8주까지 의미하므로).
■ 모체의 영양 상태나 약물복용에 가장 영향을 받기 쉽다.
■ 신체의 각 부분이 출현하기 시작하여 심장과 소화기, 얼굴의 형상, 팔과 다리 등이 형성되며 생식기관도 분화된다. 두뇌와 신경계의 구조, 팔과 다리가 될 부위도 나타난다. 일반적으로 발달은 두뇌에서부터 몸 전체로 내려가면서 이루어진다.
■ 임신 기간 중 가장 중요하다.
■ 태아의 급속한 세포분열이 일어나므로 임신부의 영양상태, 약물복용에 가장 영향을 받기 쉽다.
■ 임신 1개월에는 원시적인 형태의 심장과 소화기관이 발달한다.
■ 임신 2개월이 되면서 태아는 인간의 모습을 갖추기 시작한다. 눈, 코, 입을 비롯한 얼굴 전체 모습이 드러난다. 2개월 된 태아는 대략 1인치 정도이며 몸무게는 약 15~20g 정도이다.
■ 임신 3개월이 되면 팔, 다리, 손, 발의 형태가 나타난다. 손톱과 모낭, 눈꺼풀이 발달한다. 연골도 뼈로 대체되기 시작한다. 이때 태아의 움직임이 감지된다.

② 제2단계: 임신 중기
■ 태아는 계속 성장하며 손가락, 발가락, 피부, 지문, 머리털 등이 형성된다.
■ 심장박동이 규칙적이며 정해진 시간에 자고 일어나기 시작한다.

③ 제3단계: 임신 말기
■ 7개월~9개월까지, 태아의 발달이 완성된다.
■ 신체의 내부기관들이 완성되어 기능할 수 있게 되며 뇌와 신경체계도 완전히 발달된다.
■ 이 시기 이후에는 모체로부터 분리되어도 생존 가능하다.
■ 태아 발달이 완성되고 출산 후 자궁 밖에서 생존하기 위한 준비를 마친다.
■ 이 시기 가장 중요한 것은 태아의 생존능력이다. 6개월 혹은 26주가 되면 태아는 생존이 가능하다.

2) 태아기의 영향

(1) 임신부의 요인

① 임신부의 영양 상태
- 임신부는 자신과 태아에게 적절한 영양을 공급하기 위해 평상시보다 하루에 약 300칼로리 이상을 더 섭취해야 한다.
- 영양결핍은 조산, 저체중아의 출산, 신생아 사망률과 연관이 있다. 잘못된 식이요법은 태아의 중추신경계 발달에 좋지 않은 영향을 미치며, 신생아가 질병에 취약해지는 결과를 초래한다.
- 임신한 여성은 단백질과 폴산, 철분, 칼슘, 비타민 A, B, C, D, E를 충분히 섭취하는 것이 매우 중요하다.
- 특히 비타민이 부족할 경우 기형아, 괴혈병, 꼽추, 발육부진을 초래할 수 있고 정신발달 또한 지연된다.

② 약물 복용과 치료(Fegusson · Horwood & Lenskey, 1993)
- 어떤 약물이 태아에게 좋지 않은 영향을 미치는지에 대해서는 아직도 불확실한 측면이 많다.
- 테라토겐은 기형을 유발하는 물질이다. 진정제의 일종인 탈리도마이드를 복용했던 여성은 손이 아주 작고, 팔의 길이가 짧거나 혹은 아예 팔이나 다리가 없는 아이를 출산할 수 있다.
- 약물치료가 아니더라도 아스피린이나 카페인 같은 약품을 지나치게 복용하는 것도 위험하다. 마약은 저체중아 출산, 조산, 경련 등의 증상을 초래한다.

③ 알코올
- 임신 중에 알코올을 섭취하는 것은 태아에게 많은 영향을 미친다. 대표적인 것이 태아 알코올증후군이다.

④ 흡연
- 많은 연구에서 흡연은 저체중아 출산, 임신기간의 단축, 자연유산의 증가, 임신과 출산에 관련된 문제의 증가, 출생 시 사망과 관련이 있다고 보고한다.
- 간접흡연도 태아에게는 위험하다. 그리고 이러한 영향은 아동기로 이어진다.

⑤ 임신부의 나이
- 임신부의 나이는 자신과 아이 모두에게 영향을 미칠 수 있다.
- 신경학적인 문제, 선천성 심장기형, 성장지체와 관련한 그 밖의 증후군도 역시 나이가

많은 임신부의 아이에게서 더 많이 나타난다. 의료적인 예방법과 관리법이 발달함에 따라 많은 여성들이 나이가 든 후에도 건강한 아이를 출산하게 되었다.

⑥ 기타 요인
- 사회적·경제적 요인: 적은 수입, 낮은 사회경제적 지위
- 질병: 풍진, 후천성면역결핍증 등
- 임신부의 정서 상태: 임신에 대한 양가감정

(2) 태아 발달에 유전적 요소가 결정하는 개인적 특징

① 성장률
- 태아기에 결정되는 유전적 요인들은 사람이 성숙하는 속도에 영향을 미친다.
- 인간의 다양한 특징(운동 능력의 발달, 연령에 따르는 지적인 능력의 변화, 퍼스낼리티의 발달, 신체적 성숙의 시기) 등이 모두 강력한 유전적 영향을 받는다.
- 성숙은 유전적으로 결정되어 있는 성장률에 어느 정도 의존하기 때문에 특정한 연령에 특정한 기술을 습득하는 것은 전적으로 개인이 조정할 수 있는 것은 아니다.

② 개인적 특징
- 유전인자는 광범위한 인간의 특징에 대한 특수한 정보를 담고 있다. 눈의 색깔, 키, 혈액형, 지능과 같은 대다수의 중요한 특징들은 여러 유전자의 결합된 활동에 의해 결정된다.
- 신체적 특징뿐 아니라 사회성, 활동적인 성격과 같은 기질적인 측면도 유전적 요소의 영향을 받는다.

(3) 비정상적 발달에 대한 유전적 요소

- 많은 비정상적 발달이 유전적 요소에 기인한다. 염색체가 없거나 필요 이상의 염색체가 존재하는 것은 태아에게 치명적이다.
- 다운증후군(Dawn's syndrome)은 대표적인 예이다. 몽고증(Mongolism)이라고도 불린다. 불필요한 염색체의 존재로 인해 일어나며 심각한 신체적·정신적 발달지체를 보인다.
- 선천성 결함의 원인으로는 30%는 유전인자와 염색체 이상, 10% 정도를 환경적 요인에서 비롯, 60%는 정확하게 알 수 없는 유전적 요인의 상호작용에 의해 초래되는 것으로 간주한다.

(4) 유전적 요인에 의해 발생할 수 있는 태아기의 주요 장애

① 다운증후군
- 염색체 이상으로 생기는 선천성 질환이다.
- 특징: 눈가에 진 두꺼운 주름으로 인해 눈이 처져 보인다. 신장이 짧다. 두개골이 넓고 짧다. 손가락이 짧고 손이 넓다. 첫째 발가락과 둘째 발가락 사이가 특히 넓게 보인다.
- 다른 사람보다 21번째 염색체가 하나 더 있다.

② 터너증후군
- 성염색체 이상으로 발생하는 장애이다.
- X염색체가 1개이고 전체염색체 수가 45개이다.

③ 혈우병
- 혈액이 응고되지 않는 선천적 장애이다.
- 성염색체인 X염색체 이상으로 발생한다. 질병 저항력이 약하다.

④ 클라인펠터증후군
- XXY, XXXY, XXXXY 성염색체를 가지고 있어 정자의 생산이 불가능하다.
- 가슴이 큰 것이 특징이다.

⑤ 페닐케톤뇨증
- 단백질 분해요소가 결여되어, 소변에 페닐피루브산이 함유되어 배출되는 증상이다.
- 특징: 금발, 백안, 치아 사이가 많이 벌어져 있다. 굽은 자세, 운동과다 등이다.

⑥ 겸상 적혈구 빈혈증
- 헤모글로빈을 암호화하는 유전자의 염기 하나가 바뀌어 비정상적인 헤모글로빈이 만들어지고, 이것이 적혈구에 축적되어 적혈구의 모양이 낫 모양으로 되는 유전자 돌연변이이다.

⑦ 흑 내장성 지진아
- 안구진탕, 수정체 혼탁으로 시력이 매우 낮고, 정신쇠약증세를 보인다.
- 보통 2~3세에 사망한다.

⑧ 거대남성증후군
- 남성으로서 Y염색체를 더 많이 가지고 있는 것으로 XY 대신에 XYY형을 이룬다.
- 평균보다 키가 크고 지능이 낮은 경향이 있다.

(5) 태아기 검사

① 초음파 검사
- 초음파 검사는 태아를 진단하는 가장 일반적인 방법이다.
- 태아의 이미지를 TV와 같은 스크린에 형상화하기 위해 초음파를 사용한다.

② 양수검사
- 양수검사는 임신부의 복강을 통해 자궁에 바늘을 삽입하여 양수를 채취하는 방법이다.
- 이 방법으로 태아의 성별, 염색체 이상을 알아낼 수 있다.

③ 융모생체표본검사
- 융모생체표본은 태아의 선천성 기형을 진단하는 또 다른 방법이다.

④ 산모 혈액 검사
- 산모 혈액검사는 임신 15~20주 사이에 이루어지며, 이 검사를 통해서 태아의 다양한 상태를 알아낼 수 있다. 예를 들어, AFP라 불리는 물질의 양을 측정한다.

(6) 출산의 과정

① 분만의 요소
- 분만은 만출 물질(passenger), 산도(passage), 만출력(power)의 3P에 의해 이루어진다.
- 이슬: 분비물에 혈액이 약간 섞이는 것을 말한다.

② 분만에 영향을 주는 요소
- 임신부의 연령이 15세 이하이거나 25세 이상인 경우, 10년 정도의 출산 간격이 있거나, 태아가 지나치게 클 경우에는 분만이 지연되거나 힘들 수 있다.
- 우리나라의 모성 사망비는 인구 10만 명 중 20명으로 여전히 높다.

③ 분만진행
- 개구기: 자궁구가 태아가 통과할 정도인 10cm로 완전히 열릴 때까지의 기간을 말한다.
- 태아만출기: 태아가 바깥세상으로 나오는 때로 최대의 만출력이 필요하다.
- 후산기: 혈액과 함께 태반이 배출된다.

④ 분만 방법
- 자연분만 방법: 여성의 산후 회복이 더 빠르고, 분만 후 즉시 수유할 수 있어서 엄마와 아기 모두에게 좋다.
- 제왕절개분만 방법: 태아피로증후군과 같은 위험한 상황인 경우에 실시한다.

- 수중분만법: 산모가 물속에서 아기를 출산하는 방법이다.
- Leboyer 방법: 아기에게 스트레스 없는 분만환경을 만들어 주기 위한 방법이다.

3) 태아기와 사회복지실천

(1) 사회복지실천과 관련된 태아기 문제

① 생물학적 차원의 문제
- 임신부의 건강 및 영양상태
- 선천성 장애예방을 위한 산부인과적 문제의 검토
- 임신부의 연령이 매우 많거나 적은 것
- 임신에 관련된 여러 문제 전력이 있는 것
- 유전적 질병이나 만성질환의 존재
- 약물사용이나 중독
- 유전상담이 필요한 경우
- 불임문제

② 심리적 차원의 문제
- 계획하지 않은 임신에 대한 부정적인 심리적 반응
- 임신기간 중 유발되는 불안, 스트레스, 정서적 흥분 등의 정서적 변화
- 임신 및 출산과정에 대한 지식이 거의 없는 것
- 부모로서의 역할변화와 그에 따르는 책임을 받아들이는 것이 매우 어렵고 부적합하게 느껴지는 것

③ 사회적 차원의 문제
- 빈곤으로 인해 임신기간 중 필요한 영양과 의료적 보살핌을 받지 못하는 것
- 물리적 환경이 열악한 것
- 직장생활을 하는 임신부가 과도한 업무 부담으로 인한 신체적 과로와 스트레스

(2) 태아기 관리

태아기 관리는 사회복지사나 보건전문가가 조산 혹은 저체중아 출산의 위험이 있는 여성을 발견하고 의료, 영양, 교육, 그리고 심리사회적인 개입을 하는 것은 임신의 결과를 긍정적으로 이끈다는 면에서 중요하다.

사회복지실천 측면에서 다음 네 가지를 염두에 두어야 한다.
- 사회복지사는 임신부가 복잡한 보건관리체계를 잘 이용할 수 있도록 돕고 이용 가능

한 보험이나 의료보호서비스를 받을 수 있도록 해야 한다.

- 클라이언트의 욕구를 반영하여 진료소 내부 환경을 개선하도록 사회복지사는 옹호자의 역할을 수행해야 한다.
- 사회복지사는 임신부와 정규적이고 지속적으로 만나면서 진료소에서 제공하는 서비스로, 예를 들어 정기진료, 검사, 임신부 교육 등에 참석할 수 있도록 돕는다.
- 사회복지사는 실질적인 서비스를 한다. 즉, 높은 위험에 처해 있는 임신부를 선별하여, 전화나 서신으로 다음 진료일을 확인해주고, 직접 그 지역으로 방문하는 것 등이다.

(3) 낙태

사회복지사는 원치 않는 임신을 도울 때, 경우에 따라 조력자, 교육자, 중개자, 그리고 옹호자 역할을 한다.

- **조력자:** 사회복지사는 여성이 무엇을 할 것인지 결정하는 데에 도움을 줄 수 있다. 클라이언트가 스스로 대안을 발견하고 그것의 장점과 단점을 평가하도록 도울 수 있다.
- **교육자:** 사회복지사는 임신한 여성에게 낙태과정, 유산, 태아발달, 그 외 여성이 선택할 수 있는 대안들에 대해 정확한 정보를 제공한다. 또한 미래에 또다시 원치 않는 임신을 하지 않도록 예방하는 데 필요한 피임방법에 관한 정보를 제공한다.
- **중개자:** 사회복지사는 클라이언트가 낙태를 최종 결정했다 해도 적절한 자원을 발견해야 한다. 낙태시술소, 임신부 건강관리 상담, 입양서비스 등이 그 예다. 사회복지사는 이러한 가능한 자원과 이용 방법을 설명하고 서비스를 직접 받을 수 있도록 도와준다.
- **옹호자:** 서비스 접근이 매우 제한된 지역의 여성이나 빈곤여성의 경우 낙태서비스에 좀 더 원활하게 접근할 수 있도록 돕고 필요한 경우 경제적인 지원도 할 수 있어야 한다. 또한 여성이 원하는 서비스를 획득하는 데 장애가 되는 법이나 정책을 변화시키는 역할을 한다.

(4) 불임

불임부부를 돕는 사회복지사의 역할은 조력자, 중재자, 중개자, 교육자, 분석가 및 평가자, 옹호자이다.

- **조력자:** 불임부부에게 최선의 선택이 가능한 대안을 찾아준다. 합의를 하지 못할 때 사회복지사는 타협하여 서로 만족스러운 결정을 이끌어내도록 중재자의 역할노 할 수 있다.
- **교육자:** 클라이언트에게 구체적이고 정확한 자료를 갖고 실질적인 대안과 절차를 알려줄 수 있다.

- **중개자:** 사회복지사는 클라이언트를 구체적인 자원과 불임절차에 연결시켜 줄 수 있다.
- **분석가와 평가자:** 사회복지사는 기관에서 제공하는 치료의 효과성을 평가하는 데 관여할 수 있다. 예로, 어떤 불임클리닉의 임신성공률이 5% 미만일 때 사회복지사는 그 이유를 평가하는 데 도울 수 있다. 또한 클리닉의 효과성을 향상시킬 필요를 기관과 클라이언트 및 지역사회에 알릴 수 있다.
- **옹호자:** 클라이언트 입장에서, 서비스를 받는 과정에서 클라이언트가 제외되고 있지는 않은지, 방해요인은 없는지, 서비스 비용이 너무 비싼 것은 아닌지 등을 살펴서 필요한 부분을 주장할 수 있다.

2. 영아(신생아)기

1) 신생아의 특징과 발달

(1) 신생아의 생리적 특성

① 신체
- 신생아는 신체 크기에 비해 머리가 크고, 두위가 흉위보다 길며, 머리의 크기가 신장의 약 1/4을 차지한다.
- 평균 신생아의 신장은 약 50cm이고, 체중은 약 3.4kg이며 대개 남아가 여아에 비해 약간 더 크다.

② 소화와 배설
- 신생아는 최초 2~3일간 암녹색의 태변을 보는데, 이것은 검고 끈적거리는 타르와 비슷한 변이다.
- 대변은 하루에 4~7회 정도, 모유 수유아인 경우에는 10~15회까지도 볼 수 있다.

③ 호흡과 순환계
- 신생아는 2주 정도 경과하면 폐가 커지고 혈액세포도 2배 정도 늘어난다.
- 맥박은 1분에 약 140회 정도로 빠르지만 혈압은 낮다.
- 신생아는 2주 정도 경과하면 폐가 커지고 혈액세포도 2배 정도 늘어난다.

④ 수면과 울음
- 신생아는 약 50% 정도가 얕은 꿈을 꾸는 듯한 불규칙한 수면 상태에 있다.
- 신생아는 하루에 약 1~4시간가량 운다.

⑤ 신생아의 체중 감소
■ 신생아들은 생후 3일째부터 출생 시 몸무게의 5~10% 정도까지 준다.
■ 7~10일 정도 지나면 출생할 때의 체중으로 돌아가고 이후 계속 증가한다.

(2) 신생아의 반사작용(김경중 외, 1998)

① 동공반사: 신생아는 불빛의 강도에 따라 눈동자를 수축하기도 하고 확대하기도 할 수 있다.
② 정향반사: 어떤 자극에 대해서도 어떤 형태로든지 반사적인 반응을 하는 것을 말한다.
③ 탐지반사: 신생아는 좌우로 두리번거리며 무엇인가 찾는 듯한 시늉을 한다.
④ 빨기반사(흡인반사): 배고픈 영아의 입가에 무엇인가 닿으면 재빨리 그쪽으로 고개를 돌려 입에 물고 빠는 반응을 보인다.
⑤ 쥐기반사: 파악반사라고도 하는 쥐기반사는 신생아의 손에 무엇을 쥐어주면 빼내기 힘들 정도로 아기는 강하게 움켜쥔다.
⑥ 모로반사: 신생아를 탁 치거나 자극적인 소리를 갑자기 들려주면 아기는 깜짝 놀라 팔다리를 벌렸다 다시 오므린다.
⑦ 바빈스키반사: 신생아의 발바닥을 살살 긁어주면 발가락을 폈다가 다시 오므리곤 한다.

(3) 감각발달

① 시각: 강한 광선을 만나면 반사적으로 눈을 감고 얼굴을 찡그린다.
② 청각: 신생아는 높고 강한 소리에만 반응을 한다.
③ 미각: 생후 2~3개월이 지나면 기호가 생길 정도로 발달하여, 특정한 맛을 거부하기도 한다.
④ 후각: 태어난 지 며칠 지난 신생아도 냄새에 반응을 보인다.
⑤ 통각: 신생아는 통각에 둔하다.

(4) 신생아에게 흔히 나타나는 증상

① 딸꾹질
■ 아기가 수유나 목욕 후에 딸꾹질을 하는 것은 신경과 근육이 미숙하고, 수유 후 위가 늘어났기 때문이다.
■ 딸꾹질은 보리차를 조금 주거나 잠깐 젖꼭지를 물리거나 울리면 멈춘다.

② 황달

- 신생아의 간 기능 미숙과 혈액 내의 빌리루빈(bilirubin) 수치가 상승하면서 생기는 흔한 증상이다.
- 출생 후 5~10일이 경과하면 사라지는데 약 15% 정도는 치료가 필요하다.

2) 영아기의 특징과 발달

- 영아기는 출생 후부터 만 1.5세 혹은 2세까지를 말하는데, 생후 한 달까지를 특히 신생아기라고 한다.
- 프로이트의 구강기, 에릭슨의 유아기, 피아제의 인지발달단계에서 감각운동기에 해당한다.
- 영아기에는 무엇보다도 신체적 안정과 정신적·정서적 안정이 중요하다.
- 주로 양육자인 어머니와의 관계의 양과 질이 대상관계와 대인관계 그리고 사회관계에 있어서 신뢰감과 불신감을 형성하는 근간이 된다고 볼 수 있다.

(1) 신체발달(권중돈·김동배, 2005)

가. 신체발달의 특징

- 신생아의 몸무게는 대체로 2.4~4.5kg이고, 키는 45~55cm이다.
- 여아가 남아에 비해 몸무게와 키에서 약간 작은 경향이 있다.
- 초기에 사람 얼굴과 풍선을 구별하기 시작하고, 그 후 사람들의 얼굴을 구별, 부모의 얼굴을 인식한다.
- 머리에서 발가락으로 발달이 진행된다.
- 다리보다는 먼저 머리와 팔 같은 상체를 사용하는 법을 배운다.
- 먼저 몸통부터 시작하여 점차 몸의 끝 사지를 통제하는 것을 배운다.
- 신생아는 대부분의 시간을 잠자는 데 보낸다.
- 머리는 전신의 약 1/4로 다른 부위에 비해 비교적 크다.
- 생후 6~7개월경부터 이가 나오기 시작하여 2년 6개월 정도면 20개의 젖니가 모두 나온다.
- 주로 입과 입 주위의 신체기관을 통하여 현실거래를 하는 시기로 빨기, 깨물기, 침 뱉기, 삼키기, 보유하기, 다물기 등의 형태를 보인다.

〈영아기의 운동발단 단계〉

개월	행동
1개월	턱 쳐들기
2개월	엎드린 상태에서 가슴을 들기
3개월	몸을 뒤집기
4개월	받쳐주면 앉기
6개월	혼자서 앉기
7개월	붙잡고 서기
9개월	붙잡고 걷기
12개월	혼자서 걷기
16개월	계단 오르기
24개월	달리기

나. 신생아의 반사 운동

빨기반사, 젖찾기반사, 연하반사 등은 적응이나 생존을 위해 필요한 반사행동이라는 점에서 생존반사로 구분되고, 모로반사, 걷기반사, 쥐기반사, 바빈스키반사 등은 생존을 위해 필요한 것은 아니지만 진화론적 관점에서 중요한 반사행동으로 이를 원시반사라고 구분한다.

① 빨기반사
■ 음식물 섭취를 위한 중요한 반사로서 입에 닿는 것은 무엇이든 빤다.
■ 신생아가 음식을 받아먹을 수 있는 능력을 촉진한다.

② 젖찾기반사·탐색반사
■ 자극에 대한 자동적인 움직임을 말하는데, 입술이나 입 근처 볼에 작은 것 하나라도 닿기만 하면 자동적으로 머리를 돌려 찾는다.
■ 뺨이나 입술 근처에 손가락이나 젖꼭지를 대면 자극이 있는 쪽으로 입을 돌려 찾는다.

③ 연하반사·삼키기반사
■ 입속에 음식물이 들어오면 신생아는 그것을 삼킨다.

④ 모로반사
■ 껴안는 반사운동으로 경악반사라고도 한다.
■ 갑작스러운 큰 소리를 듣게 되면 그때마다 자동적으로 팔과 다리를 쫙 펴는 것은 물론 손가락을 펴고, 머리를 뒤로 젖히는 반응을 보인다.
■ 생후 1주경 시작되어 3~4개월 정도가 되면 사라진다.

⑤ 걷기반사
■ 바닥에 아이의 발이 닿아 바른 자세가 갖추어지면 아이가 자연스럽게 한 다리를 들어

올리려고 하는 경향이다. 이것은 초보적인 보행 모습과 비슷하다.

- 걸음마반사라고도 한다.

⑥ 쥐기반사

- 파악반사 혹은 손바닥반사라고도 한다.
- 유아의 손바닥에 무엇을 올려놓으면 작은 막대기가 손가락을 쥐는 것과 같은 반응을 보이는 것이다.

⑦ 바빈스키반사

- 아이의 발바닥을 간질이면 발가락을 발등 쪽으로 부채처럼 펴는 경향을 말한다.
- 생후 6개월 이후 서서히 사라진다.

다. 감각 및 지각발달

① 시각

- 출생 시 시각은 비교적 덜 발달된 상태이다. 4~6개월이 지나면 색깔구별이 가능해진다.
- 출생 후 몇 개월 동안 심한 근시현상을 보이지만, 돌 무렵에는 시력이 1.0 정상시력을 갖게 된다.

② 청각

- 출생 직후에는 높고 강한 소리에만 반응을 보이지만 며칠 지나면 소리에 여러 다른 반응을 보인다.
- 영아는 사람의 목소리, 특히 여성의 높은 목소리를 좋아하는 것으로 보고되고 있다.

③ 미각
출생 시 맛을 구별하는 능력을 가지고 태어나지만 성장하면서 더 발달된다.

④ 후각
냄새를 맡을 수 있는 능력을 가지고 태어나며 성장하면서 냄새에 대한 민감도가 증가하지는 않는다.

⑤ 통각
태어날 무렵, 통각에 둔하지만 생후 며칠 이내에 고통에 대한 감각이 발달하게 된다.

⑥ 촉각

- 신생아는 주로 촉각에 의존하여 주변환경을 인지한다.
- 출생 시 촉각은 입술과 혀를 제외하고 그다지 발달되어 있지 않은데, 생후 6개월이 지

나면 발이나 손의 촉각을 이용해서 주변을 탐색한다.

(2) 인지발달

① 감각기관과 운동기능을 통한 세상 인식
- 피아제의 감각운동기에 해당하므로 감각운동기의 특징들을 보인다.
- 영아가 세상을 인식하는 것은 감각기관과 운동기능을 통해 이해하는 것에 국한된다.
- 경험을 조직하는 데 언어를 쓰지 않으며, 직관과 환경에서의 직접적인 탐색을 통해 개념을 형성한다.
- 영아가 이해하고 기억하는 것은 자신이 직접 보고, 듣고, 느끼고 행동하는 것에 의존한다.
- 감각기관을 통해 받아들인 정보가 인지발달의 중요한 내용이 된다.

② 목적지향적 행동
- 자신의 행동과 그 행동에서 나타나는 결과를 예측할 수 있게 되면서부터 자신의 욕구 충족을 위해 의도적으로 행동하게 되며, 새로운 목적을 성취하기 위해 의도적으로 익숙한 수단을 사용하기도 한다. 예) 영아가 장난감을 잡으려고 했을 때 엄마가 손을 뻗어서 가로막자 영아는 엄마의 손을 치우고 장난감을 잡았다.
- 이는 목적을 달성하기 위해 둘로 분리된 도식을 협응한 것이다.

③ 대상영속성
- 어떤 대상이 시야에서 사라지거나 들리지 않아도 그것이 계속 존재한다고 믿는 것이 대상영속성인데, 9~10개월이 되면 이 개념이 생기기 시작한다.
- 대상영속성 개념이 없는 영아는 대상을 더 이상 지각할 수 없다고 느끼는 순간, 즉, 눈에서 보이지 않는 순간부터 그 대상을 즉각 잊어버리지만, 대상영속성이 생기면 대상을 볼 수 없거나 들을 수 없어도 그 대상의 이미지를 생각하거나 활용하여 간단한 문제를 해결할 수 있다.
- 이 무렵에 분리불안이 나타나는 것도 대상영속성과 관련이 있다. 눈에 보이지 않는 양육자를 잊지 않고 그 이미지를 계속 생각하고 찾기 때문에 분리불안을 보이는 것이다. 그러다가 대상영속성이 완전히 확립되는 시기와 더불어 분리불안은 사라진다.

④ 정신적(상징적) 표상 사용
- 정신적으로 대상을 표상하기 시작한다.
- 눈앞에 없는 사물이나 사건들을 정신적으로 그려내기 시작하고 행동을 하기 전에 머릿속에서 먼저 생각한 후에 행동을 한다.
- 정신적 표상이 가능해지면서 지연모방을 한다. 지연모방은 어떤 행동을 목격한 후 그

행동을 그 자리에서 곧장 모방하지 않고 일정한 시간이 지난 후에 그 행동을 재현하는 것이다. 지연모방은 행동을 정신적으로 표상할 수 있는 능력과 그것을 정확하게 표현할 수 있는 능력을 필요로 한다.

(3) 언어발달

① 언어 이전 시기(출생~12개월)

- 언어발달의 첫 단계는 울음이다. 출생 후 약 1개월까지 분화되지 않은 반사적인 울음을 울다가 점차 이유를 알 수 있는 분화된 울음으로 바뀌게 된다.
- 4~5개월경에 옹알이가 나타난다. 옹알이는 영아에게 놀이의 기능을 하며, 이후 모국어 습득의 중요한 기제로 작용한다.
- 생후 1년경이 되면 분명하게 이해할 수 있는 단어를 사용하게 된다. 예) '엄마', '아빠' 등

② 언어 시기(12~24개월)

- 생후 1년 반이 지나면, 두 단어를 결합한 의사표현이 가능하고, 2세경이 되면 어휘 수가 증가하여 250~300개의 단어를 이해하며 명사, 동사, 적은 수의 형용사도 구사할 수 있다.
- 24개월경에는 문장을 만들기 위해 두 개 이상의 단어를 연결시킬 수 있다. 예) '엄마, 쉬', '엄마, 빠빵' 등

(4) 정서발달

① 정서분화

- 정서발달은 성격발달의 기초가 되는 것으로 만 2세까지 성인에게서 볼 수 있는 대부분의 정서가 나타난다.
- 신생아도 기쁨이나 슬픔 같은 정서를 가지고 태어나지만 덜 분화된 정서며, 연령이 증가함에 따라 점차 분화된 정서를 나타낸다.
- 영아기 초기에는 기쁨, 슬픔, 놀람, 공포 등 일차 정서가 나타나고, 첫돌이 지나서 수치, 부러움, 죄책감 같은 이차 정서가 나타난다.
- 6개월이 지나면서 정서를 구분하고 다른 사람들의 정서를 인식하며, 정서를 규제하는 능력도 발달하게 된다.

② 정서를 나타내는 방법

- 울음: 배고픔, 분노, 고통, 좌절을 나타낸다.
- 미소와 웃음: 웃음은 4개월에 시작한다. 영아의 웃음은 반사적 미소, 사회적 미소, 선택

적인 사회적 단계로 나누어 생각할 수 있다.

−반사적 미소: 출생 직후부터 나타난다. 중추신경계의 발달로 인한 자동적 미소로 특히 잠들 때 짓는다.

−사회적 미소: 직접 보거나 듣는 사람에게 반응하면서 미소 짓는 것이며 출생 후 4주면 시작된다.

−선택적인 사회적 단계: 자신이 인식하는 사람과 소리에 대해 반응하면서 미소 짓는다. 3개월 반이면 시작한다.

(5) 애착형성과 발달

① 애착

- 영아기에 발생하는 가장 중요한 형태의 사회적 발달이 애착이다. 애착은 영아와 양육자 사이에 형성되는 애정적 유대관계며, 애정이나 사랑과 같은 긍정적 정서의 의미를 지닌다.
- 보통 유아는 일차적 양육자인 어머니와 애착을 형성하는데 영아가 특정 인물에게 애착을 형성하게 되면 그 사람과 있을 때 기쁨을 느끼고, 불안한 상황에서는 그의 존재로 인해 위안을 받는다.
- 영아기에 형성된 애착은 이후 인지, 정서, 사회성 발달에 중요한 영향을 미친다. 일반적으로 안정된 애착관계를 형성한 영아는 유아기에 자신감, 호기심, 타인과의 관계에서 긍정적인 성향을 보인다.

② 에인스워스의 애착발달 4단계

- 에인스워스는 어머니와의 기본적인 애착은 보통 생후 7개월경에 형성되며 애착형성을 위한 민감기는 생후 1.5개월에서부터 생후 2년까지 확대될 수 있다고 하였다.
- 2세 이후의 애착형성은 불가능한 것은 아니지만 대단히 어렵다고 본다.

〈에인스워스의 애착발달 4단계〉

제1단계	생후 첫 3개월 동안 영아는 울음, 발성, 미소, 응시 및 시각적 추적으로 양육자와 접촉을 시도하고 양육자를 자기 곁에 머무르게 하려고 노력한다. 이 시기에 영아는 감각적 접촉에 의해 양육자의 독특한 특성을 인지한다.
제2단계	영아의 반응은 몇몇 친숙한 성인에게 한정된다. 영아는 일차적인 양육자는 물론, 한두 사람의 다른 성인도 구별할 수 있다. 친숙한 사람이 나타나면 미소 짓고 좋아하며 그가 떠나면 싫어하는 표정을 짓는다.
제3단계	양육자에 대한 분명한 애착을 형성하며 다른 가족에 대해서도 애착행동을 나타낸다. 애착대상에게 능동적으로 접근하고 접촉을 시도한다.
제4단계	영아와 양육자는 협력자 관계를 형성할 수 있다. 아동의 인지능력이 증대되면서 타인의 소망이나 목표를 탐지하고 예상할 수 있으며, 사회적 관계에 대한 기본 이해를 획득한다. 따라서 양육자가 외출할 때 따라가겠다고 떼를 쓰기도 하지만, 양육자가 돌아올 때까지 기다릴 수도 있다.

<그림의 제목은 없음>

〈뉴만과 뉴만의 애착발달 5단계〉

단계	연령	특징
1	출생~3개월	− 빨기, 젖 찾기, 쥐기, 웃기, 쳐다보기, 껴안기, 눈으로 따라 하기 등을 사용하여 주로 양육제공자와 가까움을 유지하려고 한다.
2	3~6개월	− 낯선 사람보다는 친밀한 사람들에게 반응을 더 보인다. − 낯가림이 시작되는 시기, 애착형성의 결정적 시기이다.
3	6~9개월	− 애착의 대상에게 접근하여 신체적 접촉을 하려 한다.
4	9~12개월	− 애착의 대상에 대해 내부적 초상/표상을 형성한다.
5	12개월 이후	− 안전과 친밀감의 욕구를 채워줄 수 있는 방법을 사용하여 애착 대상에게 영향을 줄 수 있는 다양한 행동들을 한다.

(6) 낯가림과 분리불안

① 낯가림

■ 영아가 애착을 형성하게 되면, 그 반작용으로 낯선 사람에 대해서는 불안을 보이게 되는데, 영아가 낯선 사람에 대해 불안반응을 보이는 현상을 낯가림이라고 한다.

■ 일반적으로 낯선 사람이 다가오거나 부모가 낯선 사람에게 자신을 맡기면 큰 소리로 운다.

■ 대개 생후 5개월에서 15개월 사이에 나타나는 행동이다. 일반적으로 6~8개월경에 나타나기 시작해 첫돌 전후에 최고조에 달했다가 서서히 감소한다.

■ 낯가림은 특정인에 대한 애착형성의 표시며 영아의 탐색행동과 밀접한 관련이 있다.

② 분리불안

■ 영아가 부모나 애착을 느끼는 대상과 분리될 때 나타내는 불안반응이다.

■ 정상적인 애착유대를 형성한 영아들은 어머니와 분리되면 슬퍼하고 불안해하며 심한 울음반응을 나타낸다.

■ 불리불안은 친숙 정도 및 분리기간 등 여러 요인들의 영향을 받는다.

■ 안정적인 애착을 형성한 영아는 불안정한 애착을 형성한 영아보다 분리불안 반응을 덜 보이는 경향이 있다.

■ 보통 낯가림보다 조금 늦은, 생후 9개월경에 나타나기 시작하여 첫돌이나 15개월경에 절정에 달하며 그 이후에는 점차 감소되어 20~24개월경에는 없어진다. 영아가 특정인물과 애착을 형성했다는 증거로 나타나는 것이 낯가림과 분리불안이다.

3) 신생아 · 영아기와 사회복지실천

(1) 발달이정표에 관한 실천(권중돈 · 김동배, 2005)

영아의 정상적인 발달이정표를 이해함으로써 잠재적인 발달지체나 발달상의 문제를 조기에 사정할 수 있고 사회복지사는 미래에 발생할 어려움을 최소화하거나 예방할 수 있도록 돕는다.

예로, 언어 문제를 조기에 진단한다면 부모나 선생님은 유아에게 좀 더 특별한 치료를 제공할 수 있을 것이다.

아이는 성장할 수 있는 더 나은 기회를 갖게 될 뿐 아니라 또래와 좀 더 잘 어울릴 수 있게 될 것이다.

(2) 감각 및 지각발달 측면의 실천

영아기의 아동들에게 중요한 것은 감각 및 지각의 발달에 관한 문제이다. 이 시기의 아동들은 촉각, 시각, 청각 등의 감각기관을 통하여 외부대상과의 현실거래를 하기 때문에 감각 및 지각의 발달은 신체발달과 심리사회적 발달에 많은 영향을 미치게 된다.

아이가 적절한 반응을 보이지 못할 경우에는 아이에 대한 정확한 진단과 치료, 어머니에 대한 정서적 지지·치료를 제공해야 할 것이다. 특히 인지발달의 장애가 심해 지적장애가 있는 아동에게는 조기치료를 제공해야 하며, 부모에게 지지적 상담서비스를 제공하여야 한다.

언어반달과 정서발달에 장애가 있는 아이들에게도 조기치료 및 훈련을 제공해야 하며 부모교육 프로그램을 통하여 긍정적인 환경을 조성할 필요가 있다.

(3) 신체적 측면의 실천

① 선천적인 질병과 장애 문제: 조기치료와 교육 기회를 제공하고, 장애아 부모와 가족에 대한 지지서비스를 제공한다.
② 운동장애: 영아의 운동발달지체는 인지 또는 정서발달에 많은 영향을 미치게 되므로 영아의 운동발달 상태를 평가하고 필요시에는 의학적 진료나 서비스를 받을 수 있도록 연계한다.

(4) 사회적 발달측면

① 애착확립에 대한 문제

지속적이고 책임 있는 보호의 결핍은 아동기, 청소년기 등 사회적 관계에 지장을 초래할 가능성이 높다. 따라서 부모 자녀 간에 효과적인 애착관계를 형성하기 위해 양육기술을 교육하고 양육의 질을 높일 수 있는 서비스를 개발한다.

② 양육문제

여성의 사회진출이 증가하면서 영아와의 분리문제를 해결하기 위해 양질의 보육시설 및 보육서비스가 필요하다. 맞벌이 부부를 대상으로 하여 영아와의 효과적인 애착을 형성할 수 있는 양육 기술에 대한 교육이나 정보 제공이 필요하다.

3. 걸음마기(유아기)

1) 걸음마기의 개념과 특징

- 꾸준히 신체발달이 이루어지고 인지적 성장과 언어발달이 빠른 속도로 이루어진다.
- 프로이트 발달의 항문기에 해당하므로, 대소변의 배출과 보유를 통해서 현실거래를 하고 상당한 쾌감과 만족감을 얻게 된다.
- 에릭슨 발달의 2단계로, 자율성 대 수치심과 회의의 시기이다.
- 피아제의 전조작기 전기로서 유아는 자기중심적이다.
- 영아기에 발달한 도식이 내적인 표상으로 바뀌는 시기로서 사물을 상징적으로 조작할 수 있다.
- 추상능력이 발달하여 모방, 상징놀이, 언어기술의 획득이 가능해진다.
- 자아가 발달한다. 처음에는 배고픔을 울음으로 표현하다가 점차 언어를 배우면서 말로 표현 할 수 있다.

2) 걸음마기의 발달

(1) 신체발달

- 영아기에 비하면 신체 성장 비율은 감소되지만 그래도 꾸준하게 성장한다.
- 신체적 발달은 머리 부분에 집중되어 있으나 점차 신체의 하부로 확산되어 신체비율의 변화가 생긴다. 여전히 머리가 신체에 비해 큰 편이지만 하체의 길이가 길어지고 가늘어진다.
- 3세 정도가 되면 걷는 능력이 정교해지고 달리기와 뛰기 등 운동 능력이 발달한다.
- 유아 운동발달의 속도나 질적 특성은 유아의 동기, 학습 기회, 연습, 성인들의 지도에 따라 다르다.
- 충분한 동기와 학습 기회가 있더라도 연습과 성인의 적절한 지도가 있어야 바람직한 기술을 습득할 수 있다.
- 대근육을 사용하는 달리기, 도약, 균형 잡기, 기어오르기, 던지기 등의 발달을 성취하게 되고 소근육 운동인 블록 쌓기, 젓가락 집기, 만들기, 그리기 등의 활동들을 한다.

(2) 인지발달

가. 걸음마기의 인지발달단계
걸음마기는 피아제의 인지발달단계 중 전조작기 전기단계인 전개념적 사고단계에 해당한다.

① 전개념적 사고단계: 걸음마기
- 환경 내의 대상을 상징화하고 이를 내면화시키는 과정에서 성숙한 개념을 발달시키지 못한다. 걸음마기의 상징적 사고, 자기중심적 사고, 물활론적 사고, 인공론적 사고, 전환적 추론 등은 전개념적 사고의 특징이다.
- 이 시기에 모방, 심상, 상징화, 상징놀이, 언어기술과 같이 상징적으로 사물을 조작할 수 있는 표상기술을 익힌다.
- 사회, 신체 및 내적 세계를 실험하고 이해하며 현실적으로 불가능한 것도 다룰 수 있게 되고 언어적 한계를 보충할 수 있다.

② 직관적 사고
- 어떤 사물을 볼 때, 그 사물의 두드러진 속성을 바탕으로 사고하는 것, 즉 직관에 의해 사물을 파악하는 것이 직관적 사고이다. 직관적 사고를 하기 때문에 보존개념이 획득되지 않으며 분류능력도 불완전하다.
- 4/5~6/7세의 아동이 해당된다. 여러 사물과 사건을 표상하기 위하여 많은 개념들을 형성하지만 아직 불완전하며 부분적인 추론을 한다. 피아제는 구체적 조작기에서 보존개념을 획득하게 되면 직관적 사고를 탈피할 수 있다고 보았다.

나. 걸음마기 사고의 특성

① 상징적 사고와 가상놀이
- 더 이상 자신의 행동이나 감각에 의존하지 않아도 여러 형태의 상징으로 표현할 수 있는 상징적 사고는 감각운동기 말기에 시작되지만, 언어를 습득하게 되고 상상력이 풍부해지는 전조작기에 와서 주를 이룬다.
- 상징적 사고가 가능해짐으로써 가상놀이를 즐기게 된다. 가상놀이는 가상적인 사물이나 상황을 실제 사물이나 상황으로 상징화하는 놀이를 말한다. 긴 막대를 총이라고 하면서 노는 것은 가상놀이의 사례에 해당된다.
- 걸음마기 초기에는 부모의 행동을 모방하거나 친숙한 사물을 상상화하여 단순한 놀이를 하지만, 책이나 텔레비전에서 보고 들은 이야기들을 상징화하여 놀이로 확대하게 된다.

② 자기중심적 사고

- 전조작기에는 자신과 타인을 구별할 능력이 생기지만 타인의 입장은 생각할 수 없다. 이를 자기중심성이라고 한다.
- 자기중심성 때문에 다른 사람의 입장에서 사물을 볼 수 없다. 다른 사람의 욕구와 관점을 인식하지 못하는 것으로 이기적인 것과는 다른 의미이다. 또래들과의 상호작용을 통해 극복될 수 있다.
- 예) 자신이 좋아하는 것을 다른 사람도 좋아한다고 생각하기도 하고, 숨바꼭질 놀이를 할 때 자신이 술래를 볼 수 없으면 술래도 자신을 볼 수 없다고 생각하여 몸은 다 드러내 놓고 얼굴만 가린 채 숨었다고 생각하기도 한다.

③ 물활론적 사고

- 전조작기의 유아가 생물의 무생물을 구분하는 방식은 성인의 경우와 다르다. 이 시기 유아들은 물활론적 사고를 한다.
- 물활론적 사고는 생명이 없는 대상에게 감정과 생명을 부여하는 것이다. 예) 인형의 다리가 부러지면 아플 것이라고 생각한다.

④ 인공론적 사고

- 세상의 모든 사물이나 자연현상은 사람의 필요에 의해서 자신의 목적에 맞도록 쓰려고 만들어진 것이라고 믿는 사고이다. 예) 사람들이 필요에 의해 집을 짓듯이, 해와 달도 우리를 비추게 하기 위해 사람들이 하늘에 만들어 두었다고 생각하거나 누군가가 파란 물감으로 하늘을 칠해서 하늘이 파랗다고 생각한다.

⑤ 전환적 추론

- 전개념적 사고단계의 유아는 귀납적 추론이나 연역적 추론을 하지 못하고 전환적 추론을 한다.
- 전환적 추론이란 특정 사건으로부터 다른 특정 사건을 추론하는 것이다. 두 가지 사건이 시간적으로 근접해서 발생하며 두 현상 간에 아무런 관계가 없는데도 인과관계가 있다고 생각한다. 예) 자신이 동생을 미워하기 때문에 동생이 아프게 되었다고 생각한다. 항상 낮잠을 자던 아이가 어느 날 낮잠을 자지 않았는데 자신이 낮잠을 자지 않았기 때문에 아직 '낮'이 아니라고 생각한다.

(3) 심리사회적 발달

① 자율성 발달

- 유아는 부모와 자신이 분리된 별개의 존재라는 사실을 인식하기 시작하기 때문에, 많은 것을 자기가 원하는 방식대로 하려고 한다.

- 자기주장적이고 반항적인 행동은 3~4세에 절정에 달하는데 이를 제1반항기라고 하며, 이러한 자기주장적이고 반항적 행동을 통해 자율성이 발달한다.
- 걸음마기 유아의 자율성과 자기 통제 능력 획득은 대소변 훈련에서 시작된다. 대소변 훈련은 개인의 자율성과 사회적 요구의 갈등이 최초로 일어나는 장으로서 이러한 갈등의 성공적 해결은 자기 통제 능력의 발달에 기여한다.

② 자기통제 발달
- 자기통제란 요구에 일치하는 능력, 상황에 따라서 행동을 수정하는 능력, 행위를 뒤로 연기하는 능력, 다른 사람의 지도나 지시를 받지 않고 사회적으로 바람직한 방식으로 행동하는 능력을 의미한다.
- 자기통제는 자의식이 성장하면서 발달하게 되며, 걸음마기 유아의 자기통제 능력 획득은 대소변훈련에서 시작된다.
- 자기통제 능력은 성장하는 자아의 표현으로서 상황을 평가하고 어떻게 행동할 것인가를 이전 상황에 비추어 해석하는 인지능력을 의미한다. 충동을 통제하고 만족을 지연시킬 수 있는 것은 기본적으로 부모에 대한 신뢰감을 바탕으로 하여 발달한다.
- 걸음마기의 자기 통제는 충동을 조절하고 통제하는 능력과 환경을 지배하는 능력이라는 두 가지 방향으로 발달된다.

③ 성역할 발달: 성정체감 형성
- 성역할이란 생물학적인 의미를 넘어서 사회화 과정에서 습득된 것으로 그 사회에서 기대하는 남녀의 생활 및 행동 양식, 규범을 의미한다.
- 유아는 자신의 성이 여자인지 남자인지를 인식하는 성정체감 형성으로부터 시작하여 성역할 고정관념과 유형화된 성정 행동양식을 발달시켜 나간다.
- 성정체감이 형성되기 시작하여 자신의 성을 구분할 줄 안다.
- 남녀 간 성 차이를 어렴풋이 이해하기 시작한다.

(4) 정서발달(유효순, 2000)
- 걸음마기에는 정서분화가 두드러지게 나타난다.
- 정서의 지속기간이 짧고, 강렬하며, 변하기 쉽고, 자주 나타난다.
- 정서이해 능력이 발달하여 정서를 표현하는 단어를 사용하거나 이해하는 능력이 급속도로 증가한다.
- 정서표현을 통제하는 능력인 정서규제 능력이 발달하여 자신의 부정적 감정을 덜 표현하거나 숨기기도 한다. 예) 마음에 들지 않는 선물을 받더라도 웃거나 마음에 든 것처럼 할 수 있다.

(5) 언어발달

- 2세 이전에는 언어와 사고가 별개로 존재한다.
- 추상능력의 발달로 인해 언어기술의 획득이 가능해진다.
- 언어발달에서 어휘력을 증가시키는 것은 주로 모방에 의존한다.
- 24개월경에는 문장을 만들기 위해 두 개 이상의 단어를 연결시킬 수 있다.

3) 걸음마기와 사회복지실천

(1) 부모의 양육태도

- 이 시기의 중요한 발달과업은 자율성을 확립하고 자기주장적인 독립성을 확립하며 공격적인 충동을 억제하고 그것을 조절할 수 있는 능력을 획득하는 것이다.
- 고집이 세고 부정적이어서 자기 마음대로 되지 않으면 공격적인 행동을 보이는 이 시기에 부모가 일관된 태도로 허용되는 것과 허용되지 않는 것을 분명히 함으로써 아동들이 자신이 할 수 있는 것과 할 수 없는 것을 배우게 되어 중요한 자기 통제가 이루어지도록 해야 한다.
- 이를 위해 올바른 부모의 양육태도와 자녀와의 올바른 관계형성을 위한 프로그램이 사회복지실천현장에 필요하며, 특히 일관적이고 성숙된 부모의 양육을 위한 집단모임과 아동교육을 위한 부모역할 훈련프로그램이나 훈육프로그램을 개발하여 실시할 필요가 있다.

(2) 자폐증

- 자폐증이란 외부에는 거의 관심을 두지 않고 강하게 내부에만 몰두하는 상태로서 정신질환의 일종이며 전형적인 자폐증은 생후 30개월 이전에 시작된다.
- 자폐증과 관련해 사회복지사는 정보 제공, 개입기관 소개, 부모에 대한 정서적 원조, 개입경비 지원 서비스, 동일 질병 부모 간의 네트워킹 등의 역할을 수행할 수 있다.

(3) 전염병

- 이 시기 아동들에게는 감염성 장애로 수두, 디프테리아, 홍역, 볼거리, 백일해, 소아마비, 풍진 등이 자주 발생할 수 있으므로 예방접종을 철저히 해야 한다. 이러한 다양한 아동문제에 대한 정보 제공과 부모에 대한 정서적 원조, 치료기관 소개 등의 서비스를 수행할 수 있다.

제13장

학령전기 · 아동기 · 청소년기

1. 학령전기

1) 학령전기(preschool childhood)의 개념과 특징

- 학령전기는 4세부터 6세까지를 말한다.
- 프로이트 발달의 남근기에 해당한다. 초기적 형태의 양심인 초자아가 발달한다.
- 오이디푸스 콤플렉스와 엘렉트라 콤플렉스의 시기이다. 남아는 오이디푸스적 갈등을 해결해가는 과정에서 도덕, 규범, 가치관, 성에 관련된 행동 등을 배운다.
- 여아는 엘렉트라적 갈등을 통하여 아버지가 사랑하는 어머니의 모든 것을 모방하는 동일시를 시작함으로써 여자다움을 배운다.
- 에릭슨의 심리사회발달단계의 3단계인 학령전기에 해당되며 주도성 대 죄의식이 형성되는 시기이다.
- 피아제의 이론에 의하면, 전조작기 후기인 직관적 사고단계이자 도덕성 발달단계로는 자율적 도덕성 단계며, 콜버그의 도덕성 발달단계에서는 전인습적 도덕기에 해당된다.
- 근육과 골격의 발달은 계속 진행된다.
- 수 개념이 발달하여 6세에 10까지 셀 수 있는 아동은 90%에 달하며, 실물 없이 10 이하의 덧셈과 뺄셈이 가능하다.
- 수와 종류는 알지만 상위개념과 하위개념을 완전히 구별하지 못하고 사물이나 사건의 개별특성만을 고려하여 추리한다.
- 유치원 입학 등으로 생활환경이 확대된다. 좀 더 복잡하고 다양한 사회적 영향을 받게 되는 시기이다
- 또래집단과 상호작용을 통해 사회기술을 본격적으로 습득하고 사물에 대한 호기심이 증가한다.
- 영아기의 특징이었던 상상놀이보다는 좀 더 구조화되고 현실지향적인 집단놀이에 흥미를 가지는 등 새로운 형태의 놀이를 선호한다.

2) 학령전기의 발달(Pilliteri, 2007)

(1) 신체발달

- 신체의 양적인 성장은 영아기나 걸음마기처럼 두드러지지는 않지만 지속적으로 이루어진다.
- 5세가 되면 출생 시보다 5배 정도로 체중이 증가하고, 신장은 2배 정도가 된다.
- 6세경에 뇌의 무게는 성인의 90~95%에 달한다.
- 운동기능은 더욱 발달하여 사각형과 삼각형을 그릴 수 있을 정도로 근육이 정교해지며, 공을 주고받을 수 있게 된다.
- 유치가 빠지고 보통 6세가 될 때까지 영구치는 나오지 않는다.
- 근육과 골격의 발달은 계속 진행되며 머리 크기는 성인의 크기가 되고 신경계의 전달능력도 향상된다.

(2) 인지발달

① 직관적 사고
- 피아제의 인지발달단계 중 전조작기 후기단계인 직관적 사고단계에 해당하는데, 학령전기 아동의 인지적 특성은 직관적 사고를 하는 것이다.
- 직관적 사고란 어떤 사물을 볼 때 대상이나 상태가 갖는 여러 속성 중에서 가장 두드러진 지각적 속성에 의해 판단하는 것이다. 즉, 직관에 의해 사물을 파악하는 것이다.
- 여전히 신체의 경험과 지각적인 경험에 머물러 있지만, 사물을 기억하는 능력과 문제를 해결하는 능력은 지속적으로 성장한다.
- 정신적 표상에 의한 사고는 가능하나 아직 개념적 조작능력은 발달하지 않은 상태이다.
- 판단이 직관에 의존하기 때문에 전체와 부분과의 관계를 정확하게 파악할 수 없다.
- 직관적 사고를 하기 때문에 보존개념이 형성되지 못하며, 서열화, 분류화를 할 수 없다.

② 보존개념의 획득을 어렵게 하는 학령전기의 인지적 특성

㉠ 중심화
중심화란 두 개 이상의 차원을 동시에 고려하지 못한 채 한 가지 차원에만 주의를 집중하는 것을 말한다.
  예) 보존개념에 관한 실험에서 물의 양은 잔의 밑면적과 높이에 의해 결정되는데, 전조작기 유아는 두 가지 차원을 동시에 고려하지 못하고 한 가지 차원만 보고 판단하여 대답을 한다. 물의 높이가 높은 컵의 물이 더 많다고 대답하거나 면적이 넓은 컵에 물의 양이 더 많다고 대답하는 것이다.

ⓛ 직관적 사고

■ 직관적 사고란 어떤 사물을 볼 때 대상이나 상태가 갖는 여러 속성 중에서 가장 두드러진 지각적 속성에 의해 판단하는 것인데 유아는 지각적 특성에 의해 판단하기 때문에 보존개념 형성이 어렵다.

■ 예를 들어, 높이나 밑면적이 다르고 물의 높이도 다른 두 컵을 보았을 때 유아가 보기에 밑면적이 넓고 길이가 짧은 잔의 물의 양이 시각적으로 적어 보이기 때문에 그 컵의 물의 양이 더 적을 것이라고 생각한다.

ⓒ 비가역적 사고

■ 가역성이란 어떤 변화가 일어났을 때 이것을 먼저 상태로 돌려놓는 것이며, 사고의 가역성이란 사고가 진행되어 온 과정을 거꾸로 되밟아서 사고하는 것이다.

■ 학령전기 아동은 비가역적 사고를 하기 때문에 양의 보존에 관한 실험에서 물을 처음 잔에 도로 부으면 물의 양이 똑같다는 사실을 이해하지 못한다.

■ 보존개념: 6세 이하의 아이들은 동일한 양의 액체라도 길고 좁은 용기에 들어 있는 액체의 양이 더 많다고 말한다.

③ 도덕성 발달

㉠ 일반적 특징

■ 부모에게서 습득한 가치가 아동의 사고에 통합되면서 적합한 행동에 대한 기준이 생겨 자아개념의 일부가 된다.

■ 가족과 사회의 도덕적 규칙을 내면화하고 내면화된 규칙에 따라 행동한다.

㉡ 초자아의 발달: 프로이트의 정신분석이론

■ 프로이트에 의하면 이 시기에 초기적 형태의 양심인 초자아가 발달한다.

■ 4~6세 정도 아동이 경험하는 오이디푸스 콤플렉스 혹인 엘렉트라 콤플렉스를 해결하는 과정에서 동성의 부모를 동일시하면서 도덕성이 발달한다고 본다.

■ 아동의 성적 충동과 공격적 충동이 부모의 훈육으로 통제되는 과정에서 아동은 부모의 도덕적 기준을 내면화하게 되고, 양심과 초자아를 발달하게 된다는 것이다.

㉢ 타율적 도덕성: 피아제의 인지발달이론

■ 타율적인 도덕성은 성인이 신체적 힘에 대한 두려움과 어른의 권위에 대한 복종에서 시작되는 것으로, 사고 경향이 아직 자기중심적인 2~6세 동안 전조작기에 존재하는 도덕 수준이다.

■ 학령전기 아동은 부모를 전지전능한 존재로 여기는 경향이 있고, 따라서 부모에 대한

이러한 일방적인 존중은 명령-복종의 타율적인 관계를 갖게 한다.
- 학령전기 아동의 도덕성은 타율적 도덕성 단계에 해당한다.

ㄹ 전인습적 도덕기: 콜버그의 도덕성발달이론
- 콜버그의 도덕성 발달단계에 따르면 학령전기의 아동은 전인습적 도덕기에 해당하며 사회적 규칙을 내면화하면서 기초적인 수준의 도덕성이 발달된다.
- 이 단계에서 아동은 외부의 권위를 포함하여 타인의 사회적 기대와 규칙을 내면화한다.

(3) 사회정서발달

① 정서발달
- 3~4세가 되면 즐거움, 사랑, 분노, 공포, 질투, 좌절감 등을 적절히 경험하고 표현하는 방법을 배운다.
- 5~6세가 되면 자신의 감정을 감추거나 가장하는 방식을 배운다. 이것은 방어기제 사용방법을 학습하는 것이라 보이는데, 불안을 감소시키기 위한 노력의 결과라는 견해가 있다.
- 3세경에 가족에게 애정을 보이며 또래 아이들과 소꿉놀이에 열중한다. 4~5세가 되면 아기를 예뻐하고 돌봐주기도 한다.
- 2세경에는 가정을 무대로 질투를 표현하다가, 5~6세경이 되면 집 밖에서의 활동으로 인해 가정 내에서의 질투가 감소한다.

② 성역할 발달: 성안정성, 성항상성 확립
- 학령전기 아동은 자아개념에 자신의 성을 연결시킨다. 자신의 성역할에 대한 인식이 생겨서 여아는 여자에 맞는 행동과 사회적 관계에, 남아는 남자에 맞는 행동 및 사회적 관계에 관심을 가지고 동성의 친구들과 어울린다. 또한 성에 따르는 사회적 기대를 의식한다.
- 성안정성을 이해하여 남아는 자라서 남자어른이 되고 여아는 자라서 여자어른이 된다는 사실을 받아들이며, 사람의 행동이나 겉모습이 달라지더라도 성은 변하지 않는다는 성항상성이 확립된다.
- 이 시기 인식하는 성역할은 성역할 기준에 영향을 미치기 때문에 아동발달에 매우 중요하다. 아동의 성역할 발달에는 생물학적 요인, 문화적 기대, 부모의 역할, 아버지 역할과 아버지 부재, TV의 역할 등이 영향을 미친다.
- 성안정성과 성항상성의 확립
- 12개월 정도의 영아는 낯선 남자와 여자를 구분할 수 있게 되며, 걸음마기인 2~3세경엔 자신이 남자인지 여자인지 성을 구분할 줄 알게 된다.

─학령전기에는 성안정성과 상항상성 개념이 확립된다. 남아는 자라서 남자어른이 되고 여아는 자라서 여자어른이 된다고 사실을 받아들이며, 사람의 행동이나 겉모습이 달라지더라도 성은 변하지 않는다는 성향상성이 확립된다.

■ 성역할 고정관념이 심화된다.

─성역할 고정관념은 남성 또는 여성에게 속하는 것으로 생각되는 특성과 역할의 총체로 정의된다.

─남성의 특성과 역할, 여성의 특성과 역할에 대한 믿음 같은 것이다.

─성역할 고정관념은 사람들이 각 성에 대해 갖는 비교적 안정된 신념과 이미지로서 사실일 수도 있고 사실이 아닐 수도 있는 추상적이며 일반화된 것이다. 사람들은 알지 못하는 사이에 고정관념을 수용하는 경향이 있다.

─유아는 자신의 정체성을 형성하면서 자신이 속한 사회의 성에 대한 고정관념을 배우고 시작한다.

─성역할 고정관념은 다른 사람들의 행동과 사회적 역할을 관찰한 결과로써 획득된다. 일반적으로 성역할 고정관념은 3~4세경에 약하게 나타나다가 5~6세경에 가장 심해지고 초등학교 2학년경부터 감소하기 시작한다.

■ 성 유형 행동의 발달(성유형화)

─유아는 자기 성에 적합한 행동을 빠르게 습득하게 되고 다른 성에 적합한 것보다는 자신의 성에 적합한 대상을 선호하게 된다.

─긍정적인 부분은 자신의 성에 돌리고, 부정적인 부분은 다른 성에 돌리는 경향이 강해진다.

─관습적인 성역할 안에서 벗어나는 것을 잘못된 일로 여기며, 또한 자신이 비난받거나 처벌받을 것이라고 생각한다. 예) 남자아이는 인형을 가지고 노는 것보다는 로봇을 가지고 노는 것을 더 선호하고, 여자아이는 칼을 가지고 노는 것보다 인형 옷 입히기 놀이를 더 선호한다. 남아가 인형을 가지고 놀면 친구들이 놀리고, 자신도 창피함을 느낀다.

③ 자아개념 형성

■ 집단놀이 과정을 통해 자기중심성이 완화되며, 개인이 특정한 역할을 하게 되면 타인은 그에 따른 행동을 기대하게 된다는 것을 알게 된다.

■ 학령전기의 아동은 자신에게 중요한 타인의 반응에 따라 긍정적 혹은 부정적 자아개념을 형성하게 된다.

(4) 언어발달

① 언어발달에서 어휘력을 증가시키는 것은 주로 모방에 의존한다.
② 이 시기의 아동은 불완전한 분류능력, 전도추리, 중심화 경향, 불가역성 그리고 자기중심성이 사고에 특징적으로 나타난다.

3) 학령전기와 사회복지실천

(1) 성격발달 측면의 실천

■ 학령전기 아동은 에릭슨의 주도성 대 죄의식이 형성되는 시기에 있다.
─부모가 자녀의 호기심 및 환상적인 행동을 인정했을 때 아동은 자신의 행동에 목표와 계획을 세우는 주도성을 지니게 된다.
■ 아동이 주도하는 행동이 때로는 사회적인 규범이나 기준에 비추어 바람직하지 못한 것이어서 부모로부터 제재를 받을 수 있다.
─이때 부모의 제재가 일관성 있고 부드러워야 하나 그렇지 못하고 너무 심한 꾸지람이나 체벌을 할 경우 자신이 주도한 행동에 대해 자신감을 상실할 뿐만 아니라 죄의식을 갖게 되기도 한다.
■ 죄의식을 갖게 된 아동은 무슨 일에나 잘 체념하고 자신이 무가치함을 느낀다.
─이런 아동은 소극적이 되며, 또래집단의 주변에서만 맴돌며 의존적이 된다.
─에릭슨은 이런 아동들은 후에 소극성, 성적 무기력, 불감증, 정신병리적 행동 등으로 발전한다고 보았다.

(2) 정서발달 측면의 실천

■ 3~4세경의 아동은 자신의 즐거움, 사랑, 분노, 공포, 질투, 좌절감 등을 적절히 경험하고 표현하는 방법을 배우게 된다.
■ 특히, 남자아이들은 성역할 고정관념이 심화되면서 공격성향이 증가되는 경향이 있다. 대중매체는 이러한 공격성과 성역할 인식에 큰 영향을 미친다.
■ 따라서 이 시기 아동들의 정서적 표현에 대한 사회적인 규범을 학습하도록 돕는다.

(3) 인지발달 측면의 실천

■ 학령전기의 아동들에게서 나타날 수 있는 지적장애는 지능이 평균보다 훨씬 낮고, 이 때문에 적응 기능에 결함이 나타나는 상태로, 대부분 18세 이전에 발생한다.
■ 인지장애가 있는 아동들은 다른 아동들만큼 개념을 빠르게 파악하는 지적인 기능에 한계가 있을 수 있다. 따라서 이 시기의 아동들에게 유치원이나 보육시설에서 적절한 인

지교육을 할 필요가 있다. 그러나 경제적 이유나 시설부족 등으로 조기교육의 기회를 갖지 못하는 경우도 많으므로 조기교육 및 보육시설이 확충되어야 할 것이다.

2. 아동기

1) 아동기의 개념과 특징

■ 아동기란 초등학교 1학년인 7~8세부터 초등학교를 졸업하는 12세까지의 시기를 말한다. 학령전기와 구분해서 이 시기를 학령기 혹은 학동기라고 칭하기도 한다.

■ 아동기에서는 자신의 능력을 자발적으로 시험해보려 하며 재미있던 일들을 반복 시도하려는 경향이 강하다.

■ 자신만의 문화와 습관, 가치관을 형성하고 이런 과정을 통해서 자신감과 독립심이 발달하며 점차 지능이 발달한다.

■ 운동과 놀이를 통해 신체발달과 상상력, 추리력, 판단력, 사고력을 발달시키며 자신만의 세계관을 형성한다.

■ 아동기의 세계관은 주관적인 세계관이라는 점에서 독립된 인격체로 완성되었다고 보기는 어렵다.

■ 이 시기는 자존감을 발달시키고 향후 기본적인 사회기술과 가치관을 확립하는 아주 중요한 시기이므로, 아동이 자신감을 갖고 과업을 달성할 수 있도록 많은 긍정적인 지지가 필요하다.

■ 프로이트의 발달단계 중 잠복기에 해당하는데, 아동기 이전 단계인 학령전기에서 오이디푸스 콤플렉스가 해결되고 성적·공격적 충동이 억제됨으로써 중요한 발달적 사건은 일어나지 않는다고 본다. 잠복기에는 이성보다는 동성과의 관계를 통해 사회기술을 배우고 사회화를 한다.

■ 에릭슨의 발달단계 중 학령기에 해당하는 시기로서 자아의 성장이 확실해지며 근면성을 성취하는 시기이다.

■ 콜버그의 도덕성 발달 수준 중 인습적 수준에 해당한다.

■ 피아제의 도덕발달단계에서는 자율적 도덕성 단계에 해당하지만 7~10세의 아동기는 보통 타율적 도덕성과 자율적 도덕성이 함께 나타난다고 보며, 10세경부터 자율적 도덕성 단계에 도달한다고 본다.

■ 아동기는 두뇌의 발달이 거의 성인에 가까워지고, 그 기능도 조직적으로 분화, 발달한다.

■ 아동기는 신체적·지적·심리사회적 성장이 계속 이루어지는 시기이다.

■ 성역할의 동일시가 확고해가고, 학교와 친구와 가정의 상호영향으로 성격발달이 뚜렷해지는 시기이다.

2) 아동기의 발달

(1) 신체발달(최미현 외, 2000; 권중돈·김동배, 2005)

① 신체성장
- 이전 단계들처럼 급속한 신체적 성숙은 일어나지 않으나 점진적이고 지속적인 발달이 이루어진다.
- 10세 이전까지는 남자아이가 여자아이보다 키가 크고 체중이 많이 나가지만 11~12세 경에는 여자아이들의 신체적 성숙이 남자아이들보다 앞서며 청소년기가 되면 남자아이들의 발육이 우세해진다.
- 젖니가 영구치로 바뀐다. 6세경에 젖니가 빠지기 시작하여 아동기 동안에는 1년에 약 4개 정도씩 영구치로 대치된다. 아동기가 끝나는 12세 혹은 13세 무렵에 대부분의 젖니가 영구치로 바뀐다.
- 뼈가 신체보다 빠른 속도로 자람으로써 성장통을 겪기도 한다.
- 신체 각 부위의 비율이 달라진다. 얼굴 면적이 전체 10%로 줄어들고 뇌는 성인의 95% 정도가 발달한다.
- 신경계의 뇌 중량은 6세경에 성인의 60%에 달하고, 12세경에는 95%에 이르게 되어 거의 성인의 수준이 된다.
- 내분비계의 성기능을 조절하는 것을 제외한 모든 내분비계의 작용이 사춘기 이전에 성숙하게 된다.
- 위는 성인의 약 2/3에 달하게 되어 배탈이 덜 나게 되고, 혈당 유지가 더 잘된다.
- 심장은 다른 신체부위에 비해 더 적게 성장한다.
- 폐는 12세까지는 완만하게 자라지만 그 후에 급격히 발달한다.

② 운동 능력 발달(이소희 외, 2004)
- 아동기는 운동 능력에서 왕성하고 다양한 활동을 한다.
- 운동 능력은 속도, 정확성, 안정성, 호응성 등의 면에서 더욱 발달되고 정교해진다.
- 다양한 운동을 통하여 신체적 균형을 시험해보고, 신체 각 부분의 조정통합을 추구하며, 신체 유연성이 증가함을 경험한다.
- 아동은 자신의 운동기술을 다른 아동들과 비교하여 자기 평가를 하게 되므로 자아와 자존심 형성에 중요한 역학을 하게 되어 아동기의 운동발달은 중요한 의미를 갖는다.

(2) 인지발달

① 구체적 조작기

- 피아제 인지발달단계 중 구체적 조작기에 해당한다.
- 구체적 조작기에는 구체적인 사물과 행위에 대한 체계적 사고 능력이 발달한다.
- 아동의 사고는 자신이 직접 경험한 구체적인 세계에 한정된다.
- 아동의 사고 능력은 구체적인 수준에서 논리적인 수준으로 발달하며, 전조작기의 논리적 사고발달을 방해하는 몇몇 요인들을 극복한다.
- 동일성, 보상성, 역조작 사고가 가능하다.
- 전조작기에 발달하기 시작한 인지능력인 분류화, 서열화, 보존의 개념을 완전히 획득한다.
- 상황과 사건에 대해 융통성 있는 사고를 할 수 있게 된다.
- 유아기의 자기중심적이고 직관적인 사고와 같은 전조작적 사고의 특색은 남아 있지만, 인지적으로 성숙하여 자신을 둘러싼 세계에 대해 사고하고 이해하는 능력이 달라진다.
- 논리적 사고가 현저하게 발달하고 좀 더 복잡한 생각을 하며 다양한 변수를 고려하는 것도 가능하지만, 여전히 구체적인 부분에 머문다는 한계도 있다.
- 구체적 조작을 성취함으로써 논리적으로 사고할 수는 있지만, 이러한 논리를 언어나 가설적 문제에 적용하지는 못한다.
- 아동기 후반은 형식적 조작사고가 발달하기 시작하므로 가설에 대한 연역적 추리가 가능해진다.

② 보존개념 획득

- 물질의 한 측면, 즉 질량 혹은 무게가 동일하게 남아 있는 동안에도 물질의 다른 측면, 즉 형태 혹은 위치가 변할 수 있음을 이해하는 것이 보존개념이다.
- 보상성의 원리, 동일성의 원리, 역조작의 원리를 이해함으로써 보존개념이 확립된다.

③ 분류화 기능

- 분류화는 대상을 일정한 특징에 따라 다양한 범주로 나누는 능력으로서 상위 유목과 하위유목 간의 관계, 즉 전체와 부분의 관계를 이해하는 것이다.
- 구체적 조작기의 아동은 점차 대상의 차이점을 구별하게 되고 이 차이점으로 범주화할 수 있는 능력을 발달시켜 분류화가 가능하다.

④ 서열화 기능

- 서열화는 어떤 특정의 속성이나 특징을 기준으로 하여 순서대로 배열하는 능력을 말한다.

- 구체적 조작기의 아동은 서열화의 개념을 완전히 획득하게 된다.

⑤ 전조작기의 자기중심성 극복
- 구체적 조작기에는 전조작기 사고의 특징인 자기중심성을 극복한다. 이로써 다른 사람의 시각에서 사물을 보는 능력이 발달한다.
- 전조작기의 자기중심성에서 벗어나 타인의 입장, 감정, 인지 등을 추론하고 이해할 수 있는 조망수용능력을 습득하게 된다.

⑥ 탈중심화
- 다양한 변수를 고려하여 상황과 사건을 파악하고 조사하는 등 좀 더 복잡한 사고를 할 수 있다.
- 더 이상 한 가지 변수에만 의존하지 않고 좀 더 많은 변수를 고려한다.

⑦ 가역적 사고
- 가역성은 어떤 변화가 일어났을 때 이것을 이전 상태로 되돌려놓는 것인데 구체적 조작기에는 사고의 비가역성을 극복함으로써 가역적 사고가 가능해진다.

⑧ 조합기술의 획득
- 조합기술이란 수를 조작하는 능력, 즉, 일정 수의 사물이 있으면 그것을 펼치든 모으든 또는 형태를 바꾸든 수는 같다는 것을 이해할 수 있는 능력을 말한다.
- 아동기에는 조합기술을 획득함으로써 덧셈이나 뺄셈과 같은 셈이 가능해진다.

(3) 사회정서발달

① 정서발달
- 아동기에도 유아기와 비슷한 정서의 분화를 이루지만 유아기에 비해 안정된 발달을 한다. 주로 지각이나 지능발달에 따라 행동영역이 넓어지고 경험이 풍부해지기 때문에 정서를 일으키는 자극의 의미도 달라진다.
- 정서의 표현이 좀 더 지속적이며 정적이고, 직접적이었던 것이 간접적으로 나타나는 것이 특징이다.
- 정서발달에 영향을 주는 요인은 성숙, 학습, 정서의 조건화, 모방, 동정 등이다.
- 괴물, 유령, 죽음 등과 같이 상상적·가상적·비현실적·초자연적인 것에 대한 공포가 많아진다.
- 주로 부모나 선생님의 기대를 충족시키지 못할 때 뒤따르는 질책, 처벌 그리고 성적 하락이나 미숙한 운동 능력으로 인한 친구들의 놀림 등에 대한 불안감이 많다. 특히, 가정과 학교생활 사이에 부조화가 있다면 등교 거부증 또는 학교공포증 등으로 나타난다.

- 아동기의 사회적 관계범위가 학교로 확대되면서 욕구가 좌절되고, 행동에 방해를 받고, 놀림을 당하기나 꾸중을 듣는 경우가 많아지면서 분노의 감정을 표현하는 경우가 빈번하게 된다.
- 애정을 쏟는 대상이 가족에게서 또래의 친구들로 변해감에 따라 애정의 표시로 친구가 원하는 일들을 해주려 하고 같이 있고 싶어 한다.
- 애정의 대상에게 라이벌이 생기면 질투심을 느끼기도 하며 이성보다는 동성에 대한 관심이 높기 때문에 동성애적인 경향도 나타날 수 있다.
- 아동기에는 구체적이고 직접적인 자극에 의한 것보다는 상상적·가상적·비현실적·초자연적인 것에 대한 공포가 많아진다.
- 미래의 위험을 예상할 때 생기는 약한 공포반응으로 강렬하지 않고 지속적이다.
- 욕망이 좌절되었을 때, 진행 중인 행동이 방해를 받을 때, 친구와 불쾌한 비교를 할 때 분노가 생기게 된다.
- 호기심은 학습동기를 유발시켜 능률적인 학습과 행동을 하게 된다.
- 형제에 대한 질투가 줄어들고 동년배에 대한 질투가 나타난다.

② 자기 이해의 발달(이근홍, 2006)

자기 자신에 대한 이해는 자기 인식에서 출발하는데 아동의 자기 인식은 자기 개념과 자기 존중감을 발달시킨다.

㉠ 자기 개념
- 자기 개념이란 개인이 자신의 특성에 대해 가지고 있는 체계화된 내적·개인적 생각이다. 즉, 나는 누구이며, 무엇인가를 깨닫는 것이다.
- 구체적인 방식으로 자신을 기술하던 것에서 벗어나 점차 추상적인 방식으로 자신에 대해 기술하기 시작한다.
- 성장함에 따라 자기 개념은 확대되고 상세해지며 복잡해진다.
- 학교에서 성공이나 실패경험, 교사와 친구, 부모에 의한 평가 등 자기 개념형성에 중요한 영향을 미친다.
- 아동기 자기 개념 형성에 영향을 미치는 요인은 다음과 같다.
- 개인적 요인: 개인의 연령과 성공 및 실패 경험
- 가족 요인: 부모의 양육태도
- 친구 요인: 학교라는 사회집단의 친구집단, 또래집단

㉡ 자기존중감
- 자기존중감은 자신의 존재에 대한 긍정적 견해로서, 자기 개념이 자기에 대한 인지적 측면이라면 자기존중감은 감정적 측면이다.

■ 에릭슨의 심리사회발달단계에서는 아동기를 근면성이 발달하는 시기로 보는데, 근면성이 발달하면서 자기존중감을 갖게 되고, 근면성이 발달하지 못하게 되면 열등감을 갖게 된다.

③ 대인관계 발달(이인정・최혜경, 2008; 권육상・이명재, 2004)
■ 친구관계의 경험: 우정의 발달
■ 부모 및 가족의 영향력이 줄어들고 학교라는 사회집단의 일원이 되면서 새로운 친구관계를 경험한다.
■ 아동기에는 친구들과의 일상적 상호작용을 통해 다음과 같은 것들을 배운다.
－삶에 관련된 여러 측면에는 다양한 방식이 존재한다는 것을 인식한다.
－또래집단의 사회적 규범과 압력에 민감해지고 중요성을 인식한다.
－이성보다 동성친구와 더 친밀한 관계를 경험한다.

■ 또래집단 형성
－아동기에는 사회적 관계의 장이 가족에서부터 이웃과 학교로까지 확대된다. 이 시기에 아동은 학교나 이웃의 또래친구들과의 관계 속에서 집단생활의 규범을 준수하고, 서로 협력하며, 자신의 욕구를 통제할 수 있는 기본적인 사회적 기술과 태도를 학습하게 된다.
－특히 학교 급우들과의 상호작용을 통해 자아중심적 관점이 감소되고, 협동, 경쟁, 협상의 원리를 체득하게 되고, 사회적 규칙이나 압력에 반응하는 방법을 학습하게 된다.
－낮 시간의 대부분을 집 바깥에서 보내는 아동기에는 또래들과 집단을 이루고 서로 영향을 주고받는데 이 시기의 또래들은 부모보다 더 강력한 사회화 대리인의 역할을 한다.
－애정을 쏟는 대상이 가족성원에서 또래 친구로 변화해가며, 이성보다는 동성친구끼리 또래집단을 형성한다.
－또래집단과의 관계가 발달하면서 집단에 대한 소속감을 발달시킨다.
■ 또래집단의 기능
－사회화 기능, 태도나 가치관 형성, 정서적 안정감 제공, 인지발달과 정보제공 등이다.

④ 단체놀이 선호
■ 아동기에는 친구들과 우정을 나누는 동시에, 함께 일하고 공부하며 게임과 스포츠를 즐긴다.
■ 단체의 성공을 개인의 성공만큼 중요시하기 때문에 단체놀이를 선호한다.
■ 아동기에 이르면 집단놀이보다는 단체놀이를 선호하는데, 아동은 단체놀이를 통해 공동목표를 위한 상호의존, 노동의 분화, 그리고 경쟁 등을 배워 나간다.
■ 구성원들에게 집단의 규칙에 동조하기를 원하는 또래집단은 아동의 사회화에 중요한 역할을 한다.

- 단체놀이의 전 과정은 아동의 인지적·사회적 발달에 기여한다.
- 단체놀이를 통해 다음과 같은 것들을 배운다.
- 집단 목표를 자신의 개인 목표보다 상위에 놓는 것을 배운다.
- 공동의 목적을 성취하기 위해 서로 역할을 충실히 수행하는 노동분배와 역할분배 등 분업의 원리를 학습한다.
- 경쟁의 본질과 승리의 중요성을 학습한다.
- 협동과 경쟁의 의미를 이해한다.

⑤ 학교와 대중매체의 영향
- 아동기는 공식적 학교교육을 통하여 사회가 요구하는 기본적 기술을 습득하는 단계로서, 학교는 아동이 가족 외에 처음으로 경험하는 사회적 기관이며 아동의 발달에 중요한 영향을 미친다.
- 텔레비전이나 컴퓨터 등은 아동의 사회성 발달에 크게 영향을 미친다. 따라서 대중매체를 올바로 활용하는 것이 아동기의 발달에 있어 매우 중요하다.

⑥ 도덕성 발달
- 자율적 도덕성 단계
- 피아제의 자율적인 도덕성은 옳고 그름에 대한 판단을 행위의 결과가 아닌 의도성에 의해 판단한다.
- 7세부터 10세까지는 일종의 과도기적 단계로서 타율적 도덕성과 자율적 도덕성이 함께 나타난다.
- 10세경에 대부분의 아동은 두 번째 단계인 자율적 도덕성 단계에 도달한다.
- 인습적 수준의 도덕성 단계
- 10~13세는 콜버그의 인습적 수준의 도덕성 단계인데, 이는 다른 사람의 승인을 얻기 위해 또는 사회적 질서를 유지하기 위해서 규칙과 사회적 규범을 따르려고 하며, 외적인 벌과 보상 대신에 사회적 칭찬과 비난에 대한 회피가 도덕적 행위의 동기로 작용한다.

3) 아동기와 사회복지실천

(1) 인지발달 측면의 실천

① 학습장애
- 아동기에서 나타날 수 있는 학습장애는 언어를 이해하거나 사용하는 데에서 한 가지 혹은 그 이상의 장애가 있는 것을 말한다. 다른 장애와 달리 학습장애는 정보처리 과정에 어려움이 있다. 인지장애와 학습장애 모두 발달장애로 간주한다.

- 이러한 아동에게는 학습장애를 해결해줄 수 있는 프로그램을, 가족에게는 지지와 심리적 문제해결에 목적을 둔 치료프로그램을 개발하여 실시해야 할 것이다.
- 이 시기의 아동들에게는 정서적인 발달을 지원할 수 있는 프로그램을 개발·실시할 필요가 있다.

② 부정적인 자기 개념과 연관된 열등감
- 주로 학교에서의 잦은 실패경험과 그에 따른 교사나 부모, 친구들로부터의 부정적인 평가가 부정적인 자기 개념과 열등감을 강화시킨다.
- 이러한 열등감을 극복하고 긍정적인 자기 개념을 형성할 수 있도록 개별적인 상담이나 치료, 그리고 부모, 교사, 또래 친구들을 대상으로 한 프로그램 등을 다각적으로 실시해야 할 것이다.

(2) 사회성발달 측면의 실천

① 반응성 애착장애
- 반응성 애착장애는 5세 이전에 시작되고 병적인 보살핌과 밀접한 관련이 있다.
- 병적인 보살핌이란, 아동의 기본적인 감정적·신체적 욕구의 지속적인 방치 혹은 양육자의 빈번한 교체 등을 말한다.
- 반응성 애착장애아는 부정적인 정서반응에 의해 사회적 놀이가 저해되어 대인관계에서 안정된 관계를 맺지 못하고 정서적으로 무관심하다.
- 그러므로 대인관계 및 사회성 발달을 위해 개별 또는 집단치료를 통해 정서 상태 및 능력에 알맞은 놀이를 적극적으로 시도하여 관계가 형성되도록 하여야 한다.
- 따라서 조기에 발견하여 적절한 지지적 환경이 주어지고 어머니와 아이가 함께 치료받으면 정상회복이 가능하지만 그렇지 못할 경우 증상이 지속된다.

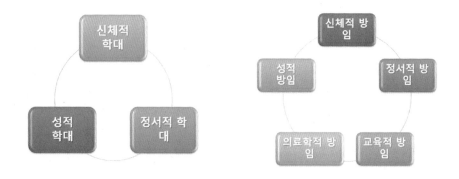

② 아동학대(이명숙, 2002)

- 아동에게 해로운 행위를 가하는 학대와 아동에게 주어야 할 것을 주지 않는 방임을 포함한다.
- 학대받은 아동 및 그 부모에 대한 사회복지적 개입방법을 살펴보면 아동에 대한 개입, 학대자에 대한 개입, 가족에 대한 개입 등 크게 세 가지로 나눌 수 있다.
- 아동: 폭력 상황으로부터 긴급보호, 위탁양육 프로그램, 입양이나 그룹 홈, 상담 및 각종 치료 등의 방법이 있다.
- 부모: 부모교육과 정신치료나 상담의 방법이 있다. 부모교육은 아동 발달에 대한 이해 부족이나 잘못된 자녀 양육관 및 부적절한 양육방식으로 학대하는 부모들을 위한 것이다. 정신치료 및 상담은 개인이나 집단으로, 집단상담의 경우 분노조절 프로그램 등이 효과적이다.
- 가족: 학대로 인한 사회적·법적 개입에 따른 가정 내 위기를 잘 대처하도록 하기 위한 위기개입, 가족 상담이나 가족치료 프로그램, 가족지원 프로그램 등이 있다.
- 가족지원 프로그램에는 경제적 지원, 가정봉사원 파견, 가정방문 서비스 등이 포함된다.

③ 학교공포증

- 학교공포증이란 학교와 관련된 심각한 공포로 인해 학교에 가기를 싫어하는 것을 말한다.
- 학교공포증은 초등학교 초기의 학교공포증과 후기의 학교공포증으로 나눌 수 있다.
- 초기의 학교공포증은 어머니와 분리되는 것을 두려워하기 때문에 나타나는 증상으로 취학 직후나 저학년에서 빈번하게 발생한다.
- 후기의 학교공포증은 여러 해 학교에 다닌 경험이 있는 아동들 사이에서 발생한다.

(3) 일반 아동의 사회복지실천과의 연관성

① 아동은 한 사람의 인간으로서 아동다운 생활을 할 권리가 있다.
② 아동은 타고난 능력을 보존하고, 잠재능력과 외부 자원을 최대로 활용할 수 있도록 해준다.

(4) 요부후아동과 사회복지실천과의 연관성

① 요보호아동은 외부로부터 도움을 받아야 하는 아동을 말한다.
② 요보호아동의 경우 잔존 능력을 최대한 개발할 수 있도록 서비스를 제공해야 한다.

3. 청소년기

1) 청소년기의 개념과 특징

(1) 청소년기의 개념

① 법적 개념
- 인간의 생활주기 면에서 볼 때 청소년기의 시기적 구분은 아직 논란이 많다.
- 법률에서 규정하는 것을 보면, 청소년은 청소년기본법에 의해 9~24세를, 청소년보호법에 의해 만 19세 미만을 말한다.
- 아동복지법에서는 아동을 18세 미만인 자로 보고 있다.

명칭	관계법령	연령
청소년	청소년기본법	9세 이상 24세 이하의 자
청소년	청소년보호법	만 19세 미만의 자
소년	소년법	20세 미만의 자
아동	아동복지법	18세 미만의 자

② 일반적 개념
- 사회적 통념상 어린이, 아동이라고 인식하는 시기는 초등학교까지이며 중학교부터는 청소년이라는 인식이 더욱 강하고, 대학생은 청소년이라기보다는 청년으로 규정하는 경향이 강하다.
- 만 12세 혹은 13세부터 고등학교를 졸업하는 18세 혹은 19세까지를 청소년기라고 규정한다.

(2) 청소년기의 특징

- 청소년기는 아동기에서 성인기로 전환하는 과도기로 만 12~18세 혹은 19세까지가 해당된다.
- 청소년기에는 급격한 신체적 변화·성숙과 더불어 인지적·사회적 행동양식 등이 성숙한다.
- 신체적 성숙이 급격하게 이루어지며, 부모로부터의 심리적 단절과 자아정체감 형성으로 정서적 변화가 급격히 일어나는 질풍노도의 시기 또는 제2의 반항기며, 사회적으로는 주변인에 머물러 있는 특징적인 발달양상을 보이므로 사회적 주변인, 중간인으로 부르기도 한다.
- 프로이트 발달단계의 생식기에 해당한다.
- 에릭슨 발달단계의 청소년기에 해당한다. 이 시기를 잘 극복하면 성실성을 획득하지

만, 실패하면 불확실성, 부인의 심리적 특성을 보인다.

(3) 청소년 관련 이론

① 생물학적 이론
- 게젤(Gesell)과 암스(Ames): 청소년기 발달을 신체적 성장으로 묘사하면서, 청소년기의 변화가 인간의 모든 면에 영향을 미친다.
- 파우스트(Faust)와 태너(Tanner): 초기 청소년기는 갑작스러운 키의 성장, 생식기관의 성숙, 2차 성징으로 출현, 체중의 재분배로 특정 지을 수 있는 빠른 변화를 보여 주는 시기이다.

② 정신분석학적 이론
- 제1단계(신뢰성의 단계): 청소년들은 자신이 믿을 수 있다고 증명할 수 있는 아이디어나 대상자를 찾게 된다.
- 제2단계(자율성의 단계): 청소년은 가능한 한 어려운 활동을 자발적으로 수행하는 것을 좋아한다.
- 제3단계(진취성의 단계): 청소년은 아동보다 성인과 비교해서 진취성이나 목적의식을 설정한다.
- 제4단계(근면성의 단계): 청소년은 만족감에 의해 동기부여가 잘된다.

③ 인지발달이론
- 피아제는 청소년의 사고를 '형식적 사고'로서 추상적이며, 가설적인 범위까지 확장되고 구체적 사물을 넘어서 상징이나 추상화하여 추리할 수 있다고 한다.
- 인지발달은 미래의 성인으로서의 역할이나 계획, 생의 목적수립 등을 가능하게 한다.

④ 발달과업이론(하비거스트의 청소년기의 발달과업)
- 남녀 동년배와 좀 더 성숙된 관계를 형성한다.
- 사회성을 획득한다.
- 자신의 체격을 인정하고 자신의 성역할을 수용한다.
- 부모나 다른 성인으로부터 독립심을 기른다.
- 경제적인 독립을 준비한다.
- 직업을 준비하고 선택한다.
- 결혼과 가정생활을 준비한다.
- 국민으로서 필요한 지식을 습득한다.
- 사회적으로 책임 있는 행동을 한다.

■ 행동지침으로 도덕적인 가치관을 기른다.

2) 청소년기의 발달

(1) 신체발달

① 사춘기의 성장
■ 청소년기에 나타나는 가장 핵심적인 신체발달은 성적으로 성숙하는 사춘기라는 현상
으로 급속한 신체의 외형적 성장과 호르몬의 변화에 의한 생식능력 획득이다.
■ 사춘기는 주로 청소년기에 일어나는 호르몬의 변화로 인해 급격한 신체적・성적 성숙
이 이루어지는 기간을 의미한다.
■ '청소년기'는 사람이 살아가는 동안 경험하는 일반적인 시기를 지칭하는 문화적 개념
인 반면에 '사춘기'는 인간이 성적으로 성숙하고 자식을 낳을 수 있는 구체적인 시기
를 지칭하는 생리적인 개념으로 사용된다.

② 사춘기 신체변화
■ 신장이 급격히 증가한다. 남녀는 대략 5~13cm씩 자란다.
■ 11~13세에는 여자가 남자보다 키와 몸무게가 더 나가며 힘이 더 세지만, 이후에는 남
자가 여자보다 더 커진다.
■ 남자는 여자보다 어깨가 넓고 다리와 팔이 길다. 반면 여자는 골반과 엉덩이 부분이
넓어진다. 또한 사춘기 동안 여자의 배와 엉덩이에 지방층이 발달한다.
■ 대부분 청소년의 신체부위는 균형이 맞지 않아 보인다. 머리와 손발이 먼저 어른의 크
기와 형태가 되고 그다음 다리와 팔이 그 뒤를 따른다. 마지막으로 몸통이 자란다.
■ 뼈와 근육의 성장이 안정되는데, 이러한 새로운 신체에 뇌가 익숙해질 때까지 갑작스
러운 움직임은 어색하며 근육을 제대로 통제할 수 없게 된다.
■ 신체 내부의 발달도 현저해지는데, 특히 간장과 폐활량, 소화기능이 현저히 발달한다.
내분비선의 발달로 지방이 과다해져서 여드름이 발생한다.
■ 성적으로 발달한다. 남자는 음성이 변하고 음모가 나며 골격구조와 근육이 단단해지며
피부지방의 발달로 인해 여드름이 생긴다. 여자는 월경이 시작되고 유방이 커지며 음
모가 발생하고 골반이 커지며 여드름이 생긴다.

③ 신체변화에 대한 심리적 반응

㉠ 신체상과 자아개념
■ 자기 신체상과 매력에 대한 지각은 청소년, 특히 소녀의 자존감 수준과 관련이 있다.
■ 자신을 매력적이라고 생각하는 사람이 더 자신감이 있고 자신에 대해 만족한다.

ⓒ 여성의 체중과 섭식장애
- 섭식장애를 보이는 이의 대다수는 여성이며, 대부분 청소년기에 시작된다.
- 섭식장애 중 거식증(체중 때문에 음식을 거부)과 폭식증(한꺼번에 먹고 인위적으로 구토) 빈도가 높다.

ⓒ 소년의 성숙 속도의 차이
- 많은 또래들보다 성숙이 빠른 소년의 몸의 크기와 운동 능력에서 더 유리하며 또래는 그 아이를 우월하게 보는 경향이 있다.
- 또래보다 늦게 성숙하는 소년들은 신체적으로 덜 매력적이고 균형 잡히지 않은 것으로 간주된다.
- 이 아이들은 긴장하는 경향이 많으며, 관심을 끌기 위해 미성숙한 행동을 하는 경향이 있다.

(2) 인지발달

가. 형식적 조작기

① 형식적 조작사고
- 청소년기는 피아제 인지발달의 형식적 조작기에 해당한다.
- 형식적 조작사고의 특징은 추상적 사고, 가설-연역적 추론, 조합적 사고, 모든 변수의 관련성 파악, 가설설정과 미래사건 예측가능이다.
- 사고방식 면에서 좀 더 추상적이며 경험해본 적이 없는 사건에 대해서도 인간관계를 추론할 수 있다. 자신의 지각과 경험보다 논리적 원리에 지배를 받기 때문에 추상적인 사고가 가능해진다.
- 자신의 사고가 옳은지 부적절한지 비판적으로 검토할 수 있고 어떤 현상이 다른 현상에 미치는 영향에 대한 가설을 세울 수 있다.
- 아동기에는 가능성에 대한 사고는 잘 하지 못하지만 청소년기에는 "만약……"이라는 가설을 세우고 가능성에 대해 고려해볼 수 있다. 즉, 경험하지 못한 사건에 대해 가설을 설정하고 미래를 예측할 수 있다.
- 가능한 개념적 조합을 고려할 수 있으며, 사건이나 현상과 관련한 변인을 동시에 다룰 수 있는 사고능력이 발달한다.

② 청소년기에 새롭게 습득하는 개념적 기술
- 두 가지 이상 범주의 변수를 실제로 조작하지 않아도 정신적으로 다룰 수 있다.
- 시간이 지나면 사건이나 관계도 변화한다는 것을 고려해서 사고한다.

- 발생할 수 있는 사건들의 연속에 대해서 가설을 설정한다.
- 문장이나 말 속에서 논리적 일관성이 있는지 없는지를 구분할 수 있다.
- 자신이 행동에 대해 어떤 결과가 일어날지 예측할 수 있다.
- 자신과 자신이 속한 세계에 대해 상대론적 입장에서 사고할 수 있다.

나. 청소년기 자기중심성

- 피아제는 자기중심성을 전조작기 아동의 특징으로 설명했고, 이후 단계에서는 자기중심성을 극복한다고 설명했다.
- 구체적 조작기에 와서 극복하는 것은 전조작기의 자기중심성이다.
- 발달단계별로 자기중심성이 존재한다고 주장하는 학자들 중 청소년기 자기중심성을 강조하기도 한다.
- 청소년기에는 급격한 신체적·정서적 변화로 인해 자신의 외모와 행동에 너무 몰두해 있으므로 다른 사람들도 자기만큼 자신에게 관심이 있다고 생각하여 자신의 관심사와 타인의 관심사를 구분하지 못하게 되는데 이를 청소년기의 자기중심성이라고 한다.
- 청소년기 자기중심성 사고를 반영하는 개념으로는 '상상적 관중'과 '개인적 우화'가 있다.

① 상상적 관중

상상적 관중 혹은 청중이란 자신이 주인공이 되어 무대 뒤에 서 있는 것처럼 행동하고, 다른 사람들을 모두 구경꾼으로 생각하는 것이다. 즉, 청소년들은 다른 사람들이 자기에게 관심을 집중한다고 생각한다.

② 개인적 우화

개인적 우화는 자신의 감정과 사고는 너무나 독특한 것이어서 다른 사람들이 이해할 수 없을 것이라고 생각하는 것이다. '첫사랑. 자신에게만큼은 소중하고 의미 있으며 누구도 이해하지 못할 것 같은 절절함이 묻어 있지만 다른 사람들에게 나의 첫사랑 이야기는 그저 그런 것일 뿐 나에게 있어서만큼의 의미는 아니다.

(3) 사회정서발달

① 정서발달(권중돈·김동배, 2005; 이인정·최해경, 2008)

- 청소년기에는 정서가 매우 강하고 변화가 심하며, 극단적인 정서를 경험한다. 이러한 정서적 특성 때문에 청소년기를 질풍노도의 시기라고 부른다.
- 자신의 격한 감정을 받아들이고 이러한 감정상태에 대해 지나치게 과민한 반응을 하지 않는 것, 자신의 감정에 좀 더 관대해지는 것이 주요 발달과제이다.
- 청소년기의 정서는 불안정하며 많은 행동에 있어 무책임하거나 흥분을 잘하고 공격적

성향이 있으나 점차 청소년 후기로 갈수록 완화되기 시작한다.

- 자아정체감이 형성되는 과정에서 불안하고 고독한 정서에 빠지기 쉽다.
- 이 시기의 급격한 정서변화를 지나치게 억압하거나 그것을 부정적으로 받아들이게 되면 사회적 고립이나 우울증과 같은 상태에 빠질 수 있으면, 정서변화에 대한 통제가 없이 지나치게 충동적으로 반응하면 비행행동으로 흐를 수 있다. 따라서, 이 시기에는 자신의 급격한 정서변화를 있는 그대로 수용하고 이에 대해 고민하며 반응하지 않는 방법을 배워야 한다.
- 자아정체감 형성 시기: 자아정체감을 형성하지만 부정적 감정을 경험하지는 않는다.
- 도덕과 이상의 발달: 도덕발달에 영향을 주는 요인으로는 부모, 학교, 대중매체, 동년배 등이 있다.

② 심리적 이유기
- 청소년은 부모의 지지와 승인을 필요로 하면서 동시에 부모의 통제를 받지 않으려 하며, 부모나 가족으로부터 분리되어 친구나 자기 자신에게 의존하려는 경향이 증가한다.
- 이러한 성향을 심리적 이유라고 하며 이 시기를 심리적 이유기라고 한다.

③ 또래집단과의 강한 유대
- 아동기의 또래집단에 비해 더 조직적이며 이질적인 특징을 갖는다. 아동기의 또래집단은 같은 동네, 같은 반 친구들이지만 중·고등학교는 상대적으로 이질적인 환경의 청소년들로 구성되며 친구들의 배경도 다양하기 때문이다.
- 동년배는 청소년에게 정서적 안정을 제공하며, 우정을 통하여 자신을 표현하고 타인을 이해할 수 있게 하며, 정보제공자의 역할과 신뢰의 관계형성이 이루어진다.
- 이성에 대한 관심이 생기지만 또래집단은 여전히 동성인 경우가 많다.
- 또래집단으로부터 인정받고자 하는 욕구가 강요된다.
- 청소년기 친구관계 유지에 영향 미치는 다섯 차원이 있다(가치, 성격, 태도, 경험 등의 유사성/ 서로 이해하고, 수용하며, 도와주기, 서로 믿고 신뢰 공유: 호혜성/ 함께 있으며 즐겁고 편안한 조화성/ 지리적으로 얼마나 가깝게 존재하는가, 기간: 구조적 요인/ 친구의 우수한 자질을 존중하고 좋아하는 정도).

④ 이성관계(Dunphy, 1963)
- 청소년기에는 이성관계가 새로운 관심의 대상이 되지만 아직까지는 동성의 친구관계가 더 중요하다.
- 이성교제를 하더라도 일대일의 관계보다는 집단으로 사귀는 것을 선호한다.
- 이성에 대한 다양한 시도를 하지만 이성 간의 친밀한 관계는 청소년기 이후, 즉 청년기에 성취된다.

⑤ 자아정체감(조복희·정옥분·유가효 공저, 1988)

㉠ 자아정체감의 의미

자아정체감이란 자신의 독특성에 대해 비교적 안정된 느낌을 갖는 것으로, 행동이나 사고 혹은 정서의 변화에도 불구하고 변화하지 않는 부분이 무엇이며 '자신이 누구인가'를 아는 것을 말한다.

자아정체감이 확고한 사람은 개별성, 통합성, 지속성을 경험한다.

■ 개별성	가치나 동기, 관심은 타인과 공유하더라도 자신은 타인과 구별되는 고유한 존재라는 인식이다.
■ 통합성	자신의 욕구, 태도, 동기, 행동양식 등이 전체적으로 통합되어 있다는 느낌이다.
■ 지속성:	과거, 현재, 미래로 시간이 경과해도 자신은 동일한 사람이라는 인식이다.

㉡ 청소년기 자아정체감 형성의 중요성

에릭슨은 청소년기의 주요 발달과업이 자아정체감 형성이라고 보았다. 자아정체감의 형성은 아동기 경험에 기반을 두지만 본격적인 발달이 이루어지는 것은 청소년기부터이다.

청소년기는 자신의 다양한 역할을 검토하면서 자신의 정체성을 통합하게 되는데, 자신의 여러 역할을 하나의 정체성으로 통합하지 못하고 여러 상충되는 역할에 적응하지 못할 때 이를 역할혼란이라 한다.

청소년기에 자아정체감을 형성하지 못하여 자신이 누구인지, 인생에 무엇을 원하는지, 어떤 사람이 되기를 원하는지에 대한 답을 얻지 못한다면, 이후 직면하게 되는 직업의 선택, 결혼과 관련된 다양한 선택, 주거지 결정, 여가에 대한 결정 같은 주요한 선택의 순간에 판단을 내리기 어렵다.

㉢ 자아정체감의 4가지 범주

마르시아(Mircia)는 다음 두 차원을 기준으로 하여 자아정체감을 4가지 범주로 구분하였다.

@ 마르시아(Mircia)의 자아정체감의 유형 분류

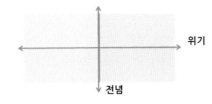

전념	위기	
	예	아니요
예	성취	유실
아니요	유예	혼란

- 위기: 자신의 가치관에 대해 재평가하는 기간이다.
- 전념: 계획, 가치, 신념 등에 따라 능동적인 의사결정을 내린 상태이다.
- 정체성의 위기를 경험했거나 경험 중인 자아정체감 성취나 유예는 적응으로 보았으나, 위기 자체를 경험하지 못한 자아정체감 유실이나 혼미는 부적응으로 보았다.

■ 정체감 성취
- 자아정체감의 위기를 성공적으로 극복하여 신념, 직업, 정치적 견해 등에 대해 스스로 의사결정을 내릴 수 있는 상태이다.

■ 정체감 유예
- 현재 정체감 위기의 상태에 있으면서 자아정체감 형성을 위해 다양한 역할, 신념, 행동 등을 실험하고 있으나 의사결정을 못한 상태이다.
- 정체감 유예로 분류된 사람들의 대부분은 정체감 성취로 옮겨가지만, 그중에서는 정체감 혼미 쪽으로 기울어지는 사람들도 있다.
- 이 시기는 정체감 성취 또는 정체감 혼미 중 어느 방향으로도 나아갈 수 있는 가능성이 있는 상태이다.

■ 정체감 유실
- 자기 외의 다른 사람들의 요구에 따라 자신의 정체감에 대해 미숙한 결정을 내리는 것이다.
- 위기의 경험 없이 성급히 자신의 정체감에 전념한다는 점에서 유예와 뚜렷한 차이가 있다.

■ 정체감 혼미
- 자신에 대한 어떠한 견해도 확고하게 받아들이지 못하는 상태이다. 자신의 여러 역할을 통합하지 못한다.

⑥ 심리사회적 유예
■ 최종의 정체감을 성취하기 이전의 일정한 자유 시험기간을 의미한다.
■ 심리사회적 유예는 젊은이들에게 가치, 믿음, 역할 등을 시험해볼 자유를 허락하며, 각자의 장점을 극대화하여 사회로부터 긍정적인 인정을 획득함으로써 사회에 최상으로 적응할 수 있게 한다.

3) 청소년기와 사회복지실천

(1) 신체발달 측면의 실천

- 급격한 신체구조 변화로 인해, 청소년들은 자신의 신체에 대해 부정적인 이미지를 형성할 가능성이 크다. 왜곡된 신체 이미지 형성으로 야기될 수 있는 심리적 문제, 대인관계 문제 등을 다루어야 한다.
- 여성인 경우 외모에 대해 관심 높으며 사회적으로 외모지상주의로 인해 지나치게 외모에 몰두할 수 있다.
- 이런 경우 섭식장애(eating disorder)로 인한 거식증 또는 폭식증이 생길 수 있다. 최소한의 정상체중을 거부하고 체중 증가에 대해 병적인 두려움을 갖는 것으로, 무리한 다이어트를 하는 것을 말한다.
- 역반응: 폭식, 구토, 거식증 등
- 신경성 거식증(Anorexia nervosa)=신경에 기인한 식욕의 상실이다.
- 신경성 대식증=이 증상의 주기는 배고픔의 주기가 아니라 정신적인 동요로 유발이다.
- 강박적 과식(Compulsive overeating)=영양섭취와는 별개로 지나친 양의 음식을 취하고자 하는 참을 수 없는 욕구로, 대부분의 경우, 강박적 과식은 가족, 심리, 문화환경적인 요인에 기인한다. 이러한 현상의 이유: 아름다움의 기준이 서구화로 변하면서 생기게 되었다.
- 신체적 성숙과 성적 성숙이 이루어지는 시기이므로 성에 대해 올바른 가치관을 가질 수 있게 해야 한다.

(2) 자아정체감 측면의 실천

- 청소년들의 자아정체감 형성을 지원하기 위해서는 자아발견, 자아성장, 자기주장훈련, 인간관계수련 등과 같은 자아발견과 원만한 대인관계 형성을 지원할 수 있는 집단상담 프로그램을 개발 실시할 필요가 있다.
- 진로지도, 청소년 자원봉사활동 프로그램, 호형호제 프로그램, 미리 가본 직장 프로그램, 문화예술활동 프로그램 등과 같은 다양한 수련프로그램을 실시하여, 청소년들이 다양한 사회경험을 통해 자신의 개성과 자질을 발견할 수 있도록 원조할 필요가 있다.

(3) 가정 내 갈등과 청소년 비행 측면의 실천

- 보호 및 관찰자로서 통제하려는 부모와 자신을 개인으로 규정하고 독립하려는 청소년 사이의 가정 내 갈등이 확대·심화되어 청소년 비행이 나타날 수 있다.
- 청소년 비행은 대개 가정과 우리 사회가 초기에 적절하게 대처하지 못할 경우 발생한

다. 사회복지사는 이러한 갈등을 매우 자연스러운 현상으로 보고 클라이언트 자신이 느낌이나 행동에 대해 통찰력을 가질 수 있도록 도울 수 있다.

■ 사회복지사들은 가정상담소나 청소년 기관을 통해 비행청소년에 대한 상담서비스를 제공하기도 하고 복지관이나 학교에서 반사회적 행동을 한 청소년들로 집단을 구성하여 지도하기도 하며, 감별소나 보호관찰소 등에서 교정사회복지사로 활동하기도 한다.

(4) 정신장애 측면의 실천

■ 청소년기는 심리적 격동기로서 다양한 정신장애를 일으킬 가능성이 높다.
■ 청소년기에 자주 발병하는 정신장애로는 정신분열증, 불안장애, 공포증, 우울증, 자살, 물질남용 등이 있을 수 있다.
■ 지나친 입시경쟁으로 인하여 고3증후군으로 대표되는 시험불안은 거의 대부분의 청소년이 경험하고 있는 심리적 증상이다.
■ 사회복지기관에서는 청소년 대상의 개별상담과 스트레스 예방 및 관리방법, 약물교육 및 치료 프로그램, 청소년 가족을 위한 가족치료 프로그램 등의 임상 프로그램을 개발하여 실시하고, 필요에 따라서는 정신과나 정신병원에 입원을 의뢰하여야 할 것이다.
➪ 우울증, 자살, 정신분열증, 반사회적 인경장애
➪ 집단따돌림, 청소년 비행

(5) 자살 측면의 실천

자살의 징후를 보이거나 행동에 옮기는 청소년은 3가지 주요 영역, 즉 스트레스, 가족문제, 그리고 심리적 문제를 경험한다.

① 스트레스: 가정불화로 가정의 정상적 기능 상실, 부모의 별거와 이혼 및 사망, 신체적인 학대나 가정폭력, 약물남용, 우울증, 심각한 대인관계 붕괴, 또래들과의 비교에서 느끼는 상대적 열등감 문제, 이성친구에게서 '버림'받음, 원치 않는 임신, 명문대학에 들어가기 위한 성적문제, 졸업 후 취업문제, '과잉성취' 등 다양한 사건은 스트레스를 증가시키고 청소년들에게 자살을 꿈꾸게 한다.
② 가족문제: 가정의 위기와 해체도 청소년 자살의 원인이 된다.
③ 심리적 문제: 우울증을 포함한 낮은 자긍심도 자살의 원인이 된다.

사회복지사의 원조는 구체적으로 두 가지 차원에서 개입하는 것이 가능하다.

직면한 위기에 대처

사회복지사의 원조

스트레스를 상승시킨
또 다른 문제에 주목

① 직면한 위기에 대처: 자살기도의 징후가 있는 사람은 생존을 위한 즉각적인 지원과 지
  지가 필요하다.
② 스트레스를 상승시킨 또 다른 문제에 주목: 자살 위기와 직접적으로 관련이 없더라도
  장기간의 사회복지적 상담에서 다루어야 할 주체이다.

사회복지사는 잠재적으로 자살하려는 사람에게 효과적으로 대처하는 자살징후에 대한 전
문적 반응과 상담에 숙달되어 있어야 한다. 고립되어 자살상황에 있는 사람에게 사용가능한
자원을 얻도록 의뢰한다.

청소년비행은 대개 그 시작이 청소년기 전기에 이루어지며 이에 적절하게 대처하지 못할
경우 비행의 경력이 이어지게 된다. 대부분의 청소년들이 성인기로의 전환을 성공적으로 하지
만 사회복지사들은 이러한 전환에서 어려움을 겪는 문제 청소년들을 대하게 된다. 사회복지사
는 가족 상담소나 청소년 기관을 통해 상담서비스를 제공하기도 하고 반사회적 행동을 한 청
소년들로 집단을 구성하여 지도하기도 하며 법원에서 교정사회복지사로서 활동하기도 한다.
① 청소년 비행: 청소년 비행은 대개 그 시작이 청소년기 전기에 이루어지면 이에 적절하
  게 대처하지 못할 경우 비행의 경력이 이어지게 된다. 대부분의 청소년들이 성인기로
  의 전환을 성공적으로 하지만 사회복지사들은 이러한 전환에서 어려움을 겪는 문제
  청소년들을 대하게 된다. 사회복지사는 가족 상담소나 청소년 기관을 통해 상담서비스
  를 제공하기도 하고 반사회적 행동을 한 청소년들로 집단을 구성하여 지도하기도 하
  며 법원에서 교정사회복지사로서 활동하기도 한다.
② 약물복용이 개인의 가족, 직업 및 기타 사회적 기능수행 능력에 장애를 가져올 때를
  말한다. 약물남용의 원인은 기성세대에 대한 저항과 또래집단에 대한 동일시, 성적 충
  동과 욕구, 학업에 대한 고민, 산업화·도시화로 인한 가치관의 혼란, 향락 중심의 문
  화 등 다양한 요인들의 상호작용으로 볼 수 있다. 약물남용 청소년을 위한 치료와 재
  활 프로그램에는 정신과 의사, 심리학자, 사회복지사, 교사 등 다양한 전문가들의 개입
  이 필요하다. 사회사업적 접근으로는 청소년의 자아를 지지하고 긴장의 처리 능력을
  향상시켜 주는 것이 필요하다. 최근 약물남용 청소년에 대한 집단사회사업의 유용성
  이 논의되고 있다.

제14장

청년기 · 장년기 · 노년기

1. 청년기

1) 청년기의 개념과 특징

- 청년기를 청소년 후기 혹은 성인 초기로 구분하는 경우도 있으나 여기서는 고교졸업 시기 전후를 시작으로 해서 직업을 갖고 결혼하여 부모로부터 완전한 독립을 성취하는 시기까지를 청년기로 본다.
- 청년기 이전은 준비의 시기며, 청년기 이후는 실현과 구체화의 시기이다.
- 신체적 · 지적 측면에서 가장 정점에 있으며, 사회적 측면에서는 사랑하고 보살피는 능력이 심화된다.
- 청년기의 동년배들과 성숙한 관계를 맺고, 사회적 역할을 성취하며, 부모와 다른 성인들로부터 정서 및 경제적 독립을 갖추고 직업을 준비하는 등 다양한 역할탐색과 선택을 하는 시기이다.
- 자아정체감을 이미 형성한 사람은 타인과의 상호관계에 집중할 수 있다.
- 청년기의 가장 큰 변화는 직업준비를 위한 탐색과 결혼이다.
- 자아정체감 형성이 제대로 이루어지지 않는 유형은 다음과 같다.
- ㉠ 정체감 유실(identity foreclosure): 자아정체감 형성을 위한 위기의 과정 없이 부모나 사회의 정체감의 자신의 것으로 받아들인 경우이다. 의사결정을 쉽게 하지만 독립적인 의사결정은 잘하지 못한다.
- ㉡ 부정적 자아정체감: 정체감 유실의 한 형태로 부모나 사회가 요구하는 정체성과 정반대의 정체감이 형성하는 경우이다. 부모나 사회로부터의 부정적 낙인에 의해 더욱 강화된다.
- ㉢ 정체감 혼란: 자신에 대한 이미지가 혼란스럽게 혼재하여 어떤 이미지도 확고하게 받아들이지 못하는 경우이다. 자신이 진심으로 원하는 것을 모르고 선택한 후 그 결정이 무의미하게 되며 결국 만족하지 못하게 된다. 자신에 대한 자신감이 결여되어 있다.
- ㉣ 유예: 정체감 위기상태에 처해 정체감을 확립하기 위한 다양한 노력이 진행되고 있는 상태이다. 대부분의 나라에서 대학시절은 외부의 요구로부터 자유롭게 정체감 형성을

위한 다양한 실험을 할 수 있는 기간으로 인정되고 있다. 이러한 것을 심리사회적 유예기간(psychosocial moratorium)이라 한다.

2) 청년기의 발달

(1) 청년기 발달특징

① 신체발달
- 인간의 신체적 성숙은 청년기에 거의 완성된다. 청소년기의 어색한 모습은 사라지고 신체적으로 균형 잡힌 모습을 갖춘다.
- 최상의 신체적 내부기관은 약 만 19세에서 26세 사이에 최고조에 이른다.
- 신체적 능력과 기술을 규칙적으로 사용하면 청년기 이후에도 기능이 지속된다.

② 인지발달(이인정 · 최혜경, 2008)
- 청년기의 인지발달에 대해서는 아직 학자들 간에 합의된 바가 없다. 피아제는 청소년기에 형식적 조작사고가 발달한 이후 거의 인지발달이 이루어지지 않는다고 보는 반면, 그 이후에도 인지발달이 지속적으로 이루어진다고 보는 학자들도 있다.
- 일반적으로는 아동기와 마찬가지로 피아제의 이론적 틀로 설명하는 경우가 많다. 여전히 형식적 조작 사고가 중심이 되는데 기계적인 암기나 수행속도 등은 10대 후반에서 가장 뛰어나며, 판단, 추론 등은 특정한 시기에서만이 아니라 생애 전반에 걸쳐 발달한다고 본다.

③ 사회정서발달

㉠ 부모로부터의 독립
- 부모로부터 정서 및 경제적 독립을 하는 것이 주요 발달과제 중 하나지만, 부모로부터 독립하는 것에 대한 갈망과 분리에 대한 불안이라는 양가감정을 갖기도 한다.
- 양가감정을 최소화하고 자율성을 획득할 수 있도록 지원하기 위해서는 자녀의 자율성을 인정하고, 가족 의사결정에 참여를 격려하며, 자녀를 독립된 개인으로 이정하는 등 부모의 역할이 매우 중요하다.

㉡ 직업준비와 직업선택
- 청년기는 직업을 통해 경제적으로 자립하고 자신의 인생을 개척해 나가면서 자아실현을 하는 시기이다.
- 청년기에 어떤 직업을 선택하느냐에 따라 성인기의 삶의 방식이 결정될 것이라고 인식하기 때문에 직업선택에 신중을 기하고 자신이 원하는 직업을 갖기 위해 노력한다.

- 직업선택 과정에 영향을 미치는 요인으로는 개인의 능력과 관심, 자신에 대한 부모나 중요한 사라의 기대 등 개인적 요소 등이 있다(이소희 외 2004).

ⓒ 결혼과 가족형성(김명자 외, 2006)
- 청년기의 주요한 사회적 발달과제는 결혼과 가족형성이다.
- 이 시기는 결혼을 하고 자녀를 낳아 부모가 되면서 인생에 정착하는 시기이다. 결혼은 청년기 친밀성과 성숙한 사회관계 성취의 중심에 있다.
- 결혼은 청년기에 친밀감이 형성되고 성숙한 사회적 관계가 확립되면서 배우자를 선택하여 새로운 가족을 형성하는 것으로 사랑의 실현, 정서적 안정, 경제적 안정, 성적 만족, 자녀출산 등에 기여한다.

④ 성적 사회화: 성역할 정체감의 확립
- 아동기에서 청소년기에 이르기까지 자신의 성에 대한 정체감이 재개념화되고 확고해지는데, 청소년 후기에 성역할 정체감이 확고해지는 과정을 성적 사회화라고 한다.
- 성역할 정체감은 사회가 특정한 성에 대해 적절하다고 인정하는 특성, 태도, 흥미와 동일시하는 과정으로, 성에 따른 사회의 역할 기대를 내면화하는 과정이다.
- 성적 사회화의 요소로는 자신이 선호하는 성적 대상을 선택하는 것, 성역할 정체감을 확립하는 것, 적절한 성인의 성역할을 학습하는 것, 성행위에 대해서 이해하고 그 지식을 습득하는 것 등이 있다.

(2) 청년기 발달과제

① 레빈슨(Levinson)의 청년기 발달과제(김남순, 2002)
- 아직 현실에 기반을 두지 못하고 다소 과장된 목표로 구성되어 있는 희망을 명확하게 정의하는 것이다.
- 청년의 목표를 인정해주고, 기술이나 지혜를 가르쳐주며, 자신의 경력에서 전진하도록 영향력을 발휘하는 지도자를 발견하는 것이다.
- 직업을 선택하고 나아가서 경력을 쌓고 발전시키는 것이다.
- 친밀한 관계를 형성하는 것이다.

② 에릭슨의 발달과업
- 이 시기는 에릭슨의 발달단계 중 성인 초기에 해당하며 친밀감 형성이 주요 과제이다.
- 가족 외의 다른 사람들과 친밀한 관계를 형성하는 것은 자신의 정체성을 잃을지도 모른다는 두려움 없이 타인과 개방적이고 지지적이며 조화로운 관계를 형성하는 능력이다.
- 친밀감 형성을 위해서는 감정이입 능력, 자기통제 능력, 타인의 장단점을 수용하는 능

력을 갖추어야 한다.

■ 에릭슨은 청소년기에 긍정적인 자아정체감을 확립한 사람은 좀 더 쉽게 타인과의 친밀한 관계를 형성하지만, 그렇지 못한 사람은 자신감을 갖지 못하므로 타인과의 사회적 관계에서 고립감을 느끼게 되어 자기 자신에게만 몰두하게 된다고 했다.

③ 하비거스트(Havighurst, 1972)의 발달과업

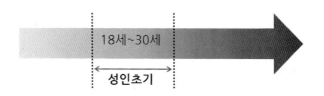

■ 하비거스트는 18세부터 30세까지를 성인 초기로 구분하고 다음과 같은 발달과업을 제시했다.
− 배우자를 선택한다.
− 배우자와 함께 생활하는 방법을 학습한다.
− 가정을 꾸민다.
− 자녀를 양육하고 가정을 관리한다.
− 직업생활을 시작한다.
− 시민의 의무를 완수한다.
− 마음이 맞는 사람들과 사회적 집단을 형성한다.

(3) 배우자 선택과 자녀 출산 및 양육

가. 결혼의 동기
① 개인적 동기: 결혼은 인간에게 개인의 성적 만족과 정서적・감정적 안정을 가져다준다.
② 사회적 동기: 결혼을 통해 사회적으로 종족계승의 기능을 달성토록 하고, 이러한 모든 역할수행을 통해서 사회적 공인을 얻도록 한다.

나. 결혼준비

① 결혼적령기
㉠ 결혼의 필요성을 인정하고 절실하게 민감해지는 시기를 결혼적령기라고 한다.
㉡ 육체적 성숙도는 개인차가 커서 섣불리 판단하기가 곤란하다.
㉢ 평균 초혼연령이 점차 늦어지고 있는 원인으로는 평균교육기관의 연장, 군복무 및 직

장생활의 안정 후 결혼하려는 경향, 여자의 취업기회에 대한 욕구 증가 등이다.

② 결혼에 대한 심리적 준비: 이성교제와 관계가 깊다.
㉠ 애정은 이성을 사귐으로써 생긴다.
㉡ 서로 다른 타인, 동일한 것에 서로 다른 의견을 취할 수 있고, 타인과 동반해서 평생을 살아야겠다는 용기를 갖는다.

다. 배우자 선택 시 고려사항
① 건강: 결혼 전에 서로의 건강을 확인한다.
② 성격: 상대의 성격이 성숙되어 있고, 대인관계에서도 원만한지를 살펴본다.
③ 성장배경: 개인이 자라온 집안의 사회, 경제적 지위를 알아본다.
④ 가치관: 건전한 이념과 가치관을 가진 사람은 자연 행동도 성실하고 책임감이 있다.
⑤ 연령: 시대와 문화적인 환경에 따라 다른 만큼 일률적인 연령기준을 세울 수는 없다.
⑥ 경제적 능력: 가정을 영위해 나갈 수 있는 능력을 말한다.

라. 배우자 선택의 방법
① 중매혼: 가문이나 사회경제적 지위가 중요한 선택 기준이 된다.
② 자유혼: 배우자 선택이 당사자의 의사에 맡겨지는 경우이다.
③ 절충형: 중매혼과 자유혼의 요소가 혼합된 형태이다.

마. 배우자 선택의 결정적 요인
① 근접성 여과: 지리적으로 가까운 것을 의미한다.
② 매력 여과: 신장, 체중, 연령, 용모를 통한 여과이다.
③ 사회적 여과: 당사자보다 부모들에 의해 더욱 강조된다.
④ 상보성 여과: 욕구 및 성격 특성에서 서로 보완되는 정도가 중요시된다.
⑤ 준비성 여과: 결혼 상대자의 범위를 정하는 요인으로 연령을 들 수 있다.

바. 루빈의 배우자 선택 이론(김진원, 2006)

이론	배우자로 선택될 가능성이 큰 사람
근접성이론	학교나 직장 등 지리적으로 가까운 관계의 사람을 배우자로 삼게 될 가능성이 크다.
이상형 배우자이론	개인이 바라는 특성과 특질을 이상적으로 갖춘 인물을 선택한다.
가치의 일치이론	자신의 가치와 의식적이든 무의식적이든 일치하는 사람을 선택한다.
동형배우자이론	자신과 유사한 인종적·경제적·사회적 특징을 지닌 상대를 선택한다.
보완적 욕구이론	자신에게 부족한 특성을 지닌 파트너를 선택하거나 자신이 원하는 유형이 되도록 도와줄 수 있는 사람을 선택한다.
조화이론	자신을 이해하고 받아들이며 유사한 인생철학을 지니고 있어서 원활한 의사소통이 가능할 것 같은 상대를 선택한다.

사. 아담스의 배우자 선택의 4단계(김진원, 2006)

1단계:	상호작용의 가능성과 기회가 있는 사람들 중에서 파트너가 선택된다.
2단계:	상대방에게 자신에 관한 정보를 드러내기 시작하며 관계가 깊어진다. 이 단계에서는 서로 간의 유사성 발견과 대화가 잘 되는 조화적 관계라는 느낌이 관계를 지속하는 데 중요한 요소이다.
3단계:	상호 역할조화와 공감을 발견하는 것이 관계를 지속하는 데 중요한 역할을 한다.
4단계:	상호 간에 많은 부분을 드러냄으로써 자신을 드러내는 위기를 극복했다는 감정이 존재하게 된다. 이 단계를 통해 둘의 관계는 확신을 주는 편안함과 공감이 형성된다.

아. 르위스의 결혼에 이르는 6단계: 배우자를 선택하는 심리적 과정(김태현 외, 2008)

	단계	특징
1	유사성의 단계	상대방의 사회적 배경, 가치관, 성격 등의 유사함을 지각하는 단계
2	리포의 단계	상대방에 대해 긍정적인 평가를 하고 호감과 친밀감을 느끼는 단계
3	자기 개방의 단계	상대방에 대한 신뢰감이 증진되면서 서로 자유롭고 솔직한 자기표현을 할 수 있는 단계
4	역할탐색의 단계	밀접한 관계 속에서 자신의 역할을 구축해가고 상대방의 역할에 대한 기대를 형성하는 단계
5	역할조화의 단계	서로에 대한 역할기대와 역할수행을 조정하여 상호보완적인 조화를 이루어가는 단계
6	상호결정의 단계	서로의 역할을 수용하여 확정하고 한 쌍의 동반자로서의 정체감과 일체감을 느끼는 단계

자. 자녀 출산과 양육

■ 자녀 출산과 양육과정은 새로운 적응이 필요한 급격한 변화를 동반한다.
■ 첫 자녀 출산 이후 부부간에 순조로운 적응을 유지하기 위해서는 부모로서 역할변화에 대한 준비, 육아에 대한 지식, 부부간 역할과 책임에 대한 재조정과 그에 대한 합의 등이 필요하다.

(4) 직업 준비 및 선택

① 직업 준비: 개인의 인성 특성과 사회적·경제적·직업적 현실과의 조화를 맞추는 것이 이상적이다.
② 직업 선택에 영향을 주는 요인: 청년기의 직업 선택을 위해서는 그에 대한 정보도 중요하지만 자신에 대한 올바른 이해가 우선되어야 한다.

(5) 취업과 적응

① 취업을 위한 준비
㉠ 건전한 인생관: 생업인 직업을 선택하는 데 중요한 요건이 된다.
㉡ 직업: 자신의 적성이 직업선택의 절대적 준거가 되어야 한다.

② 직업의 탐색과 선택
㉠ 각 직업 간의 차이와 진로를 알아야 한다.

ⓛ 직업의 선택에 영향을 미치는 요인은 성격으로 표현되기도 한다.
ⓒ 직업을 선택함으로써 성인은 노동력에 편입된다.
③ 직업의 안정: 자기가 추구하는 개인적 욕구와 직업에서의 요구가 일치되어야 한다.

3) 청년기와 사회복지실천

(1) 자율성 확립

- 청년이 취업을 하거나 대학에 진학하는 시기로, 부모는 자녀의 자율적 행동을 신뢰하거나 묵과하는 경향이 많다. 특히 부모와 떨어져 사는 청년은 전적으로 자신의 자율적인 결정에 의존해야 한다.
- 사회복지사들은 자율성 확보를 위한 개별 상담서비스, 다양한 프로그램을 통하여 도움을 줄 수 있다.

(2) 자기주장 능력

- 자기주장 능력은 정체감과 도덕적 관점을 형성하는 핵심부분으로, '자기주장'은 직설적이지만 무례하지 않은 행동을 말한다. 이 능력은 사회복지사와 클라이언트 모두에게 강조되는 능력이다.
- 사회복지사는 클라이언트와의 관계에서 자신의 전문적이고 개인적인 권리를 인식해야 함과 동시에 클라이언트의 권리와 욕구 또한 인식하고 존중하며 인정해야 한다.
- 스스로의 권리와 클라이언트의 권리 모두를 고려하는 것이 바로 자기주장이다. 교육자로서 사회복지사는 클라이언트의 대인관계 효과성을 강화하기 위해 자기주장 원칙을 가르칠 수 있다.

(3) 친밀감 형성 능력

- 친밀감 형성 능력은 청년기에 있어서 좀 더 높은 수준의 사회화 기능과 이성에 대한 적응 기능, 인격도야의 기능, 오락의 기능, 배우자 선택의 기능에 가장 직접적으로 영향을 미치는 중요한 개인적 심리체계다.
- 사회복지실천적 관점에서 친밀감은 청년기 동안의 중요한 생활사건인 이성교제와 결혼에 영향을 미친다.

2. 장년기

1) 장년기의 개념과 신체변화

(1) 개념과 특징

- 중년기 혹은 중장년기라고도 한다.
- 장년기는 경제적인 안정과 다양한 삶의 경험을 통해 지혜를 터득하고 사회적·가정적으로 중요한 역할을 수행하는 시기이므로 인생의 황금기이다.
- 신체적으로는 퇴행이 이루어지므로 신체적 변화가 가지고 오는 심리적 위축과 적응의 문제 등 위기를 극복해야 하는 시기이기도 하다.
- 사람에 따라 장년기는 인생의 전성기가 될 수 있으나 여러 한계성에 대한 부담감으로 인해 많은 위기를 경험하는 시기가 될 수도 있다.
- 장년기(중년기)는 신체적 나이로 38세에서 59세에 해당하는 시기이다.
- 사회적 연령으로는 장년기를 첫 자녀의 사춘기 시작부터 막내 자녀의 결혼 또는 직업 생활에서의 은퇴까지라 할 수 있다.
- 인간의 발달 과정에 있어 장년기가 결정적 시기이며, 장년기는 '샌드위치 시대', '빈 둥지 증후의 시대', '상실감의 시기', '제2의 사춘기' 혹은 '정체성 위기의 시기' 등으로 다양하게 표현하고 있다.
- 장년기를 인생의 전성기로 보는 견해는 신체적·가정적·사회적 지위가 안정적 상태를 유지한다. 융은 장년기를 삶의 무의미함과 공허감이 오는 과도기로 보았다.

(2) 신체변화

① 신체기능의 저하
- 스트레스를 받거나 신체 한 부분에 기능 이상이 있은 뒤 회복능력이 감소한다.

② 생리적 변화
- 심장기능의 저하, 위장관에서의 효소 분비 저하, 변비와 소화불량의 위험, 신장 기능 감소, 전립선 비대 등이다.

③ 에너지 변화
- 에너지 수준이 감소하고 신체적 작업능력이 저하된다.
- 힘든 활동 후 에너지 보충을 위한 시간이 많이 필요하다.
- 질병 회복 시간이 많이 걸린다.
- 급하게 에너지를 쓰는 것보다 인내를 요구하는 일을 더 잘한다.

④ 건강의 변화
- 40대 초반에 신진대사가 저하된다.
- 건강문제가 나타나기 쉽다.
- 고혈압에 따른 여러 성인병의 위험에 노출되어 있다.
- 35~64세의 주요 사망원인으로 암, 심장질환, 사고 및 뇌졸중이 있다.

⑤ 그 밖의 신체 변화
- 외모의 변화: 흰머리, 대머리, 주름, 거친 피부, 지방조직의 재분배로 인한 복부비만 등이다.
- 감각기관의 변화: 시력저하, 청각 신경세포의 둔화가 두드러진다.
- 육체적 힘과 반응시간의 변화: 육체적인 힘이 감소하고, 반응시간의 속도가 느리다.
- 성별에 따라 다른 신체변화: 여성의 폐경기, 남성의 정액과 정자 수가 감소한다.

(3) 인지발달

① 인지적 변화에 대한 상반된 견해
- 신체적 능력의 감소와 더불어 인지적 능력이 감소한다는 견해와 인지적 능력은 감소하지 않으며 오히려 특정 측면의 인지능력은 강화된다는 견해가 대립하고 있다.
- 단기기억력은 약화되어 새로운 것을 학습할 수 있는 능력은 저하되지만, 장기기억력에 있어서는 변화를 발견할 수 없고 오히려 오랜 인생의 경험에서 터득한 지혜 때문에 문제해결능력은 높아진다는 견해가 있다.

② 인지적 특징(이소희 외, 2004)
- 장년기 정신기능의 잠재력은 거의 변함없다. 인지기능은 성인기 후반까지 향상된다. 하지만 많은 사람들이 정신적·신체적으로 적극적이지 못하여 잠재능력에 비해 수행능력이 떨어진다.
- 창조적 생산성이 발달한다. 과학자, 학자, 예술가의 최고의 실적은 보통 40대에 나오며, 60대와 70대에도 높게 유지하는 경향이 있다.
- 통합적 사고능력이 향상된다. 보고, 읽고, 듣는 것을 자신의 학습과 경험으로 통합하여 사고한다.
- 실제적인 문제해결능력이 정점에 달한다.
- 유동성 지능은 떨어지지만, 결정성 지능은 더 좋아진다.

(4) 성격발달

가. 융의 성격발달 이론

융의 이론에 의하면 장년기는 성격의 변화가 일어난다. 장년기는 그동안 성취했던 것과는 다른 활동이나 영역에 관심을 돌리는 시기이자 동시에 자기를 실현하는 과정을 시작한다.

따라서 남성은 여성적인 측면의 발달이, 여성은 남성적인 측면의 발달이 이루어져 성격의 변화가 일어난다.

① 장년기 초기
- 외적으로 팽창하는 시기며, 자아가 발달하고 외부세계에 대처하는 역량을 발휘한다.
- 가정을 이루며 경력을 쌓고 사회적 성공을 얻기 위해 온 힘을 기울인다.
- 대체로 남자는 남성적인 측면을 여자는 여성적인 측면을 발달시키게 된다.

② 장년기 후기
- 외부세계에 쏟았던 에너지를 자기 내면에 돌리려 한다.
- 남녀는 반대의 성적 측면을 나타내는데 남자들은 여성적인 측면을, 여자들은 남성적인 측면을 나타낸다.
- 남자들은 공격적인 야망이 줄어들고 그동안 소홀했던 대인관계에 관심을 갖게 되는 반면, 여성들은 좀 더 공격적이고 독립적이 된다. 이것이 중년 부부의 갈등을 초래하는 원인이 되기도 한다.

나. 개성화
- 개성화/개별화는 중년기에 자아의 에너지를 외적·물질적 차원으로부터 내적·정신적 차원으로 전환시키는 것을 의미한다. 외부세계의 적응이라는 목적이 어느 정도 성취된 인생 후반기에 내면세계로 시선을 돌려 자기를 강화하는 것이 목적이다.
- 개성화 기간 중에는 페르소나, 음영, 아니마, 아니무스에 변화가 생긴다.
- 개성화 과정은 중년기 혹은 그 이후에 나타나며, 이 시기에는 성격 본성의 변화로 인한 냉혹한 위기를 견뎌내야 한다. 개성화된 인간은 자긍심이 높고, 의식과 무의식 수준의 자기를 잘 알게 된다.

(5) 사회정서발달

가. 사회체계와 주요 과업

장년기 사회체계의 과업은 자녀양육, 사회적 주체로서의 성장, 만족스러운 직업 성취, 여가 및 취미 개발, 배우자와의 인격적 관계 수립, 노부모 부양 등이 있다.

① 건강한 가정의 특성
- 가족의 유대
- 가족의 의사소통
- 가족의 문제해결 수행능력
- 가족 구성원 간의 가치체계 공유

② 부부관계
- 가정에서 가장 중심이 되는 체계는 부부이다. 부부관계를 건강하고 활기 있게 유지하기 위해서 부부는 안정과 신뢰, 공감을 성취하도록 노력해야 한다.
- 뉴만과 뉴만은 건강한 결혼관계를 유지하기 위한 조건을 다음과 같이 제시하였다.
- 부부는 각자의 개인적인 성장과 부부로서의 성장에 헌신하여야 한다.
- 부부는 효과적인 대화체계를 개발해야 한다.
- 갈등은 창의적으로 활동해야 한다. 부부의 갈등은 필연적임을 이해하고 의견이 불일치가 있을 수 있다는 것에 동의하며, 갈등을 해결하기 위한 전략을 개발해야 한다.

③ 자녀양육
- 장년기의 자녀는 보통 청소년기에서 독립 시기 사이에 있다.
- 장년기 자녀의 성장에 성공적으로 적응하기 위해 대략 다음 3가지 점에 유의한다.
- 자녀와의 효율적인 의사소통
- 자녀의 학교 교육과 진로 선택의 문제
- 자녀의 독립으로부터 발생하는 부모의 빈둥지증후군 극복

④ 빈둥지증후군(최옥채 외, 2011)
- 자녀가 부모와 떨어져 생활한 적이 없는 가정의 경우, 자녀의 독립은 많은 변화를 가져오게 된다. 이 시기 남편은 일에 몰두하면서 여성이 빈집을 지키게 되고 이로 인해 우울증을 겪는다. 갱년기 우울증과 같은 심리적 상태가 이 시기에 많이 발생하는데, 이러한 현상을 빈둥지증후군이라고 한다.
- 자녀에게 자신을 전적으로 몰입시킨 어머니들은 이제 무엇을 위해 살아가야 할지 모르게 된다. 이때 어머니는 '나는 누구인가?' 그리고 '내 생의 의미는 무엇인가?'라는 물음과 함께 자기 평가를 하게 되는 정체감의 위기를 겪게 된다.

⑤ 노인부양
- 장년기는 부모의 건강이 약화되어 보호를 요하는 시기와 일치한다.
- 장년기 성인의 부모가 만성적인 질병이 있거나 부모 중 한 사람이 사망하면 부모와 자녀의 역할은 전환되어, 장년기 자녀가 부모를 부양하고 보살펴야 하는 역할을 담당하

게 된다.

- 이러한 역할전도는 장년기 자식들에게 심리적으로 충격을 줄 수 있다.

나. 직장의 전환

장년기는 직업생활에서 다른 연령층에 비해 높은 지위를 얻고 그에 상응하는 수입을 얻는다. 반면 어떤 사람들은 장년기에 전혀 다른 직업을 시작하는 경우도 있다. 장년기는 직업적 성취에 대한 열의가 가장 높기 때문에, 직업적 성공에 대한 스트레스도 많은 편이다.

① 직장생활에서 성취감과 리더십 발휘를 위해 유의해야 할 요소

- 직장의 상사나 동료로부터 신임을 얻을 수 있는 대인관계 기술을 습득하여야 한다. 그러한 전술에는 독단, 합리성, 아첨, 제재, 상호교환, 상관에게 호소, 방해, 제휴 등이 있을 수 있다.
- 자신의 직업의 권력 구조를 확인하고 그 구조 내에서 자신의 위치를 확립하여야 한다.
- 직업에 따라 필요로 하는 정보나 기술의 획득을 위하여 부단한 노력이 필요하다.

② 장년기 직업 전환

- 자발적 전환: 개인의 동기나 성격, 취업기회, 가족생활의 안정도 등이 복합적으로 작용한다.
- 비자발적 전환: 개인의 직무수행능력이 상대적으로 지나치게 떨어지거나, 회사나 전체 사회가 경제적 불황상태에 있는 경우에 많이 일어난다.

다. 여가활동 개발

점차 자녀양육기간이 축소되고, 평균수명이 연장되며 조기정년 제도가 시행됨에 따라, 노후의 여가시간이 큰 폭으로 증가하고 있어 여가활용의 문제가 매우 중요한 장년기의 과제로 등장하고 있다.

장년기의 여가활동의 선택에는 다음을 고려하여야 한다.

- 자신의 적성을 고려하여야 한다.
- 가능하면 신체적 건강에 유익한 여가 및 취미활동을 개발하는 것이 좋다.
- 부부가 함께할 수 있는 활동을 개발하는 것이 좋다.

2) 장년기의 발달과업

(1) 에릭슨의 발달과업: 생산성 대 침체

- 생산성이란 다음 세대를 이끌어주고 돌보아주려는 일반적인 관심이다.
- 개인의 사후에도 존속될 사회를 위해 개인적·공적 수준에서 기여하는 능력으로 구체

적인 예는 다음과 같다.

－자녀 출산, 양육, 자손의 성취
－자녀 이외의 젊은이에 대한 관심과 보호
－기술적 생산품, 아이디어, 책, 예술작품 등 창조적인 작업

〈Erik Erikson〉

- 침체란 타인에게 거짓된 친밀성을 갖고 자기에게만 탐닉하는 것으로서, 자기만을 우선적으로 보호하는 것을 말한다.
- 이러한 침체는 주로 직장에서 승진의 탈락, 노부모 부양, 부부 갈등과 이혼 등으로 인하여 무능력을 경험할 때 형성되며, 새로운 기술의 발달과 생활양식의 변화도 장년기 성인이 침체 상태에 이르는 원인이 된다.

(2) 펙의 발달과업

펙(Peck, 1968)은 성인기의 발달에 관해서 성취해야 할 7가지의 과업을 제시하였는데 그중 4가지는 장년기에 성취해야 할 발달상의 중요한 과업으로 다음과 같다.

① 지혜의 중시 대 육체적 힘의 중시

이 시기를 성공적으로 적응하는 사람은 육체적 힘이 쇠퇴해져도 정신적 능력인 지혜가 이를 보완할 수 있음을 인식한다.

② 대인관계의 사회화 대 성적 대상화

이혼이나 배우자의 사망으로 인해 경험하는 사회적·신체적 변화는 대인관계를 성적 친밀성이나 경쟁심보다는 친구 사이를 강조하는 관계로 재정의하도록 한다.

③ 정서적 융통성 대 정서적 빈곤

부모의 사망, 자녀의 독립, 친지의 사망 등에 의하여 정서적으로 관계의 단절을 경험하게 된다. 이때 감정을 다른 사람이나 다른 활동에 재투자하지 못하면 정서적 빈곤을 경험하게 된다.

④ 지적 융통성 대 지적 경직성

- 자신의 견해와 활동에 대한 융통성과 새로운 사고에 대한 수용력이 요구된다.
- 새로운 정보수집을 중단 또는 거부하는 사람들은 지적 성장이 느리고 자신의 삶을 무가치하게 느낀다.
- 반면에 새로운 경험과 배움을 수용하는 사람은 과거의 경험과 더불어 새로운 지혜를 활용할 수 있다.

(3) 레빈슨의 발달과업

레빈슨은 남성과 여성의 성인발달을 따로 연구하였고 그 차이를 밝혔는데, 남성의 발달모델중 성인기에 해당하는 단계는 다음과 같다.

① 성인 초기
- 정신적·생리적인 특성이 절정에 달하는 가장 극적인 시기로서, 가장 활발하고 정력이 넘치지만 동시에 갈등과 모순에 부딪힌다.
- 개인의 주된 관심은 가족보다는 가정 바깥에 있다. 자녀의 부양자인 동시에 부모의 잠재적 부양자다.

② 성인 중기 혹은 장년기
- 지혜와 판단력이 절정에 달하며 일에 몰두한다.
- 제자나 후배의 후견인으로서 그들을 지도하고 이끌어준다.
- 젊은 시절에 설정한 꿈과 현실 사이의 괴리를 발견하고 스스로 추구해오던 목표를 재평가한다.
- 노화의 증상과 신체능력의 감소를 확인하게 되며 다가올 죽음을 생각한다.

③ 성인 후기
- 초기 생애구조를 수정·종결하고, 성인 후기에 적절한 새로운 형태의 젊음을 유지하기 위해 젊음과 나이 사이의 균형을 취해야 한다.
- 남은 에너지를 쏟을 수 있는 새로운 형태의 일과 놀이를 모색한다.
- 여성과 남성의 역할을 엄격히 구분하여 여성이 남성보다 더 어려운 삶을 산다는 것을 강조하였다.

(4) 자기의 확대와 신장

① 장년기의 개인은 자기보다 훨씬 다양해지고 넓은 무대를 개척, 흡수해서 자기 세계를 확대시켜 간다.
② 중년은 다양한 견해나 가치관의 차이를 인정하고, 다양성의 장점을 장려할 정도로 관용스러워지고 편견을 줄일 필요가 있다.

(5) 가치관의 변화

① 장년기는 가치관의 변화를 주도하게 된다.
② 중년은 어린 세대가 창의적이고 생산적이 되도록 자극해야 한다.

(6) 동반자의식이 결실

① 부부가 동료의식으로 발전되어 동반자의식의 결실을 거두는 시기이다.
② 장년기에 들어서서는 밀착된 운명공동체, 동일체의식을 발달시켜 갈 수 있다.

(7) 개인의 발달과업

① 10대 자녀가 책임감 있는 성인으로 성장하도록 도와주는 것
② 성인으로서의 사회적 책임감 있는 성인으로 성장하도록 도와주는 것
③ 성인으로서의 사회적 책임감을 성취하는 것
④ 개인의 직업적 경력에서 만족할 만한 성과를 거두고 유지하는 것
⑤ 여가시간을 활용하는 것
⑥ 배우자와의 관계에서 겪는 장년기의 생리적 변화를 수용하고 적응하는 것
⑦ 노화해가는 부모에 대해 적응하는 것

(8) 신체와 감각의 변화

가. 노화
① 노화의 표시는 신체의 외부에 나타나며, 주로 머리카락과 피부에 나타난다.
② 피부는 탄력성이 줄어들고 늘어지며, 눈 가장자리와 입 주변, 앞이마에 주름이 나타난다.
③ 시각: 40세 이후 원시경향이 나타나고, 밤 운전이 어려워진다.
④ 청각: 고음조의 소리에 청각적 예민성을 상실한다.
⑤ 미각: 미각의 식역이 다소 높아지거나, 미각적 예민성이 다소 감소한다.
⑥ 후각: 노년기에 이르러서야 다소의 쇠퇴를 나타낸다.

나. 여성의 갱년기
① 폐경: 월경이 불규칙해지기 시작하면서 전면적으로 중지되기까지의 기간을 말한다.
② 폐경의 심리적 영향
㉠ 여성 호르몬 상실로 인한 증상: 홍조, 안절부절, 잦은 기분 변화, 우울, 피로와 근심, 호흡곤란 등
㉡ 호르몬 투입요법: 갱년기를 길어지게 하는 결과를 가져왔지만, 암 발생의 위험성도 증대시켰다.

다. 남성의 갱년기
① 남성에게도 폐경과 유사한 것이 존재한다.
② 메타포스 신드롬: 남성의 갱년기에 폐경이라는 명칭 대신 부르는 용어이다.

라. 건강과 질병

① 만성비만: 고혈압, 심장장애, 소화장애, 당뇨병과 그로 인한 합병증 등의 장애를 초래
　한다.

② 만성적 흡연과 음주와 관련된 건강문제들이 장년기에 나타난다.

(9) 성격의 변화

가. 자아개념의 재수립

① 갱년기적 신체변화: 신체적·정신적 능력의 쇠퇴를 경험하면서, 심한 정서적 갈등, 불
　안을 겪게 된다.

② 자녀의 독립: 부모의 물질적·정신적 부담을 덜어주고, 자녀를 키워온 보람을 안겨주
　기도 하나 동시에 갑작스러운 상실감, 손상감 등으로 충격을 줄 수 있다.

③ 긴장감 감소: 사회에서 어느 정도 안정된 지위도 획득했고, 가정생활도 안정을 찾게 되
　면서 자신의 존재의의에 대해서도 재평가를 한다.

나. 발전적 생활태도

① 개방적 태도: 보수의 성향과 진보의 조화점에서 새로운 재창조를 가져올 수 있기 때문
　에 견제와 추진의 양대 세력이 필요하게 되며, 여기에 중년의 개방적 성격이 요구된다.

② 현재 지향적 태도: 장년기는 익숙한 방법을 고수하려는 경향이 있어 자칫 미래지향적
　이 아닌 현재지향적 태도를 취하기 쉽다.

(10) 자기 확대와 성숙

가. 전기능인

① 자기 신뢰

㉠ 로저스는 '자신이 가치 있다고 느끼는 행동은 가치 있는 것으로 믿을 수 있음'이 자기
　신뢰라고 정의했다.

㉡ 자기 신뢰에서 오는 정확한 판단과 가치관으로 중년은 곧 사회의 중심 세력층이 된다.

㉢ 자기 신뢰적인 행동은 보다 합리적이고 건설적이다.

② 개방성: 편견과 왜곡을 스스로 극복할 연령으로서 경험과 인간, 사상 등 세계는 다양성
　으로 가득 차 있고, 이 다양성은 존중되어야 하며 공헌도가 크다는 것을 인정할 만큼
　개방적이다.

③ 창의성: 끝없는 도전을 시도하고 좌절과 실패를 극복하는 의지력을 지녀, 도전하고 개
　척하고 성취하는 과정에서의 흥분과 긴장을 즐긴다.

④ 자유의식: 심리적으로 건강한 사람은 보다 많은 선택과 행동 및 사고에서 자유를 향유

할 수 있다.

⑤ 실존적인 생활태도: 실존적 대도를 취하는 개인은, 그의 자아구조가 개방적이기 때문에, 항상 새로운 경험들을 자기 확대 및 성취로 통합할 수 있고, 그래서 늘 '새로운 자기'를 만들어 나간다.

나. 성숙인

① 성숙인의 행동특성

㉠ 과업지향성: 성취적인 개인은 자기의 능력을 적절하게 활용할 수 있는 일, 보다 의미를 찾을 수 있는 일에 흥미를 느낀다.

㉡ 적절한 모험성: 보다 어렵고 새로운 문제를 좋아하기 때문에 도전하는 일에는 항상 어느 정도의 모험이 포함된다.

㉢ 자신감: 과업을 맡는 과정에서, 자기 능력에 비추어 과업의 수준을 검토하는 과정을 거치고 또 그 일을 성취하기 위해서 모든 관련된 정보를 수집, 분석하는 과정을 거치므로, 나름대로 확실한 계획과 전망을 가지고 임한다.

㉣ 정력적 혁신성: 보다 혁신적인 과업에 흥미를 느끼며, 자기의 창의성을 요구하는 일에는 적극적인 반면에, 단순히 현상유지에 그치는 일에는 관심을 갖지 않는다.

㉤ 자기 책임감: 실패의 원인을 자기 책임으로 돌리고 다음의 과업에 참고로 활용한다.

㉥ 결과에 대한 추구: 과업의 성공, 실패 여부를 불문하고 결과에 대한 구체적이고 객관적인 정보를 추구하며 정확한 판단을 내리려고 한다.

㉦ 미래지향성: 장기적인 계획을 세우고 미래에 얻게 될 만족을 기대하며 자기의 능력과 노력을 투입하는 일에 열중한다.

② 성숙 동기의 육성: 성취동기를 육성받은 사람들은 새로운 일을 시작하거나, 하던 일이 더 확장됐고, 이윤을 더 많이 올렸고, 새로운 생산품을 찾아 적극적인 활동을 했다.

(11) 사회적 공헌

가. 공헌의 의의

① 장년기는 지역사회의 기관, 교회, 학교, 복지기관 등에도 관여하면서 자기 직업에서도 고도의 능률을 발휘하는 시기이다.

② 건강과 능력과 경험의 통합은 창의성, 생산성이라는 형태로 나타나 창의적 활동에서 큰 성과를 거두며 가장 풍부한 업적들을 남기게 된다.

나. 사회의 주역

① 연령상으로는 사회의 중진급에 속하며, 사회생활의 경험으로서도 직장에서 핵심적인 지위를 차지할 때이다.

② 중년들이 발전적 가치관을 갖고 사회를 주도한다면 그 사회가 지향하는 방향도 미래지향적이며 보다 개방적이며 활달한 사회가 될 수 있다.

③ 이 시기의 중년들은 다양하고도 의미 있는 사회활동에 참가하여 중요한 역할을 맡아 수행하면서, 사회적 관심을 보다 성숙시켜 나간다.

다. 사회적 관심의 확대

① 중년은 그가 처한 사회에서의 지위나 담당하는 일의 중요성으로 보아, 이전의 어느 시기보다 이타적인 태도를 취하게 된다.

② 빈부격차의 감소문제, 청소년 범죄문제, 소수 약체계층의 복지문제 등으로 관심이 확대된다.

(12) 중년의 부부관계와 가족생활

가. 동반자의식의 강화

① 동반자의식이 강화되는 이유 내지 조건

㉠ 성인기의 자녀출산과 양육에 대한 육체적·정신적 부담에서 어느 정도 해방될 수 있다.

㉡ 성장하는 자녀로 인한 공통된 만족감을 찾을 수 있다.

㉢ 오랜 기간의 부부생활로 식성, 취미생활 등 여러 특성들이 동질화되어 감에 따라 심리적 공감대가 더욱 넓혀진다.

㉣ 가정생활의 상보적 관계나 역할수행에 익숙해져 있다.

② 반려의 의식을 결실 맺기 위한 부부의 태도

㉠ 상호존중의 태도: 서로를 인격적으로 대우하는 존경과 애정의 태도가 필요하다.

㉡ 내조와 외조: 동반자에 대한 긍지와 자부심을 지니는 계기로 받아들여 서로의 발전을 격려하는 적극적인 자세가 필요하다.

㉢ 일체감의 발달: 양보와 이해, 타협을 모색하고, 노력하는 태도는 자신과 가족을 위해 중요한 의미를 지닌다.

나. 이혼과 재혼

① 이혼의 이유

㉠ 성격적인 불협화와 인생관의 차이: 각자의 지향하는 생활유형이 다르거나 각자 달성하려는 목표에 공통점을 찾지 못할 때, 서로의 공감권이 형성되지 못한 때 이혼을 시도한다.

㉡ 가족관계: 가족 간의 역학적 관계에서 일어나는 갈등, 마찰을 성공적으로 처리할 능력이 없을 때 이혼이 모색된다.

② 이혼관: 최악의 경우에 최후의 해결책이라는 태도에서 시행착오적인 과정으로 보는 태도로 바뀌었다.

(13) 성숙된 부모의 역할

가. 부모의 역할규범

① 부의 역할: 사회의 변화에 따라 전통적인 아버지의 역할은 차츰 그 정도가 흐려지고, 뚜렷이 구분되었던 아버지와 어머니의 역할이 점점 복합되어 가는 경향이 있는데, 아버지의 역할은 대략 다음과 같다.

㉠ 도구적(수단적) 역할을 담당하고 가정의 경제적 담당자로서 생활비를 조달

㉡ 자녀들의 사회적 지위의 표본

㉢ 자녀의 동료적 역할

㉣ 이성적이고 공정한 판단자의 역할

② 모의 역할: 어머니는 자녀의 양육과 사회화에 있어서 보다 중요한 역할을 한다.

㉠ 자녀의 인성형성에 중요한 영향을 미치며, 인성의 형태를 결정

㉡ 자녀의 사회화과정에 있어서 최초의 그리고 가장 장기간의 대행자 역할을 담당

㉢ 자녀에 대해서 표현적(정서적) 역할을 담당

㉣ 자녀의 건강과 위생담당자의 역할

㉤ 교량적 역할

나. 학부모로서의 역할

① 보호자: 장년기의 개인은 자녀의 신체적·지적·정서적·도덕적 발달이 제대로 이루어지도록 보호와 지원을 아끼지 말아야 한다.

② 상담자: 자녀는 학업문제, 친구관계, 이성문제 등에 부딪힐 때 부모의 조언과 협조를 기대한다.

③ 역할교육자

㉠ 자녀는 부모를 동일시하면서 성역할을 학습한다.

㉡ 부모는 자녀에게 이성을 배우는 기회를 제공하는 역할도 한다.

㉢ 편부, 편모의 자녀가 이성에 잘 적응하지 못하는 경우: 이는 편부에게서 딸은 아내의 역할, 어머니의 역할을 학습할 기회가 없었기 때문이며, 편모에게서 아들은 남편과 아버지의 역할을 학습할 기회가 없었기 때문이다.

다. 부모자녀 간의 갈등

① 생활의식의 차이: 연령의 차이에 따른 시대적·문화적 차이에서 오는 갈등으로 이를 해결하기 위해서는 사회의 변화에 적응해야 할 것이며 자녀와 대화로서 융합할 수 있

도록 노력해야 할 것이다.

② 생활양식의 차이: 이상과 현실을 구별하는 기성세대와 이상을 관철시키려는 자녀세대와의 차이에서 오는 갈등으로 부모는 이해와 관용으로 수용해야 할 것이다.

③ 부모의 권위의식: 가족 내에서 부모가 자녀들에 대해서 관장하는 권위는 포괄적이며 무제한적이다. 사회집단에서의 권위적 관계가 부분적이며 공적인 지배임에 반하여 부모의 권위는 전제적인 것이다.

(14) 가족생활의 확장

가. 확장의 의의

① 장년기는 가족관계가 확장되며, 가족집단의 성격이 안정을 찾게 되는 시기이다.

② 사회, 경제적으로 안정된 지위를 획득해감에 따라 가정경제도 어느 정도 안정을 취하고, 자녀들이 성장하여 상급학교에 진학하면서 교육비가 많이 요구되나 이와 더불어 가정의 수입도 계속해서 증가하는 시기여서 적절한 대처가 가능하다.

나. 사회, 경제적 안정

① 중년들은 사회적·경제적 지위가 상승되고, 따라서 수입도 늘게 되어 가정의 경제활동도 보다 윤택해질 수 있다.

② 부모의 사회경제적 지위는 그 가족에 대한 평가기준이 되기도 하는 만큼 사회적 활동의 확장과 지위의 상승은 가족집단으로 하여금 긍지와 자부심을 가질 수 있다.

다. 가족집단의 성격결정

① 가풍의 형성

㉠ 대다수의 한국가정은 선대조상이 구축하여 후손 대대로 지켜지기를 희망하는 정신적인 유산, 즉 가풍을 물려받는다.

㉡ 가풍은 무형적이며, 폭이 넓고도 깊은 것이다.

㉢ 가풍은 이 시기의 중년이 지키고 발전시키고 변모시켜야 할 중요한 과업의 하나이다.

㉣ 어떤 가족에는 가훈이 있는데 이는 그 나름대로의 생활방식으로서 가족집단의 성격을 결정하게 된다.

② 가정환경조성

㉠ 물리적 환경: 가정의 중년이 가진 취향, 기호 작업에 의해 각기 다르게 나타나며 가족 수, 가족유형에 따라서도 다르다.

㉡ 심리적 환경: 흔히 민주적이냐 비민주적이냐로 표현되며, 가족관계에서의 화목 정도, 부모자녀 간의 친밀도, 부부간의 조화 등 다각도, 다면적으로 평가된다.

③ 가족문제

㉠ 고부관계에서의 문제: 한국가족의 구조적 특성과 관련해서 필연적으로 나타날 수밖에 없는 어려운 문제가 되고 있으며, 부부관계에서의 문제도 이 고부관계의 불화에서 기인한 경우가 많다.

㉡ 부모-자녀관계의 문제: 우선 자녀의 사춘기적 증세에서 자녀와 부모가 함께 겪는 문제와 자녀의 학교생활과 진로선택에서 겪는 문제가 있을 수 있다.

㉢ 경제생활에서의 문제: 가족을 부양하는 책임을 지고 있던 가족원의 실직 또는 사업의 실패나 불의의 사고, 질병으로 인한 재난으로 생기는 문제이다.

④ 가족원의 응집력

중년은 여러 가지 예기치 못한 재난에 대비하는 대책들을 마련해두어야 하며, 불의의 재난에 부딪힌 경우에는 전 가족원의 협력과 지원으로 함께 극복하도록 더욱 가족원의 응집력, 일체감을 강화하는 주도적 역할을 해야 한다.

라. 경제적 안정유지와 준비

① 경제적 책임

㉠ 성인 중기는 자녀의 교육과 결혼 등 부모로서 자녀를 위해 짊어져야 하는 경제적 부담을 막 마쳐가는 기간이라고 볼 수 있으므로, 가족대사를 성공적으로 수행하기 위해서 커다란 경제적 부담이 요구된다.

㉡ 가정의 수입, 지출곡선을 비교해볼 때, 수입이 최고에 이르지만 오히려 지출분이 수입분을 초과하는 가정도 많다.

② 은퇴준비와 노후대책

㉠ 자녀양육과 독립까지의 책임을 다한 장년의 부모는 노후대책을 마련해야 하는 과업에 직면하게 된다.

㉡ 은퇴는 경제적으로는 수입의 단절을 의미함과 동시에 심리적으로는 자신의 용도 상실을 의미할 수 있다.

3) 장년기와 사회복지실천

(1) 이 시기의 위기

① 마모어의 4가지 장년기 위기

■ 마모어는 장년기 위기를, 첫째, 신체의 노화, 둘째, 사회적 문화에 대한 스트레스 증가, 셋째, 경제적 스트레스 증가, 넷째, 이별과 상실감으로 인한 정신적 스트레스 증가로

정의하였다.

- 장년기 위기 상황은 많은 심리적 위축과 각종 정신질환의 발현을 이끌기도 한다. 따라서 장년기에 경험할 수 있는 위기를 극복하기 위해서는 보편적 스트레스 상황에 대한 이해와 이에 대한 적절한 대처 방안을 모색하는 것이 필요하고, 위기 상황을 원조할 수 있는 스트레스 대처 프로그램 등과 같은 전문적인 개입이 필요하다.

② 자아문제

- 융은 중년기에 남아 있는 무의식적인 성장 잠재력을 개발한다고 하였다. 이러한 성장 잠재력으로 인해 중년기에 새로운 이익과 가치를 개발하고 국가나 사회적인 일에 능동적으로 참여할 수 있다.
- 과거의 경험과 판단에만 집착하지 않고 자신에게 다가오는 현실 상황을 극복하는 새로운 사고와 대처방식을 발견하고 이를 수용할 수 있을 때 중년기 자아문제와 관련된 심리적 위기를 극복할 수 있다.

③ 성적 변화

- 장년기 성적 변화에 있어서 가장 중요한 영역 중의 하나는, 부부간 성 문제에 대한 효과적인 의사소통이다.
- 많은 전문가들은 장년기의 성적 변화가 보편적인 것이므로 이러한 변화를 배우자와 의사소통하면 서로를 더 잘 이해할 수 있고, 이에 대한 대처 방안을 모색하는 데도 더욱 용이하다고 한다.
- 장년기의 모든 여성과 남성에게는 자신의 연령에서 자연스럽게 경험할 수 있는 성적인 변화를 이해하고 수용한다.
- 이에 대해 긍정적이고 적극적으로 대응할 수 있는 방안을 모색하는 것은 성공적인 삶의 영위를 위해 필요하다.

(2) 장년기 사회체계 측면의 실천

① 가족해체

- 이혼으로 인한 한부모세대의 경제적 생활안정을 위하여 다양한 사회복지 급여 및 서비스가 필요하다.
- 이혼가정 자녀의 건강한 정서적 적응과 유지를 위해 사회복지 전문가는 다음 문제에 주안점을 두고 도와주어야 한다.
- 자녀는 부모의 결혼이 끝났다는 사실을 받아들여야 한다.
- 자녀는 부모가 겪는 갈등에서 한 걸음 물러나, 자신의 생활과 활동에 전념해야 한다.
- 자녀는 부모와의 접촉, 가정상황, 부모의 규칙과 가족의 일상생활 등에서 느끼는 다양

한 상실에 대처해야 한다.

- 자녀는 부모에 대한 분노와 자기 비난이라는 감정을 알고 대처해야 한다.
- 이혼과 관련해서 부모를 용서하고, 분노를 멈추고, 현재와 미래에 대해 충실할 필요가 있다.
- 자녀는 자기와 타인과의 관계에 대해 현실적인 감각을 유지해야 한다.

② 실직

■ 보통 실직한 성인은 휴식단계-구직노력단계-구직에 대한 회의단계-무기력단계의 4가지 심리적 단계를 경험한다.

■ 사회복지사는 장년기의 실직자에게 고용보험 혜택과 재정지원에 관한 상담, 재취업 관련 정보제공과 직업훈련 등 고용관련 서비스, 정서적으로 도움을 줄 수 있는 지지체계의 활성화 등을 제공할 수 있다.

■ 특히 산업현장의 사회복지사는 실직자 또는 조기퇴직자와 그 가족을 위해 예방교육이나 훈련을 위한 의뢰와 상담을 실시한다.

③ 빈곤

■ 장년기 성인은 조기퇴직이나 실업으로 인하여 빈곤해지는 경우가 많이 있다. 노동계층의 사람들은 상대적으로 은퇴에 적절하게 대처할 만한 시간과 재산이 없다. 그러므로 이들은 전문직이나 경영관리직에 종사하는 사람들보다 은퇴 후 사회적·경제적 지위에 있어서 훨씬 심각한 쇠퇴현상에 직면하게 되는 것이다.

■ 이러한 어쩔 수 없는 빈곤상태에 빠지는 이들을 위하여 사회는 사회안전망을 설치하여 빈곤의 악순환을 막고 더 큰 사회문제로 확산되는 것을 예방하도록 노력해야 한다.

(3) 사회복지실천에서의 관심영역

가. 신체적 발달의 관심영역
① 성인병 문제: 의료적 지원과 더불어 사회복지기관에서 건강교육 및 건강 상담 프로그램 담당
② 갱년기 장애로 인한 문제: 다각적인 측면의 상담 실시

나. 심리적 발달이 관심영역
① 가족해체문제: 심리치료 및 시설보호사업
② 자녀와 부모의 이중부양에 대한 부담
- 재정적 부담, 신체적 부담, 정서적 부담의 초래
- 부양의 의무를 대체할 수 있는 제도적 장치와 여가 프로그램 연결

다. 사회적 발달의 관심영역: 실직, 가족해체, 빈곤

－사회사업의 관심대상이 되는 문제: 역할전도

① 장년기 성인들의 부모는 노년기에 접어들기 때문에 자신을 돌보아주었던 부모를 오히려 자신이 돌보아야 하는 역할전도가 발생한다.

② 역할전도는 장년기 자녀에게 심리적 충격을 주기도 하지만, 간병의 필요가 심한 경우에는 장년기 자녀에게 재정적·신체적·정서적 부담을 상당히 주게 될 수도 있다.

(4) 사회복지실천과의 연관성

① 장년기에는 신체의 모든 기관이 쇠퇴하기 때문에 재활을 지원하기 위한 각종 치료 프로그램을 사회복지기관은 제공해야 한다.

② 갱년기 증상이 심한 경우 장년기 성인은 우울증, 불안 등의 대인기피, 알코올중독 등에 빠질 수 있다. 이들을 위한 치료 프로그램을 제공하며, 갱년기 장애를 예방하기 위한 개인 상담, 집단 상담, 가족 상담 등을 지원할 필요가 있다.

③ 장년기에는 모든 인지기능이 저하된다는 편견을 갖고 있기 때문에 이를 지원하기 위한 교육과 상담이 필요하다.

④ 사회복지기관에서는 장년기 위기에 있는 자들을 위한 전문 교육과정의 평생교육과 복지 프로그램을 개발하고 지원해야 한다.

⑤ 사회복지관은 장년기 성인이 안정된 가족생활을 영위할 수 있도록 가족복지 차원의 프로그램을 개발해야 한다.

⑥ 현재 노동부에서는 직업 및 창업 정보 제공, 장단기 무료직업훈련, 취업알선, 사회적응 훈련 등의 서비스를 제공하고 있다.

3. 노년기

1) 노년기의 개념과 발달(Neugaten, 1974)

- 노년기는 65세 이후부터 사망에 이르는 기간이다.
- 보통 노년기는 신체적으로 건강하면서 자립적인 활동이 가능한 노년전기와 신체적·정신적 기능 손상을 경험하기 쉽고 생활의 의존성이 증가하는 노년후기로 구분된다.
- 이 시기에는 신체적 노화와 심리적 변화에 적응해야 하는 과업을 갖는다.
- 쇠약해지는 체력과 건강에 적응하고 알맞은 운동과 섭생, 지병이나 쇠약함에 대해 바르게 대처해야 한다.
- 심리적으로도 적극적인 생활태도를 취미와 여가를 즐기고 퇴직과 수입 감소에 따른

변화에 적응하며 소외감이나 인생의 허무감을 극복하여 인생의 의미를 찾고 배우자의 사망에 대한 마음의 준비가 필요하다.

(1) 신체발달

① 외모
주름이 는다. 기민성과 민첩성이 떨어진다. 어깨는 굽고, 손발이 떨려 움직이기 어려워진다. 모발이 약해지고 정맥혈관이 두드러지게 드러난다.

② 감각(이소희 외, 2004)
- **촉각:** 피부 건조와 주름이 늘면서 거칠어지기 때문에 촉각이 떨어진다.
- **청각:** 일반적으로 고음을 듣는 능력이 가장 먼저 영향을 받는다. 65~79세는 45~64세 때보다 청력의 손실이 5배가량 높고, 남성의 청력 손상 경험이 여성보다 많다.
- **시각:** 대개 수정체, 각막, 망막, 조리개, 시신경의 약화로 초래된다. 어둠과 밝음의 상이한 수준에 적응할 수 있는 시력은 떨어지고, 색채 지각력 또한 줄어든다.
- **미각과 후각:** 미각은 후각과 관련이 있다. 80세 이상에서는 5명 중 4명이 후각 기능에 주요한 손상을 입고 있으며, 1/2 이상은 전혀 냄새를 맡지 못한다. 후각과 미각이 손상된 사람은 식욕을 잃게 되어 종종 영양부족에 시달린다.

③ 치아
잇몸이 수축되고 치아 색깔은 점점 황색으로 변한다. 잇몸질환을 경험하는 노인이 점차 늘어나고 있다.

④ 목소리
후두연골조직이 딱딱해지면서 탄력이 줄어들어 목소리에 힘이 없어진다. 말은 느려지고 말을 멈추는 시간도 길고 잦아진다. 뇌에 병리학적 변화가 있을 경우, 분명해지지 않을 수 있다.

⑤ 골격과 관절
척추 사이의 디스크가 점점 내려앉으면서 키가 조금 작아질 수 있다. 뼈 조직은 화학적 구성의 변화로 다소 엉성해져 잘 부서진다.

⑥ 동질정체기능의 변화
- 동질정체의 뜻: 신체 내부의 환경을 조절하고 안정을 꾀하는 일련의 생리적 기제를 말한다.
- 동질정체의 기능: 체온을 조절하고 적당한 칼슘을 유지시키며, 혈액농도 등을 통제하

는 동질정체의 기능도 노년기에 이르면 점차 비효율적으로 되어 간다.
■ 노인들의 특성: 생리적인 기초대사인 혈액순환이나 호흡, 소화, 배설에 필요한 것 이외에 나머지가 거의 없다고 보아야 한다.

⑦ 기타
■ 항상성의 효과가 줄어들어 생리적인 적응능력이 감소한다.
■ 신경계의 기능적 변화는 거의 없지만, 신경조직의 일부는 점차 섬유세포로 대체된다.
■ 효소작용, 위액, 타액의 양이 줄어들어 소화가 힘들어진다.
■ 폐의 크기가 줄어들어 산소활용이 줄어든다.
■ 심장의 크기가 줄고 심장의 지방분이 늘어나며 심장근육은 늘어지며 말라붙는다.

(2) 인지발달

① 정신운동기술
■ 노인도 젊은이가 할 수 있는 것은 거의 할 수 있지만, 단지 그 속도가 느릴 뿐이다. 자신의 환경을 평가하고, 어떤 결정을 내리고, 그것을 행동으로 옮기는 데 시간이 많이 걸린다. 새로운 자료를 학습하는 속도가 느리고, 기억에서 정보를 도출할 성공률이 줄어든다.
■ 신체운동과 정신활동은 정신운동기술, 특히 속도, 힘, 스태미나 등의 상실을 줄인다.

② 지적 기능
■ 지적 기능이 쇠퇴한다는 주장에는 이견이 많다. 대부분의 지적 능력은 나이가 들더라도 잘 유지된다. IQ 검사에서 노인이 젊은 사람보다 다소 낮은 점수를 받으며, 이 점수는 나이가 들수록 점점 떨어진다.
■ 지적 기능이 노년기에 실제로 떨어지는지는 판단할 수 없다. 지능 점수는 떨어지지만 이것이 지적 능력의 감소를 의미하는 것은 아니기 때문이다. 지적 활동을 계속할 때 지적 능력은 유지될 수 있다.
■ 반응시간이나 시각정보를 운동반응으로 전환하는 능력과 기억·문제해결·정보처리 과정 등을 포함하여 다양한 측면에서 반응속도가 둔화되지만 개인차가 존재하며, 지식과 실용적 능력을 결합한 지혜가 발달한다.

▶노년기의 기억
-기억력은 단기의 기억력이 장기의 기억력보다 감퇴, 들은 것보다 본 것을 기억하는 것이 더 어렵다.
-새로 습득한 정보를 잠시 저장하였다가 더듬어내는 데 어려움을 겪지만 오래 기억하는

장점이 있다.

- 배운 직후에는 많이 잊어버리지만 일단 한번 기억한 것은 오래 기억하는 노인의 특성을 의미하는 것이다.
- 특히 정보가 매우 빠르게 제시되고 전후 관계에 대한 암시가 없는 상태에서 노인의 기억력은 매우 낮다.

(3) 성격발달(이근홍, 2006)

① 내향성과 수동성의 증가: 외부 사물이나 행동보다는 내적인 측면에 관심과 주의를 기울이며, 자신의 사고나 감정에 따라 사물을 판단하고 능동적 문제해결보다는 타인에 대한 의존성이 증가한다.

② 조심성의 증가: 노인 자신이 정확성을 중시하고, 감각능력의 감퇴나 결정에 대한 자신감의 결여로 확실한 것을 추구하는 경향이 강해진다.

③ 경직성의 증가: 자신에게 익숙한 습관적 태도와 방법을 고수하며, 이로 인해 학습능력과 문제해결능력이 저하되는 것이 일반적이다.

④ 우울성향의 증가: 질병, 배우자 사망, 경제사정 악화, 사회로부터의 고립, 일상생활에 대한 통제력 약화, 과거에 대한 회상의 증가로 우울성향이 증가하고, 이로 인한 불면, 무감각, 강박관념, 증오심, 체중감소 현상이 나타나기도 한다.

⑤ 생에 대한 회상의 경향: 과거의 인생을 회상하여 남은 시간에 지금까지 해결하지 못한 것을 찾아서 새로운 해결을 시도하고 새로운 인생의 의미를 발견하려 한다.

⑥ 친근한 사물에 대한 애착 증가: 사용해온 물건에 대한 애착이 증가하며, 이를 통해 과거 인생을 회상하고 마음의 평온을 추구한다.

⑦ 성역할 지각의 변화: 남성은 친밀성, 의존성, 관계지향성이 증가하는 반면 여성의 공격성, 자기주장, 자기중심성, 권위주의 성향이 상대적으로 높아진다.

⑧ 의존성의 증가: 노화가 진행됨에 따라 경제적 의존, 신체적 의존, 정서적 의존, 사회적 의존성이 전반적으로 증가한다.

⑨ 시간전망의 변화: 40세 이후부터 시간전망의 변화가 나타나는데, 남아 있는 시간을 계산하고 시간이 얼마 남지 않았다는 사실을 회피하기 위해서 과거에 대한 회상에 집중하거나 또는 과도하게 미래지향적이 된다.

⑩ 유산을 남기려는 경향: 죽기 전에 자손, 예술작품, 기술, 지식, 재산 등 뭐가를 남기려는 성향이 강해진다.

(4) 지위 및 역할 상실과 적응

① 지위와 역할의 상실

노인은 산업사회의 가장 중요한 직업역할을 상실하므로 지위로 인한 위엄과 명예는 낮아진다. 노인은 퇴직으로 경제적 능력이 약화되고, 이에 따라 사회적 지위도 점차 저하한다.

사회적인 측면에서 노인의 공식적이고 제도적인 역할은 낮아지며, 비공식적이고 희박한 역할은 증가한다.

② 노년의 역할 유형(Rosow 역할 유형)

- **제도적 역할:** 분명한 지위와 역할이 있는 것으로 직업, 가족, 사회계급, 종교단체 등에서 공적인 지위를 맡고 그 지위에 따른 규범적인 역할기대, 책임과 권한, 책임을 이행하지 못했을 경우의 불이익이 있는 경우다. 예) 회사의 부장, 가장, 교회의 집사, 동네에서의 통·반장

- **희박한 역할:** 지위는 있는데 역할이 없거나 있어도 아주 희박하며, 이를 소홀히 한 데 대한 불이익이 매우 적은 상태의 역할을 말하는데, 유명무실한 역할과 무정형적 역할로 구분된다. 예) 원로회원, 명예 이사, 고문

- **비공식적 역할:** 어떤 공식적 지위는 없으나 역할만 있는 형태이다. 어떤 특정의 지위나 위치에 연결되어 있지는 않으나 실제적으로는 어떤 행동을 계속하여 행동 그 자체가 유형화된 상태에 있는 역할 행동. 예) 주동자, 선봉대, 배후조종자, 중재자

- **무역할:** 지위도 역할도 없는 상태인데, 이러한 경우는 생활이 고립적이며 역할 유형으로도 볼 수 없다.

③ 지위와 역할의 상실에 따른 노인들의 대처방식

퇴직 이후 사회적인 역할을 상실한 노인들이 남은 인생을 소일하는 형태는 건강상태, 경제적 능력, 학력수준 등과 밀접한 관련이 있으며 다음과 같이 다양하게 대처하고 있다.

- 근로형: 파트타임, 부업과 같은 노동으로 건강과 인간관계를 유지하는 형이다.
- 한거형: 독서, 그림, 음악, 서예 등으로 취미활동을 즐기는 형이다.
- 사회오락형: 골프, 낚시, 등산, 여행 등으로 취미, 인간관계 유지 및 정보교환을 하며 지내는 형이다.
- 자기완성형: 교양강좌, 토론회, 세미나 등에 참여하여 자아실현을 기하는 형이다.
- 폐쇄형: 건강상 거동이 불편하고 나이 드는 것을 한탄하며 인생을 포기하고 집에 있는 형이다.

(5) 역할변화와 적응

① 조부모 역할(정옥분, 2003; 이근홍, 2006)

- 노년기가 되면 조부모의 역할을 수행하게 되며, 조부모로서의 역할을 통해 자신의 존재가치를 확인하고 성실감을 극복하여, 삶에 대한 의욕적인 자세를 가질 수 있다.
- 조부모로서의 역할을 수행하는 양식과 역할개념은 매우 다양하다. 조부모는 자신의 손자·손녀에게 만족하고 자부심을 느낀다. 조부모 역할은 자신의 전체적인 자아개념과 목적의식에도 긍정적인 의미를 지닌다.
- 성별에 따른 조부모 역할의 차이에서는 할머니가 할아버지보다 손자녀와 더 친밀하고 더 좋은 관계를 유지하는 경향이 있으며, 대리부모 역할을 담당하기가 쉽다고 언급한다. 외조부모가 친조부모보다 손자녀와 더 가까우며 위기 시에 더 많이 관여하는 경향이 있다는 연구도 있다.

〈조부모 역할유형(Neugarten, Weinstein, 1974)〉

역할구분	역할수행의 특성
공식형	손자녀에게 선물을 주고 열중하지만 부모의 역할을 침해하지 않는다.
재미추구형	손자녀를 여가활동의 원천으로 보고, 손자-조부모 상호 간에 만족한다.
대리부모형	부모를 대신하여 손자녀의 육아와 교육을 담당한다.
가족지혜 저장형	가족 내의 권위적 위치를 유지하면서 지식과 기술을 전수한다.
원거리형	휴일 또는 가족의 특별한 의식 외에는 별로 접촉하지 않는다.

- 최근에는 원거리형이 증가하고 있다. 대개 조부모들은 손자녀에 대해 자부심과 만족을 느끼며, 조부모의 역할은 그들의 전체적인 자아개념과 목적의식에 중요한 의미를 지닌다. 손자녀의 존재는 노인이 죽은 후에도 자신의 흔적과 영향력이 지속된다는 것을 의미하며, 이는 노인으로 하여금 자신의 죽음에 대해 편안하게 느끼도록 해준다.
- 조부모의 역할 중 중요한 한 가지는 전통적인 지혜와 문화유산을 손자녀에게 전해주는 것이다. 이 과정에서 조부모는 손자녀가 이해할 수 있는 방식으로 이를 전달하려 노력하게 되며 따라서 조부모와 손자녀의 친밀한 상호작용이 일어나고 조부모의 사고방식이 손자녀에게 영향을 미치게 된다. 또한 조부모는 이러한 역할을 수행하는 과정에서 자신이 삶의 경험이 갖는 의미를 새롭게 발견하게 된다.
- 손자녀의 존재가 노인의 심리적 만족에 중요하므로 손자녀가 없거나 또는 그들과의 관계형성에 실패한 것은 노년기 절망의 원인이 될 수 있으며 손자녀가 없을 때는 다른 어린이들에게라도 에너지를 투자할 수 있다.

② 배우자 사별로 인한 역할변화

■ 노년기에 가장 힘든 역할적응으로, 배우자 상실은 슬픔이나 우울뿐만 아니라 극심한 혼란을 초래한다.

■ 배우자와의 사별에 대한 준비과정이 필요하다. 배우자의 상실은 극심한 정서적 고통과 재정자원의 감소(특히, 여성노인의 경우)를 초래하지만, 자녀나 친구, 또는 다른 의미 있는 활동에의 참여 등을 통해 극복할 수 있다. 홀로 남은 여자 노인들의 경우 재정적 지원의 감소가 문제가 될 수 있다. 따라서 이에 대한 사회적 관심이 필요하다. 대부분 의 노인들이 잘 대처하며, 자녀들과 친구들에게서 지지를 발견하고, 의미 있는 활동에 참여하는 데서 즐거움을 찾게 된다.

지금까지 직업을 중심으로 일상활동, 사회관계, 자아정체감을 형성해왔기 때문에, 은퇴는 개인의 삶의 양식을 바꾸는 중요한 변화이다.

■ 일반적으로 건강하고 안정적인 수입이 있으며, 활동적이고 교육수준이 높고, 사회적 지지를 많이 받고 은퇴 전 생활만족도가 높은 사람이 은퇴에 잘 적응한다.

■ 은퇴는 예측된 사건이므로 사전에 충실하게 준비하면, 퇴직에 대한 적응은 순조롭다.

■ 갑작스러운 퇴직, 직업역할과 자아개념이 밀접하게 관련을 맺은 경우일수록 퇴직 후 삶에 적응하기가 어렵다.

■ 은퇴 후 여러 가지 문제로 스트레스를 받게 되면 자존감과 역할의 상실을 초래한다.

■ 의존자로서의 역할로 전환: 질병과 장애로 인해 더 이상 퇴직자로서의 역할 수행이 힘 들어지면서 간병과 보호를 요하는 노인의 역할로 전환된다.

③ 퇴직자 역할

〈퇴직자의 역할적응 단계(김선아 외 7인, 2006)〉

단계	퇴직자의 생활양상
퇴직 전 단계	- 먼 단계: 은퇴에 대한 막연한 인식을 한다. - 근접 단계: 은퇴를 의식하게 되고, 퇴직 후 생활에 대한 환상을 가지기도 한다.
밀월단계	- 일에서 해방된 것에 도취한다. - 대부분 시간을 자신의 관심사나 흥미와 관련된 영역에 소모한다. - 경제적 지출이 필요하므로 재정상태에 따라 밀월단계 지속기간이 결정된다.
환멸단계	- 밀월단계를 거치면서 퇴직생활이 안정되며 흥미로운 일에 대한 활동이 감소하고 휴식과 이완상태에 이르기도 한다. - 그러나 대다수 퇴직자는 환멸이나 우울을 경험한다.
재지향단계	- 어떤 일을 실천할 가능성을 재고하여 비교적 정확하게 현실을 인식하고, 현실적 생활양식을 선택하려 한다. - 새로운 인간관계에서 자아를 정립해 나간다.
안정단계	- 생활변화를 일상적으로 처리할 수 있게 된다. 예측 가능한 생활을 한다. 비교적 오래 지속되는 단계이다.
종결단계	- 질병이나 장애로 퇴직자 역할이 중단된다. 독립적인 생활이 감소하고 가족의 원조망에 의존하게 된다.

2) 노년기 관련 이론과 발달과업

(1) 성공적 노화이론

성공적 노화는 내적·심리적 측면뿐만 아니라 외적·사회적 측면을 가진다.

① 분리이론
- 노년기는 사회적·심리적으로 철회하는 선천적 경향을 지니고 있다는 주장이다. 장년기의 다양한 역할과 사회관계에서 점차 물러남으로써 반응하는 과정을 분리라고 한다. 분리이론에 의하면 노인들은 외부세계의 사회적 활동으로부터 스스로 철회하고 타인에 대한 관심도 감소한다.
- 이러한 사회적 철회는 자신에 대해 더욱 몰두하고, 대상에 대하여 정서적 관심이 감소하는 노년기의 발달적 성향과 밀접한 관계에 있다. 연령 증가에 따른 개인의 사회적 분리는 인생만족을 증가시키는 중요한 요인이라는 것이 이 이론의 핵심이다.

② 활동이론
- 분리이론과는 반대로 장년기의 능동적이고 적극적인 생활양식을 노년기에도 지속하는 것이 노인들에게 긍정적인 영향을 준다는 주장이다.
- 이 이론에서는 사회적·심리적 분리가 노년기에 일어난다는 것을 인정하지만 노년기 동안의 인생만족은 계속적인 활동과 높은 상관성이 있다고 강조한다. 성공적인 노화를 한 사람은 높은 수준의 사회적·정서적 및 물리적 참여를 유지한다.

③ 성격과 생활양식이론
- 성공적 노화를 효과적으로 설명할 수 있는 포괄적 관점의 이론이다.
- 이것은 노화의 유형과 성공적 노화는 개인의 성격을 바탕으로 한다고 본다.

(2) 노화와 적응의 노력

가. 노화과정
① 컴포트: 노화과정이란 일정한 유전적 프로그램을 점차 소모해가는 과정이다.
② 비렌: 노년기는 역작용을 일으켜 부정적으로 작용해서 노화와 퇴화가 일어난다.

③ 수명에 영향을 주는 요인: 거주 지역, 결혼 여부, 질병, 공해 등의 외적·환경적 요인이다.

나. 은퇴의 의미
① 긍정적인 의미: 은퇴는 후배에게 사회적 책임과 의무, 승진의 기회를 넘겨주고, 막중한 책임과 역할에서 벗어나는 합법적인 기회이다.
② 위기의 의미: 수입 감소, 사회적 지위와 인정, 유대관계의 상실로 자존감과 사기 저하, 외로움과 소외감을 느낄 수 있다.

다. 은퇴 이후의 적응
① 은퇴생활 적응의 3단계
㉠ 신혼기: 여가활동에 몰입하게 되는데, 대략 1년 정도 지속된다.
㉡ 침체기: 정서적 슬럼프에 빠져들게 된다.
㉢ 안정기: 은퇴생활 양식에 적응해간다.
② 은퇴 이후의 다양한 모습: 개인의 건강상태, 경제적 자원, 성격과 같은 요인들이다.

라. 가족 및 친지, 이웃 환경
① 노인 부부 관계: 노년기에는 보다 정서적이고 심리적인 관계에 머무르게 된다.
② 노부모-성인 자녀 관계: 노부모와 성인 자녀 간의 애정을 중심으로 한 상호 호혜적 관계를 형성하는 것은 노년기 생활 만족도와 삶의 질을 향상시키는 데 결정적 영향을 미칠 수 있다.
③ 조부모-손자녀 관계: 평균 기대 수명이 길어지고 부모역할과 조부모역할 수행기간을 연장시키고 있다.
④ 친지, 이웃 관계: 현재와 같은 손자녀 출산 추세는 노년기 부모와 자녀들과의 관계나 교류의 기능을 감소시킨다.

마. 노인의 재인식
① 성숙형: 자신의 활동이나 대인간관계를 통해 생활의 의미를 추구
② 무장형: 노화의 결과에 대한 두려움을 지니고, 이를 잊기 위해서 더욱 왕성하게 활동하려고 노력하는 형
③ 의존형: 생활태도에서 활동성과 능동성을 상실하고 소극적이고 수동적인 태도를 취하는 형
④ 은퇴한 노인은 인생의 마지막 발달단계에서 성숙한 일생을 정리할 수 있도록 해야 한다. 노인은 떳떳하게 여생을 마칠 수 있도록 해야 한다.

(3) 비애와 죽음의 관리

가. 비애의 관리와 죽음에 대한 교육

상실을 애통해하고 슬퍼하는 것을 일정한 시간 내에 끝내야 한다는 생각은 잘못이다. 죽음에 대한 정상적인 애도과정은 일생에 걸쳐 이어질 수도 있다. 가까운 사람의 죽음을 경험했을 때 우리는 울거나 우울해하면서 매우 깊은 슬픔을 경험한다. 점차 시간이 지나면서, 그 상실에 대해 생각하지 않고, 더 이상 슬퍼하지 않게 된다.

살아가면서 그 상실을 떠올리게 하는 일을 경험할 수도 있다. 그러면 다시 슬픔에 빠지게 된다. 그때에는 애도기간이 점차 짧아지고, 빈도가 줄어들며, 강도도 점차 줄어든다.

나. 비애과정

① 퀴블러 로스 모델

정신과 의사인 퀴블러 로스는 시카고 대학병원에 입원한 중환자를 대상으로 연구한 결과, 죽음에 이르는 과정에서 몇 개의 심리적 단계를 거친다는 것을 제시하였다.

〈비애과정: 부인 → 격노와 분노 → 협상 → 우울 → 수용〉

부인	불치병이라 인정하지 않고 의사의 오진이라 생각한다. 사실로 받아들이지 않는다.
격노와 분노	"왜 하필이면 나에게……"라고 생각하며 가족이나 의료진에게 분노를 터뜨린다.
협상	상실의 전부 또는 일부를 다시 회복하여 어떤 불가사의한 힘과 협상하고자 한다.
우울	"너무 슬프고, 끔찍하고, 어떻게 살아갈까……"라고 생각한다. 이별할 수밖에 없다는 데서 오는 주변 사람과 일상생활에 대한 애착을 보이고, 이런 것들과 헤어져야 한다는 점 때문에 우울증이 나타난다.
수용	사실을 받아들인다. 죽음 자체를 수용하고, 마음의 평화를 회복하여 임종에 직면한다.

② 웨스트버그 모델

비애과정 중 웨스트버그 모델: 충격과 부인 → 감정 분출 → 분노 → 병 → 공포 → 죄책감 → 우울과 외로움 → 재돌입의 어려움 → 희망 → 현실 확증

- 충격과 부인: 실제로 아무런 감정이 없는 충격 상태로, 아무 일도 없는 것처럼 행동한다. 사실을 부인하는 것이다.
- 감정 분출: 사실이 자명해지면서 울거나, 소리 지르거나, 탄식하는 등 고통을 표현한다.
- 분노: 신에게 분노하거나 죽은 사람에게 분노하는 등 화를 내게 된다.
- 병: 비애는 스트레스를 유발하기 때문에 관련 질환에 걸릴 가능성이 있다.
- 공포: 악몽, 억제할 수 없는 감정, 일상 책무에 집중하지 못하는 어려움이 공포를 유발하게 된다.
- 죄책감: 미연에 방지하지 못했다는 등 죄책감을 경험하게 된다.
- 우울과 외로움: 매우 슬프고, 고독함과 고립감을 경험한다.
- 재돌입의 어려움: 삶의 제자리를 찾으려고 노력하지만 과거에서 벗어나지 못해 새로운

활동을 하는 데 방해를 받는다.
- 희망: 점차 삶의 제자리를 찾으려는 희망을 갖게 된다.
- 현실 확증: 삶의 자리를 찾고 과거에 대한 통제감을 회복한다.

다. 자아통합과 죽음: 죽음에 대한 태도

노년기에는 죽음에 대한 심각한 두려움과 의문을 갖게 되는데, 이는 두 가지 측면에서 형성된다. 첫째는 자신의 죽음이며, 둘째는 가까운 사람들의 죽음이다. 죽음에 대한 두려움을 갖는 것은 자연스러운 현상인데, 이러한 두려움은 ⊙ 죽는 과정에 관련된 두려움(죽는 과정의 고통, 자신의 고통을 남들이 본다는 생각, 혼자서 죽음을 맞을지도 모른다는 생각, 자신에 대한 지배력을 상실한다는 두려움)과 ⓒ 죽음의 결과에 관련된 두려움(죽은 후 자신이 잊힐 것이라는 생각, 가까운 사람들의 슬픔, 사후세계에 대한 두려움)이라는 두 가지 측면에서 발생한다. 노년기에는 자신뿐만 아니라 가족이나 친지, 동료의 죽음에 대해서도 대응해야 한다. 가까운 사람의 죽음은 심각한 정서적 고통을 안겨주며 자신의 건강에 대해 무관심하게 만든다. 가까운 사람의 죽음에 따른 정서적 고통을 애도(bereavement)라 하는데, 애도의 과정을 건강하게 통과해 가기 위해서는 ⊙ 죽은 사람과의 정서적 유대로부터 벗어나야 하며, ⓒ 이제 그 사람이 존재하지 않는 환경에 적응해야 하고, ⓒ 새로운 관계를 형성하도록 노력해야 한다.

(4) 노년기의 발달과업

가. 에릭슨의 통합성

① 자아통합
- 통합성은 일생 동안 일어났던 사실들을 두려움 없이 수용하며 죽음에 직면할 수 있는 능력이다.
- 자아통합은 자신의 인생을 수용하고 갈등, 실패, 실망 등을 성공, 기쁨, 보람 등과 함께 전체의 삶 속에 통합시키는 것이며, 이것이 이루어져야 죽음을 두려움 없이 맞이할 수 있게 된다.

② 절망
- 자기 과거에 대한 지속적인 후회를 의미한다. 절망감을 느끼는 사람 대부분은 자신의 인생을 불완전하고 충족되지 못한 삶으로 간주하기 때문에 죽음을 수용하기 어렵다.

나. 펙의 심리적 적응
- 펙은 노년기에 심리적으로 적응해야 할 과업으로 다음 3가지를 제시했다.
① 직업역할 몰두에서 → 자기 분화로 전환: 퇴직의 상황에 빨리 적응하고 새로운 활동에

서 만족을 얻을 수 있도록 자기 가치가 재평가되어야 한다.

② 신체 몰두에서 → 신체 초월로 나아가기: 노화로 인한 건강상태와 외모의 변화에 초월함으로써 인간관계와 창조적 정신능력에서 행복을 정의할 줄 안다.

③ 자기 몰두에서 → 자기 초월로 나아가기: 죽음에 직면한 상황에 적응하여 죽음을 긍정적으로 수용하고 성공적인 노화를 이룬다.

다. 하비거스트의 발달과업

생의 발달단계는 생의 주기에 따라 6단계로 구분되고 각각의 발달단계에 주어진 과업을 그 단계에 완수하면 행복해지고 다음 단계의 발달과업도 잘 수행할 수 있다.

▶노령기의 발달단계(하비거스트)

－신체적 힘과 건강의 약화에 따른 적응

－퇴직자의 경제적 수입 감소에 따른 적응

－배우자의 죽음에 대한 적응

－자기 동년배집단과의 유대관계 강화

－사회적 역할을 융통성 있게 수행하고 적응하는 일

－생활에 적합한 물리적 생활환경의 조성

라. 적응발달과업이론(클라크와 앤더슨)

－노령기에 누구나 직면하게 되는 5가지의 적응과업

① 노화의 현실과 이로 인한 활동 및 행동에 제약이 오는 것을 자각하는 것

② 신체적 및 사회적 생활반경을 재정의하는 것

③ 노화로 인한 제약 때문에 종전처럼 만족시킬 수 없는 욕구를 다른 방법으로 만족시키는 것

④ 자기의 평가기준을 새로이 설정하는 것

⑤ 노령기의 생활에 맞는 생활의 목표와 가치를 재정립하는 것

마. 적응의 노력, 노인의 재인식

① 성숙형: 자신의 활동이나 대인간관계를 통해 생활의 의미를 주+

② 무장형: 노화의 결과에 대한 두려움을 지니고, 이를 잊기 위해서 더욱 왕성하게 활동하려고 노력하는 형

③ 의존형: 생활태도에서 활동성과 능동성을 상실하고 소극적이고 수동적인 태도를 취하는 형

④ 은퇴한 노인은 인생의 마지막 발달단계에서 성숙한 일생을 정리할 수 있도록 해야 한다. 노인은 떳떳하게 여생을 마칠 수 있도록 해야 한다.

3) 노년기와 사회복지실천

(1) 심리체계 측면의 실천

① 죽음에 대한 태도

노인들은 자신의 죽음뿐 아니라 가족이나 친지의 죽음에 대해서도 수용해야 한다. 개인의 죽음은 다양한 정서적 반응과 예측할 수 없는 반응을 보일 수도 있으므로 죽음의 과정에서 원조하는 전문가는 광범위한 개인차를 인식하고 죽음을 수용하는 단계로 나아가 편안하고 준비된 죽음을 맞이할 수 있도록 도와야 할 것이다.

② 자아통합과 죽음

에릭슨의 이론에 근거하여 자신의 과거 사건을 재구조화하는 인생회상 기법을 사용하여 과거 경험으로 점진적으로 되돌아감으로써 과거의 왜곡된 경험을 해결하고 통합할 수 있으며, 마지막 발달과업인 자아통합 대 절망의 위기를 해결할 수 있다.

노인들을 대상으로 활발하게 적용할 수 있으며 노인들의 성공적인 노화과정을 원조할 수 있다.

③ 호스피스

죽음을 앞둔 말기 환자에 대한 지원은 호스피스가 있다. 호스피스 활동은 그 대상과 상황에 따라 다양하지만 대략 다음과 같은 목표를 가진다.
- 첫째, 적절하게 고통을 조절하는 것으로 환자의 고통과 공포를 완화한다.
- 둘째, 수명을 연장하는 첨단기술을 피한다.
- 셋째, 환자에 대한 심리적 지원을 하는 것으로 죽어가는 환자에게 편안함과 평화를 주는 것을 의미한다.
- 넷째, 사망 이전과 이후 유족에 대한 지원으로, 도움이 필요한 경우 호스피스 활동을 전개할 수 있어야 한다.

④ 그 밖의 원조

노년기의 주요 심리적 위축 문제의 해결을 원조할 수 있는 지지적 상담 프로그램, 노인의 고독과 소외를 극복할 수 있는 사회교육 프로그램 등을 실시할 수 있고, 특히 치매 등과 같은 신체적·심리적 문제를 경험하는 노인과 그 가족을 위한 전문적 치료프로그램, 주간보호 및 단기보호 프로그램, 각종 상담 및 교육프로그램, 그리고 가정봉사원 파견 프로그램 등을 실시할 수 있다.

고령 환자의 특징은 많은 중증질환이 정신, 신경 증상을 나타낸다. 수분, 전해질 대사이상이 생기기 쉽다. 사회환경적인 요소에 의해서 지배되는 경우가 많다. 치유가 불가능한 경우가 많으므로 보살핌에 두고 있다.

(2) 사회체계 측면의 실천

일반적으로 노년기에 경험하는 삶의 쟁점들은 노인의 4고, 즉 빈곤, 질병, 고독, 역할상실을 의미한다.

① 소득감소와 경제적 의존

노인의 경제적인 여건은 매우 어렵다. 연금제도와 공적 경로연금제도 등 사회보장제도의 미성숙 등이 빈곤을 야기시키며, 한국의 노인문제에서 해결해야 할 과제로 지적하고 있다. 노인의 소득을 증가시키기 위해서 소득 획득의 기회를 제공할 수 있는 프로그램 개발이 중요하다. 노인을 위한 서비스로는 노인 취업 서비스, 노인 능력은행, 공동작업장, 노인 직종 보호프로그램 등이 있다.

② 건강약화와 보호문제

만성질환 등을 앓고 있는 노인에게 가장 큰 문제가 되는 것은 의료비 부담으로 인한 경제적인 문제며, 그다음이 교통문제와 의료기관을 방문하고자 할 때 도와줄 사람, 간호와 일상생활을 수행하는 데 도움을 줄 사람이 필요하다는 것이다.

노인은 다른 연령 계층에 비해 건강 상태는 나쁘고 질병 경과가 장기간에 걸쳐서 악화되는 경향을 보인다. 각종 건강 상담과 교육 및 스포츠 건강 프로그램의 개발과 실시 등은 노년기 건강 유지와 질병 예방을 위한 구체적 의료복지 대책이 될 수 있다.

③ 역할의 상실과 여가활동

역할 및 지위의 상실, 사회참여 기회의 상실 등으로 인한 고통은 노인들의 여가문제를 제기하고 있으며, 이러한 노인들의 여가문제는 노인복지에 있어서 중대한 문제로 되고 있다.

노인들의 대표적인 여가활동 공간인 경로당과 노인복지관의 경우 규모와 재정상태가 열악하고 비조직적으로 운영되고 있기 때문에 활성화된 여가활용 프로그램이 거의 없고 단순한 여가시설에 머물고 있는 실정이다.

④ 사회심리적 고립, 고독과 소외

노년기에는 배우자와 친구 등의 죽음을 통해 상실감과 고독, 소외감을 느끼게 된다. 이런 고독과 소외의 문제를 극복하고 효과적인 여가활동을 도모할 수 있는 프로그램을 개발할 수 있어야 한다.

⑤ 노인의 성문제

노인의 성에 대한 무지와 편견을 극복하고 문제를 해결하기 위한 다양한 사회적 체계를 마련하는 것이 필요하며, 사회복지적 측면에서의 대책으로 성에 대한 올바른 정보 제공, 재혼을 위한 상담사업 및 프로그램 제공, 노인의 성에 대한 전문상담소나 성 상담전문가 육성을 제시하고 있다.

⑥ 노인 학대

노인보호를 위한 서비스 및 학대예방을 위한 제도적 장치의 보완이 필요하며, 노인 학대를 방지하기 위한 가족의 수발을 보충·지원할 수 있는 서비스체계의 정비가 필요하고, 노인부양에 관한 사회적 원조체계 구축이 요구된다.

참고문헌

1급사회복지사시험연구회. 2008. 『인간행동과 사회환경』. 서울: 나눔의 집.

강경미 외 8인. 2003. 『영유아 발달과 교육』. 서울: 양지출판사.

강봉규. 『발달심리학』. 서울: 정훈출판사. 1994.

계영애 외 공저. 『유아교육개론』. 정민사. 2005.

공계순 외 5인. 2006. 『아동복지론』. 서울: 학지사.

곽형식 공저. 2002. 『인간행동과 사회환경』. 서울 형설출판사.

권석만. 2004. 『젊은이를 위한 인관관계의 심리학』. 서울: 학지사.

권육상·이명재. 2004. 『인간행동과 사회환경』. 서울: 대영문화사.

권중돈·김동배. 2005. 『인간행동과 사회환경』. 서울: 학지사.

김경중 외 공저. 1998. 『아동발달심리』. 서울: 학지사.

김규수 외 6인. 2002. 『인간행동과 사회환경』. 서울: 나눔의 집.

김남순. 2002. 『성격심리학』. 서울: 교육과학사.

김동규. 1998. 『리비도의 발달과정과 성격형성론』. 서울: 교육과학사.

김명자 외 7인. 2006. 『아는 만큼 행복한 결혼 건강한 가족』. 서울: 숙명여자대학교 출판국.

김선아 외 7인. 2006. 『인간행동과 사회환경』. 서울: 대왕사.

김성민. 2002. 『융의 심리학과 종교』. 서울: 동명사.

김성이·조학래·노충래. 2004. 『청소년복지학』. 서울: 집문당

김영모 편. 2001. 『지역사회복지론』. 서울: 고헌출판부.

김영모·홍금자·김진이. 2000. 『인간행동과 사회환경』. 고헌출판부.

김영호 외 3인. 2004. 『사회문제론』. 서울: 정목출판사.

김영화 외. 2001. 『인간과 복지』. 서울: 양서원.

김정자. 「편부모 가족의 지원방안에 과한 연구」. 『여성연구』. 3:1, 1995.

김종옥·권중돈 편. 『집단사회방법론』. 홍익재, 1993.

김종일 외. 2004. 『사회문제론』. 서울: 정목출판사.

김진원. 2006. 『인간행동과 사회환경』. 참복지머슴.

김태련·장휘숙. 1998. 『발달심리학』. 서울: 박영사.

김태현 외. 2008. 『사회변화와 결혼』. 부천: 성신여자대학교출판부.

김필진. 2007. 『아들러의 사회적 관심과 상담』. 서울: 학지사.

김현택 외 저. 2003. 『현대 심리학의 이해』. 서울: 학지사.

심혜숙. 2005. 『가족치료 이론과 기법』. 서울: 하지사

류상렬. 2004. 『지역사회복지론』. 서울: 형설출판사.

류종훈. 2004. 『사회복지실천적 인간행동과 사회환경』. 서울: 동인.

문화관광부. 2010. 『청소년 백서』. 문화관광부.

박량규. 2002. 『아동발달과 발달장애』. 서울: 도서출판 특수교육.

박종수. 2005. 『분석심리학에 기초한 이야기 심리치료』. 서울: 학지사.

박차상 외. 2002. 『한국노인복지론』. 서울: 학지사.

박태영. 2003. 『지역사회복지론』. 서울: 현학사.

사회복지사수험연구회. 2009. 『인간행동과 사회환경』. 교육개발연구원.

설영환 역. 2007. 『융 심리학 해설』. 서울: 선영사.

성영혜 공저. 2003. 『영유아 발달의 이론과 실제』. 서울: 동문사.

손광훈. 2008. 『인간행동과 사회환경』. 서울: 공동체.

손병덕 외 5인. 2005. 『인간행동과 사회환경』. 서울: 학지사.

송 복. 1991. 『조직과 권력』. 서울: 나남출판.

송길연 · 유봉현. 2005. 『발달 이론』. 서울: 시그마프레스.

송명자. 1995. 『발달심리학』. 서울: 학지사.

신석기. 2007. 『심리검사의 이론과 실제』. 서울: 서현사.

엄신자. 2007. 『인간행동과 사회환경』. 서울: 인간과 복지.

예하미디어 편집부. 2006. 『요점 인간행동과 사회환경』. 서울: 예하미디어

오오무라마사오. 2004. 『3일 만에 읽는 심리학』. 박선무 · 고선윤 역. 서울: 서울문화사.

유효순. 2000. 『아동발달』. 서울: 창지사.

윤순임 외. 1995. 『현대상담. 심리치료의 이론과 실제』. 서울: 중앙적성출판사.

윤영애. 2007. 『행동수정. 전문상담교사 1급 양성과정 강의안』. 충남: 백석대학교.

윤현영 · 최해영 · 강진구. 2005. 『가출청소년 쉼터 실태조사』. 한국청소년쉼터협의회.

이영 · 조영순. 1997. 『아동의 세계』. 서울: 양서원.

이광자 · 엄신자 외. 1995. 『21세기의 사회학』. 서울: 학지사.

이근홍. 2006. 『인간행동과 사회환경』. 서울: 공동체.

이명숙. 2002. 「아동학대 관련법에 관한 고찰」 한국아동복지학회 제4회 워크숍자료집.

이무석. 2003. 『정신분석으로의 초대』. 서울: 이유.

이부영. 2004. 『분석 심리학』. 서울: 일조각.

이상로 · 이관용. 1992. 『성격의 이론』. 서울: 중앙적성출판사.

이성진. 2001. 『행동수정』. 서울: 교육과학사.

이성진 · 이찬교 · 정원식 공저. 1990. 『교육과 심리』. 서울: 한국통신대학출판부.

이소희 외 13인. 2004. 『사회복지개론』. 서울: 학현사,

이소희 외 공저. 2005. 『인간행동과 사회환경』. 서울: 학현사.

이수원 외. 1992. 『심리학, 인간의 이해』. 서울: 정민사.

이시형 · 여인중. 2002. 『이시형과 함께 읽는 프로이트 2』. 서울: 중앙M&B.

이인정 · 최해경. 2008. 『인간행동과 사회환경』. 파주: 나남출판.

이창재. 2008. 『프로이트와의 대화』. 서울: 학지사.

이현섭. 2002. 『아동발달심리』. 서울: 학지사.

이효선 & Garz, D. 2012. 『인간행동과 사회환경』. 파주: 정민사

이훈구 외 6인. 2005. 『인간행동의 이해』. 서울: 한미문화사.

임은희. 2005. 『인간행동과 사회환경』. 서울: 양서원.

임의영. 1993. 『스키너의 행동주의적 인간관』. 서울: 문학과 지성사.

임창재. 1999. 『교육심리학』. 서울: 학지사.

임춘식. 2001. 『현대사회와 노인문제』. 서울: 유풍출판사.

장인협 외 4인. 1990. 『인간행동과 사회환경』. 서울: 집문당.

장휘숙. 2004. 『청년심리학』. 서울: 박영사.

장휘숙 · 전생애. 2009. 『발달심리학』. 서울: 박영사.

전남련. 2004. 『영유아보육개론』. 서울: 형설출판사.

정옥분. 2003. 『성인발달의 이해: 성인 · 노인심리학』. 서울: 학지사.

_____. 2003. 『청년발달의 이해』. 서울: 학지사.

_____. 2004. 『발달심리학: 전 생애 인간발달』. 서울: 교육과학사.

_____. 2005. 『영유아 발달의 이해』. 서울: 학지사.

정옥분 · 전생애. 2007. 『인간발달의 이론』. 서울: 학지사.

정지웅 외. 2000. 『지역사회학』. 서울: 서울대학교출판부.

조복희 · 정옥분 · 유가호 공저. 1998. 『인간발달: 발달심리적 접근』. 서울: 교문사.

조선화 외 5인. 2003. 『청소년과 인간관계의 이해』. 서울: 양지.

조성환. 2009. 『MBTI 내 성격은 내가 디자인한다』. 서울: 부글북스.

조은숙. 2004. 『현대인의 정신건강』. 서울: 법문사.

조흥숙 외. 2000. 『여성복지학』. 서울: 학지사.

조흥식 · 김혜래 · 신은주. 2010. 『인간행동과 사회환경』. 서울: 학지사.

지은구. 2005. 『사회복지행정론』. 서울: 청목출판사.

최경숙. 2006. 『아동발달 심리학』. 서울: 교문사.

최미현 외 5인. 2000. 『영유아보육의 이해』. 서울: 창지사.

최보가 외 5인. 2001. 『영유아 발달』. 대구: 정림사.

최순남. 2002. 『인간행동과 사회환경』. 서울: 법문사.

최옥채. 2001. 『사회복지실천론』. 서울: 양서원.

최옥채 · 박미은 · 서미경. 2011. 『인간행동과 사회환경(제4판)』. 서울: 양서원.

최윤미 외 11인. 2004. 『현대청년심리학』. 서울: 학문사.

한국사회사업연구회. 2008. 『인간행동과 사회환경』. 서울: 나눔의집.

한은숙. 2003. 『영유아 발달과 교육』. 서울: 정민사.

홍숙기. 2002. 『성격심리』. 서울: 박영사.

Adler, A. & Orgler, H. 1992. 설영환 역. 『아들러심리학해설』. 서울: 선영사.

Adler, A. 1907. *A Syudy of Organ Inferiority and Its Psychical Compensation*: A Contribution to Clinical Medicine, New York: Nervous and Mental Disease Publishing Co.

Adler, A. 1927. *The Practice and Theory of Individual Psychology*. New York: Harcourt, Brace & World.

Adler, A. 1930. *The Parrern of Life*. New York: Holt, Rinehart. & Winston.

Adler, A. 1931. *What Life Should Mean to You*. Boston: Little, Brown, & Co.

Adler, A. 1956. *The Individual Psychology of Alfred Adle*r: A systematic Presentation in Selection from His Writings, Ansvacher, H. L. & Ansvacher, R. R.(Eds.), New York: Basic Books.

Adler, A. 1979. *Superiority and social Interest*: A Collection of later Writings. 3rd rev. ed. H. L. Ansbacher, & R. R. Ansbacher, Eds.. New York: Norton.

ALLEN, Bem P. 2000. *Personality Theories. Development, Growth, and Diversity* (Third Edition). Boston: Allyn and Bacon.

Allport, G. W. 1961. *Pattern and growth in personality*. New York: Holt, Rinehart and Winston.

Anderson R, Carter I, Lowe GR. 1999. *Human behavior in the social environment*: A social systems approach (Fifth Edition). Hawthorne. N.Y.: Aldine de Gruyter.

Ansbacher, H. L. Ansbacher R. R. Eds. 1956. *The Individual Psychology of Alfred Adler*. New York: Basic Books.

Ashford, J. B., Lecroy, C. W. & Lortie, K. L. 2001. *Human Behavior in the Social Environment*. 2nd ed. Belmont: Brooks/Cole, Thomson Learning.

Atchler, R. C. 1998. *Social Forces and Aging*: An Introduction to Social Gerontology, 5th ed, Belmont, C.A.: Wadsworth Publishing Co.

Auit, R. L. 1982. 『아동의 인지발달』. 곽금주 역, 1989. 서울: 중앙적성출판사.

Bakalinsky, Rosalie. 1995. *The small Group in Community Organization Practice*. Jack Rothmanm John L. Erlich, Jon E. Tropman, Eds. Strategies of Community Intervention. illinois: F. E. Peacock Publishers.

Bales, R. F. 1970. *Personality and Interpersonal Behavior*. New York: Holt, Rine hart & Winston.

Baltes, P. B. & Schaie, K. W. 1974. "*Aging and the IQ: The Myth of the Twilight Years*", psychology Today, 7.

Bandura, A. 1977. *Social learning theory*. Englewood Cliffs, NJ: Prentice Hall.

Bandura, A. & Walters, R. H. 1963. *Social learning and personality development*. New York: Holt, Rinehart & Winston.

Bardill, D. R. & Ryan, F. J. 1983. *Family Group Casework*. Washington D.C.: National Association of Social Workers.

Barker, R. L. 1999. *The social Work Dictionary*. 4th ed. Washinton D.C.: NASW press.

Bem, S. L. 1975. *Sex-role adaptability*: One consequence of psychological and rogyny Journal of personality and Social Psychology, 31.

Berk, L. E. 1999. *Infants, children and adolescents*, 3rd ed., Boston: Allyn & Bacon.

Bischof, L. J. 1976. *Adult psychology*(2nd ed.), N. Y.: Harper and Row.

Blau, P. M. & Scott, W. R. 1962. *Formal Organization*. San Fransisco: Handler.

Bloom, B. 1994. *Relationem Socialarbetare*-Klinet ur ett Sartre anskt prepektiv. Nordic Sosialt Arbeid 4.

Bloom, B. S. 1964. *Stability and change in human characteristics*. N.Y.: john willey & sons.

Bloom, M. 1984. *Configuration of Human Behavior*. N.Y.: Macmillan.

Bradshaw, J. 2004. 『상처받은 내면아이 치유』. 오제은 역, 2004. 서울: 학지사.

Brehm, S. S. & Brehm, J. W. 1981. *psychology Reactance*: A Theory of Freedom and Control, New York: Academic press.

Bronfenbrenner, U. 1979. *The Ecology of Human Development*. M.A.: Harvard University press.

Bronfenbrenner, U. 1989. *Ecological systems theory*. In R. Vasta (Ed.), Annals of child development (Vol. 6, pp.197-249). Greenwich, CT: JAI Press.

buckley, W. 1967. *Sociology and Morden System Theory*. Englewood cliffs, N.J.: prentice-Hall.

Bukatko, D. & Daehler, M. W. 1992. *Child development*: A topical approach, boston: Houghton Mifflin Company.

Chess, W. A. & Norlin, J. M. 1988. *Human Behavior and the social Environment*, A social Systems Model, Boston, Ma.: Allyn and Bacon, Binghamton, N.Y.: Howorth Press.

Chomsky, N. 1972. *Language and Mind*. San Diego: Harcourt Brace Jovanovich.

Cirren, J. E. 1974. "*Translation in Gerontology-from lab to Life: Psycho Physiology and Speed of Response*", American Psychologist.

Compton, B. R. & Galaway, B. 1989. *Social Work Processes*(4th ed). Belmont, CA: Wadsworth Publishing Co.

Cooley, C. 1909. *Social Organization*. New York: Charles Scribner's Sons.

Coopersmith, S. 1967. *The abtecedents of self-esteem*, Princeton, N.J.: Princeton University Press.

Corey Gerald. 2003. 『심리상담과 치료의 이론과 실제』. 조현춘·조재현 공역. 시그마프레스.

Corey, G. 1995. *Theory & Practice of Counseling & Psychotherapy*. Pacific Grove, CA: Brooks/Cole. 조현춘·조현재 공역. 1998. 『심리상담과 치료의 이론과 실제』. 서울: 시그마프레스.

Cournoyer, B. 2002. 『사회복지실천기술 연습』. 김인숙·김용석 역. 서울: 나남출판.

Craig, J. C. 1996. *Human Development, Engewood Cliffs.* N.J.: prentice-Hall.

Curtis, S. R. 1982. *The joy of movment in early childhood.* N.Y.: Teachers college press.

D'Alton, M. E. & Decherney, A. H. 1993. *Prenatal diagnosis.* New England Journal of Medicne.

D. E. Super. 1957. *The Psychology of Careers.* N.Y.: Haper and Row.

Daft, R. L. 1998. *Organization Theory and Design,* 6Ed. Cincinnati: South-Western College Publishing.

Damon, W. 1983. *Social and personality Development.* N.Y.: W. W. Norton & Company.

Dawson, S. 1996. *Analysing organizations*(3rd ed.). London: Macmillan Press.

Dorfman, R. A. (Ed). 1991. 임상사회사업연구회 역, 『임상사회사업기술론』, 홍익재.

Dreikurs, R. 1953. *Fundamentals of Adlerian Psychology.* Chicago: Alfred Adler Institute.

Dreikurs, R. 1973. *Psychodynamics, Psychotherapy, and Counseling.* Chicago: Alfred Adler Institute.

Dreikurs, R. 1997. *Holistic Medicine. Individual Psychology,* The Journal of Adlerian Theory, Research & Practice, 53(2.

Dunphy, D. C. 1963. *The social Structure of urban adolesent peer groups.* Sociometry, 14.

Eckerman, C. O., Whatley, J. L. & Kutz, S. L. 1975. *Growth of social play with peers during the second year of life.* Developmental Psychology 11.

Ellis, A. 1962. *Reason and Emotion in Psychotherapy,* Secaucus. N.J.: Citadel.

Engler, B. 1991. *Personality Theories*(3rd ed.). Boston: Houghton Miffilin Company.

Erikson, E. H. 1975. *Life History and the Historical Moment.* N.Y.: Norton.

Erikson, E. H. 1963. *Childhood and Society,* 1st ed., New York: W. W. Norton.

Erikson, E. H. 1968. *Identity youth and Crisis.* Toronto: George J. McLeod.

Erikson, E. H. 1982. *The Life Cycle Completed.* N.Y.: Norton.

Etzioni, A. 1961. *A comparative analysis of complex organizations.* New York: Free Press.

Etzioni, A. 1964. *Modern organizatios, Englewood Cliffs.* N.J.: Prentice Hall.

Ewen, R. B. 2003. *An introduction to theories of personality.* N.J.: Lawrende Erlbaum Associates, Inc.(E-book)

Fagan, B. M. 2000. 이준희 역, 『인류의 선사문화: 선사시대 인류의 문화 와 문명』. 사회평론.

Feist, J. & Feist, G. J. 2006.: *Theories of personality*(5th ed.). New york: McGraw-Hill Companies, Inc.

Fellen, P. 1995. *Understanding American Communities.* Jack Rothman et al.(eds.) Strategies f Communit Intervention. Illinois: F. E. Peacock Publishers.

Fergusson, D. M., Horwood, L. J. & Lenskey, M. T. 1993. *Mental smoking before and after pregnancy*: Effects on behavior outcomes in mid-dle childhood. pediatrics.

Flavell, J. H. 1985. 서봉연·송명자 공역. 1990. 『인지발달론』. 서울: 중앙적성출판사.

Flavell, J. H., Miller, P. H. & Miller, S. A. 1993. *Cognitive development*(3rd ed), New Jersey: Prentice Hall.

Florian, V. & Kravetz, S. 1983. *"fear of personal Death: Attribution structure, and Relation to Religeous Belief".* Journal of personality and social psychology.

Forsyth, Donelson R. 1991. 『집단역학』. 홍성열 역. 서울: 양서원.

French, Wendell L. et al. 1985. *Understanding Human Behavior in Organizations.* New york: Harper & Row Publishes.

Freud, A. 1923. *The Ego and the Id.* Standard Edition 19. London: Hogarth press.

Freud, A. 1996. *Introductory Lecture on Psychoanalysis* N.Y.: Norton.

Freud, S. 1925. *Autobiography. standard Edition* 20. London: Hogarth press.

Freud, S. 1938. 『정신분석학의 개요』. 환승환 역. 경기: 열린책들.

Gatchel, R. J., Mears, Frederick G. 1982. *Personality: Theory, Assessment and Research.* New york: st. Martin Press Inc.

Germain, C. B. 1987. *Human Development in Contemporary Environments*. Social Service Review.

Germain, C. B. 1991. *Human Behavior in the Social Environment*: An Ecological View. New york: Columbia Unuiversity Press.

Germain, C. B. & Gitterman, A. 1981. *Education for Practice*: Teaching about the Environment. Journal of Education for Social Work 17(3).

Germain, C. B. & Gitterman, A. 1995. *Ecological perspective*. In R. L. Edwards (Ed. In Chief). Encyclopedia of social work(19th ed.) pp.816-824. Washington, D.C.: National Association of Social Workers.

Goldenberg, I. & Goldenberg, H. 1991. *Family Therapy: An Overview*. Monterey, CA: Brooks Cole Publish.

Goldstein, E. G. 1984. *Ego Psychology and Social Work Practice*. N.Y.: The Free Press.

Gouldner, A. 1960. The Norm of Reciprocity. American Sociolgy Review 25: 161-68.

Greene, R. R. & Ephross, P. H. 1991a. "General Systems Theory". *Human Behavior theory and Social Work Practice*. N.Y.: Aldine de Gruyter.

Greene, R. R. & Ephross, P. H. 1991b. "The Ecologocal Perspective". *Human Behavior Theory and Social work Practice*, New York: Aldine De Gruyter.

Greene, R. R. 1986. *Social Work with the Aged and Their Familes*. N.Y.: Aldine De Gruyter.

Hall Calvin S., Nordby Vernon J. 1985. A Primer of Jungian Psychology. 김형섭 역. 2004. 『융 심리학 입문』 서울: 문예출판사.

Hall, C. S. & Lindzey, G. 1978. *Personality theory*. New York: John Wiley & sons.

Havighurst, R. J. 1972. *Developmental tasks and education*. New York: David McKay Company.

Hjelle, L. A. & Ziegler, D. J. 1981. *Personality Theorise*: Basic Assumption Research and Application(2nd ed.). New york: McGraw-Hill Book Co. 이훈구 역. 1994. 『성격심리학』. 서울: 법문사.

Johnson, L. C. & Yanca, S. J. 2001. *Social work practice*: A generalist approach. Allyn & Bacon, Chapter 14.

jung, C. G. 1961. *Memories, dreams. reflections*. New york: Pantheon.

jung, C. G. 1973. *Man and His Symbols*. New york: Doubleday & Co.

Kuhn, A. & Beam, R. D. 1982. *The Logic of Organization: A Systems-Based Social Science Framework for Organization Theory*. San Francisco: Jossey-Bass.

Laszlo, E. 1972. *The Systems View of the World*. New York: George Braziller, Inc.

Lazarus, R. S. 1980. *The Stress and Coping Paradigm*. In L. A. Bond, & J. C. Competence and Coping During Adulthood. N.H.: University Press of New England.

Maluccio, A. 1979. *Competence and Life Experience*. In C. G. Germain(ed.).social Work Practice: People and Environments. N.Y.: Columbia University Press.

Martin, P. Y. & O'Connor, G. G. 1989. *The Social Environment: Open Systems Applications. White Plains*. N.Y.: Longman.

Maslow, A. H. 1970. *Motivation and Personality*(2nd ed.). New york: Harper & Row.

Minuchin, S. 1974. *Family and Family Therapy*. Cambridge, M.A.: Harvard University.

Neugarten, B. & Weinstein, R. 1974. *"The Changing American Grand Parent"*, Journal of Marriage and the Family, 26.

Newman, B. M. & Newman, P. R. 1986. *Adolescent development*. Columbus, OH: Merrill Publishing Company.

Newman, B. M. & Newman, P. R. 1986. *Adolescent development*. Columbus, OH: Merrill Publishing Company.

Parsons. T. 1978. 『사회의 유형』. 이종수 역. 서울: 홍성사.

Pilliteri, Adele. 2007. 『아동건강간호학 1권』. 김희숙 외 역. 서울: 군자출판사.

Rogers, Carl. 1961. *On Becoming a Person: A Therapist's View of Psychotherapy*. London: Constable.

Rogers, Carl. 1980. *A Way of Being*. Boston: Houghton Mifflin.

Schriver, J. M. 1995. *Human behavior and the social environment: Shifting paradigms in essential knowledge for social work practice*. Boston: Allyn and Bacon.

Schultz, H. 1990. *Making a Friend in Youth: Developmental Theoryand Pait Therapy*. Chicago: University of chicago Press.

Shaffer, D. R. 1993. *Developmental Psychology: Childhood and dolescene*. 송길연·장유경·이지연 역, 2009. Cengage Learning.

Toseland, W. & Rivas, R. F. 1984. *An Introduction to Group Work Practice*. N.Y.: Macmillan Publishing Co.

Tylor Edward, B. 1970. *The Origins of Culture, Gloucester*. Mass: Peter Smith.

Warren, R. L. 1970. *The Good Community-What would it be?* The Journal of Community Development Society, 1.

윤기종(尹基宗)

연세대학교(교육학), 강남대학교(특수교육학) 교육학 석사
인하대학교(교육학) 교육학 박사
안양대학교(상담학), 총신대학교(성경신학) 신학 석사
강남대학교(기독교교육학) 신학 석·박사
평택대학교(사회복지학) 사회복지학 석·박사
현) 인하대학교, 숭실사이버대학교, 여기스터디평생교육원 외래교수

『대안특성화고등학교 교육과정 탐구』(2006)
『코메니우스와 율곡의 전인성 교육론』(2007)
『청소년자원봉사활동론』(2008)
『사회복지실천기술론』(공저, 2012)

저자의 주요 관심 분야는 인간근본에 대한 내용 연구로서의 기독교 성경연구와 교육방법으로서의 대안교육 그리고 실천
현장으로서의 사회복지학이며 이에 대하여 끊임없이 연구와 실천 방안을 모색하고 있다.

인간행동과
사회환경

초판인쇄 ㅣ 2012년 11월 30일
초판발행 ㅣ 2012년 11월 30일

지 은 이 ㅣ 윤기종
펴 낸 이 ㅣ 채종준
펴 낸 곳 ㅣ 한국학술정보㈜
주   소 ㅣ 경기도 파주시 문발동 파주출판문화정보산업단지 513-5
전   화 ㅣ 031) 908-3181(대표)
팩   스 ㅣ 031) 908-3189
홈페이지 ㅣ http://ebook.kstudy.com
E-mail ㅣ 출판사업부 publish@kstudy.com
등   록 ㅣ 제일산-115호(2000. 6. 19)

ISBN   978-89-268-3933-1 93330 (Paper Book)
         978-89-268-3934-8 95330 (e-Book)